비전 멘토링 시리즈 4권, 멘토와의 대화

GOD THE CEO
최고경영의 신

샬롬 김 지음

DEDICATION 헌정

GOD THE CEO께
그리고 모든 CEO께 바칩니다.

Visionary CEO ＿＿＿＿＿＿＿ 님께

Visionary CEO ＿＿＿＿＿＿＿ 드림

년 월 일 요일

1H4B 비저너리 선언문

▪ BEING   나는 성경이 말하는 대로 존재한다.

하나님의 자녀, 예수님을 위한 일꾼, 성령님에 의한 의인,
그리고 강력한 잠재력의 비저너리이다.

▪ HAVING   나는 성경이 말하는 대로 소유한다.

하나님께서 주신 비전과 이를 실현하기 위해 필요한 물질적,
육체적, 정신적, 관계적, 영적 자원을 소유하고 있다.

▪ BELONGING   나는 성경이 말하는 대로 소속된다.

나를 지원하는 전능자 하나님 아버지, 구원자 예수님, 보혜사 성령님과,
하나님의 가족과 군대인 비전 멘토들과 멘티들에 속해 있다.

▪ BECOMING   나는 성경이 말하는 대로 성장한다.

하나님께서 주신 비전 분야에서 주도적인 전문가로서
예수님 형상의 충만에 이르기까지 성장한다.

▪ BEHAVING   나는 성경이 말하는 대로 행동한다.

하나님께서 주신 비전 실현을 사명으로 품고, 내 사명의 분야를
하나님의 나라로 만들기 위해 거룩하고 온전하게 행동한다.

1H4B Visionary Manifesto

- **I am BEING** what the Bible says I am:

  a son (daughter) of God; a servant for Jesus; a saint by the Holy Spirit;
  and a full potential visionary.

- **I HAVE** what the Bible says I have:

  the God-given vision; and the material, the physical, the mental,
  the relational and the spiritual resources to realize the vision.

- **I BELONG** to what the Bible says I belong to:

  the almighty God, the father; the saving God, the son, Jesus Christ;
  the mentoring God, the Holy Spirit; and
  God's family and army of mentors and mentees who support me.

- **I BECOME** what the Bible says I become:

  up to the fullness of His image
  as a leading expert in my God-given vision field.

- **I BEHAVE** what the Bible says I behave:

  holy and wholly to take the vision as my mission
  and to make my mission field, the kingdom of God.

추천사

하나님의 창조사역에 대해 신학적, 과학적,
경영학적 해석을 한 최초의 책

한정화 박사 | 한양대 경영대학 특훈교수, 아산나눔재단 이사장,
전 기독교경영연구원장, 중소기업청장

하나님의 창조사역에 대해 신학적, 과학적, 경영학적 해석을 한 최초의 책이라고 생각합니다. 다양하면서도 다차원적인 접근을 하고 있어서 창조에 관한 다소 난해했던 질문에 대해 새로운 이해를 갖게 합니다.

히브리 원어를 통해 창조사역의 비밀을 풀어주고 있는 점도 이 책이 가지는 강점이라고 생각합니다. 창세기를 기록한 모세의 관점에서의 해석도 새로우면서도 이 책이 가진 독창성을 보여주고 있습니다.

이 책은 한 번 읽을 책이 아니라 토론하면서 공부해야할 깊이가 있습니다.

창세기 1장에 이런 비밀이 담겨 있었을 줄이야!
반전에 반전, 흥미진진한 대화체 이야기 속에 담긴 창조 경영의 비밀

박의범 교수 | 강원대 국제무역학과 명예교수, 기독경영연구원 고문,
국제협력위원장, 한국CBMC 춘천지회장

대부분 원리나 모형의 설명과정은 논리성을 갖기 위해 무미건조하게 진행되곤 한다. 그러나 샬롬 김의 V.M.O.S.T. A.R.T.ⓒ 창조경영모형은 탁월하게 전개되면서 샘솟는 감동과 은혜를 준다. 히브리어 원어를 통한 명쾌한 분석과 해석은 기독경영학자들이 미흡하게 느끼는 경영학과 신학의 접목에 대한 깊은 함의를 담고 있다.

멘토와 멘티의 대화식 전개는 질문에 대한 명쾌한 해답을 그때그때 제시하여 줌으로 흥미진진하게 과거 창조뿐 아니라 미래의 비전으로 빨려 들어가게 한다. 창조 이야기의 진실성과 연관성이 3,500년 전 모세가 기록한 태초부터 시작하여 예수님의 십자가, 그리고 마침내 미래에 완성될 요한계시록에 담겨있다는 것이 놀랍다. 이 장엄한 이야기가 V.M.O.S.T. A.R.Tⓒ의 틀속에서 증거 제시를 통하여 반전에 반전을 거듭하며 흥미진진하게 펼쳐진다.

샬롬 김의 **GOD THE CEO 최고 경영의 신**은 영원부터 만물을 창조하신 하나님 속에 감추어졌던 비밀의 경영을 드러내어 마침내 우리로 하여금 다 하나님의 은혜와 능력의 비저너리로 서게 해줄 것을 확신하며 일독을 권한다.

그 누구도 상상하지 못했던
창조과학과 경영을 아우르는 엄청난 시도

최광렬 교수 | 백석대학교 기독교 학부,
비전스타트 대표

샬롬 김 교수의 저서 **GOD THE CEO 최고 경영의 신**은 영감으로 가득
한 책으로 창세기 1장에 담긴 창조의 비밀을 일상의 언어로 풀어내 준다.

실로 그 누구도 상상하지 못했던 창조과학과 경영을 아우르는 엄청
난 시도와 작업에 대해 감탄을 금할 수 없었다. 책을 읽으며 하나님 창조
의 위대한 비밀과 영감이 내 언어와 사고 속으로 그리고 나의 일상 속으로
파도처럼 밀려들었다.

저자는 오랫동안 청년 대학생들의 사고 체계의 새로운 지평을 열어
주는 비전학을 가르쳐 온 경험을 녹여내어 기독교적 세계관으로 창조과학
과 경영 전략을 통전적인 입장에서 파헤쳤다. 그리고 우리에게 비전과 그
실현을 위한 경영전략에 관하여 강력한 메시지를 던져주고 있다.

특히 가치의 혼돈과 불확실성 속에서 살아가는 청년 대학생들이 창
조주 하나님을 체계적으로 이해하고, 창조 경영을 배워 비전 인생을 열어
가는 전환점이 되기를 소망해본다.

이 책을 통하여 최고 경영의 신이신 하나님께서 나를 경영의 파트너로
부르고 계신다. 이 어찌 황홀하고 멋진 일이 아닌가!

김도일 박사 | 울산대학교 경영학부 교수. 전 경영대학장 &
한국마케팅관리학회 회장

'이 우주는 어떻게 창조되었으며 사람은 어떻게 생겨났을까?'

이 질문에 대하여 성경은 '태초에 하나님이 천지를 창조하시니라.'
고 답을 주지만 사람들은 좀 더 과학적이고 논리적인 인간의 언어로 증명
해 보라고 요구하고 있다. 이 책은 이런 요구에 대하여 답에 나아가는 길을
잘 제시하고 있다. 진리의 성령님이 이 책을 통하여 창조의 비밀을 우리에
게 말씀하고 계시는 것을 느끼게 해 주는 책이다.

신학적 지식, 경영이론의 지식, 그리고 현대 과학의 지식이 깊이 있
게 그리고 아름답게 어우러져 최고 경영의 신이신 하나님과 하나님의 경
영 원리와 전략을 생생하게 보여주고 있다. 이러한 하나님의 경영 원리와
전략을 우리의 삶에 그리고 조직에 적용하고 실행한다면 하나님이 지으신
그 모든 것을 보시니 보시기에 심히 좋았던 것처럼 모든 영역에서 멋지고
값진 성과를 거둘 것이라고 확신한다.

지금 여기에서 최고 경영의 신이신 하나님이 나를 경영의 파트너로
부르고 계신다. 이 어찌 황홀하고 멋진 일이 아닌가!

창세기 1장과 2장에 담긴 하나님 창조 설계의 비밀을
하나님의 경영철학의 관점으로 풀어낸 놀라운 혜안

오경숙 박사 | 한국창조과학회본부장, 전 한국핵융합에너지 연구원

어느 과학자가 우주와 생명체, 그 처음을 합리적으로 해석할 수 있을까? 사실 창조에 대한 논란은 창세기 첫 두 장에서 끝나야 한다. 그러나 안타깝게도 인간의 지성은 창세기 1-2장을 온전히 이해할 수 없었고 그것은 많은 논쟁을 야기했다. 창조의 진실성을 설명하려는 시도들이 많았지만 정작 창세기 1장과 2장의 창조 이야기의 진실성을 이렇게 합리적으로 풀어낸 적은 없었다고 본다. 이 책은 모세를 통해 기록된 성경의 히브리어 단서들을 통하여 창조의 비밀을 새로운 방식으로 합리적으로 풀어주고 있다.

저자는 거칠게 쓰여진 것 같았던 창조이야기 속에 담긴 하나님의 섬세한 창조 비밀들을 창조과학과 창조경영의 관점에서 합리적으로 풀어낸다. 창조의 증거들을 십자가와 요한계시록 속에서 찾아낸 것도 이 책이 주는 놀라운 선물이다. 또한 진화론자들의 시도를 트로이의 목마로 보고, 그들이 연구할수록 창조를 볼 것이라는 자신감과 진화론자들의 연구결과를 가지고 진화론 해체하는 시도 또한 놀랍다.

창세기 1장과 2장에 담긴 하나님 창조 설계의 비밀을 하나님의 경영철학의 관점으로 풀어낸 혜안은 놀랍다. 특별히 경영과 신학과 과학의 놀라운 접목과 조화로움 그리고 그만큼의 깊은 묵상에 감탄케 한다. 하나님을 닮은 피조물인 인간의 생각과 묵상이 세상을 창조하신 하나님의 마음과 닮아가고 또 그 뜻을 알아감이 얼마나 큰 축복이고 혜택인가?

성경적 창조의 서사를 히브리 원어를 근거로 하나하나 풀어냄으로
진화 유전자학적 세계관을 해체하는 책

유경원 박사 | 충남대 의대 겸임교수, GH 바이오 스타업 대표,
'2021 제7회 대한민국 산업대상' '유전자 변형 모델' 부문 '퍼스트인클래스대상

　　근래에 유전자 분석이 발전하는 가운데 진화론자들은 이것이 진화의
강력한 증거라고 주장하고 있다. 또 일부 기독교인들 조차도 이에 동의하
는 것을 본다. 그러나 국내 최고의 생명과학 전문가들과 유전자교정기술
분야를 개척해 나아가는 기업의 대표로 또 분자발생생물학자 입장에서 볼
때 진화론적 세계관이 허상임을 말하지 않을 수 없다.

　　이 책은 창세기 1-2장과 성경의 여러 근거를 통해 성경의 서사를 현
대 언어로 풀어내면서 진화 유전자학적 세계관의 허구성을 논증 한다. 하
나님께서 유전자학의 창조자이시며 최고 권위이신 것을 하나님의 생명 창
조 원리를 유전자적으로 풀어내고 있다. 그 성경적 진실의 드러남과 그 깨
달음 앞에 숙연해진다.

　　비교 유전체학 정보가 쌓이면 쌓일수록 언젠가 진화론자들의 그들의
확증편향을 거두는 날이 올 것이다. 이 책은 그 방향성을 제시하고 있다.

서언

불가능한 것에 도전하라!

불가능한 것은 불가능한 것이 아닌가?
과연 그럴까?

다음 불가능해 보이는 문제에 도전하여 보라. 한 점에서 시작하여
연필을 떼지 말고, 직선 4개로, 한 점도 빼놓지 말고,
9개의 점을 연결하라.

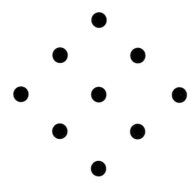

이 문제 풀이는 불가능해 보인다. 하지만 과연 정말 그럴까? 아니다. 정답은 있다. 정답을 아는 사람은 당당할 것이고, 모르는 사람은 답답할 것이다. 이런 문제를 만났을 때 사람들의 반응은 각기 다르다. 그리고 이 반응이 그 사람의 삶을 결정한다. 정답을 찾기 위하여 계속 시도하고 마침내 답을 찾아내 기쁨을 누리거나, 나름 찾다가 문제가 잘못되었다고 비난하기도 한다. 심지어 화를 내며 전혀 다른 이론을 제시하기도 한다. 이 책의 주제에 대하여도 그러했다.

앞 페이지 문제 정답의 힌트는 4 Part의 첫 페이지에 있다.

이 책은 4 Part로 나뉘어져 있고 각 파트의 시작 페이지에 답의 힌트가 하나씩 있다. 연필을 떼지 않고 네 개의 직선으로 모든 점들을 연결할 수 있다.

이 정답의 핵심은 문제가 제시한 조건을 하나도 어기지 않고,
9개 점의 밖으로 나가 선을 연결한 파격이다.

때론 정답을 찾기 위해서 우리가 그간 익숙하게 생각해 오던 방식을 초월해야 한다. 나를 초월하고, 인간을 초월하는 지식과 지혜가 필요하다.

이 책은 파격적인 사고로 그대를 초대할 것이다.
그래서 한때 불가능하게 보이던 것을 가능하게 만들 것이다.

인류의 역사는
불가능한 것들을 가능하게 하고 그것을 상식화하는 과정이다.

인간이 바닷속을 탐험하고, 하늘을 날고, 우주에 가는 것은 한때 모두 불가능한 일이었지만, 지금은 현실이 되었다. 이 모든 것들은 불가능했지만, 그렇게 보였을 뿐이다. 그렇다고 불가능한 것이 없다는 것은 아니다. 불가능한 것도 있지만, 가능케 할 수 있는 것도 있다는 것이다.

불가능했던 것이 가능해지면 점차 상식이 되고, 새로운 전통이 된다.
그리고 그 상식과 전통은 더 온전한 것에 깨어지기 위하여 존재한다.
상식의 깨어짐은 존재와 진리의 온전함을 향하는 것이다.

진리는 모든 존재를 위한 비전, 사랑, 정의, 평화, 자유의 가치를 포함한다. 역사는 이 가치를 가지고 진리의 목적지를 향할 때 발전해왔다.

그대가 해결해야 할 불가능한 것이 그대의 비전이 된다.

그리고 어떤 것이 그대에게 비전이 되면 불가능은 없다.
이유는 그대가 그 비전 실현을 사명으로 삼고
목숨을 걸고 집중할 것이기 때문이다.

불가능을 가능한 모습으로 미리 보는 것이 비전이다.
불가능을 가능하게 마침내 실현하는 것이 사명이다.
그 비전이 사명 감당을 통해 실현되는 것이 경영이다.

혼자 안되면 같이, 인간으로 안되면 다른 방법으로 하면 된다.

우리는 불가능한 것에 도전할 것이다.

이 책에서 우리는 GOD THE CEO, 최고 경영의 신의 비밀에 대하여 살필 것이다. 과연 이것이 가능할까? 당장 이런 질문이 있을 수 있다.

신이 있는지도 모르겠는데…
혹, 신이 있는 것은 알겠지만…
그 신이 GOD THE CEO, 최고 경영의 신이라고?

이것을 증명하는 것은 불가능한 일이 아닐까? 과연 그 신은 누구이고, 그것을 어떻게 알 수 있을까?

내가 소개하려는 신은 이 분야에서 단연 최고인 하나님이시다.

누군가의 존재를 증명할 수 있는 쉬운 방법은 그가 한 일을 통해서이다. 그가 무엇인가를 했다면 그가 존재했다는 것이고, 어떤 정체성으로 했는지 알 수 있다. 그를 **GOD THE CEO 최고 경영의 신**이라고 정의했다면 그는 경영의 일을 한 신이어야 하고, 말 그대로 최고여야 한다.

과연 그 신이 어느 정도의 일을 했으면 그런 분이라고 믿겠는가?

내가 생각하는 최고 경영의 신은

최소한 우주 창업과 경영 정도는 했어야 최고인 것을 알고
최소한 나를 위해 죽을 정도는 되어야 믿을 수 있다고 본다.

이 정도가 아니라면 섣불리 아무 신도 믿지 말라. 누가 말하든 그것은 매우 부분적이고, 그 부분적인 지혜는 전체의 진실과 진리를 왜곡하기 때문이다.

그러나 그가 우주를 창조할 정도이고,
그대를 위하여 대신 죽어줄 정도로 사랑했다면
그대는 그를 믿어야 할 것이다.

그런 그를 못 믿겠다면
그대는 그런 그대 자신도 믿지 말라.

그대가 이것을 분별할 수 있도록 최대한 도우려 한다. 방법은 GOD THE CEO, 최고 경영의 신께서 어떻게 우주를 창조하시고, 어떤 경영의 원리로 이뤄 냈는지 구체적인 케이스 분석을 통하여 살피게 될 것이다.

하나님께서 최고 경영의 신이신 것을 창조 케이스를 통하여 살핀다?
그렇다.

혼돈스러운 창조 | 비밀이었던 경영

그간 창조는 혼돈스러웠고, 경영은 비밀이었다.

이제는 혼돈을 정돈하고 비밀을 알아차릴 때가 되었다. 사도 바울께서 뜻한 은혜와 비밀의 경영을 현대어로 더 깊이 있게 알게 될 것이다.

나 바울이 말하거니와
너희를 위하여 내게 주신 하나님의 그 은혜의 경영을
너희가 들었을 터이라.

곧 계시로 내게 비밀을 알게 하신 것은
내가 먼저 간단히 기록함과 같으니 그것을 읽으면
내가 그리스도의 비밀을 깨달은 것을 너희가 알 수 있으리라.
…

모든 성도 중에 지극히 작은 자보다 더 작은
나에게 이 은혜를 주신 것은
측량할 수 없는 그리스도의 풍성함을 이방인에게 전하게 하시고
영원부터 만물을 창조하신 하나님 속에 감추어졌던 비밀의 경영이
어떠한 것을 드러내게 하려 하심이라.

에베소서 3:1-4, 8-9

두 가지 가설

GOD THE CEO를 증명하기 위하여, 우리는 두 가지 가설을 설정할 것이다.

샬롬의 창조 가설

GOD THE CEO께서 하신 창조는 창세기 1장에 기록된 그대로
순리적으로 되었고, 그것은 창조의 실체를 통하여 증명된다.

샬롬의 경영 가설

GOD THE CEO께서 하신 창조는 V.M.O.S.T. A.R.T.ⓒ 경영 전략 원리를
통하여 하셨고, 그것은 창세기 1장 창조의 과정을 통하여 증명된다.

예상 결과

이 두 가지 가설이 참으로 증명되면 결과적으로 다음을 알게 될 것이다.

GOD THE CEO께서 하신 창조가
경영 면에서 얼마나 효율적이고
과학적으로 얼마나 합리적인지.

경영적이라 함은 창조가 전략적이었다는 것이고,
과학적이라 함은 창조가 논리적이었다는 것이다.

활용할 자료

이것을 위하여 우리가 활용할 자료는 다음과 같다.

이것을 위하여 최고 가치의 고대 문서를 활용할 것이다.
그 고문서는 성경, 그중에서도 창세기 1장에 집중할 것이다.
부수적으로 창세기 2장과 요한계시록을 살필 것이다.

접근법

우리가 대화를 하면서 가질 기본적인 접근법은 다음과 같다.

첫째, 첫번째 가설을 두번째 가설에 대입하여 둘이 함께 참임을 증명할 것이다.
즉, 창조 케이스를 V.M.O.S.T. A.R.T.ⓒ에 대입할 것이다.

둘째, 성경이 말하는 바가 어떻게 현실화되었는지를
성경 말씀 자체와 현실 대조를 통하여 살펴볼 것이다.

이를 위하여 우리는 창세기 1장의 히브리 원어와
경영 논리와 히브리인의 신학과 문화적인 정황, 그리고
창세기 1장이 제시하는 대로 실현된 과학적 현실을 대조할 것이다.

접근 자세

두 가설은 매우 파격적이다. 그러므로 파격적 자세가 요구된다.

우리가 상식이라고 생각했던 오해와 고정관념을 버리는 것이다.
아홉 개의 점을 연결하기 위하여 과감하게 밖으로 나갈 것이다.
그러나 성경의 진리를 벗어 나지 않는 것이 접근 자세의 핵심이다.

한계

물론 이 책의 한계가 있다.

인간이 어찌 하나님의 모든 것과 성경, 과학과 경영의 모두를 알겠는가?
짧은 지식이 다 알 수 없고, 좁은 지면에 다 쓸 수 없는 한계가 있다.
그것을 겸손하게 인정하며, 그대가 다음 책에서 더 온전한 지혜로
더 온전한 진리와 진실을 증명해주기를 기대한다.

책의 구조

이 책의 구조는 다음과 같다.

Part I에서는 V.M.O.S.T. A.R.T.ⓒ의 정의를 살피고, 하나님께서 창조 프로젝트를 진행하실 때 적용하셨을 전체적인 V.M.O.S.T. A.R.T.ⓒ의 원리를 살필 것이다. 이것을 통하여 우리는 하나님께서 창조 프로젝트를 수행하실 때 가지셨던 거대전략을 알게 될 것이다.

Part II에서는 창세기 1장 1절과 2절을 V.M.O.S.T. A.R.T.ⓒ차원에서 살필 것이다. 이것을 통하여 우리는 하나님께서 7일간 창조를 하시기 전에 어떤 것을 준비하셨는지와 그것의 놀라운 의미들을 알게 될 것이다.

Part III에서는 창조 7일의 V.M.O.S.T. A.R.T.ⓒ를 세부적으로 살핌으로 미세 전략을 살필 것이다. 이것을 통하여 우리는 [아름답게 창조된 우주와 그를 다스리는 인간의 모습]이라는 비전을 위하여, 하나님께서 어떤 경영 전략을 가지고 행하셨는지 알게 될 것이다.

Part IV에서는 창세기 2장과 요한계시록의 V.M.O.S.T. A.R.T.ⓒ를 통하여 창조가 어떻게 더 구체적으로 펼쳐지고, 완성되는지를 살피게 될 것이다.

책의 위치

이 책의 위치는 다음과 같다.

이 책은 비전 멘토링 시리즈의 4 번째 책으로
비전을 발견한 사람이 비전 실현을 위하여 경영 전략을 세우는 것에 대한
성경적 이론을 알게 해 줄 것이다.

비전 멘토링 시리즈 책들이 그대의 비전 찾기와 실현을 도와줄 것이다.

· 비전의 성경적 이론과 개인적 비전 찾기에 관하여는 **비전의 서: 비전 있어?** 와 **나의 비전의 서: i.A.D.D.R.E.S.S. M.A.P.S.ⓒ워크북 (2020 개정판)**
· 비전 실현을 위한 개인적 전략을 개발하기 위해서는 **I THE CEO 경영 전략 워크북 (근간)**
· 비전 멘토링 이론에 관하여는 **비전 멘토링 (근간)**
· 비전 멘토링적 삶의 적용을 위한 스케줄관리는 **비전 라이프 (2020 개정판)**

▌예상 독자

이 책의 예상 독자는 다음과 같다.

비전을 찾은 후 그 실현을 위하여 하나님의 경영 원리를 찾는 사람
학교에서 유사 과학이론인 진화론을 배우며 진실에 목마른 학생들
경영의 세계에서 성경적 경영이론을 찾았던 경영인들
성경 창세기의 온전한 이해 방법을 찾는 사역자들과 성도들
성경을 믿고 싶은데 창세기 1장이 이해가 안되어 못 믿었던 사람들

이제 비전을 실현하며, 학생들이 당당하게 창세기 1장 창조의 합리성으로 진화론을 폐기하며, 성도들이 하나님의 경영원리로 당당히 경영을 하며, 잘못된 신학 이론을 폐기하며 창세기 1장이 이해가 안되어 하나님을 못 믿었던 사람들이 이제 돌아올 수 있기를 간구한다.

▌책의 기록 방식

이 책은 멘토와 멘티가 대화하는 형식으로 기록되었다.
질문과 대답형식의 대화체로 내용은 심오하지만 접근은 쉬울 것이다.

V.M.O.S.T. A.R.T.ⓒ (브이모스트 아트) 배경이해

우리는 첫 번째 가설을 증명하기 위하여
두 번째 가설을 활용할 것이다.

그것은 V.M.O.S.T. A.R.T.ⓒ라는 원리를 활용하는 것이다. 이 원리는 성경에 늘 있었던 것이지만, 우리에게는 생소한 것이다. 이 원리에 대한 더 자세한 것은 본문에서 살피게 될 것이다. 그 전에 V.M.O.S.T. A.R.T.ⓒ가 나오게 된 배경을 아는 것이 도움이 될 것이다.

V.M.O.S.T. A.R.T.ⓒ가 나오게 된 배경은 다음과 같다.

이 책은 책의 위치에서 이미 언급한 것과 같이 비전을 찾은 사람이 그 비전을 실현하기 위하여 사용할 경영 전략 이론서이다. 시리즈의 앞선 책 **비전의 서: 비전 있어?**와 **나의 비전의 서: i.A.D.D.R.E.S.S. M.A.P.S.ⓒ 비전 찾기 워크북**을 통하여 비전을 발견한 사람이 그 실현을 위한 경영 전략을 수립하기 위한 경영전략 이론을 알려주기 위한 것이다.

비전의 서: 비전 있어?를 읽은 독자들은 잘 아실 것인데, 나는 비전의 중요성을 알게 되면서 비전에 관하여 연구를 하고, Vision & Mission of Life **비전과 사명의 삶**이라는 과목을 개설하여 대학생들에게 그들의 비전을 찾는 것을 도와주었다.

그때 쯤 나는 하나님께서 나 자신에게 주신 몇 가지 비전을 받았다. 그 비전들을 처음 받았을 때 나는 뛸 듯이 기뻤지만 동시에 무척 조심스러웠다. 행여 내가 혼자 생각한 것을 하나님께서 주신 비전으로 착각하여 스스로 인생을 망치고 싶지 않았다. 물론 내가 지어낸 생각이 아닌 것은 분명했지만 말이다.

조심스럽게 기도했고, 한편으로 내가 감히 그것을 할 수 있을까 하는 의구심도 있었다. 그래서 그 비전들이 주님으로 말미암았다는 것을 증명해 주시기를 기다렸다. 그런데 얼마 후에 나에게 주신 비전 중에 어떤 것이 삶 속에서 비전에서 본 그대로 실현된 것을 보고 나는 무릎을 꿇었다. 그후 나는 더이상 의심하지 않고 다른 비전들의 실현을 위하여 지속적인 기도를 하였다.

그즈음 나는 학생들이 비전을 찾은 이후에 그것을 실현하기 위하여 경영 전략을 세울 수 있도록 해주어야겠다고 생각했다. 그런데 경영학이나 행정학에 관하여 몇 과목 수강한 것이 전부인 나에게 그것은 매우 막막한 일이 아닐 수 없었다. 그래서 경영과 전략 관련 책들도 보았지만, 마음에 기쁨이 없었다. 그리고 더 본질적인 생각이 나를 사로잡았다.

하나님께서 주신 비전의 실현은
하나님께서 주신 경영 전략으로

이런 생각이 나를 떠나지 않았기에 더욱 기도하기 시작했다. 그 기도는 몇 달 동안 집중적으로 이어졌다. 자나깨나 그 생각과 그 기도였다. 하나님의 영감을 받기 위하여 기도하면서 몇 개월이 흘렀다. 그러던 어느 날 나는 LA국제공항에 간 김에 가까운 거리에 위치한 해변 도시인 레돈도 비치에 묵상을 위하여 혼자 갔었다. 이미 황혼이 아름답게 드리워졌고, 바닷바람이 참으로 좋았다. 나는 바닷가 쪽으로 난 산책로를 걸으면서 여전히 한 가지 생각에 빠져 있었다.

하나님 아버지, 무엇입니까?

하나님께서 주신 Vision비전을 실현하고 Mission사명을 감당하기 위하여 어떤 Strategy 전략을 가져야 합니까?

하나님의 경영 전략의 원리는 무엇입니까?

같은 질문을 한 것이 몇 달째였지만, 나는 멈출 수 없었다. 밤은 깊어가고, 바람은 싸늘해지기 시작했다. 답을 얻지 못한 나에겐 밤이 더 어두워 보였고 바람은 더 싸늘하게 느껴졌다. 답답한 마음으로 집으로 돌아가기 위하여 주차장을 향해 발걸음을 옮겼다. 그때 번뜩 작은 구름 조각 같은 영감이 왔고, MOST라는 단어가 떠올랐고 곧 VMOST가 되었다.

V.M.O.S.T. 이게 뭐지?
Vision (& Value), Mission, Objective, Strategy, Time?
비전 (가치), 사명, 목표치, 전략, 시간?

나는 뛸 듯이 기뻤다. 뭔가 정돈이 되는 느낌 때문이었다. 그러나 거기에서 만족하고 멈출 수 없었다. 아무리 그럴듯하여도 이것이 정말로 하나님께서 주신 것인지가 중요했기 때문이다. 그래서 다시 하나님께 여쭈었다.

하나님 아버지, 만약 이것을 하나님께서 주신 것이라면 제게 성경을통하여 증거를 보여주십시오. 괜히 이단이라거나 허탄한 이론을 펼친다는 말을 듣고 싶지 않습니다.

이러한 확증은 나에게 매우 중요했는데 우선 나 스스로도 이러한 개념을 성경에서 본적이 없었기 때문이고, 같은 이유로 남들도 어려워할 것이기 때문이었다. 그래서 나는 운전을 하면서 이것을 성경에 대입해 보려 했다. 만약 하나님께서 주신 영감이라면 성경에 증거가 분명히 있어야 한다고 생각했다. 그러나 성경의 몇 인물에 대입해 보려 했지만 쉽게 적용이 안 되었다. 조금 더 집중하면 될 것 같기도 했지만, 그 밤에 나는 많이 지쳐 있었다. 그때 내게 다른 생각이 떠올랐다. 성경의 사람들은 잘 모를 수 있지만 하나님은 그렇지 않을 것 같았다.

만약 하나님께서 주신 경영적 영감이라면,
하나님께서 하신 일에는 잘 적용이 되겠지.

어디에 적용해 볼까 할 때 떠오른 곳은 하나님께서 직접 행하신 창세기의 창조 이야기였다.

그리고 그 밤에 상상하지 못했던 두 가지가 내 삶에 일어났다.

V.M.O.S.T.ⓒ 원리는 상상하지 못한 것이었고, 더구나 하나님께서 창조를 하심에 있어서 경영 원리를 가지고 하셨다고 상상해 본적이 없었다. 그러나 창조라는 프로젝트에 V.M.O.S.T.ⓒ 원리를 접목했을 때 정확히 맞아 떨어졌다. 뿐만 아니라 이 원리는 성경에서 하나님과 예수님께서 주도적으로 하신 일에는 쉽게 적용이 되었다. 그대는 이어지는 장에서 그 예들을 확인하게 될 것이다.

그 이후 나는 연결되는 몇 가지 영감들을 더 받았다. 형통을 위한 영적인 원리인 V.B.E.S.T.ⓒ와 비전 실현을 위한 현장분석과 자원파악을 위한 V.M.O.R.E.ⓒ도 있었다. 이 원리는 I THE CEO 경영 워크북에서 살필 것이다. 또한 함께 영감을 받은 것 중엔 V.S.T.A.R.T.ⓒ도 있었는데 이것은 다음과 같다.

V.S.T.A.R.T.ⓒ
    Vision [Short-tern] (단기 비전)
    Study & Survey (연구와 조사)
    Task, Target, Tactic, Time (일, 목표, 전술, 시간)
    Action (행동)
    Review, Reward, Rest (평가, 보상, 휴식)
    Thanksgiving (감사드리기)

이 원리는 매일의 삶에서 작은 단위의 새로운 프로젝트를 실행하기에 적절한 경영 원리로 이해되었다. V.S.T.A.R.T.ⓒ는 이 자체로 유용한 원리였지만, V.M.O.S.T.ⓒ와 합성을 하였다. 창조 속에는 기획과 실행, 그 이후 후속 활동에 대한 행동들을 발견했기 때문이었다. 그렇게 V.M.O.S.T. A.R.T.ⓒ가 탄생되었다.

Vision & Value (비전과 가치)

Mission (사명)

Objective (목표치)

Strategy (전략)

Time (시간)

Action (행동)

Review, Reward, Rest (평가, 보상, 휴식)

Thanksgiving (감사드리기)

그대가 이런 과정을 어떻게 이해할지는 자유이다. 분명한 것은 나는 하나님께서 주신 비전 실현을 위한 하나님의 경영 원리를 간구하였고, 간구대로 영감을 받았고, 그것이 성경적인지 확증해 달라고 간구하여 간구대로 확증을 받았다는 것이다. 내가 상상도 못했던 것들이었다.

혹시 그대가

혹시 그대가 성경의 진리를 믿는 것에 어려움을 느낄지도 모르겠다.
나도 무척 어렵게 성경의 진리를 이해하는 과정을 거쳤기에
그 답답한 마음을 이해한다.

내가 성경을 쉽게 믿을 수 없었던 첫째 이유는 창세기 1장 창조 이야기가 불합리해 보였기 때문이었다. 오늘 날 신학자들도 창세기 1장이 이해가 안되어 다른 다른 이론에 미혹되었다고 고백하기도 한다.

혹시 그대도 창세기 1장에 대하여 어려움을 가지고 있다면

나는 그런 그대를 염두에 두고 이 책을 최대한 쉽게 쓰려 했다.
그러나 어려운 부분이 있을 것이니 용서와 이해를 구하며 도전한다.

용서를 구할 것은 더 쉽게 쓰지 못한 것에 관한 것이고,
이해를 구할 것은 천지 창조와 경영이 사실 심오하다는 것이고
도전할 것은 이해가 될 때까지 몇 번을 집중하여 읽으라는 것이다.

감사

이 책이 나오기까지 끊임없는 감동을 주신 성령님께 감사를 드린다. 그리고 함께 사랑과 인내로 짐을 나누어 져 주신 사랑하는 아내와 자녀들, 95세 아버지와 형과 누이들, 스승과 동료와 비전 멘토와 비전 멘티들께, 긴 원고를 읽고 조언을 해준 고귀한 분들, 기꺼이 감수해 주시고 추천을 해주신 존귀한 분들, 편집과 디자인으로 아름다운 책을 만들어 주신 디자이너님께 감사를 드린다.

이 책은

역경 속에서 온전한 비전과 비전 경영에 관하여 질문하고
그것을 알고 실현할 사람들에게 주는 선물이다.

시대가 무르익은 지금,
그대가 무르익은 지금,
이 책은 그대를 위하여 쓰여졌다.

비전을 실현함으로
비저너리 그대가 하나님의 형상으로 완성되기 위하여…
그대의 비전 현장이 하나님의 나라로 완성하기 위하여…

샬롬, 샬롬, 샬롬!
로스엔젤레스에서

차
례

Part I

창조 경영 이야기

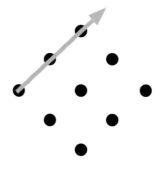

GOD THE CEO,
최고 경영의 신 이야기

 멘티여, 이제는 군림이 아닌 경영의 시대이다.

오늘날 글로벌 기업인 애플, 사우디 아람코, 마이크로소프트, 아마존, 구글, 페이스북의 수익은 웬만한 국가 예산보다 더 크고, 전 세계에 더 큰 영향력을 행사한다. 이제는 경영의 시대이다. 군림은 고대 왕조 시대의 용어이고 통치 또한 국가적 정치 용어이다. 이제 이런 단어들은 소위 "갑질"과 연관되어 모든 사람들의 가치가 존중되는 시대에는 혐오 단어가 되었다. 이제 남녀노소 할 것 없이 유튜브와 SNS에서 크리에이터 Creator로서 자기라는 브랜드를 개발하여 팔며, 아마존을 통하여 자기 사업을 하는 1인 경영, 1인 기업의 시대이다. 우리가 앞서가길 원한다면 최고의 경영 비법을 배워야 한다.

그대는 아는가?
경영의 시발점은 비전에 있고
비전의 시발점은 GOD THE CEO 최고 경영의 신이라는 사실을?

🌳 멘토여, 1인 경영, 1인 기업 시대에 시급한 것이 무엇입니까?

요즈음 유튜브와 한국의 쿠팡, 미국의 아마존 등을 통하여 1인 경영, 1인 기업이 대세가 되고 있다. 그들의 유튜브 채널은 거대 방송국이 거대한 비용을 들여 제작한 프로그램 보다 더 많은 사람들이 시청한다. 그러면서 억대의 수입을 거둔다. 그런데 간혹 독창적인 인기를 구가하다가 주저앉는 일도 있다.

경쟁의 시대에 흥하기는 너무나 어렵지만,
경영이 없기에 망하기는 너무나 순간이다.

사람들이 새로운 호기심 거리를 찾으면서도 신뢰할 만한 기업을 찾는 시대이기에 주도적 제품과 온전한 경영을 겸비하지 않으면 하루살이 같이 망할 수 있다. 이런 시대에 온전한 비전과 경영은 너무나 중요하다.

아무리 비전이 좋아도 온전한 경영이 없으면 허사이고,
아무리 경영을 잘해도 온전한 비전이 없으면 허망하다.

허사인 이유는 튀는 아이디어가 있고 비전이 좋아도 경영이 없으면 실현될 수 없고, 허망한 이유는 아무리 경영 수완이 좋아도 비전의 목적지가 온전하지 않으면 차라리 시작하지 않는 것이 좋았을 뻔하기 때문이다. 경영을 모르므로 백일몽에 그치는 좋은 비전들이 수없이 많고, 온전한 비전을 모르기에 허드렛일이나 사악한 일로 모두의 삶을 망치는 경영인들이 수없이 많다.

1인 기업, 1인 경영자, 이것은 사실 성경적 개념이다.
하나님께서 각자에게 비전을 주시고 혼자 그 비전을 추구하든
공동체 속에서 함께 하든 그 비전 분야에서 최고의 전문가와
경영자로 행동하며 삶을 완성하기를 원하신다.

그대는 국제적인 기업을 꿈꾸는가? 그렇다면 다음 말씀을 주목해보라.

어찌하여 열방이 분노하며 민족들이 허사를 경영하는고…내게 구하라 내가
열방을 유업으로 주리니 네 소유가 땅끝까지 이르리로다. | 시편 2:1, 8

하나님께서는 열방으로 표현된 국제 기업에 관하여 잘 알고 계신다. 그리고 그것을 도우시기를 원하신다. 오늘날 많은 국가들이 좌와 우의 이념으로 허탄한 싸움을 하며 허사를 경영할 때, 국제 기업들은 경영의 비전으로 뭉쳐서 열방을 향해 나아간다. 그리고 소유를 넓힌다. 이제 그대가 온전한 비전으로 그렇게 펼쳐 나가야 한다. 국제적이 아닐지라도 그대가 소원하여 행하는 모든 것에서 형통하기를 원하는가? 그렇다면 다음 말씀을 주목해보라.

네가 네 손이 수고한 대로 먹을 것이라. 네가 복되고 형통하리로다. | 시편 128:2
네 성 안에는 평강이 있고 네 궁중에는 형통이 있을지어다. | 시편 122:7

형통은 하늘이 주신 비전과 내 비전이 일치하고 그 실현에 목숨을 걸 때 온다. 이것을 진정으로 원한다면 다음의 말씀을 주목해보라.

그런즉 너희는 이 언약의 말씀을 지켜 행하라.
그리하면 너희의 하는 모든 일이 형통하리라. | 신명기 29:9
너의 행사를 여호와께 맡기라.
그리하면 너의 경영하는 것이 이루리라. | 잠언 16:3

하나님의 언약 속에서 행하는 자들은 모든 일에 형통한다는 것이다. 그 안에서 행동하면 경영하는 모든 것을 이룬다는 것이다. 여기에서 선제 조건은 그대가 하나님을 알고, 그 하나님께서 아버지가 되시어 자녀인 그대에게 예비하신 비전을 아는 것이다. 그리고 그대가 그 비전 실현을 위하여 목숨을 거는 것이다. 그대가 그렇게 한다면 그대의 삶은 보물찾기 여행이 될 것이다.

이럴 수 있는 이유는 그 분이 우주를 창조하신 분이고,
또한 그대를 위하여 죽기까지 하신 분이기 때문이다.
그대를 위하여 못 줄 것이 없고, 못 할 것이 없기 때문이다.

당연히 이 말은 쉽게 이해되지 않을 수 있다. 이렇게 큰 비밀이 쉽게 이해된다는 것은 작은 인간의 뇌와 짧은 인생으로는 쉽지 않다. 그러나 그대가 이해하지 못한다 하여 이 말의 진실성이 약화되지 않는다. 단순히 그대가 아직 이해하지 못했을 뿐이다.

아직이라는 말이 중요하다.
언젠가 "아직"을 지나 "어느새" 하나님의 진리와 사랑이
감격으로 이해될 날이 올 것이기 때문이다.

만약 그대가 하나님을 고리타분하신 분으로, 성경을 지루한 교훈서로 보았다면 이미 받아야 할 큰 축복을 이미 잃은 것이다. 이유는 인류의 모든 온전한 비전과 그 비전의 경영 비법을 하나님께서 가지고 계시고, 그 원리가 성경에 기록되어 있기 때문이다. 관건은 하나님께서 예비하신 것을 누리는 것에 있다.

그것을 위해 하나님께서 주신 비전을 먼저 알아야 하고,
그것을 위해 하나님께서 행한 경영을 이어 알아야 한다.

그런데 감사하게도 성경은 하나님께로부터 나오는 비전에 관하여 보여주고 하나님 경영의 비밀을 알려준다. 그리고 이 책은 하나님의 큰 비전과 경영의 비밀에 관한 것을 케이스를 통하여 쉽게 풀어줄 것이다. 이제는 경영의 하나님을 알아야 할 때이다. 이제는 경영의 시대이다. 경영에 주목해야 할 이유는 단순히 시대적 변화 때문이 아니다. 그것이 사실 하나님의 속성 중에 하나이고 우리에게 부여하신 속성이기 때문이다.

하나님께서 우주의 주인으로 우주를 경영하신다.
하나님께서 우리의 주인으로 우리를 경영하신다.

우리에게 지구 경영권을 비전별로 나누어 주셨고
우리에게 믿음의 기업과 자원을 유산으로 주셨다.

그것을 알게 하시는 도구가 비전이다.
그것을 실현시키는 과정이 사명이다.
이 과정에서 필요한 것이 경영전략이다.

이쯤에서 그대는 이 책에서 말하는 경영이 세상에서 사용하는 경영과는 다른 것임을 이해했을 것이다. 세상의 경영원리가 아니라 하나님의 경영원리를 구분하여 말하는 것이다. 우리는 우주를 경영하시는 하나님의 경영에 관해 관심 있는 것이다.

멘토여, 보좌에 앉아 계신 거룩하신 하나님이 아니라 일하시고, 경영하시는 하나님은 생소합니다.

그렇다. 안타깝게도 그간 인간의 하나님에 대한 이해는 피상적이고 부분적이었다. 그간 세상에서 이해한 하나님은 도덕적인 삶만을 강조하는 고리타분하고 지루한 분이다.

그러나 하나님께서는 고리타분한 것과는 관계가 없는 분이시다. 고리타분한 것은 정체되고 썩는 것의 이미지이다. 그러나 하나님께서 창조하시고 경영하시는 자연을 보라. 늘 새롭게 변화하여 완성되고 새 시작을 하도록 하신다. 하나님께서는 늘 진취적이시고 적극적으로 일하시면서 의롭고 평화스럽고 아름다운 결과를 만들어 내시는 파격적이고 다이내믹한 경영자이시다. 이런 하나님의 특성은 성경의 첫 책, 첫 장, 첫 줄에서부터 알 수 있다.

태초에 하나님이 천지를 창조하시니라. | 창세기 1:1

역동적이신 하나님을 이보다 더 잘 소개하는 글이 있을까? 우리가 처음 만나는 하나님은 우주 창조라는 프로젝트를 역동적으로 수행하시는 분이시다.

 멘토여, 하나님께서 일하심을 증명해 주십시오.

하나님 아버지와 늘 함께하신 예수님의 증거를 통하여 살펴보자. 바리새인들이 38년 동안 병에 걸려있었던 사람을 안식일에 고치신 예수님을 비판하자 예수님께서 이렇게 말씀하신다.

예수께서 그들에게 이르시되
내 아버지께서 이제까지 일하시니 나도 일한다 하시매 | 요한복음 5:17

하나님 아버지께서 일한다고 하신다. 더 충격적인 것은 "이제까지" 라는 말에서 발견되어지는 사실이다. 그 "이제까지" 가 안식일인 것이다. 유대인들에게 이것은 두 가지에서 충격이었다. 그 이유는 하나님께서 안식일에 일하신다는 것과 그 하나님을 아버지라고 부르는 것 때문이었다. 유대인들에게는 인간이 신을 아버지라 부르는 것도 불경스럽고, 또 안식일에 하나님께서 일하신다고 말하는 것도 불경스러운 것이었다. 그러나 예수님을 통하여 듣는 하나님은 일하시는 하나님이시고, 심지어는 안식일까지도 일하시고, 경영하신다고 하나님 아버지와 늘 함께하시던 아들 예수님께서 말씀해 주신다.

정말 그럴까? 이제는 GOD THE CEO이신 하나님의 입으로 직접 들어보자.

일을 행하시는 여호와, 그것을 만들며 성취하시는 여호와,
그의 이름을 여호와라 하는 이가 이처럼 이르시도다.

너는 내게 부르짖으라 내가 네게 응답하겠고
네가 알지 못하는 크고 은밀한 일을 네게 보이리라. | 예레미야 33:2-3

이 말씀은 예레미야 선지자의 입을 통하여 GOD THE CEO 최고 경영의 신께서 하신 것이다. 우리는 이 말씀을 통하여 하나님께서 어떤 분이신지 정확하게 알 수 있다.

여호와 하나님은 스스로 일을 "만들며" "행하시"고, "성취하시"며
그 일들을 우리에게도 보이시고 나누어 함께 일하도록 하시는
GOD THE CEO, 최고 경영의 하나님이시다.

우리에게 보이실 "크고 은밀한 일"이 우리에게 주시는 비전이다.
하나님께서 가지신 계획을 우리에게 비전으로 주시고
우리에게 경영토록 하시는 것이다.

이렇게 하나님께서는 GOD THE CEO 최고 경영의 신이 되신다.

멘토여, 하나님을 GOD THE CEO이라고 부르는 것은 불경한 것이 아닙니까?

하나님을 GOD THE CEO라고
부르는 것은 불경스러운 것이 아니라
지극히 성경스러운 것이다.

그 증거를 성경 속에서 하나님의 다른 이름과 호칭을 통하여 살펴보자.

전능하신 하나님이신 **엘로힘 Elohim** (창 1:1)
자존하시는 하나님이신 **여호와 Yahweh** (창세기 2:4, 출애굽기 3:14-15)
선한목자이신 하나님 **여호와 로이 Yahweh Roi** (창세기 16:13, 시편 23:1)

준비해주시는 하나님이신 **여호와 이레** Yahweh Yireh (창22:8-14)

치료하시는 하나님이신 **여호와 라파** Yahweh Rapha (출15:26)

승리 깃발의 하나님이신 **여호와 닛시** Yahweh Nissi (출17:15)

평화의 하나님이신 **여호와 샬롬** Yahweh Shalom (사사기6:24)

여호와의 구원자이신 **예수**Yeshua (마태복음 16:13-16)

함께하는 하나님이신 **임마누엘** Emmanuel (이사야 8:8,10, 마태복음1:23)

이런 다양한 하나님의 이름 중에서 우리가 구분할 것이 있다. 이 이름들 중 하나님께서 직접 알려 주신 것도 있지만, 인간들이 하나님의 속성을 알게 되면서 부르게 된 것도 있다는 것이다.

예를 들어, 여호와 이레는 아브라함이 양을 준비해주신 하나님을 일컬은 것이다. 여호와 샬롬은 기드온이 두렵게만 생각하던 하나님에게서 평화를 느낀 후에 부른 이름이었다.

이처럼 하나님의 이름 중에는 믿음의 사람들이
하나님의 속성을 인식하고 그런 하나님을 인정해 드리고
그 이름을 헌정하면서 불린 것들도 있다.

관건은 그 이름이 하나님의 속성을 대변해야 하는 것이어야 한다.

현대에 와서는 나의 은사 중에 한 분이신 신약학자이며 바울 신학의 대가이신 로버트 뱅스 박사는 God the Worker라는 책에서 하나님을 창조자, 공급자, 구원자로서의 일 외에도 다양한 일을 하시는 하나님으로 불렀다. 그리고 성경 속에서 작곡가, 연주자, 대장장이, 도예가, 의상제작자, 의상착용자, 정원사, 과수원지기, 농부, 포도주 제조자, 목동, 전원주의자, 장막제조공, 야영자, 건축가와 설계자 등의 다양한 일을 하시는 하나님을 제시한다.[1] 이제 나는 하나님께서 일하시는 분일 뿐 아니라 전 우주의 경영자로서의 속성을 인정해 드리고 영광 돌리고자 하는 것이다.

🌳 멘토여, 그렇다면 GOD THE CEO 최고 경영의 신이 하나님의
속성을 대변하고 있습니까?

우리는 하나님께서 GOD THE CEO 최고 경영의 신이라는 것을 이미 살폈다. 이제는 그가 왜 최고 경영의 신인지 그 이유를 살펴보자. 다음의 구절들을 한국어와 영어로 주목하라.

너희의 하나님 여호와는 <u>신 가운데 신</u>이시며 <u>주 가운데</u> 주시요. | 신명기 10:17
God of gods and Lord of lords

<u>신들 중에 뛰어난</u> 하나님께 감사하라 그 인자하심이 영원함이로다.
God of gods
<u>주들 중에 뛰어난 주</u>께 감사하라 그 인자하심이 영원함이로다. | 시편 136:2-3
Lord of lords

한국어에는 복수 개념을 잘 안 쓰지만, 신 중의 신, 주 중의 주라는 말은 엄격히 말하면 신들 중에 신, 주들 중에 주라는 말로 그 자체로 그들 중에 최고의 신 THE Chief Executive GOD, 최고의 주 THE Chief Executive LORD 라는 말을 내포하고 있다.

하나님은 태초부터 진정한 GOD THE CEO: THE Chief Executive Officer, 최고 통치 경영자이셨다. 보통 CEO가 아니라 정관사 THE가 붙은 THE CEO, 유일하신 최고의 THE Chief Executive Officer이신 것이다. 하나님을 최고 경영의 하나님으로 부르는 것은 절대로 하나님을 인간적으로 만들거나 하나님의 권위를 깎아내리는 것이 아니다. 오히려 드디어 드러난 하나님의 최고 경영의 신의 속성을 인정해 드리며, 그 이름을 헌정해 드리는 것이다.

하나님을 GOD THE CEO라고 부르는 것은
하나님께서 역사와 우주의 최고 경영자,

THE CEO임을 인정해 드리는 것이며
우리 삶의 THE CEO이심을 인정하는 것이다.
또 하나님께서 우리에게 주신 비전을
지혜로운 청지기로서 경영하겠다는 고백이기도 하다.

그리고 이제는 우리가 하나님의 형상 속에 있는 경영의 속성을 닮아 보다 지혜롭게 삶과 주신 비전을 경영하여 하나님을 영화롭게 하겠다는 믿음의 고백인 것이다.

 멘토여, 인간이 어떻게 하나님의 비전의 일을 받을 수 있습니까?

하나님께서 GOD THE CEO 최고 경영의 신이신 이유는 천사들뿐 아니라, 우리 인간들에게도 일을 나누어 주시며 그의 영광스러운 일에 동참할 수 있는 특권을 주시기 때문이다. 하나님께서 GOD THE CEO로서 천사들에게 일을 나누어 주신 것은 에스겔서 28장 14절에서 루시퍼에게 지키는 천사 케루빔의 역할과 무역 (28:18)을 하도록 하셨고, 다니엘서 12장 1절에서 미가엘에게 이스라엘을 지키는 천사장의 일을 맡기신 것을 통하여 알 수 있다.

하나님께서는 스스로 GOD THE CEO, 최고 경영의 신으로서 경영하시면서, 천사와 인간들을 하나님을 대리하는 경영자로 창조하셨다. 인간들에게 나누어 주신 일들은 창세기 1장 28절에 잘 요약되어 있다. 즉, 하나님께서 창조하신 지구에서 "생육하고 번성하여 땅에 충만하라, 땅을 정복하라, 바다의 물고기와 하늘의 새와 땅에 움직이는 모든 생물을 다스리"게 하셨다. 문제는 죄로 인하여 그 통치의 권세와 경영의 지혜를 인간이 잃어버렸고, 경영자, 통치자에서 통치를 받는 사람으로 전락했다는 것이다.

죄로 인하여 하나님과의 관계가 끊긴 후에 하나님께서는 자신을 찾는 자들에게 만나주시고, 자신에게 부르짖는 자들에게 응답해주신다. 위에서 살핀 예레미야 선지자의 말과 같이 부르짖는 자들에게 하나님께서는 "알지 못하는 크고 은밀한 일"을 알게 하신다는 것이다.

그 "알지 못하는 크고 은밀한 일"이
마침내 우리에게 드러날 때 비전이 된다.
그 비전의 내용이 우리가 경영하여 실현해야 할 큰 일이다.

바울 사도와 요한 사도는 그들의 편지에서 "알지 못하는 크고 은밀한 일"이 구체적으로 무엇인지 알려 준다.

> 음행하는 자나 우상 숭배하는 자나 간음하는 자나 탐색하는 자나 남색하는 자나 도적이나 탐욕을 부리는 자나 술 취하는 자나 모욕하는 자나 속여 빼앗는 자들은 하나님의 나라를 유업으로 받지 못하리라. | 고린도전서 6:9-10

> 너희도 정녕 이것을 알거니와 음행하는 자나 더러운 자나 탐하는 자 곧 우상 숭배자는 다 그리스도와 하나님의 나라에서 기업을 얻지 못하리니 | 에베소서 5:5

> 이기는 자는 이것들을 상속 (유업)으로 받으리라.
> 나는 그의 하나님이 되고 그는 내 아들이 되리라. | 요한계시록 21:7

즉, 이 크고 은밀한 일은 하나님 나라 안에서 우리가 상속으로 받을 유업과 유산으로 받는 것이다. 하나님께서 우리 각자에게 예비해 주신 비전은 우리의 유업, 기업으로 구체화되는 것이다. 그러므로 비전은 막연한 것이 아니라 매우 구체적인 직업적 영역 속에서 실현될 일이다.

위 구절들에서 유업, 기업, 상속으로 번역된 단어의 그리스 원어 기본형은 클레로노미아 κληρονομία이다.[2] 이 단어는 제비 뽑기를 통해 나온 분깃, 할당량, 부분을 뜻하는 클레로 κληρο와 법을 뜻하는 노미아 νομία의 합성어이다. 즉, 이 말은 법적인 분깃이라는 뜻으로 부모에게 법적으로 세습, 상속받은 유산이라는 뜻이다.

이것은 경영이 가미된 일을 뜻하기 때문이다. 즉, 아버지께서 경영하시는 사업을 물려받은 것을 의미한다. 영어에서는 이것을 세습 유산의 의미인 inheritance, heritage, patrimony로 번역하지만, 한국어 성경은 이것을 유업, 기업으로도 번역함으로 더 깊고 포괄적인 뜻을 전한다.

 멘토여, 하나님께서는 경륜으로 행하시고 경영은 인간이 하는 것이 아닙니까?

과연 그럴까? 경영보다 경륜이 더 품격 있어 보이지만, 반전은 둘은 한 단어의 다른 번역이라는 것이다. 경륜을 쓸 것인지 경영을 쓸 것인지는 번역자의 선택이었던 것이다. 그런데 경영이라는 단어는 구약에서, 그리고 경륜은 신약에서 주로 쓰였다는 것이 차이점이다. 구약과 신약의 구절들을 살피면서 이것을 확인해 보자.

경영을 표현한 대표적인 히브리 단어들과 그 사용 구절들은 다음과 같다.

에차 עֵצָה 는 일차적으로 상담 counsel, 조언 advice, 계획 plan, scheme, 목적 purpose, 전략 strategy를 뜻하는데 다음과 같은 구절에서 사용되었다.[3]

> 이것이 온 세계를 향하여 정한 경영이며 이것이 열방을 향하여
> 편 손이라 하셨나니. | 이사야 14:26
> 이도 만군의 여호와께로부터 난 것이라 그의 경영은 기묘하며
> 지혜는 광대하니라. | 이사야 28:29 (개역 개정)

야아츠 יָעַץ는 동사로 조언을 주다 to advise, 상담하다 counsel, 계획하다 plan, 목적하다 purpose 등을 뜻하는 데 다음과 같은 구절에서 경영으로 사용되었다.[4]

만군의 여호와께서 맹세하여 가라사대 나의 생각한 것이 반드시 되며
나의 경영한 것이 반드시 이루리라.
만군의 여호와께서 경영하셨은즉 누가 능히 그것을 폐하며 그 손을 펴셨은즉 누가
능히 그것을 돌이키랴. | 이사야 14:24, 27 (개역한글)

메짐마 מְזִמָּה는 mezimmah는 목적 purpose, 분별 discretion, 장치 device, 의도 intent, 계획 plan, 악한 계획 wicked schemes 등을 뜻하고 다음과 같은 구절에서 경영으로 사용되었다.[5]

주께서는 무소불능하시오며 무슨 경영이든지 못 이루실 것이 없는 줄 아오니
| 욥기 42:2 (개역한글)

지금까지 살핀 것들은 하나님께서 경영하시는 것들이 묘사된 것들이었다. 그런데 경영은 하나님께서만 하시는 것이 아니라 인간들도 하는 것이다.

마하샤바 מַחֲשָׁבָה는 machashabah는 계획 schemes, 생각 thought, 디자인 design, 음모 plot 등을 뜻하고 다음과 같은 구절에서 사용되었다.[6]

너의 행사를 여호와께 맡기라 그리하면 너의 경영하는 것이 이루리라. 잠언 16:3
무릇 경영은 의논함으로 성취하나니 모략을 베풀고 전쟁할지니라. 잠언 20:18
부지런한 자의 경영은 풍부함에 이를 것이나 조급한 자는 궁핍함에
이를 따름이니라. | 잠언21:5 (개역한글)

짐마 זִמָּה는 계획 a plan, 음모 device, 음란한 범죄 lustful scheme,

악한 계획 wicked schemes 등을 뜻하며 다음과 같은 구절에서 경영으로 사용되었다.[7]

> 나의 날이 지나갔고 내 경영 내 마음의 사모하는 바가 다 끊어졌구나.
> | 욥기 17:11 (개역한글)

위에서 살핀 다양한 히브리 원어에서 발견하는 경영은 계획, 목적, 의지, 선택 그리고 그것을 실행하는 데 필요한 지혜, 분별, 지략들을 상담하고 조언할 수 있는 지혜와 그것들에 대한 전반적인 실행으로 이해한다.

이처럼 경영은 하나님의 것이고,
인간이 하나님 앞에서 온전히 행함으로
하나님의 경영이 우리 삶을 주관하시도록 해야 할 일이며,
또한, 우리가 하나님의 경영을 배워서 행하여야 할 일이다.

구약에서 언급하는 경영의 특징 중의 하나는 경영을 표현하기 위한 여러 단어가 사용됐다는 것이다. 그만큼 경영은 다양한 속성을 가지고 있다고 볼 수 있다. 그리고 이런 히브리어를 번역함에 있어서 한국의 번역자들이 여러 단어 중에서 경영을 선택한 것도 주목할 일이다.

이제 경륜에 관하여 살펴보자. 경륜은 주로 신약성경에서 사용되어졌다. 경륜을 뜻하는 그리스 원어는 오이코노미안 οἰκονομίαν으로 킹 제임스 버전에서 하늘의 분류, 하늘의 분배, 하늘의 통치를 뜻하는 차원으로서의 경륜 dispensation, 뉴 아메리칸 스탠다드 버전에서 청지기직분 stewardship, INT 버전에서는 행정/통치 administration으로 번역되었다.

이 단어의 기본형 오이코노미아 οἰκονομία는 가정의 청지기 직분 stewardship, 가사 관리/경영 management of household affairs, 행

정 administration 등을 주로 뜻한다. 이 단어는 신약에서 다음과 같이 다양하게 사용되었다.

> 너희를 위하여 내게 주신 하나님의 그 은혜의 경륜 (오이코노미안)을 너희가
> 들었을 터이라
> 영원부터 만물을 창조하신 하나님 속에 감추어졌던 비밀의 경륜 (오이코노미안)이
> 어떠한 것을 드러내게 하려 하심이라.
> | 에베소서 3:2, 9 (개역개정)

또한 이 단어는 주로 청지기 직분을 뜻하는 데 가장 많이 사용되었다.[8]

> 청지기 (오이코노모스)가 속으로 이르되 주인이 내 (청지기) 직분
> (오이코노미안)을 빼앗으니 내가 무엇을 할까 땅을 파자니 힘이 없고
> 빌어 먹자니 부끄럽구나. | 누가복음 16:3 (개역개정)

> 내가 내 자의로 이것을 행하면 상을 얻으려니와
> 내가 자의로 아니한다 할지라도 나는 (청지기적) 사명 (오이코노미안)을
> 받았노라. | 고린도 전서 9:17 (개역개정)

누가복음 16:3에서 사용된 청지기를 뜻하는 그리스 원어는 오이코노모스 οἰκονόμος로 직분을 뜻하는 그리스어 오이코노미안 οἰκονομίαν 과 같은 어원을 가진다. 고린도전서 9:17에서 사용된 사명도 청지기 직분의 사명을 뜻한다. 다른 번역에서는 사명 대신 직분으로 번역되어 있다. 다만 개역개정의 번역은 직분을 사명으로 본 것은 부르심 받은 곳을 소명으로 보는 사명관에 더 부합한다고 보인다.

결론적으로 경륜으로 번역된 그리스 원어는 οἰκονομία 오이코노미아에서 나온 것으로 일차적으로 가정, 이차적으로는 가계, 거주지, 국가를 뜻하는 오이코스 οἶκος oikos와 규정과 법칙을 뜻하는 노미아

vομία 의 합성어로 **가정과 법, 즉, 가정 경영법**을 뜻한다. 라틴어 Nomia 는 nemo에서 왔는데 이것은 음식을 떼어 주기, 방목하는 동물들에게 영역을 할당하기 등에서 유래된 경영, 분배, 할당 등을 뜻하여 제한된 것을 나누는 경영, 관리를 뜻하게 되었다.[9] 그러므로 오이코노미아는 가정과 단체, 국가의 경영 법이며, 그것을 위한 청지기직, 경영, 통치, 분배, 경륜, 섬김을 뜻한다.

이 그리스어 오이코노미아가 라틴어에 영향을 주어 oeconomia 외코노미아가 되었고, 중세 영어로는 yconomye 이코노미에가 되었다가 이제 영어로 economy 이코노미가 된 것이다. 이코노미의 뜻은 경제, 절약, 조화, 시간 등을 포함한다.

 멘토여, 왜 한국어 신약에서는 경륜을 사용했습니까?

한국 성경에서 경륜으로 번역된 그리스어 원어는 일차적으로는 경영을 뜻하고 경륜은 부수적인 뜻을 갖는다. 신약에서 경영 대신 경륜을 쓴 것은 경영을 세상적인 지혜로 보고, 경영과 구분을 하려 했던 것 같다. 예수님 이후 보다 깊은 경륜이 드러나 하나님의 세상 통치, 경영, 분배, 구분된 시대 등을 뜻하는 데 적절하다고 본 것이다.

그러나 구약에서도 살핀 것과 같이 경영이 세상적 단어가 아니라 하나님께서 행하시는 고귀한 것임을 인식하고, 하나님의 경영 속에 경륜도 포함된다는 것을 생각한다면 경륜과 경영을 모두 귀하게 여기며 사용하여야 한다. 그리고 경영의 효용성은 경륜이 보다 명사적인 느낌이라면 경영은 명사를 포함하면서도 보다 역동적이고 행동적인 부분을 가지고 있다는 것이다.

결론적으로 그리스 원어를 통합적으로 보면 오이코노미아는 시간과 자원을 최대한 조화롭게 분배하고, 절약하여, 효율적이고 성공적으로 일을 완수하는 가정과 단체, 국가에 속한 청지기의 제반 활동으로 이해된다. 그래서 이것은 신약에서 주로 경륜으로 번역되었지만, 원뜻은 주인에게 재산을 할당받은 청지기가 행하여야 하는 경영의 의미를 품고 있다. 뿐만 아니라 이 단어는 다른 중요한 것을 우리에게 알려준다.

경영을 뜻하는 오이코노미아라는 말에는
기본적으로 청지기 직이라는 개념이 함께 들어있다는 것이다.

청지기는 주인에게 속하여, 주인의 뜻을 대리하여
주인의 자원을 관리하며, 주인의 뜻을 이루는 사람이다

이 말은 모든 경영자는 하나님의 청지기 입장에서 경영을 하고
경영은 지혜롭고 전략적인 분배를 하는 투자에 관한 것이며
또한 그 소득을 공정하고 지혜롭게 분배하는 일인 것이다.

이렇게 할 이유는 자명하다. 인간 모두는 하나님께서 주신 자원을 활용하며 하나님께서 주신 비전을 실현하여 서로 남들을 섬기는 사명을 감당하도록 되어 있기 때문이다.

🌳 **멘토여, 그래도 인간이 어떻게 하나님의 비전의 일을 감당할 수 있습니까?**

인간이 과연 하나님의 비전을 알아차리고 감당할 수 있을까? 답은 '물론'이다. 오히려 그렇게 하지 않으면 불순종이 된다. 하나님께서는 인간으로 하여금 능히 그것을 잘 감당할 수 있도록 비전도 주시고, 자원도 주신다. 자원엔 영적, 혼적, 관계적, 신체적, 물질적, 환경적 자원들이 있다.

그중에 영적인 자원을 살피면 하나님의 뜻을 알 수 있다. 성령의 은사들이 많지만, 그중에 경영과 연관된 자원은 다스림의 은사 (고린도전서

12:28)이다. 여기에서 다스림이라 할 때 오늘날 영어에서 통치, 정부를 뜻하는 말, government가 나온 그리스어 쿠베르네시스 $\kappa \upsilon \beta \acute{\epsilon} \rho \nu \eta \sigma \iota \varsigma$가 쓰였다. 이 말은 통치, 지배 government, 인도 guide, 지도 steering, 행정 administration, 감독 directorship을 뜻한다.[10]

사실 이 다스림의 은사는 이미 살핀 것처럼 아담에게 창조 때 나누어 주신 것이다.

> 하나님이 이르시되 우리의 형상을 따라 우리의 모양대로 우리가 사람을 만들고
> 그들로 바다의 물고기와 하늘의 새와 가축과 온 땅과 땅에 기는 모든 것을
> 다스리게 하자 하시고 | 창세기 1:26 (개역 개정)

"다스리게 하자"의 히브리어 기본형 단어는 라다 רדה 뜻은 영역권, 통치권, 지배력을 갖다, 지배하다, 통치하다이다. 히브리 성경을 그리스어로 번역한 70인역에서는 이 단어를 아르코마이 $\check{\alpha} \rho \chi o \mu \alpha \iota$ 로써 '시작이 되다, 첫째가 되다, 우두머리 지도자가 되다' 는 뜻으로 표현했다.

인간으로 하여금 모든 것을 다스리는 머리가 되게 하셨다는 것이다. 즉, 하나님의 고유한 통치와 경영의 권세를 인간에게 위임해 주셨다는 것을 의미한다.

멘토여, 그러나 오늘날 세상이 이해하는 경영은 그런 개념이 아닌 것 같습니다.

그렇다, 세상은 무조건적으로 돈을 버는 것을 경영으로 보는 경향이 있다. 그래서 주님께서 다음과 같이 말씀하신다.

> 한 사람이 두 주인을 섬기지 못할 것이니 혹 이를 미워하고 저를 사랑하거나
> 혹 이를 중히 여기고 저를 경히 여김이라 너희가 하나님과 재물을 겸하여
> 섬기지 못하느니라. | 마태복음 6:24

여기에서 재물로 번역된 그리스어 원어는 맘모나로 자신이 신뢰하는 보물이라는 뜻을 내포한다. 맘몬 Mammon이라 할 때는 그런 재물과 돈을 관장하는 풍요의 신이라는 뜻으로, 주로 아람어 문화권에서 사용되었다. 예수님께서 두 주인을 섬길 수 없다는 말은 하나님의 나라와 의를 먼저 구하도록 하시는 하나님과 돈과 재물을 비전으로 삼으라고 충동질하는 맘몬을 동시에 섬길 수 없다는 것이다. 맘몬을 따르는 이들은 하나님의 청지기적 경영을 버리고 사리사욕을 추구한다.

> 돈을 사랑함이 일만 악의 뿌리가 되나니, 이것을 사모하는 자들이 미혹을 받아 믿음에서 떠나 많은 근심으로써 자기를 찔렀도다. | 디모데전서 6:10

예수님께서 귀하게 여기는 청지기는 주인에게 사업 비전을 받고, 그 사업을 위한 재물도 받은 사람이고, 그 비전 실현을 사명으로 삼아 배로 남기고 적절하게 분배해 주는 사람이다. (마태복음 25장, 누가복음 16장). 이러한 청지기는 돈 버는 사업 관리만 하는 것이 아니라 각자의 부르심 받은 비전 영역에서 지혜롭게 경영을 하는 사람이다.

 멘토여, 성경에 경영을 잘한 청지기들은 누가 있습니까?

성경엔 하나님을 통하여 쓰임 받은 청지기적 경영의 대가들이 소개되고 있다.

방주 신기술의 영감을 성공적 경영으로 발주한 노아
양 목장 경영을 잘한 사람 야곱
국가 경제, 국제 경영을 잘한 사람 요셉
국가 정치 경영을 잘한 사람 모세, 다니엘, 느헤미아
교회의 급격한 부흥에 사람 경영을 잘한 사람 베드로
하나님 나라 차원에서 복음의 국제 경영을 잘한 사람 바울

이들은 성경에서 모두가 인정하는 그 분야에 탁월한 경영인, 비전의 청지기들이었다. 그런데 이들이 그렇게 인정받게 된 것은 그들의 똑똑함 때문만이 아니었다.

그들의 성공 비결은
하나님께서 가지신 미래 계획을 계시를 통하여 미리 비전으로 받고
비전 실현을 사명으로 삼고 청지기적 경영을 한 것이다.

이제 이러한 하나님의 비전과 자원과 경영을 아는 사람들이 세상을 주도해 나가야 할 때이다. 그대의 차례가 온 것이다.

지금까지 우리는 GOD THE CEO 최고 경영의 신의 개념에 관하여 개론적으로 살폈다. 전통적인 하나님에 대한 개념은 흰 수염에 보좌에 앉아서 경륜으로 심판하시는 고리타분한 분이었다. 하나님께는 여러 이름이 있지만, GOD THE CEO 최고 경영의 신이란 새 이름을 이제 우리가 불러드려야 한다는 것을 알았다. 그리고 우리가 그런 하나님께 비전과 자원을 부여받은 청지기로서 온전한 경영을 하여야 함을 살폈다. 우리는 GOD THE CEO께서 어떻게 진취적이고, 적극적이시며, 창조적이고 역동적인 경영의 하나님이신지 더 구체적으로 살피게 될 것이다. 이제 다음 장에서는 경영의 정의와 더불어 V.M.O.S.T. A.R.T.ⓒ의 경영 원리의 정의를 살피게 될 것이다.

멘티여,

· 그대는 왜 하나님을 GOD THE CEO라고 불러야 하는지 설명할 수 있는가?
· 그대는 경영자로서 준비되었는가?

2

V.M.O.S.T. A.R.T.©
경영 원리

 멘티여, 그대는 어떤 경영의 원리를 가지고 살아가는가?

그대에게는 적용하며 살아가는 삶의 경영 원리와 직업적 경영의 원리가 있는가? 답이 즉각적으로 나오지 않는다면 이 장에서 나눌 대화에 집중해보라. 경영은 개인과 단체가 실현해야 할 비전을 효율적으로 감당하기 위하여 취할 방법에 관한 것이다. 그러므로 경영의 원리는 모든 사람들이 알고 삶에 적용하며 삶을 완성해야 할 중요한 문제인 것이다.

1인 경영, 1인 기업 시대에 많은 경영의 문제가 있다. 포스트모던 Postmodern 시대의 4차 산업혁명 그리고 포스트모탈 Postmortal 시대의 5차 산업 혁명에서 온전한 비전과 가치 그리고 경영을 알고 행하는 것은 너무나 중요하다. 포스트모탈 시대와 5차 산업 혁명은 아직 생소한 개념이지만 이에 관하여는 비전 멘토링 시리즈의 첫 책, **비전의서: 비전 있어?**를 읽어보라. 온전한 경영적 원리에 관하여는 어린 시절부터 체득하는 것이 너무나 중요하다. 경영의 정의와 방법에 대하여 살펴보자.

경영을 뜻하는 영어 매니지먼트 management의 어원인 메네지 manage는 손으로 다루다는 뜻의 이태리어 마네기아레 maneggiare에서 왔다. 이 말은 손을 뜻하는 라틴어 마누스 manus에서 유래했는데, 손으로 무엇인가를 만들어 내는 것, 조정하기, 말 훈련시키기 등을 뜻한다. 즉, 목적한 바를 성취하기 위하여 무엇인가를 통제하고 가르치는 것을 말한다.

잠시 경영학자들이 생각하는 경영에 관하여 살펴보면 다음과 같다.

현대 경영이론의 창시자라 불리는 프랑스 앙리 파욜 Henri Fayol 1841-1925에 따르면 경영은 "예측 forecasting하고 계획 planning하고, 조직 organizing하고, 지휘 commanding하고, 조정 coordinating 하고, 통제 controlling 하는 것이다." [11] 참으로 깊은 통찰력으로 경영의 요소를 파악한 것이라 인정된다.

프레데릭 테일러 Frederick Winslow Taylor 1856-1915는 산업화가 이루어지며 대형 공사가 우후죽순으로 시작되던 미국에서 노동자 관리에 획기적인 대안을 제시했다. 그의 관리방식은 테일러리즘 Taylorism으로 불리며 스톱워치 stopwatch로 상징된다. 즉, 관리인이 스톱워치를 누르면, 다시 누를 때까지 집중하여 일하는 것이었다. 철저한 시간 관리에 근거한 과학적 경영을 제시하면서 연구를 기반으로 한 작업규칙, 과학적 체계에 따른 직원 선별 및 교육, 근로자의 세부 교육 및 감독, 그리고 관리자와 작업자가 같이 과학적으로 작업을 배분할 것을 주창하였다.[12]

테일러의 이러한 방법은 포디즘으로 대변되는 헨리 포드 Henri

Ford 1863-1947의 대량생산을 가능케 했다. 포디즘은 "근로자를 위한 높은 임금과 함께 저렴한 상품의 대량 생산"을 촉진하는 것으로, 당시에 근로자의 대부분인 일용직 노동자들에게 최고의 급료를 지급함으로 그들을 전문 인력으로 키우고, 대신 최대의 노동력으로 최대의 생산성을 높이는 것을 목표로 하였다.[13]

이러한 방법은 오늘날 미국을 대표하는 패스트푸드 체인점인 맥도날드에도 그대로 적용되고 있다. 즉, 직원이 주문을 받은 후 움직여야 할 동선이 가장 효율적이 되도록 주방시설을 배치하고, 주문 후 10분 안에 음식을 제공하는 식이다. 지금은 이 시간 규정이 각 매장의 재량으로 되었지만, 초기에 그들은 철저하게 효율적이 되도록 노력했다. 그러나 안타깝게도 과학적 효율성이라는 말 속에는 인간을 작업 기계로 취급하는 것이 포함되어 있었다.

현대 경영학의 어머니라고 불리는 미국의 메리 파커 폴레트 Mary Parker Follett 1868-1933는 회사를 통전적인 조직으로 보고, 조직 이론 Organization Theory를 기반으로 경영은 "사람을 통하여 일을 성취하는 예술, the art of getting things done through people"이라고 정의했다. 그녀의 이러한 정의는 당시 테일러리즘과 포디즘이 최대의 효율성과 최대의 수익성을 주요 목표로 하면서, 기업은 돈 버는 곳으로, 노동자들은 일방적 지시를 받고 노동력을 제공하는 기계와 같은 사람으로만 취급하는 당시 사회에 혁명적 변화를 주었다. 그녀는 노동자와 경영자가 상호적으로 소통함으로 생산성을 극대화시킬 수 있다는 모델을 제시하였다.[14] 그녀는 1926년 지시 주기 The Giving of Order라는 책에서 기업의 각 조직원들에게 획일적이고 일방적인 명령보다 개인의 자율성을 줄 때 더 큰 효과가 난다는 것을 설파했다.

그녀의 인간주의적 관점들은 조지 메이요 George Elton Mayo 1880-1949의 인간관계 운동 The Human Relations Movemen을 통하

여 더욱 확대되었다. 이러한 조직이론은 체스터 버나드 Chester Irving Barnard 1886-1961의 조직이론에도 영향을 주어 버나드는 조직을 인간활동의 협력 시스템으로 보고, 조직은 효과적이고 효율적으로 조직원의 동기를 충족시켜야 한다고 보았다.[15]

🌳 멘토여, 성경을 근거로 한 경영 전략 이론의 예가 있습니까?

대부분의 사람들은 하나님을 GOD THE CEO 최고 경영의 신으로 보지 못하며 성경을 경영전략적인 책으로 보지 않았기에 안타깝게도 주도적인 이론은 없다. 그러나 성경에서 경영 전략을 도출해낸 몇 사람의 예를 들어보자. 성경적 경영을 긍정적으로 승화시킨 피터 드러커 Peter Drucker 1909-2005와 편협하고 부정적으로 평가한 로렌스 프리드먼 Sir. Lawrence David Freedman의 예를 살펴보자.

첫째, 성경적 경영 원리를 긍정적으로 풀어낸 경우는 현대 경영학의 창시자라고 불리는 미국의 피터 드러커를 통하여 살펴볼 수 있다. 그는 성경에서 경영 원리를 직접 도출하기보다는 인간 존엄과 경영자로서의 가치 위에서 경영의 원리를 도출하였고, 위에서 살펴본 파욜, 폴레트, 메이요와 버나드의 경영이론을 발전시켰다. 그는 경영을 기업가의 관점이 아닌 고객의 관점에서 보아야 한다는 이론을 더 발전시켰다. 기업이 해야 할 일은 고객의 욕구와 시장의 동향을 파악하고, 근로자를 지불할 비용이 아닌 회사의 자산으로 간주해야 한다고 주장했다. 그런 차원에서 근로자를 지속해서 개발하고 지원함으로 기업을 대표하여 고객의 가치와 기업의 가치를 사회와 함께 공유할 사람으로 보았다.

경영자는 노동자를 관리하고 월급을 주는 사람이 아니라, 목표설정, 조직, 관리, 동기부여와 커뮤니케이션, 평가 측정, 인재개발 등을 하되, 혁신을 위한 고객과 직원, 사회와 미래와의 소통 및 협력을 소중히 하는 사람이어야 한다고 했다. 또한, 그는 기업에 속한 직원 개개인이 모

두 CEO처럼 생각하고 살아가라고 도전했다.[16]

드러커는 1950년대에 뉴욕대학에 하버드와 MIT를 이어 3번째로 경영학과를 개설하였다. 경영학은 그때부터 시작되었고, 그를 통하여 꽃을 피우게 된 학문이다. 그는 1954년 그의 여러 공헌 중의 하나인 목표에 따른 경영 Management By Objective 이론을 개발한다. 경영학계에서 MBO로 줄여서 부르는 이 이론은 다섯 가지 단계로 구성된다.

1. **조직 목표 검토** Review organizational goal
2. **작업자 목표 설정** Set worker objective
3. **진행 상황 모니터링** Monitor progress
4. **평가** Evaluation
5. **보상** Give reward[17]

드러커의 이론은 현대 경영학의 창시자라는 명칭에 걸맞게 경영을 포괄적으로 보고 목표치 설정과 분담, 그리고 감독, 평가와 보상까지 포괄적인 사이클을 제시한다. 드러커의 MBO 이론은 1954년 이후에 중요한 현대 경영의 원리가 되었다.

오스트리아 재무성 장관의 아들이었던 드러커는 젊은 시절 신실한 평신도 지도자로서, 성공회에서 평신도 강론까지 했다. 그의 하나님을 경외하며 사람을 존중하는 삶이 그의 이론에 잘 배어 있다. 드러커의 경영이론은 이처럼 각 사람을 존중하면서, 목표에 근거한 평가 과정을 거친다. 이러한 그의 경영이론은 드러내 놓고 말하지는 않지만, 삶 속에 깊이 배인 성경적 지혜와 가치를 품고 있는 좋은 예이다.

드러커의 5가지 단계 이론은 사실 창세기 1장을 통하여
우리가 곧 발견하게 될 이론과 유사한 부분을 가지고 있다.
하지만 우리가 창세기에서 발견할 경영이론은
드러커의 이론보다 훨씬 포괄적이다.

둘째, 성경에서 경영의 원리를 추론하되 매우 편협하고 부정적으로 다룬 경우는 영국 런던 킹스 칼리지 런던 전쟁 연구 학부의 교수 로렌스 프리드먼경을 통하여 알 수 있다. 그의 책 **전략의 역사: 3000년 인류 역사 속에서 펼쳐진 국가 인간 군사 경영 전략의 모든 것**[18] 의 서두에서 성경이 말하는 전략을 평가하는 데 하나님의 경영을 전혀 이해하지 못한 차원에서 매우 편협한 이론을 전개 한다.

기본적으로 그가 보는 경영 전략은 "주어진 상황에서 보다 많은 것을 얻어내는 과정"이고 "힘 (권력)을 창조하는 기술"(22)이다. 그런 면에서 전략은, 정치적 기술의 핵심이다. 그는 정치와 전쟁의 차원에서 전략을 보는 전문가답게 그가 보는 전략엔 "속임수, 계책, 허위공격, 재빠른 기동력, 속도 그리고 보다 빠른 기지"(23)들이 얽혀 있다.

그는 성경의 전략적 주제도 그러한 맥락에서 본다. 그는 하나님께서 아담과 이브에게 선악과를 먹지 말라고 한 것은 죽음 때문이 아니라 권력 때문이라고 본다 (60). 그들이 선악을 알게 되면 신처럼 될 수 있기에 하나님께서 그렇게 속였다는 것이다. 이 속임의 전략은 야곱이 아버지 이삭을 속여 장자권을 받은 것, 야곱이 라반에게 속아서 레아와 결혼하는 것, 형제들이 요셉을 팔고 아버지 야곱에게 그가 죽었다고 속이는 것 등을 통하여 성경 전반에 나타난다고 본다.

또한, 그가 보는 성경의 전략은 권력에 의한 위압에 있다. 출애굽 사건은 서둘러 떠날 필요가 없는 이스라엘 백성들이 애굽에 동화되는 것을 싫어한 하나님께서 역병을 보내어 애굽의 신들보다 자신이 우월하다는 것을 증명하는 이야기라고 해석한다 (62).

결론적으로 그가 보는 "성경은 신이 자신의 위대함이 명확하게 드러날 상황을 만들어 낼 목적으로, 정기적으로 조작하는 인간의 선택을 소재로 삼은 이야기"라고 주장한다 (59). 그러므로 "성경에 나오는 최고의 전략적 조언은 언제나 신을 믿고 그가 정한 법 앞에 복종하라는 것이다"(56). 이처럼 그가 보는 하나님의 전략은 인간에게 불순종할 수 있는 선택권을 주고, 불순종한 이들에게 힘을 통한 위압을 주어 그의 힘 앞에 굴복하고 자유의지로 복종하도록 역사와 사건들을 속임수로 조작하는 유치한 신이다.

그의 이러한 하나님과 성경 인물들의 경영 전략에 대한 해석은 세계적인 전략 역사학자의 견해라고 보기에는 어처구니없는 해석이 아닐 수 없다. 아니 그의 명성은 그런 것을 위대하게 평가하는 전쟁과 정치 전략 시대를 대변하고 있다고 보인다. 그는 성경의 전략을 그의 전쟁 전략적인 속임수와 힘을 통한 위압의 관점에서 파악함으로 성경 속에 담긴 하나님의 경영적 전략을 사탄의 천박한 수준으로 전락시켜 버렸다. 그렇다면 세계적인 전략 역사학자가 보지 못한 하나님의 전략의 참모습은 어떠할까? 우리는 프리드먼이 편협하게만 보았던 성경에서 놀라운 경영 전략에 관하여 알게 될 것이다.

 멘토여, 그 외에 경영 전략에 대한 정의는 무엇입니까?

이외에도 경영 전략에 대한 전문가들의 정의는 다음과 같다. 다음 리스트는 고토사카 마사히로의 **경영 전략의 역사**[19] 에서 발췌한 것이다.

다음 리스트는 짧은 것부터 긴 순서로 정돈하여 개념을 쉽게 파악하도록 했다. 결론적으로 경영 전략의 개념을 경영학자들의 이론을 정리하면 경쟁 상태를 전제하고 목표를 정하여 이를 달성하기 위한 정책과 행동계획, 그리고 자원을 배분하는 것을 포함한다.

케네스 J 해튼, 메리 L. 해튼	조직의 목표를 달성하기 위한 방법
헨리 민츠버고, 알렉산드라 맥휴	무수한 행동과 의사결정 속에서 발견되는 일정한 패턴
피터 드러커	경쟁에서 어떻게 승리하느냐에 관한 기업이 지향하는 이론
조지 G. 데스, 알스 밀러	조직이 의도하는 목표를 충족시키기 위해 행동을 책정하고 실제로 실시하는 것
노이만, 모르겐슈테른	각 플레이어가 가능한 모든 상황에서 어떤 선택지를 고를지 명시하는 포괄적 계획
윌리엄 F. 글록	기업의 기본적 목표를 확실히 달성하기 위해 다자인한 포괄적이고 통합된 계획
클라우제비츠	전쟁의 전체적인 계획, 개별적인 활동 방침, 그리고 그 속에서 이루어지는 개별적이고도 구체적인 행동 계획
마이클 히트	경쟁우위를 차지하기 위해 핵심 역량을 활용하는 것으로 이를 위해 통합적인 전략과 활동을 설계한다.
알프레드 챈들러	장기적인 관점에서 목적과 목표를 결정하는 것, 그리고 그 목표를 달성하기 위해 행동을 채택하고 자원을 배분하는 일
조지 스테이너, 존 마이어	조직의 기본적 사명, 목적, 목표; 이를 달성하기 위한 정책과 행동 계획 이를 실행하기 위한 방법론

 멘토여, 비전 멘토링에서 이해하는 성경적 경영의 정의는 무엇입니까?

우리는 히브리 원어 연구를 통하여 경영이 계획, 목적, 의지, 선택 그리고 그것을 실행하는 데 필요한 지혜, 분별, 지략을 상담하고 조언할 수 있는 비법과 그것들에 대한 전반적인 실행을 포함하는 것을 살폈다.

또 신약의 그리스 원어 오이코노미아 οἰκονομία가 실제적이든 상징적이든 적과의 대치 상황에서 시간과 자원을 최대한 조화롭게 분배하고, 절약하여 효율적이고 경제적으로 일을 성공적으로 완수하는 것을 의미한다는 것을 살폈다. 또한, 이것은 자원을 나누어 주는 청지기의 직분 속에서 사명으로 감당하는 일이라는 것을 살폈다. 경영은 하나님께서 주신 비전 실현을 위하여 경영을 생각하는 우리가 매우 중요시 여길 정의이다.

핵심을 정돈하면, 경영은 하나님께서 주신 비전의 일을 하나님의 청지기 관점에서 하나님의 지혜로 하나님께서 주신 자원을 전략적으로 분배하고 활용하여 비전을 실현하는 것이다. 그러므로 하나님께 비전과 자원을 받은 비전의 사람이 행할 경영은 세상이 하는 착취와는 거리가 멀다. 오히려 하나님께서 주신 자원을 나누어 주는 것이 경영인 것이다. 비전을 실현하는 과정에서는 물론이며, 비전이 실현된 다음에도 사업처의 청지기로서 그 소득을 지혜롭게 분배하는 자여야 한다. 그런 면에서 크리스천 기업과 경영인의 태도는 달라야 한다. 비전 실현을 위하여 주도면밀하며 효율적이어야 하지만, 철저하게 섬기며 분배하여 나누는 사람이어야 하는 것이다.

경영은 미래에 강조점을 두면 비전과 혁신에, 목표에 강조점을 두면 전략에, 사람에 강조점을 두면 방향제시와 관리와 가치에, 자원과 돈에 강조점을 두면 자재 관리와 이윤 극대화에 초점을 둔다. 비전 멘토링 차원에서 이것을 종합하여 성경적 경영의 정의를 내린다면 다음과 같다.

짧은 정의:
경영은 하나님께서 주신 비전의 일을 하나님의 청지기 관점에서 하나님의 지혜로 하나님께서 주신 자원을 전략적으로 분배하고 활용하여 비전을 실현하는 과정 속의 모든 일

긴 정의:
경영은 하나님께서 주신 비전을 실현하기 위하여
성경적 가치를 가지고
비전 실현을 사명화 하고
사명의 일을 목표치로 세분화하고,
목표치 달성을 위하여 인적, 물적 자원의 활용 전략을 세우며
시간 스케줄을 정하고

규모 있게 일을 실행하고
그 과정을 실행하며 마무리한 후에 <u>평가</u>하고, 적절한 <u>보상</u>과 <u>휴식</u>을 주고
도움을 준 분들에게 <u>감사</u>를 드리는 청지기의 일

경영에서 가장 우선적인 것은 비전이다. 비전을 실현하기 위하여 목숨을 걸고 행하는 사명이다. 경영은 비전을 효과적 effective이고 효율적 efficient으로 실현하기 위하여 행하는 모든 것이다. 경영은 결국 구성원들이 비전을 통해 동기부여가 되어 최고의 창조력과 협동심을 가지고 일을 분담하고, 제한된 자원을 효율적으로 활용하여 사명을 감당하며, 일이 끝난 후 적절한 분배와 보상을 주어 미래를 대비하게 하는 것까지 고려하여야 한다.

이 경영의 정의를 우주 최초로 규명하고
최고로 효과적이고 효율적으로 실현하신 분이
GOD THE CEO이시다.

이 말이 매우 의아하게 들리겠지만, 우리는 그 증거를 이제 곧 살펴보게 될 것이다. 위에서 살핀 긴 정의에서 주요 단어를 추출하자면 비전, 가치, 사명, 목표치, 전략, 시간, 실행, 평가, 보상, 휴식, 그리고 감사이다. 이 주요 개념들을 구조화한 것이 V.M.O.S.T. A.R.T.ⓒ원리이다.

 멘토여, V.M.O.S.T. A.R.T.ⓒ는 어떤 뜻입니까?

V.M.O.S.T. A.R.T.ⓒ는 브이 모스트 아트 원리라고 불린다. 이것은 비전을 실현하기 위한 계획과 실행에 관한 최고 경영 전략 원리이다.

브이 모스트 V.M.O.S.T.ⓒ는 경영 전략 계획 설정 부분이고, 아트 A.R.T.ⓒ는 경영 계획 실행과 실행 이후의 과제들에 관한 것이다. 이

원리는 비전을 최고치 MOST의 예술 ART로 승화시켜 완성하는 이미지를 준다. V.M.O.S.T. A.R.T.ⓒ원리는 하나님께서 천지창조라는 비전을 예술적 경지로 실현하면서 활용하신 경영의 원리가 함축되어 있다. V.M.O.S.T. A.R.T.ⓒ원리의 근거는 창세기 1장이며 우리는 이것을 다음 장에서 곧 확인하게 될 것이다.

공식	영어 설명	한글 설명
V	Vision	비전
M	Mission	사명
O	Objectives	목표치
S	Strategies	전략
T	Time Schedule	시간계획
A	Action	행동
R	Review, Reward, Rest	평가, 포상, 안식
T	Thanksgiving	감사드리기

표 1 V.M.O.S.T. A.R.T.ⓒ 공식 설명

이 공식은 이미 위에서 살핀 드러커의 MBO 목표에 따른 경영 Management by objective의 5가지 단계: 조직 목표 검토, 작업자 목표 설정, 진행 상황 모니터링, 평가, 보상보다 더 포괄적이다. 이제 V.M.O.S.T. A.R.T.ⓒ의 용어들에 관하여 알아보자.

◦ VISION 비전 ◦

 멘토여, Vision 비전의 정의는 무엇입니까?

비전을 뜻하는 영어 단어 Vison은 라틴어 비지오 visio에서 왔는데 뜻은 보는 것, 본 것이다. 비전은 미래의 모습을 오늘 본 것이다. 모든 일들은 비전으로 시작되고, 비전의 실현으로 완성된다. 정확한 비전은 목표를 가장 효율적으로 실현하도록 한다. 비전의 정의에 관하여는 비전 멘토링 시리즈의 첫 책인 **비전의 서: 비전 있어?**를 참고하라.

비전의 사전적인 의미를 간단하게 살피면 비전은 뭔가 필요하여 어떤 일을 하려고 할 때 그것이 가장 완벽하게 완성된, 이상적인 미래를 미리 본 모습이다. 실현 방법은 아직 모를 수 있지만, 비전은 그것이 완성되고 나면 어떤 모습인지를 미리 보는 것이다. 사명과 연관하여 생각한다면 사명이 가장 이상적으로 완성된 상태의 모습, 완성된 미래이다.

비전을 GOD THE CEO와 연관하여 생각한다면 비전은 하나님께서 경영하시는 가운데 계획하시는 비밀스러운 미래의 일을 우리에게 드러내 보이셔서 알게 된 것이다. 하나님께서 해주신 미래에 대한 말씀을 예언이라고 하는 데 그것이 우리에게는 언약이 되고, 비전이 된다. 그 예언과 언약이 실현된 모습으로 표현된 것이 비전이다. 비전은 막연한 기대나 소망이 아니다. 어제나 오늘이나 내일도 동일하신 하나님께, 비전은 미래의 어느 날 이미 온전하게 완성된 모습이다. 그러므로 오직 하나님께서 주신 비전만이 온전한데 이는 미래에 분명히 실현될 것이기 때문이다. 그 외의 것은 비전이 아니라 기대와 소망, 혹은 꿈일 뿐이다. 이것을 잘 구분할 수 있어야 한다. 보다 구체적인 비전의 정의에 관하여는 비전 멘토링 시리즈 1권인 **비전의 서: 비전 있어?**를 확인하라.

다음 잠언식의 시는 비전을 잘 설명해 준다.

비전과 헛된 꿈

닥터 샬롬이 비전 멘티들에게 비전과 꿈에 관하여 준 잠언이라.

1. 꿈은 현실이 아닌 것이고, 비전은 현재가 아닌 것이라.
   믿음은 미래의 현실인 비전을 오늘 현재 누리게 하느니라.

2. 꿈은 영혼의 막연한 소망이나, 비전은 성령의 막역한 증거니라.
   꿈을 통해 비전을 받을 수 있으나, 비전이 되지 않은 꿈은 헛된 것이라.

3. 헛된 꿈은 꾸는 것, 악마가 노예들에게 생명 담보로 꾸어 준 것이고
   비전은 받은 것, 하나님께서 자녀들에게 생일 선물로 주신 것이라.

4. 선물을 버리고 헛된 꿈을 꾸어온 이들은 큰 대가를 치러야 하나
   선물을 바라고 비전을 가꾸어온 이들은 늘 잔치를 치르느니라.

5. 헛된 꿈의 시작은 창대하나 나중은 낮 뜨거운 사막이고
   비전의 시작은 미약하나 그 나중은 늘 즐거운 장막이라.

6. 비전은 내게 주어진 모든 것이 합력하여 선을 이루는 비밀이고
   완성된 하나님의 형상이 하나님의 나라에서 형통하는 비결이라.

7. 헛된 꿈을 위해 소중한 영혼을 파는 것은 악마와 무덤을 파는 것이고
   비전을 위하여 사명자의 삶을 사는 것은 주님의 킹덤을 사는 것이라.

8. 헛된 꿈과 비전의 결국을 다 들었으니 하나님을 경외하고 감사로
   받은 사명을 완성할지어다. 이것이 모든 사람의 특권과 의무니라.

• VALUE 가치 •

 멘토여, Value 가치의 정의는 무엇입니까?

가치를 뜻하는 영어 밸류 value는 고대 프랑스어 발루타 valuta에서 유래했는데 이 말은 가치 있게 하다는 뜻의 라틴어 발레레 valere에서 왔다. 가치는 비전을 실현하는 과정에서 중요시 여기면서 추구해야 할 행동의 기준, 원칙, 한계, 규칙, 법이다. 세상엔 가치를 규정해 주는 많은 법이 있다.

그렇게 많은 기준, 원칙, 한계, 규칙 그리고 법 중에서 나의 비전에, 그 비전을 실행하는 나에게, 그리고 비전의 공동체에 특별히 적용하여야 할 가장 중요한 가치가 있다. 이것을 핵심 가치라고 부른다. 핵심 가치를 정하지 않고 모든 가치를 소중히 여기면 소위 사공이 너무 많아서 배가 산으로 갈 수 있다. 그래서 핵심적인 가치를 가지고 집중하여 앞으로 나아가는 것은 중요하다.

그렇게 설정된 핵심 가치, 코어 밸류 Core Value라고 하는 데 이 핵심 가치는 어떠한 기준과 원칙, 한계를 정하여 선을 넘지 않기에 안전하고 온전하게 비전과 비전의 사람이 가치 있게 만드는 것이다. 이러한 가치는 그 비전과 밀접한 연관을 가지고 설정되어, 그 비전을 가장 가치 있게 만들어 주는 것이어야 한다. 가치는 성공을 위하여 수단과 방법을 분별함으로 자신과 비전을 가치있게 만드는 내부적인 법이다. 각 비전은 비전을 실현하기 위하여 요구되는 비전의 사람의 정체성과 기질에 합당한 수단과 방법이 있다. 그 수단과 방법을 정하는 내면적 기준이 바로 가치이다.

어떤 사람들은 가치와 비전을 혼돈한다. 이것은 현대 경영에 절대적인 영향을 미친 맥킨지 McKinsey의 7S 라 불리는 모델에 근거한 것으로 여겨진다. 7S는 1926년에 James McKinsey에 의해 설립된 사업

컨설팅회사에서 1980년대에 근무하던 두 사람, 로버트 워터맨 Robert H. Waterman, Jr. 과 톰 피터스 Tom Peters 에 의하여 개발된 기업 분석이론이다. 이 이론은 **초우량 기업의 조건**으로 번역된 책 In Search of Excellence: Lessons from America's Best-Run Companies에서 짧게 소개된 것으로 7S는 Strategy 전략, Structure 구조, System 체계, Staff 직원, Skill 기술, Style 문화, Shared Value 공유된 가치로 구성된다.

다음 표가 보여주는 것은 크게 세 가지이다. 초우량 기업이 되기 위해서는 7개의 독립 요인들이 있다는 것, 모든 것이 서로의 요인에게 전방위적인 영향을 주고받는다는 것, 그리고 이 모든 요인들이 결론적으로 공유된 가치를 실현한다는 것이다.

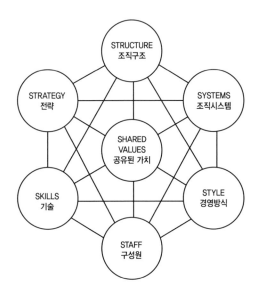

표 2 맥킨지의 7S 모델[20]

그런데 이 이론엔 안타까운 것이 있다. 그것은 Shared Value 공유된 가치를 기업의 이념, 비전과 사명을 포함하는 개념으로 파악한 것이다. 이 모델을 개발할 때 shared value 대신 shared goals 공유된 목표을 구상했었지만 goals 대신 values를 썼다. 이것은 비전 혹은 목적과 가치에 관한 뚜렷한 이해가 부족했었다는 것을 말해준다. 이 모델은 2014년에 잔 헤이즈 John Heyes에 의하여 Shared Value 대신 상위 목표 Superordinate Goals 상위 목표라고 먼저 써주고 아래 괄호 안에 (Shared Value)를 써 주는 것으로 수정안이 제시된다.[21]

그러나 여전히 Vision은 superordinate goal 상위 목표나 shared values 공유된 가치와 혼돈스럽게 사용할 성질의 것이 아님으로 이 모델은 보다 정확하게 수정되어야 한다. 그리고 여기에서 제시하는 7가지 외에도 기업의 성공적 역량의 요인은 더 있다고 본다. 이러한 관점을 적용하여 GOD THE CEO가 제시하는 이론으로 보완하자면 다음과 같이 수정할 수 있다.

다음 도표는 맥킨지의 7S에 두 가지가 더 첨가된 것으로 그 둘은 Social Matrix 사회적 요인과 Shared Vision 공유된 비전이다.

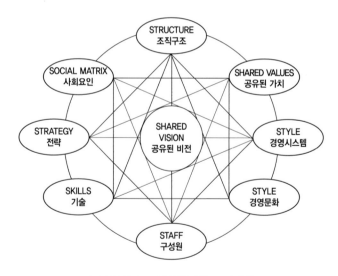

표 3 살롬의 9S 모델 (맥킨지의 7S 개정판)

위 도표는 맥킨지의 7S에 두 가지가 더 첨가된 것으로 그 둘은 Social Matrix 사회적 요인과 Shared Vision 공유된 비전이다.

기업의 성공 요인들엔 맥킨지의 7요인들과 더불어 사회적 요인과 모든 행위의 목적이 완성된 모습으로의 공유된 비전이 중요하다. 이유는 모든 일들이 비전에서 시작되고, 비전의 실현으로 귀결되기 때문이다. 또한 사회적 요인 Social Matrix를 인식하지 않을 수 없다. 사회적 요인엔 기업 외부 요인들인 고객, 경쟁자, 자원과 정치, 환경 등의 흐름들이 고려되어야 한다. 결론적으로 기업의 모든 S요인들의 활동은 공유된 비전의 실현을 위하여 존재하도록 해야 한다. 그래서 여전히 핵심은 비전이어야 한다. 모든 개인과 단체는 그 비전 실현을 위하여 존재하기 때문이다. 그리고 가치는 그 비전 실현을 위한 과정 속에서 핵심적으로 지켜야 할 내규로 구분되어야 하는 것이다.

 멘토여, Mission 사명의 정의는 무엇입니까?

사명을 뜻하는 영어 단어 미션 mission은 라틴어 미시오 missio에서 왔는데 이 말은 기본적으로 보낸다는 뜻을 가지고 있다. 즉, 사명은 보냄을 받은 일이다. 한문으로도 정의는 같다. 한문으로 사명(使命)은 심부름을 감당하는 사자(使者)가 명령(命令)을 받은 임무를 뜻한다.

사명은 부여받은 비전의 실현을 사명화 하고 완수를 위하여 행동하는 것이다. 사명화 한다는 말은 비전을 실현하기 위하여 여기에 최우선 순위를 두고 행동한다는 것이다. 사명은 비전을 이루기 위하여 목숨을 걸고 해야 할 일을 말한다. 그러므로 사명은 그저 해야 할 어떤 일들, To do 할 일 리스트와 구분된다. 사명은 보내심을 받은 일, 이것을 하지 않으면 안 되는 목숨과도 같은 중요한 일이다.

그러므로 어떤 것을 사명으로 받은 사람의 자세는 다르다. 그것을 하지 않고서는 견딜 수 없는 것이 사명이고, 그것을 목숨을 걸고 수행하는 존재가 사명자이다.

사명을 받았는데 목숨을 걸지 않는다면
사명이 무엇인지 모르는 사람이며
끝내 사명을 통해 실현된 비전의 기쁨을 누리지 못하고
음부에서 슬프게 한탄하게 될 것이다.

OBJECTIVE 목표치

 멘토여, Objective 목표치의 정의는 무엇입니까?

목표치를 뜻하는 영어단어 오브젝티브 Objective는 중세 라틴어 오브젝툼 objectum에서 왔다. 마음에 던져 놓은 어떤 것으로, 마음에 인식하는 것, 목적하는 것, 혹은 반대하는 것을 뜻한다. 목적하는 것과 반대하는 것이 같이 있는 것은 의미심장하다. 이것은 목표치에 집중하기에 그 이외의 것은 반대해야 하는 논리에 근거한다. 목표치는 사명을 작게 구분하여 이루기 쉽게 만든 일들이다. 그래서 사명을 감당하기 위하여 해야 할 큰 일들을 주제나 시간, 순서로 작게 구분할 필요가 있다. 즉, 목표치는 사명의 하위 개념이다.

목표에 치가 붙은 것에 주의해야 한다. 이 치는 숫자의 값을 의미하는 수치 數値의 준말이다. 그러므로 목표치는 계획 실행을 통하여 진척된 목표의 완성도를 수치적으로 측정하는 것을 말한다. 즉, 목표치는 목표의 성취 '정도를 측정' 할 수 있도록 한 개념이라는 것이다.

목표치를 설정할 때는 1981년 경영 리뷰 Management Review에 조지 도란 George T. Doran이 제시한 S.M.A.R.T. 공식을 활용하면 좋다.[22] 즉, 세부적일 것 Specific, 측정할 수 있을 것 Measurable, 성취할 수 있는 것일 것 Achievable, 사명과 연관된 것일 것 Relevant, 정한 시간 내에 이뤄낼 수 있을 것 Time-oriented 등이다.

예를 들어 20대의 주요 목표치를 좋은 대학가기, 좋은 직장 다니기, 좋은 사람과 결혼하기라고 설정한다면 이것은 너무 막연한 것이다. 이것을 비전을 위한 전공을 배울 수 있는 대학교 다니기, 비전 실현에 필수적인 직장에 졸업 후 6개월 안에 취업하기, 함께 비전을 추구할 수 있는 사람과 30세 전에 결혼하기 등은 SMART 요건을 충족시키는 구체적인 목표치들이다. 다음 표는 비전과 사명 그리고 목표치를 구분하여 보여준다.

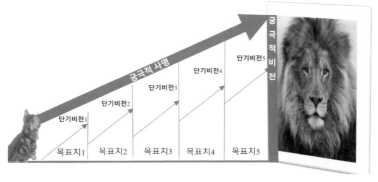

표 4 비전, 사명, 목표치 구분

● STRATEGY 전략 ●

 멘토여, Strategy 전략의 정의는 무엇입니까?

전략은 목표를 달성하기 위한 효과적인 계획이고, 목표를 가장 효율적으로 완성하기 위한 자원 활용 계획이다. 전략은 영어로 스트라테지 strategy인데 이 말은 그리스어를 근간으로 하는 군대 용어에서 나왔다. 스트라토스 strat(ós)은 군대를 뜻하는 아미 army, 스트라테고스 stratēg(ós)는 군대 지휘관 military commander, 스트라테지아 stratēgía는 장군 역할 generalship을 의미하고, 여기에 인도하다 라는 뜻의 에고스 ēgos가 붙어서 생긴 말이다. 즉, 지휘관이 전쟁을 승리로 이끌기 위한 효율적이고 효과적인 기술, 방안들을 뜻하는 것이다.

전략엔 두 가지 종류가 있다. 거대전략인 매크로 스트래티지 macro-strategy와 미세전략인 마이크로 스트래티지 micro-strategy 이다. 거대전략은 비전을 세우고 그 실현을 사명화하고 이를 위한 목표치 등을 설정하는 큰 그림을 그리는 일이다. 미세전략은 설정된 목표치를 달성하기 위하여 무엇을 어떻게 활용할 것인가를 정하는 것이다. 미세전략은 다른 말로, 전술이라고도 할 수 있다. 전략은 결국 제한된 자원을 활용하여 경쟁에서 이기고 목표에 도달하게 하는 효율적이고 효과적인 방법을 말한다.

효율적이라는 말은 최소 비용, 에너지를 사용한다는 말이고,
효과적이라는 말은 극대화된 최대 결과를 얻는다는 말이다.

혼돈스러울 수 있지만, 예를 들어 어떤 약이 감기 치료에 최대로 '효과적'이고, 지하철 이용이 출퇴근 경비를 최소화할 수 있는 '효율적' 방법이라고 할 수 있다.

◦ TIME SCHEDULE 시간표 ◦

🌳 멘토여, Time Schedule 시간 계획의 정의는 무엇입니까?

시간을 뜻하는 영어 타임 time은 고대어 티마 tima에서 왔는데 시간을 정하고 조정한다는 뜻을 가지고 있다. 시간표는 V.M.O.S.T. A.R.T.ⓒ라는 거대전략을 수행함에 있어서 어떠한 시간순으로 하여 효율적으로 목표치를 달성할 것인가를 구분하는 것이다.

목표치가 사명의 일들을 주제별로 쪼개고 분류한 것이라면,
시간표는 일들을 시간, 순서에 따라 구분하는 것이다.

시간의 우선 순위를 생각하는 것은 효율성을 위한 것이다. 목표치, 전략 그리고 시간표는 서로 매우 긴밀한 연관성을 가지고 있기 때문에 기본적인 것을 먼저 하고, 그 기초 위에 다음 단계의 일을 하는 것이 시간표를 만드는 방법이다.

◈ ACTION 행동 ◈

 멘토여, Action 행동의 정의는 무엇입니까?

행동을 뜻하는 영어 액션 action은 중세 영어에서는 법적 용어로 누군가에게 건 소송, 혹은 그런 권리를 뜻했다. 라틴어의 어원은 악시오 actio에서 왔는데 ac는 아게레agere와 시오tio는 명사형 어미의 합성어이다. 아게레Agere는 만든다는 뜻 외에 소, 말, 양과 염소들을 몰다, 이끌다, 타다 등이다. 그래서 action은 목적을 가지고 무엇인가에 대항하여, 무엇인가를 이끌고, 만들어 내고, 유익을 얻는 행동을 뜻한다. V.M.O.S.T.ⓒ가 전략적 계획이라면 A는 그것을 실행하는 행동이다.

계획이 없는 행동은 무모하고
행동이 없는 계획은 허망하다.

아무리 좋은 계획을 가지고 있어도 행동이 없으면 안 된다. 행동 없는 계획은 꿈일 뿐이다. 꿈에서 깨어 행동해야 한다.

행동을 할 수 있는 힘을 주는 것이 비전이고,
그것에 목숨을 걸게 하는 것이 사명이다.
목표치와 전략은 사명 실현을 효율적으로 하게 하며
가치는 그 행동에 내적인 규칙을 정해주고,
시간표는 시간적 효율성과 한계를 갖도록 해준다.
그러나 이 모든 것을 이루어지게 하는 것은 행동이다.
실행을 한 이후에 할 일들에 관하여 살펴보자.

● REVIEW, REWARD, REST 평가, 보상, 휴식 ●

 멘토여, Review, Reward, Rest 평가, 보상, 휴식의 정의는 무엇입니까?

이어지는 R은 3가지로 구성된다. 리뷰Review 평가, 리워드Reward 보상, 레스트 Rest 휴식이다.

첫째 R은 **리뷰 Review** 평가이다. 어원은 리-뷰Re-view 즉, 다시 보는 것이다. 목표치 계획을 실행하는 과정 속에서, 그리고 모든 목표치 행동이 끝난 후에, 그리고 사명이 완수되어 비전이 실현된 이후에 그 계획대로 실행이 되었고, 계획했던 결과가 도출되었는지를 살피는 것이다. 이것을 통하여 미흡한 부분들에 대한 새로운 계획이 설정되고, 마무리를 위한 행동에 돌입하며, 개선점을 미리 계획할 수 있다.

둘째 R 은 **리워드 Reward** 보상이다. 영어의 어원은 주시하다 look at, 챙기다 care for, 뒤돌아본다 look back의 뜻을 가진다. 즉, 계획된 일을 행하느라 수고한 것을 돌아보아 보상을 준다는 것이다.

셋째 R은 **레스트 Rest** 휴식이다. Rest 휴식의 영어 어원의 뜻은 가만히 서 있는 상태, 즉, 노동을 쉬고 있는 상태를 뜻한다. 영어로 Rest 휴식은 레크리에이션 recreation 쉼을 통한 재창조와 레스토레이션 restoration 회복을 목적으로 한다. 레크리에이션Recreation 휴식의 어원은 영적인 원기회복 행동, 새로운 창조를 위한 휴식, 새 힘을 얻기 위해 하는 행동을 의미한다. 그런 차원에서 레크리에이션 recreation은 새 기운 회복을 위한 오락 활동을 뜻하기도 한다. 레스토레이션 restoration 의 뜻은 원상 복귀를 뜻한다. 잃은 물건을 회복하는 것, 잃어버린 상태를 회복하는 것이다. 그래서 레크리에이션은 휴식을 통한 재창조를 뜻한다.

계획과 실행, 평가를 한 이후에는 휴식을 통하여 지친 영, 혼, 육을 쉬게 해주어야 한다. 그래서 영, 혼, 육이 새로운 일을 위한 에너지가 충분히 준비될 수 있도록 해야 한다.

● THANKSGIVING 감사드리기 ●

 멘토여, Thanksgiving 감사드리기의 정의는 무엇입니까?

감사를 뜻하는 영어 땡스 thanks는 호의적 생각, 좋은 뜻, 사의를 뜻한다. 이 thanks와 giving 이 합성되면 감사드리기가 된다. 마지막 T 는 Thanksgiving 감사드리기이다. Reward가 조직 내에서 계획을 실행한 사람에게 준 보상이라면 Thanksgiving 은 그 실행을 함에 있어서 도움을 준 조직 외의 분들께 드리는 것이다. 일은 혼자 하는 것이 아니라는 것을 알고, 나의 성공이 주변의 도움으로 가능했던 것을 인정하고, 적절한 감사를 드리는 것이다. 물론 우리가 궁극적으로 감사를 드릴 분은 하나님이시다. 이것을 미리 알고 시작하고, 감사드릴 법을 미리 계획해 놓아야 할 것이다.

지금까지 우리는 비전을 사명화하고, 그것을 쪼개어 목표치로 나누고, 자원 활용 전략을 세우고, 효율적 시간 계획을 설정하며, 행동하고, 그 이후에 평가, 보상 휴식 및 감사를 표함으로 미래 비전 수행에 더 탄력을 받게 하는 V.M.O.S.T. A.R.T.ⓒ원리를 살폈다.

이제 우리는 창세기 1장에 나오는 천지창조 상황에 V.M.O.S.T. A.R.T.ⓒ를 적용해 볼 것이다. 창세기 1장의 창조는 하나님의 경영 전략이 적용된 첫 케이스이다. 실로 우주에 펼쳐진 첫 경영이 우리 앞에 펼쳐질 것이다.

멘티여,

· 그대는 현대 경영의 정의와 성경적 경영의 정의를 설명할 수 있는가?
· 그대는 V.M.O.S.T. A.R.T.ⓒ의 각 개념을 설명할 수 있는가?

3

창조의 V.M.O.S.T. A.R.T.©
경영 원리

 멘티여, 하나님께서 경영 원리로 창조하셨다는 것을 어찌 알겠는가?

누구든지 최소한 경영학의 대가 피터 드러커의 5 MBO, Management by Objective 목표에 따른 경영이론이나, 혹은 더 전문적인 V.M.O.S.T. A.R.T.© 경영 원리에 맞게 행했다면 그의 경영을 부인할 수 없을 것이다. 그래서 만약 하나님께서 최고 경영자이시면 그의 행하신 프로젝트엔 다음의 요소가 있어야 한다.

프로젝트는 비전과 가치 [Vision & Value]를 가지고 있다.
비전 실현을 위하여 사명 [Mission] 가지고 있다.
사명 완수를 위하여 목표치 [Objectives]를 나눈다.
목표치 달성을 위하여 전략 [Strategies]을 활용한다.
시간 계획 [Time Schedule]을 가지고 행한다.
실행 [Action]한다.
실행 후 평가, 보상, 휴식 [Review, Reward, Rest]을 한다.
감사 [Thanksgivng]를 한다.

과연 하나님께서 행하신 프로젝트엔 이런 요소가 있을까? 하나님께서 존재하는지도 모를 일인데 그가 최고 경영자의 입장에서 행하셨다고 주장을 증명할 수 있을까? 이것은 너무 지나친 억지가 아닐까?

이 주장이 억지인지 아닌지를 아는 것은 간단하다. 하나님께서 행하셨다고 기록된 케이스들을 분석해 보면 된다. 하나님께서 태초에 행하신 것을 기록했다는 3,500년 전에 글에서 V.M.O.S.T. A.R.T.ⓒ 경영원리 요소를 발견한다면 이것은 몇 가지를 말해주게될 것이다.

첫째, 하나님께서 GOD THE CEO 최고 경영의 신이 맞다.
둘째, 그가 경영을 하셨다면 하나님은 당연히 존재하신다.
셋째, 이것이 최초의 경영 기록이면 경영은 하나님께 속한다.
넷째, 하나님의 사람들은 하나님의 경영법으로 행하여야 한다.

멘토여, 인간이 어떻게 하나님께서 가지고 계신 V.M.O.S.T. A.R.T.ⓒ를 알 수 있습니까?

질문에 대한 답은 "알 수 있다."이다.
이유는 하나님께서 우리가 알기 원하셔서 성경에 기록해 주셨기 때문이다.
그 증거는 우선 창조 이야기에 있다.

멘토여, 창조 이야기에서 어떻게 V.M.O.S.T. A.R.T.ⓒ를 찾아낼 수 있습니까?

이제 본격적으로 V.M.O.S.T. A.R.T.ⓒ 경영원리를 하나님의 경영 케이스 중에 하나인 천지 창조 케이스에 넣어 케이스 분석을 해보자. 그러기 위하여 우선 V.M.O.S.T. A.R.T.ⓒ의 정의를 간단하게 정돈하면 다음 표와 같다.

	영어	한국어	V.M.O.S.T. A.R.T.ⓒ내용
V	VISION	비전	궁극적이며 이상적으로 실현된 미래의 모습
	VALUE	가치	비전의 온전한 실현을 위해 적용할 기준, 원칙, 한계, 내규, 법
M	MISSION	사명	비전 실현을 위하여 목숨을 걸고 할 일
O	OBJECTIVES	목표치	사명을 작게 나누어 단계적으로 할 일
S	STRATEGIES	전략	목표치를 달성하기 위해 활용할 것들
T	TIME SCHEDULE	시간	목표치 달성을 위한 시간 계획
A	ACTION	행동	각 목표치 달성을 위한 실행 행동
	REVIEW	평가	사명 수행과 목표치, 전략 실행에 대한 평가
R	REWARD	보상	실행 후에 누릴 보상
	REST	휴식	실행 후에 누릴 안식
T	THANKSGIVING	감사	감사드릴 대상 정하고 감사드리기

표 5 V.M.O.S.T. A.R.T.ⓒ정의 설명

이 정의를 염두에 두고 이제 이 V.M.O.S.T. A.R.T.ⓒ을 적용하여 창세기 1장을 중심으로 하나님의 창조 경영 전략을 살펴보자. 우리가 이 곳에서 이런 방식으로 행하는 것이 하나님 창조의 거대전략이다.

◦ VISION 비전 ◦

 멘토여, 창조의 Vision 비전은 무엇입니까?

사실 창세기 1장엔 하나님께서 왜 천지를 창조하셨는지 비전이 제시되어 있다. 그러나 안타깝게도 지난 수천 년 동안, 셀 수 없는 사람들이 셀 수 없이 창세기의 창조 이야기를 읽었지만, 그곳에서 하나님께서 비전을 가지고 행하신다는 것을 알아차리지 못했다. 하나님께서 '이것이 나의 비전이다'라고 명확하게 말씀하시지 않고, 사람들이 또한, 하나님께서 비전을 가지고 행하실 분이라는 것을 생각하지 않은 까닭이었다. 그러니 하나님의 비전에 관하여 알아보려는 노력을 하지 않았고, 그 비전을 실현하시기 위하여 행하시는 경영 전략이 있다는 것은 상상하지도 못했다.

그러나 성경은 하나님의 비전과 더불어 그것을 실현할 전략까지 알려준다. 이제 그 증거를 찾아보자. 먼저 성경에서 비전을 찾는 법을 알아보면 다음과 같다.

성경에서 비전 찾는 법:
하나님께서 뜻하시는 것, 그것이 이루어진 모습이 담긴 구절 찾기
사명이 이상적으로 완성된 모습이 담긴 구절 찾기

성경 구절에서 비전을 찾는 법은 하나님의 뜻이 사명의 실행을 통하여 이상적으로 완성된 모습이 담긴 구절을 찾는 것이다. 하나님의 창조 이야기가 기록된 창세기 1장 중에서 하나님 천지창조의 비전에 관한 내용을 1장 27-28절에서 발견할 수 있다. 이 구절들은 인간들에게 사명을 주시는 명령이다. 이것이 사명임을 알 수 있는 이유는 인간에게 완수를 명령하신 것이기 때문이다.

하나님이 그들에게 복을 주시며 하나님이 그들에게 이르시되 생육하고 번성하여 땅에 충만하라, 땅을 정복하라, 바다의 물고기와 하늘의 새와 땅에 움직이는 모든 생물을 다스리라 하시니라. | 창세기 1:28

하나님께서는 인간들에게 생육, 번성, 충만, 정복, 다스리라는 사명을 주셨다. 그러면 이 사명 구절에서 어떻게 하나님의 비전을 알 수 있을까? 그것은 사명이 완수된 이상적인 상황을 살피면 된다. 그래서 사명을 알면 비전을 알 수 있고, 비전을 알면 사명을 알 수 있는 것이다. 하나님

께서 주신 명령이 우리의 사명이 된다. 그리고 그 사명이 이상적으로 완성된 모습이 비전이 된다.

창세기 1장 28절에 근거한 인간의 사명:

생육하고 번성하여 땅에 충만하라, 땅을 정복하라, 바다의 물고기와
하늘의 새와 땅에 움직이는 모든 생물을 다스리라.

창세기 1장 28절에 근거한 하나님과 인간의 비전:

인간의 경영을 통하여 모든 창조물들이 번성하고, 땅에 충만하고, 땅을 다스리며,
모든 생물들을 잘 다스림으로 조화롭고 아름답게 된 지구의 모습

그런 차원에서 하나님께서 창조 하시면서 가지셨던 비전은 28절의 사명이 완성된 모습이다. 즉, 하나님의 특별한 복을 받아 창조된 인간의 경영을 통하여 모든 창조물들이 번성하고, 땅에 충만하고, 땅을 다스리며, 모든 생물들을 잘 다스림으로 조화롭고 아름답게 된 지구의 모습이 하나님께서 가지신 궁극적인 비전이었다. 이 궁극적인 비전 실현을 위하여 몇 단계의 실행과정이 필요하고, 그 실행 목표치에 따라 다른 비전들이 존재한다. 창세기 1장에 나타난 비전을 단계적으로 살펴보자.

창세기 1장에 나타난 하나님의 궁극적인 비전:

하나님의 형상으로 창조된 사람들이 사랑 가운데 생육하고 번성하여 땅에 충만하고,
땅을 정복하며 식물들을 가꾸고, 바다의 물고기와 공중의 새와 땅의 모든 생물들을
잘 돌보고 다스림으로 보기에 심히 좋은 지구의 모습, 즉 에덴화된 전 지구

이러한 비전은 몇 단계 단기 비전들이 모여서 실현된다.

1차 단계는 완성된 천지창조다.
2차 단계는 인간들이 생육하고 번성하며, 모든 생물들을 잘 다스리는 모습이다.
3차 단계는 생육하고 번성한 인간들에 의하여 하나님의 뜻에 따라 잘 경작되고,

잘 다스려진 조류, 동물, 어류로 충만한 에덴화된 전 지구의 모습이다.

이것이 창세기 1장 28절을 근거로 본 하나님의 천지창조 비전이다.

물론 하나님께서는 하나의 비전만 가지고 계시지는 않는다. 하나님의 다양한 비전은 성경 전반에서 알 수 있다. 특별히 성경 전체에서 발견하는 주요 비전은 크게 세 가지이다.

첫째 비전은 위에서 살핀 것과 같이 에덴화 된 지구의 모습이다.

둘째 비전은 사탄으로 인하여 타락한 인간을 예수님을 통하여 구원하고 그들이 예수님을 따르며 제자화된 전 인류의 모습이다.

셋째 비전은 사탄과 그를 따르는 무리를 심판함으로 실현될 왕국화된 전 우주의 모습이다.

창세기 1:28에 근거한 비전: 에덴화된 전 지구
마태복음 28:19-20에 근거한 비전: 제자화된 전 인류
계시록 21:22, 24에 근거한 비전: 왕국화된 전 우주

두 번째와 세 번째 비전의 성경적 근거는 다음과 같다.

마태복음을 근거로 한 비전

그러므로 너희는 가서 모든 민족을 제자로 삼아 아버지와 아들과 성령의
이름으로 세례를 베풀고
내가 너희에게 분부한 모든 것을 가르쳐 지키게 하라 볼지어다 내가
세상 끝날까지 너희와 항상 함께 있으리라 하시니라. | 마태복음28:19-20

요한계시록을 근거로 한 비전

성 안에서 내가 성전을 보지 못하였으니 이는 주 하나님 곧 전능하신 이와 및
어린 양이 그 성전이심이라.
만국이 그 빛 가운데로 다니고 땅의 왕들이 자기 영광을 가지고 그리로
들어가리라. | 요한계시록 21:22, 24

이처럼 하나님께는 궁극적인 비전이 있고, 그것을 실현하기 위한 단계적 비전들이 존재한다. 이 비전이 사명화 되고, 목표치로 나누고, 그 목표치를 실현하기 위한 전략들이 이야기로, 편지로, 묵시로 기록된 것이 성경이다. 이처럼 하나님께서는 비전의 하나님이시다. 미래의 일을 성경의 언약 말씀을 통하여 비전으로 선포하시고, 그것을 이루시는 분이시다.

● VALUE 가치 ●

 멘토여, 창조의 Value 가치는 무엇입니까?

비전의 실현에는 가치가 수반된다. 창조라는 프로젝트를 진행하시면서 하나님께서도 가치를 가지고 계셨을까? 또 하나님께서 무슨 가치를 가지고 일을 행하였을까? 우리가 알 것은 사실은 가치를 설정하고 행하시는 분의 원조가 하나님이시라는 것이다.

인간이 가지고 행하는 모든 고귀한 가치의 근거가 하나님이시다.

성경적으로 볼 때
가치는 하나님의 형상으로 지음 받고 살아가는 인간이
스스로와 비전을 가치있게 하기 위하여 적용할
고귀한 행동 기준이다.

우리는 자주 성경적인 가치라는 말을 사용한다. 이때 성경적인 가치는 하나님께서 하나님의 속성에서 나온 가치를 인간들에게 알려 주신 것이다. 예를 들어 사랑, 희락, 화평, 오래 참음, 자비, 양선, 충성, 온유 그리고 절제는 성령의 열매 (갈라디아서 5:22-23)라고 불리지만, 모두 중요한 성경적 가치이다. 성경적 가치는 하나님의 속성에서 근거한다. 그리고 이러한 가치는 우리가 사명을 감당할 때 행동의 기준과 한계를 정해준다. 하나님의 속성을 닮도록 행하라는 것이다.

성경에서 가치 찾는 법:
비전 실현을 사명으로 삼고 행할 때 내적 규칙이 되는 구절 찾기

가치는 비전을 실현하는 과정 속에서 추구할 행동의 기준, 원칙, 한계를 정하여 비전과 비전의 사람을 가치 있게 하는 것이라고 정의했다. 하나님께서 완성된 천지창조라는 비전을 가지고 창조의 사명을 감당하면서 가지셨던 가치를 우리는 성경에서 볼 수 있다.

우리가 창세기 1장에서 최소한 파악할 수 있는 하나님의 가치는 창조를 행하시며 적용하신 가치와 그것을 기록하시며 적용하신 가치로 구분하여 유추하여 볼 수 있다. 특별히 창세기 1장26절에서 "우리가 우리의 형상으로"라고 말씀하신 구절은 삼위일체 하나님께서 함께 창조를 하시면서 가지셨던 가치를 잘 대변하여 준다. 이 구절은 창조가 삼위 하나님께서 함께 하신 것으로 보고 "우리"의 관점에서 규명하여 볼 것이다.

▌창조에 관한 가치
완벽한 영광, 완벽한 팀워크, 완벽한 사람 중심, 완벽한 사랑, 완벽한 기능성, 완벽한 아름다움, 완벽한 효율성

▌창조 기록에 관한 가치
완벽한 진실성, 완벽한 간결성, 완벽한 자율성, 완벽한 암호성

그렇다면 위에서 언급된 가치들은 하나님의 창조에서 어떻게 적용이 되었던 것일까? 다음은 하나님께서 창조하심에 있어서 적용하셨을 법한 가치를 추론해 본 것이다. 그 이유는 다음을 읽어보면 동감을 할 수 있을 것이다.

▌창조에 관한 가치

완벽한 영광 | 우리는 천지를 창조함에 있어 우리가 가진 완벽한 영광의 품격이 담기도록 하고, 영광의 품격이 깨질 수 있는 한계를 넘지 않는다.

완벽한 팀워크 | 우리는 천지를 창조함에 있어 완벽한 팀워크로 행하는 것을 원칙으로 삼고, 팀워크가 깨질 수 있는 한계를 넘지 않는다.

완벽한 사람 중심 | 우리는 천지를 창조함에 있어 우리 대신 지구를 다스릴 사람을 기준으로, 사람들이 번성하고, 경작하고, 다스릴 수 있는 조건하에 모든 지구 창조물들을 창조하는 것을 원칙으로 삼고, 그 원칙이 깨질 수 있는 한계를 넘지 않는다.

완벽한 사랑 | 우리는 천지를 창조함에 있어 우리의 신적 사랑을 기준으로, 그 사랑이 모든 피조물에 담기도록 행하는 것을 원칙으로 삼고, 그 사랑이 깨질 수 있는 한계를 넘지 않는다.

완벽한 기능성 | 우리는 천지를 창조함에 있어 모든 피조물들이 그 기능에 있어서 처음부터 완벽에 기준을 두고 창조하는 것을 원칙으로 삼고, 그 완벽에 못 미치는 것을 허용하지 않는다.

완벽한 아름다움 | 우리는 천지를 창조함에 있어 모든 피조물들이 모든 면에서 완벽한 아름다움의 기준으로 창조하는 것을 원칙으로 하고, 그것이 미달되는 것을 허용하지 않는다.

완벽한 효율성 | 우리는 천지를 창조함에 있어 모든 창조 과정이 모든 면에서 완벽한 효율성을 갖도록 하는 것을 원칙으로 하고, 그것이 미달되는 것을 허용하지 않는다.

이상은 창조를 행하심에서 적용된 가치들이다.

▌창조 기록의 가치

완벽한 진실성 | 우리는 성경을 기록함에 있어 핵심적인 내용을 진실되게 기록하여 훗날 창조에 관하여 왜곡하고 부정하는 일을 허용하지 않는다.

완벽한 간결함 | 우리는 성경을 기록함에 있어 모든 창조의 과정을 가장 간결하면서도 핵심적 패턴을 알게 하고 그것이 과도하게 오용되는 것을 허용하지 않는다.

완벽한 암호성 | 우리는 성경을 기록함에 있어 모든 창조의 과정을 암호형식으로 기록하여 읽을 수는 있지만, 참 뜻을 알지 못하되, 믿음과 성령의 감동으로 이해할 수 있도록 하여 성경의 비밀이 함부로 오용되는 것을 허용하지 않는다.

완벽한 자율성 | 우리는 성경을 기록함에 있어 모세가 창조의 이야기를 진실성, 간결성, 암호성의 가치 안에서 전달할 방법을 자율적으로 선택하여 기록하면서 자신의 신앙 고백을 할 수 있도록 허용하고 규제하지 않는다.

이 네 가지의 가치는 성경 기록의 방식과 한계를 정해준다.

그런데 과연 이것들이 하나님께서 가지셨던 가치인지를 어떻게 알수 있을까? 이것을 알기 위하여 우리는 당연히 말씀으로 돌아가야 한다. 말씀에 근거하지 않은 유추는 처음부터 할 필요가 없는 허망한 것이다. 우선 그것을 알 수 있는 구절을 살피면 다음과 같다.

> 하나님이 이르시되 우리의 형상을 따라 우리의 모양대로 우리가 사람을
> 만들고 그들로 바다의 물고기와 하늘의 새와 가축과 온 땅과 땅에 기는
> 모든 것을 다스리게 하자 하시고, …
> 하나님이 그들에게 복을 주시며 하나님이 그들에게 이르시되 생육하고
> 번성하여 땅에 충만하라, 땅을 정복하라, 바다의 물고기와 하늘의 새와 땅에
> 움직이는 모든 생물을 다스리라 하시니라.
> 하나님이 이르시되 내가 온 지면의 씨 맺는 모든 채소와 씨 가진 열매 맺는
> 모든 나무를 너희에게 주노니 너희의 먹을 거리가 되리라. | 창세기 1:26, 28-29
> 하나님이 보시기에 좋았더라. | 창세기 1:4, 10, 12, 18, 21, 25, 31

이 구절에서 우리는 하나님의 여러 가지 가치를 유추할 수 있다. 먼저 "우리"를 강조하시는 하나님이시다. 이것은 나중에 자세히 살피겠지만, "우리"는 좁게는 삼위일체 하나님의 정체를, 넓게는 삼위일체 하나님과 하나님을 돕는 천사들을 말해준다. 여기에서 우리는 삼위일체 하나님께서 서로를 완벽하게 존중하시며 **완벽한 팀워크**의 가치를 가지고 행하시는 것을 보게 된다. 그리고 인간을 창조하심에 있어서 "우리의 형상"과 "우리의 모양"으로 지으시는데 이것은 인간을 창조하심에 있어서 하나님의 **완벽한 영광**의 품격으로 지으시려는 가치가 포함되어 있다. 인간뿐 아니라 미물에 이르기까지 그들의 몸의 구조엔 놀라운 대칭성과 아름다운 색깔들을 가지고 있다. 우리가 화석을 통하여 그리고 오늘날 눈으로 보는 모든 미생물과 곤충과 꽃등 모든 것들은 **완벽한 아름다움**을 가지고 있다.

또한, 지구의 모든 창조는 결국 인간들이 모든 동식물을 가꾸고 다스림으로 전 지구의 에덴화를 실현하도록, 모든 것이 **완벽한 인간 중심**의 가치에 맞춰져 있다. 이 말은 인간이 우주에서 유일하거나, 중심이라는 뜻이 아니다. 하나님께서 지구 환경을 인간의 특성에 맞추어 창조하시고 그 중심이 되어 만물을 하나님께서 주신 비전과 가치를 가지고 다스리게 하셨다는 것이다. 그것은 하나님께서는 인간을 맨 마지막으로 창조하시면서 그 이전에 인간이 경작하고, 음식으로 활용하며, 다스릴 것들을 인간 중심으로 창조하셨다. 지구의 산소와 물과 동식물은 인간이 살며 통치하기에 완벽하게 창조되었다.

하나님께서는 인간이 서로 사랑하며 살고, 땅을 정복하고, 동물들을 다스림에 있어서도 사랑으로 행하도록 하셨다. 그러한 가치는 하나님의 **완벽한 사랑**의 가치에 근거한 것이었다.

또 하나님께서 지구의 대기, 바다, 태양계, 식물, 동물, 인간을 창조하실 때 그들을 **완벽한 기능**과 **완벽한 아름다움**의 가치를 가지고 창조하셨다. 보시기에 좋았다고 말씀하실 때 거기엔 선한 기능과 아름다움에 대한 가치 기준이 완성된 것을 평가하고 계신다. 그리고 하나님께서는 각 창조의 과정이 다음 창조를 위한 준비가 되도록 **완벽한 효율성**을 가지고 행하신다. 이처럼 하나님 창조의 결과를 보면 그 과정 속에서 적용된 가치를 파악할 수 있다.

이제 창조 이야기를 기록함에 있어서 적용된 가치를 살펴보자. 성경 기록의 차원에서 엄청난 우주 창조의 이야기를 몇 줄에 표현한다는 것은 참으로 불가능한 일이다. 인간이 상상할 수 없는 창조의 이야기가 창세기 1장의 짧은 글로 기록되지만, 그 짧은 글 속에 놀라운 정보들을 담게 하셨다. 이것은 고도의 전략적 가치가 적용되지 않으면 가능하지 않다. 창조의 이야기는 그냥 막 기록된 것이 아니라 **완벽한 진실성**을 담되 **완벽한 간결함**을 유지한다는 가치 기준을 적용했기에 가능했던 것이다.

또한 모세에게 **완벽한 자율성**을 가지고 창조 이야기를 기록하도록 하신다. 그래서 모세는 하나님께서 말씀하신 것을 듣고 소화시킨 후에 자율성을 발휘하여 자기표현으로 하나님의 말씀과 다르게 기록한 것을 발견한다. 이것의 구체적인 증거는 이어지는 글에서 확인하게 될 것이다. 또한 우리는 창조를 기록함에 있어서 **완벽한 암호성**의 가치를 가지고 기록된 것을 알 수 있다. 이 말은 믿음이 없고 성령의 감동이 없이는 사람들이 창조 이야기를 읽기는 읽어도 그 깊은 뜻을 이해하지 못하게 기록되어 있다는 뜻이다.

결론적으로 우리는 완벽하신 하나님께서 천지창조를 행하시면서 다양한 분야에서 완벽이라는 가치를 가지고 창조하신 것을 알 수 있다. 이것을 통하여 우리는 완벽하신 하나님의 특성이 그의 창조에도 완벽하게 적용된 것을 볼 수 있다.

· MISSION 사명 ·

 멘토여, 창조의 Mission 사명은 무엇입니까?

우리는 이미 비전을 찾는 법을 살펴보았다. 비전을 안다면 사명을 아는 것이다. 사명은 비전을 실현시키기 위하여 목숨을 걸고 해야 할 일이기 때문이다.

성경에서 사명 찾는 법:
비전을 실현하기 위하여 행하여야 할 하나님의 명령 구절 찾기

성경 구절에서 사명을 찾는 법은 하나님의 뜻을 실행하도록 명령하신 구절을 찾는 것이다. 그리고 사명 선언문은 보다 심각하게 이 사명을 선포하는 것이기에 다음과 같이 표현한다.

사명 선언문 공식: 나는 _____ 비전을 완성하기 위하여 존재한다.

우리는 이미 비전 섹션에서 하나님께서 인간을 창조하시면서 인간들에게 주신 명령이 어떻게 표현되었는지를 살폈다. 그 명령은 창세기 1장 27절과 28절에 나타나 있다.

하나님이 자기 형상 곧 하나님의 형상대로 사람을 창조하시되 남자와 여자를 창조하시고

> 하나님이 그들에게 복을 주시며 하나님이 그들에게 이르시되 생육하고 번성하여
> 땅에 충만하라, 땅을 정복하라, 바다의 물고기와 하늘의 새와 땅에 움직이는
> 모든 생물을 다스리라 하시니라. | 창세기1:27-28

이 말씀을 근거로 사명을 구분하고 사명 선언문으로 표현하자면 다음과 같다. 27절은 하나님께서 천지 창조 이후에 인간을 창조하신 내용이 설명된다. 하나님께서 빛, 윗물과 아랫물, 바다와 육지, 식물, 물고기와 새, 동물과 인간을 창조하신다. 이렇게 하신 목적이 28절에 나와 있는 것이다. 이 목적을 포함하여 하나님께서 창조하시기 위하여 감당하셨던 사명을 선언문화 하면 다음과 같이 말할 수 있다.

> 나는 완벽하고 안전한 지구와 모든 생명체를 창조하고,
> 에덴에서 사람들에게 복을 주어
> 그들이 번성하고, 땅을 경작하고, 동물들을 다스림으로
> 전 지구를 에덴화 하기 위하여 존재한다.

비전은 목적지와 같고, 사명은 목적지에 도착하기 위하여 목숨을 걸고 감당할 일이다. 인간이 하나님의 형상 속에서 사랑과 능력과 조화로 에덴화 시킨 지구에 대한 비전을 가지고, 하나님께서는 7일간의 사명을 감당하신 것이다.

이런 창조를 완성하기 위하여 하나님께서 감당하시는 사명은 다음과 같은 단계로 구분할 수 있다. 하나님께서 "우리"라는 정체성을 가지고 행하셨기에 "우리"를 접목하여 하나님의 단계적인 사명 선언문을 살피면 다음과 같다.

· 1차 단계: 우리는 천지를 창조하기 위하여 존재한다.
· 2차 단계: 우리는 인간들이 생육하고 번성하며 모든 생물들을
　　　　　　잘 다스리게 하기 위하여 존재한다.
· 3차 단계: 우리는 생육하고 번성한 인간들에 의하여 우리의 뜻에 따라
　　　　　　잘 경작되고, 잘 다스려진 조류, 동물, 어류로 충만한 에덴화된
　　　　　　전 지구를 만들게 하기 위하여 존재한다.

비전의 영역에서 살핀 바와 같이 성경 전반에는 천지 창조 외에도 하나님께서 관심 가지신 다른 주요 사명이 있다. 그것은 크게 세 가지로 다음과 같다.

창세기 1:28에 근거한 사명: 전 지구의 에덴화
마태복음 28:19-20에 근거한 사명: 전 인류의 제자화
계시록 21:22, 24에 근거한 사명: 전 우주의 왕국화

이것을 사명 선언문으로 만들면 다음과 같다.

우리는 전 지구를 에덴화 하기 위하여 존재한다.
우리는 전 인류를 제자화 하기 위하여 존재한다.
우리는 전 우주를 왕국화 하기 위하여 존재한다.

이 사명을 완성하기 위하여 삼위일체 하나님께서는 우주와 지구를 창조하셨고, 예수님께서는 이 땅에 오셔서 제자를 양육하시고, 그들

을 위하여 십자가에서 죽으셨다. 그리고 성령님께서는 예수님의 부활 승천 이후에 인간들의 보혜사, 즉 비전 멘토로 은사를 주시며 성령의 열매를 맺게 하시면서 사명을 감당케 하심으로 마귀와 싸워 이기게 하신다.

● OBJECTIVE 목표치 ●

 멘토여, 창조의 Objective 목표치는 무엇입니까?

목표치는 거대한 사명을 조각 내어 감당하기 적절한 크기로 나눈 것이다. 과연 하나님께서 이렇게 하실 필요가 있는 분인가? 하나님께서는 전지전능하셔서 모든 것을 한꺼번에 하실 수 있는 분이 아닌가라고 생각할 수 있다. 이렇게 적절한 크기로 일을 나누고 하는 것은 인간의 시각에서 하나님을 틀에 집어넣으려는 시도가 되지는 않을까? 진실은 무엇일까?

진실은 하나님께서도 큰 사명을 감당하시기 위하여 작은 단위로 사명을 쪼개어 목표치로 나누신다는 것이다. 그리고 이렇게 하는 것의 원조가 하나님이시다. 증거가 있는가? 있다. 그 증거를 찾기 전에 그 증거를 찾는 방법을 먼저 알아보자.

성경에서 목표치 찾는 법:
비전 실현을 사명으로 삼고 행함에 있어서 사명을 작은 크기로 나눈 구절 찾기

성경에서 목표치를 찾는 법은 사명을 작게 나누어 할 일들이 구분된 구절을 찾는 것이다. 천지창조라는 사명은 거대하기에 한 번에 하기보다는 일의 주제에 따라 작은 단위의 일들로 구분된 것이 목표치이다. 즉, 사명은 작은 목표치들로 구성되어 있다. 사명이 집이라면 목표치들은 각 방에 비유될 수 있다.

각각의 목표치는 그래서 그 각각이 작은 사명과 같다. 왜냐하면, 목표치도 무엇인가를 완성해야 하는 것들이기 때문이다. 목표치 공식은 다음과 같다.

목표치의 공식: 사명을 감당하기 위하여 _____ **하기.**
(사명을 쪼갠 세부적 할 일 표기)

사명 선언문의 공식은 "_____ 비전을 실현하기 위하여 존재한다" 라고 표현한다면 목표치의 공식은 "사명을 감당하기 위하여 _____ 하기" 로 짧고 명확하게 표현한다. 목표치의 중요한 점은 사명을 작게 나누어 매우 구체적이고, 측정 가능한 차원에서 표현되어야 한다는 것이다.

자 이제 하나님께서 목표치로 나눈 증거를 찾아보자. 창세기 1장에는 창조라는 거대 사명을 감당하심에 있어서 그 거대 사명을 작게 나누신 하나님의 목표치가 놀랍게도 명확하게 제시되어 있다.

천지창조라는 사명을 감당하기 위하여 쪼개고 구분한 목표치들:

- 빛 창조하기
- 궁창과 윗물과 아랫물 창조하기
- 육지와 식물 창조하기
- 해 달 별 창조하기
- 물고기와 새 창조하기
- 짐승, 가축과 사람 창조하기
- 안식일 구분하고 축복하기

위의 리스트는 창세기 1장에서 완성된 창조라는 궁극적인 비전을 실현하는 것을 사명으로 가지고, 그 사명을 감당하시기 위하여 주제별 작은 목표치 단위로 쪼개어 나누신 것이다. 이러한 하나님의 목표치 구분은 하나님께서 얼마나 철저하고 정확한 경영 계획을 가지고 일하셨는지를 보여준다.

그런데 이것 만이 아니다. 성경을 살펴보면, 이런 주된 목표치가 더욱 세부적으로 구분되어 있는 것을 알 수 있는데 이는 우리로 하여금 성경을 읽으면서 미처 상상도 못했던 비밀들로 우리를 인도한다. 다음은 천지창조 사명을 감당하기 위하여 주요 목표치와 하위 목표치 리스트이다.

빛 창조하기
1:3 빛 창조하기
1:4 낮과 밤 구분하기
1:5 하루라는 시간 구분하기
1:5 시간에 이름 붙이기
1:5 태초와 첫날 구분하기

하늘 공간 창조하기
1:6 하늘 공간 만들기
1:7 궁창 아랫물과 궁창 윗물로 나뉘게 하기
1:8 궁창에 이름 붙이기

육지와 식물 창조하기
1:9 바다와 육지 만들기
1:10 모인 물과 드러난 뭍에 이름 붙이기
1:11 풀과 채소와 과목을 만들기
1:12 풀, 채소, 과목이 지속해서 번성하게 하기

해 달 별 창조하기
1:14 첫날의 빛과 발광체에서 나오는 빛 구분하기
1:14 두 광명체와 별 만들기
1:14 시간 나누기

물고기와 새 창조하기
1:20,21 어류와 조류 만들기

1:22 어류와 조류를 생육하고 번성하도록 하기

짐승과 사람 창조하기
1:24 가축, 기는 것, 모든 짐승 만들기
1:27 사람 만들기
1:28 인간들에게 주관처 지정하기
1:28 인간들 축복하기
1:29, 30 동물과 사람에게 식물 주기

안식일 지정하고 안식하기
2:2 안식하기
2:3 일곱째 날 거룩하게 하기

그대는 창조하시면서 이렇게 체계적인 경영 계획을 가지고 창조하셨을 것이라고 상상을 해 보았는가? 정말 놀랍지 아니한가? 어쩌면 이 목표치와 세부 목표치를 보기 전까지도 그냥 억지 공식에 하나님을 넣으려 하는 것으로 생각했을 것이다.

V.M.O.S.T. A.R.T.©원리는
하나님의 창조 속에 배어 있어 알게 된 것이지
이 원리에 하나님을 구겨 넣으려 한 것이 아니다.

이 표를 살펴보면 천지창조라는 사명을 감당하시면서 그간 우리가 알고 있던 대표적인 빛, 하늘, 땅과 식물, 해, 달, 별, 새와 물고기, 동물과 사람의 창조만을 하신 것이 아닌 것을 알 수 있다. 하나님 창조의 세부 목표치에는 물질과 비물질, 공간과 시간, 그리고 육, 혼, 그리고 영에 이르기까지 종합적인 창조가 포함되어 있다. 우리는 이것들을 차례로 살피게 될 것이다. 성경의 말씀을 자세히 들여다보면 하나님께서 위에 나열한 목표치를 완성하시기 위하여 많은 전략을 사용하신 것을 알 수 있다.

• STRATEGIES 하나님의 창조전략 •

 멘토여, 창조의 Strategies 전략은 무엇입니까?

과연 하나님께서도 전략이 필요할까? 하나님께서 무엇이든지 그냥 원하시면 다 이루어지는 것이 아닌가? 전략은 부족한 인간들이나 머리를 싸매고 짜내야 하는 것이 아닌가? 하나님께 관하여 전략 운운하는 것은 정말 억지가 아닐까? 라고 생각할 수 있다. 그리고 하나님께서 전략적이라고 하여도 한갓 인간이 그 증거를 찾아 알 수 있는가 하고 생각할 수 있다. 과연 그럴까?

하나님께서 전지전능하신 것은 맞다. 그렇다고 전략이 없이 주먹구구로 하는 것은 아니다. 오히려 그 전략 때문에 전지전능하심이 더 잘 드러난다. 하나님께서는 당연히 그리고 지극히 전략적이시다. 하나님은 전략적 경영의 하나님이시다. 그 증거가 있는가? 당연히 있다. 그리고 그 증거는 당연히 성경에 있다. 그것도 수두룩하게 말이다.

전략엔 거대전략과 미세전략이 있다는 것을 살폈다. 거대전략은 비전 실현을 위하여 전체적인 방향설정, 계획수립과 그것의 실현을 위해 거대 자원 활용 방안에 관한 것이다. 그러므로 거대전략은 V.M.O.S.T. A.R.T.ⓒ계획을 세우는 것이 포함되고, 미세전략은 V.M.O.S.T. A.R.T.ⓒ 중 목표치, Objectives를 달성하기 위해 무엇을 활용할 것인가에 집중된다.

지구 창조를 위한 거대전략을 먼저 살펴보자. 이 거대전략은 V.M.O.S.T. A.R.T.ⓒ에 대한 계획이 세워지는 상황에서 전체 전략을 파악하는 것이다. 지구와 인간 창조에 관한 거대전략은 하나님의 큰 그림에서 나온다. 지구와 인간을 창조하여야 할 이유가 있었다.

천사들과 관련된 더 큰 그림이 있지만, 여기에서는 깊게 다루지 않고, 지구와 인간 창조에 관련된 부분에 집중할 것이다. 하나님께서 지구를 창조하여 인간을 통하여 가꾸도록 하신 데는 우선 전 우주를 하나님의 아름다운 나라로 세워 생명들이 영화로운 삶을 살게 하시는 것이었다. 왜냐하면, 광대한 우주는 창세기 1장 2절의 원시 상태로 남아있었기 때문이었다. 더 깊게 들어가기 전에 이쯤에서 성경에서 전략을 찾는 법을 알아보자.

성경에서 전략 찾는 법:
목표치를 달성하기 위하여 활용할 방법이 언급된 구절 찾기.

성경에서 전략을 찾는 법은 목표치를 달성하기 위하여 활용할 방법이 언급된 구절을 찾는 것이다. 전략을 표시하기 위한 효과적인 공식도 있다. 이것이 전략인지 아닌지를 구분하는 방법이 되기도 한다.

전략 공식: 목표치 _____ **를 달성을 위하여** _____ **를 활용한다.**

즉, 어떤 목표치를 달성하기 위하여 어떠한 자원을 활용할 것인지를 파악하는 것이다. 이 자원은 인적, 물적, 자본, 시간 등의 모든 내용이 포함된다. 이제 구체적으로 하나님의 전략에 관하여 살펴보자. 우리는 하나님의 창조에 대한 전략을 지구와 인간 창조와 창조 기록에 대한 것으로 구분하여 살펴볼 것이다. 활용이라는 말을 주목하여 보라.

지구 창조를 위하여 활용할 전략들

1. 말씀을 활용한다. ("이르시되" 창세기 1:3, 6, 9, 11, 14, 20, 22, 24, 26, 29)

2. 지혜, 명철, 지식을 활용한다. (잠언 3:19-20; 8:22-30)

3. 하나님 나라의 모형으로 지구의 내적 및 외적 통치구조를 창조하기 위하여 하나님 나라의 모습을 활용한다. (히브리서 8:5) 예: 아담에게 통치 및 경영권을 주는 내적인 것, 에덴의 네 강, (창세기 2:10)은 하나님 보좌에서 강이 흐르는 모형의 외적인 것. (계시록 22:1)

4. 하나님 나라보다 낮게 창조하지만, 지구가 지극히 아름답고 기능적이 되도록 창조하기 위하여 천국의 이치를 활용한다. (히브리서 8:5)

5. 지구를 창조하기 위하여 원시 지구를 활용한다. (창세기 1:2)

6. 시간을 구분하여 지구의 날을 창조하기 위하여 빛과 어둠의 나누기를 활용한다. (창세기 1:4, 1:6, 1:7, 1:14, 1:18, 1:27, 2:3).

7. 지구의 전체적인 6일 창조를 위하여 순차적이고 단계적이고 반복적인 패턴을 활용한다. 각 날의 창조는 전날 창조의 기초를 활용함으로 창조가 다음 단계의 창조에 효율적으로 연결되도록 한다. 또한 전반기와 후반기를 대칭 구조를 활용하되 전반기에는 후반기 창조의 기초가 되고, 후반기는 그것을 활용하도록 한다. (창세기 1장)

8. 7일이라는 구조에서 모든 창조 활동을 마치기 위하여 낮과 밤으로 완성되는 하루라는 개념을 활용한다. (창세기 1:5, 8, 13, 19, 23, 31)

9. 지구의 모든 것들은 인간들이 지구를 경작하고, 지구의 자원을 활용하며, 지구의 동물 들을 보호, 관리, 다스리며, 지구를 에덴화 할 수 있도록 하기 위하여 인간의 영, 혼, 육의 모두를 활용한다. (창세기 1, 2장)

10. 인간들이 전 지구를 에덴처럼 만들 수 있도록 하기 위하여 지구 중앙에 에덴을 창설하여 모델하우스처럼 활용한다. (창세기 2:8)

11. 지구의 땅속과 밖에 필요한 모든 물질적 자원을 줌으로 사람들에게 준 비전을 실현할 때 활용하도록 한다. (창세기 1-2장)

인간 창조를 위하여 활용할 전략들

12. 하나님을 대신하여 지구를 관리하고 통치할 자로 인간들을 창조하여 활용한다. (창세기 1:26)

13. 인간 창조를 위하여 하나님의 형상과 모양을 활용한다. (창세기 1:26)

14. 하나님의 지구 창조 비전을 전수해줄 자로 아담을 창조하여 활용한다. (창세기 2:15-25)

15. 아담에게 하나님의 비전을 전수해주기 위하여 비전 멘토링 방식의 교육법을 활용한다. (창세기 2:15-25)

16. 두 번째로 창조된 이브를 비전 멘토링 방식으로 교육시키기 위하여 아담을 활용한다. (창세기 2:15-25)

17. 그들 자녀의 번성과 비전의 전수를 비전 멘토링 식으로 하기 위하여 아담과 이브의 가정을 활용한다. (창세기 2:15-25)

18. 그들이 지구의 에덴화 비전 실현의 시발점으로 에덴을 활용한다. (창세기 1:28; 2:15-25)

창조 기록을 위하여 활용할 전략들

19. 창조 기록을 위하여 모세를 활용한다.

20. 믿음의 사람들이 창조 방법과 내용을 통하여 지구와 우주가 하나님께서 특별한 목적을 가지고 창조한 것임을 알게 하며, 또한 사람들이 자신의 존재 목적을 알고 달성하도록 하며, 그들의 삶이 거룩하고, 거룩에서 나오는 효율성을 알리기 위하여 역사와 진리와 사랑의 이야기가 담긴 성경을 활용한다.

21. 성경의 창조 이야기를 활용하여 하나님의 창조가 V.M.O.S.T. A.R.T.©로 요약되는 경영 전략을 통해 극도의 효율성을 가지고 전개되었음을 알려서, 인간들도 그런 경영 전략의 원리를 활용하여 하나님께서 주시는 비전을 실현하도록 한다. (창세기 1-2장)

22. 성경을 기록하되 그 내용을 특별한 방법으로 선별하여 오직 믿음을 가진 이들이 성령의 조명을 받아 읽을 때만 이해되도록 암호적 방식을 활용하도록 하고, 악에 속한 이들에게는 아무리 읽어도 일차적인 뜻 외에 깊은 뜻을 알지 못하게 함으로 하나님의 비밀을 악용하지 못하도록 한다. (이사야 6:9, 마태복음 13:14, 마가복음 4:12, 사도행전 28:26)

이상 살핀 것들이 우리가 성경에서 추론할 수 있는 하나님의 큰 그림 속에서 지구와 인간을 창조하시고, 성경을 기록하신 전략들이다. 이러한 전략을 통하여 7일의 창조와 성경 기록이 실행된다. 이 거대전략을 수행하기 위한 것이 거대 경영적 전략이 V.M.O.S.T. A.R.T.ⓒ이다. 이 V.M.O.S.T. A.R.T.ⓒ의 비전과 사명을 완수하기 위하여 목표치가 설정되고, 그 목표치를 달성하기 위하여 미세전략이 나오게 된다. 그 미세전략들은 매우 세부적이고 깊은 비밀을 가진 것이어서 설명이 필요하기에 이어지는 장에서 구체적으로 살피게 될 것이다.

● TIME SCHEDULE 하나님의 창조 시간표 ●

 멘토여, 창조의 Time Schedule 시간표는 무엇입니까?

과연 하나님께서도 시간 계획을 세우실까? 어제나 오늘이나 내일이 다 같으신 하나님께서는 시간이 필요 없으신 분이 아닌가? 그러므로 시간 계획은 인간에게만 필요한 것이 아닌가? 과연 그럴까? 그러나 시간을 만드신 분이 하나님이시고, 하나님께서는 시간의 주인이시고, 시간이 역사가 되고, 시간의 길을 통하여 하나님의 뜻이 이루어지게 하셨다. 그래서 하나님의 모든 일들은 하나님께서 창조하시고, 작정하신 시간의 계획 속에서 전개된다. 그러한 증거가 있는가? 있다. 많다. 모든 하나님의 뜻은 시간 계획 속에서 예언과 언약과 비전의 형태로 전개되고 열매 맺게 하신다. 이러한 증거는 하나님의 첫 프로젝트인 창조에서부터 시작된다. 그 증거를 찾는 방법은 다음과 같다.

성경에서 시간표 찾는 법:
사명을 완수하고 목표치를 달성하기 위하여
시간적으로 구분한 구절 찾기

창조 이야기에서 하나님의 시간 계획을 찾는 것이 너무나 쉽다. 다음 표는 그것을 간단하게 보여준다.

태초의 창조 (하나님의 시간)			
	무대/영역		주관자들
1	1:5 하나님이 빛을 낮이라 부르시고 어둠을 밤이라 부르시니라 저녁이 되고 아침이 되니 이는 첫째 날이니라	4	1:18 낮과 밤을 주관하게 하시고 빛과 어둠을 나뉘게 하시니 하나님이 보시기에 좋았더라 1:19 저녁이 되고 아침이 되니 이는 넷째 날이니라
2	1:8 하나님이 궁창을 하늘이라 부르시니라 저녁이 되고 아침이 되니 이는 둘째 날이니라	5	1:22 하나님이 그들에게 복을 주시며 이르시되 생육하고 번성하여 여러 바닷물에 충만하라 새들도 땅에 번성하라 하시니라 1:23 저녁이 되고 아침이 되니 이는 다섯째 날이니라
3	1:12 땅이 풀과 각기 종류대로 씨 맺는 채소와 각기 종류대로 씨 가진 열매 맺는 나무를 내니 하나님이 보시기에 좋았더라 1:13 저녁이 되고 아침이 되니 이는 셋째 날이니라	6	1:31 하나님이 지으신 그 모든 것을 보시니 보시기에 심히 좋았더라 저녁이 되고 아침이 되니 이는 여섯째 날이니라
7일 안식 (하나님의 시간)			

표 6 7일의 창조 일자별 시간표

표는 하나님의 시간 계획이 단순하게 일자를 나열하는 것에 그치지 않고 시간에 구조를 주신다는 것을 알게 한다. 하루라는 시간 구조, 일주일이라는 시간 구조뿐 아니라 첫 3일과 후 3일엔 전략적 구조가 있어서 첫 3일이 후 3일을 위한 전략적 기초를 만드는 시간임을 알게 한다.

세상엔 많은 창조 설화들이 있다.
그러나 이같이 완벽한 구조와 경영 전략에 근거하지 않는다.

이유는 단순 명료하다.
이런 내용이 이런 구조를 가지고 전개되려면
GOD THE CEO, 최고 경영자의 전략이 없으면 불가능하기 때문이다.

창조 설화들이 우주와 인류의 시작에 관하여 어떤 설명을 해주려 하지만, 그것이 진리에 근거하지 않고 인간의 예술적 상상력에 근거하기에 이런 내용과 구조의 섬세함을 표현할 수 없다. 그 실체 속에서 실제로 행한 경험자만이 그렇게 쓸 수 있기 때문이다.

● ACTION 하나님의 행동 ●

 멘토여, 창조의 Action 행동은 무엇입니까?

지금까지 위에서 살핀 전략만을 종합하면 V.M.O.S.T.ⓒ로 정리된다. V.M.O.S.T.ⓒ가 전략적 계획이라면 이제부터 살펴볼 것은 A.R.T.ⓒ로 정리된다. A.R.T.ⓒ에서 A, action은 V.M.O.S.T.ⓒ를 실행하게 하는 행동이다. 아무리 좋은 계획을 가지고 있어도 행동이 없으면 무의미하다. 행동 없는 계획은 꿈일 뿐이다. 하나님께서는 V.M.O.S.T.ⓒ의 계획뿐 아니라 그것을 행동에 옮겨 구체적인 결실을 거두고, 시간 계획에 따라 비전을 현실화시키신다.

그래서 하나님께서도 행동하시고 일하시는가? 하나님께서는 그냥 보좌에 거룩하게 앉으셔서 모든 것을 알고 말로 심판만 하는 분이 아니신가라고 생각한다면 그것은 하나님을 한참 잘못 이해한 것이다. 하나님은 역동적으로 "일을 행하시는 여호와, 그것을 만들며 성취하시는 여호와” 이시다 (예레미야 33:2). 그러면 하나님께서 말씀 이외에 실제로 행동을 하시는가? 우리는 그 증거들을 확인하게 될 것이다.

성경에서 행동 찾는 법:
하나님께서 행동한 동사가 포함된 내용의 구절 찾기

성경에서 행동한 것을 찾는 방법은 비전을 실현하기 위하여 행동한 동사가 포함된 구절을 찾는 것이다. 히브리서 4장 12절 “하나님의 말씀은 살아 있고 활력이 있어” 처럼, 말씀을 통하여 행하시지만, 동시에 행동하시는 하나님이시다. 창세기 1장에서 하나님께서 실행을 위하여 행동하신 부분을 동사를 중심으로 확인할 수 있다. 다음은 창조 때 하나님께서 행하셨던 행동 리스트이다.

1일 1:3 빛이 있으라 하시니 빛이 있었고
1:4 하나님이 빛과 어둠을 나누사
1:5 하나님이 빛을 낮이라 부르시고 어둠을 밤이라 부르시니라
2일 1:6 물로 나뉘게 하시니 그대로 되니라
1:8 하나님이 궁창을 하늘이라 부르시니라
3일 1:9 뭍이 드러나라 하시니 그대로 되니라
1:10 뭍을 땅이라 부르시고 모인 물을 바다라 부르시니
1:11 씨 가진 열매 맺는 나무를 내라 하시니 그대로 되어
4일 1:14 낮과 밤을 나뉘게 하고
그것들로 징조와 계절과 날과 해를 이루게 하라,
비추라 하시니 그대로 되니라
1:16 두 큰 광명체를 만드사 큰 광명체로 낮을 주관하게 하시고
작은 광명체로 밤을 주관하게 하시며 또 별들을 만드시고
1:17 하늘의 궁창에 두어 땅을 비추게 하시며
1:18 어둠을 나뉘게 하시니
5일 1:20 물들은 생물을 번성하게 하라,
땅 위 하늘의 궁창에는 새가 날으라 하시고
1:21 모든 생물을 그 종류대로, 날개 있는 모든 새를

그 종류대로 창조하시니

1:22 하나님이 그들에게 복을 주시며 이르시되

6일 1:24 땅의 짐승을 종류대로 내라 하시니 그대로 되니라

땅에 기는 모든 것을 그 종류대로 만드시니

1:26 하나님이 자기 형상 곧 하나님의 형상대로

사람을 창조하시되 남자와 여자를 창조하시고

1:28 하나님이 그들에게 복을 주시며

1:29 내가 모든 푸른 풀을 먹을 거리로 주노라 하시니 그대로 되니라

7일 2:3 하나님이 그 일곱째 날을 복되게 하사 거룩하게 하셨으니

● REVIEW, REWARD, REST, 하나님의 평가, 보상, 휴식 ●

 멘토여, 창조의 Review, Reward, Rest, 평가, 보상, 휴식은 무엇입니까?

하나님께서는 과연 Review 평가, Reward 보상, Rest 휴식을 위한 행동을 하시는가? 하나님께서는 전지전능하신데 왜 하나님께서 평가가 필요할까? 그리고 보상이 필요하고, 휴식이 필요할까? 이것도 억지가 아닌가? 진실은 하나님께서 이것들을 행하신다는 것이다. 물론 인간이 그 것을 필요한 이유와는 다르시다. 우리는 이런 것들의 증거를 역시 말씀 속에서 확인하게 될 것이다.

첫째 R은 Review 평가를 하는 것이다. 평가는 일을 마친 후에 하 는 것이다. 행동을 돌아보면서 평가하고 새로운 판단을 해 보는 것이다. 하나님께서 왜 자신의 행동을 돌아보고 평가를 한단 말인가? 창조의 이 야기 속에서 과연 일을 마친 후에 그것에 관하여 평가를 하는 것이 있는 가? 찾아보자.

성경에서 평가 찾는 법:

하나님께서 행동하신 후에 그것을 평가하는 내용의 구절 찾기

성경에서 평가에 관한 내용을 찾는 방법은 어떤 행동 후에 그것에 관하여 지적으로 감정적으로 평가하는 내용의 구절을 찾는 것이다.

하나님께서는 창조를 행하심에 있어서 매일의 전략 실천 이후 그 일들을 평가하셨다. 그 증거는 "보시기에 좋았다"고 하신 것이다. 좋다 라는 말은 히브리어로 토브 טוב로 선한 good, 즐거운 pleasant, 동의하 는 agreeable, 아름다운 beautiful, 최상 best, 더 나은 better, 풍부한 bountiful, 즐거운 cheerful, 평안한 at ease, 은총을 입은 favor, 소중 한 precious, 달콤한 sweet, 부 wealth, 복지 welfare, 좋은 상태 well, 은혜롭게 graciously등의 뜻을 가지고 있다.[23] 하나님께서 계획 속에서 비전으로만 보시던 것이 실현된 다음 그 작품들을 직접 보신 후의 평가 이다. 다음은 좋았더라고 평가하시는 말씀들의 근거들이다.

1일 1:4 빛이 하나님이 보시기에 좋았더라
2일 기록 없음
3일 1:10 물을 바다라 부르시니 하나님이 보시기에 좋았더라
  1:12 열매 맺는 나무를 내니 하나님이 보시기에 좋았더라
4일 1:18 빛과 어둠을 나뉘게 하시니 하나님이 보시기에 좋았더라
5일 1:21 날개 있는 모든 새를 창조하시니 하나님이 보시기에 좋았더라
6일 1:25 땅에 기는 모든 것을 만드시니 하나님이 보시기에 좋았더라
  1:31 하나님이 지으신 그 모든 것을 보시니 보시기에 심히 좋았더라
7일 기록 없음

이러한 평가가 말해주는 것은 무엇인가? 하나님께서 일하시는 과정 을 살펴보면 이해가 된다. 하나님께서 무엇인가 창조를 뜻하시면 그 뜻 하신바, 구상하시는 바의 완성된 모습을 비전으로 보신다. 그리고 비전 을 실현하시는 사명을 감당하신다. 그 사명이 목표치들과 전략의 활용을 통하여 완성된 후에야 할 수 있는 것이 평가이다. 보시기에 좋았더라고 하시는 것은 비전으로 품으신 것을 눈으로 보시니 그것이 히브리어로 토 브, 즉, 아름답고, 기능적이고, 소중하고, 은혜롭게 좋았더라고 평가하

시는 것이다. 이 평가는 짧은 말로 표현되었지만, 실로 많은 것을 내포한다. 그중의 하나는 하나님의 Reward 보상이다.

둘째 R은 Reward 보상이다. 과연 하나님께서 보상을 받으시는가? 상은 높은 위치의 존재가 낮은 위치에 있는 사람에게 긍정적 행동의 결과에 대한 인정과 물질적 보상을 주는 것이다. 그러나 하나님 보다 더 높은 위치에 있는 존재가 있는가? 하나님께서 보상을 받으신다면 어떤 보상을 받으시는가? 하나님께서 보상을 받으신 증거가 성경에 있는가? 이런 질문들에 관하여 성경으로 돌아가 찾아보자.

성경에서 보상 찾는 법:
사명 완성 후에 비전이 실현되면
그것을 통하여 누리는 보상적 내용이 담긴 구절 찾기

성경에서 보상에 관한 내용을 찾는 방법은 사명 완성 후에 비전이 실현되므로 누리는 보상적 기쁨과 효과에 관한 것을 찾는 것이다. 이 보상의 개념은 비전이 실현된 이후에 상으로 받아 누릴 것에 관한 것이다.

하나님께서 창조하고 받으신 보상은 무엇일까? 그것은 물질적인 것이 아니었고, 누군가 줄 수 있는 것도 아니었다. 우선 하나님께서 받으신 것은 창조물이 세상에 드러난 이후에 느끼신 기쁨과 보람이었다. 위에서 Review 평가를 통하여 살핀 "보시기에 좋았더라"에는 기쁨이 담겨 있다. V.M.O.S.T.ⓒ계획을 실행하였고 평가를 했더니 좋았다는 것이다. 여기에는 지적인 만족뿐 아니라 감정적인 감격도 들어있다. 특별히 모든 것을 창조하신 후에 "보시기에 심히 좋았더라"고 말씀하시는 것에는 기쁨과 보람을 보상으로 받으신 하나님의 모습이 담겨 있다.

지구를 창조하신 이후에 하나님께서 받으시는 보상은 비전이 인간들의 경영을 통하여 전 지구가 에덴화 되고, 전 인류가 제자화가 되므로 전 우주가 하나님의 나라화가 되는 것이다. 특별히 인간이 선과 악을 알되 선을 행함으로 하나님께 기쁨을 드리는 것이 하나님께 감히 우리가 드릴 수 있는 보상이 될 것이다.

셋째 R은 Rest 휴식이다. 과연 하나님께서 휴식을 취하시는가? 그럴 필요가 있는 분이신가? 성경으로 돌아가 보자.

성경에서 휴식 찾는 법:
사명 혹은 목표치가 완성 후에 누리는 휴식 내용이 담긴 구절 찾기

성경에서 휴식에 관한 내용을 찾는 법은 사명 혹은 목표치가 완성된 후에 누리는 휴식에 관한 내용이 담긴 구절을 찾는 것이다. 그러면 Rest 휴식에 관하여 하나님께서는 어찌하셨는가? 권능의 하나님께서 휴식이 필요하셨는가? 우리는 하나님께서 7일을 안식일로 정하여 안식하신 것을 안다. 그러나 그것이 다가 아니다. 하나님께서는 매일의 창조에서 휴식기를 가지신다. 그것은 저녁이 되고 아침이 되는 밤을 통해서이다.

하나님께서는 하루마다 목표치를 정하셨고, 그것이 달성된 후에 하루의 일을 마무리하셨다. 그리고 저녁이라는 말 속에 담긴 하루의 안식, 휴식을 취하셨다. 물론 우리는 하나님께서 왜 휴식이 필요하실까 질문할 수 있다. 하지만, 7일 창조 후 안식을 취하시는 하나님께서 매일 작은 휴식기를 가지시는 것이 이상할 필요는 없다. 이것은 하나님의 전지전능함에 대한 도전이 아니다.

휴식은 꼭 하나님께서 필요하셔서 하는 것이 아닐 수 있다.

밤을 만드신 것은 하나님께서 피곤하셔서 쉬시려는 것이 아니라, 지구와 지구에 거하는 모든 피조물들에게 휴식을 주기 위한 배려로 보아야 할 것이다. 그러므로 하나님께서 밤에 휴식하시는 언급이 없다. 그

러나 V.M.O.S.T. A.R.T.ⓒ에서 Rest 휴식이 존재하는 이유는 하나님의 피조물들을 위한 배려로 보아야 할 것이다. 하나님께서 하루라는 과정에서 휴식을 위한 장치를 만드신 것을 저녁으로 대표된 밤이다. 그 증거는 다음과 같다.

1일 1:5 저녁이 되고 아침이 되니 이는 첫째 날이니라
2일 1:8 저녁이 되고 아침이 되니 이는 둘째 날이니라
3일 1:13 저녁이 되고 아침이 되니 이는 셋째 날이니라
4일 1:19 저녁이 되고 아침이 되니 이는 넷째 날이니라
5일 1:23 저녁이 되고 아침이 되니 이는 다섯째 날이니라
6일 1:31 저녁이 되고 아침이 되니 이는 여섯째 날이니라
7일 2:2 하나님이 그가 하시던 일을 일곱째 날에 마치시니
  그가 하시던 모든 일을 그치고 일곱째 날에 안식하시니라
  2:3 하나님이 그 일곱째 날을 복되게 하사 거룩하게 하셨으니
  이는 하나님이 그 창조하시며 만드시던 모든 일을 마치시고
  그날에 안식하셨음이니라

인간은 매일 저녁 이후 노동에서 휴식하며, 잠을 통하여 영혼육의 회복을 위한 휴식을 취한다. 우리가 이렇게 하는 이유는 우리가 하나님의 형상으로 지음 받되 그렇게 하는 것이 효율적이도록 하나님께서 정해 놓으셨기 때문이다. 그 이야기는 하나님께서도 어느 부분 안식하시고, 어느 부분 휴식하시는 분이기에 우리도 그 형상과 모양 속에 있는 특성을 따라 그렇게 하는 것으로 이해할 수 있다. 그러나 구분할 것은 인간이 휴식하는 것은 영혼육의 재충전을 위한 것이라면, 하나님께서는 힘과 지혜의 결핍을 채워야 하기 때문이 아닌 비전의 실현과 효율성을 위한 것이라는 것이다. 예수님의 예를 들어 살피면 이것을 더 잘 이해할 수 있다.

하나님의 휴식과 인간의 휴식엔 차이가 엿보인다. 예수님과 휴식과 연관된 구절들을 살피면 다음과 같다.

예수께서 낮에는 성전에서 가르치시고 밤에는 나가 감람원이라 하는 산에서
쉬시니 | 누가복음 21:37

거기 또 야곱의 우물이 있더라 예수께서 길 가시다가 피곤하여 우물 곁에
그대로 앉으시니 때가 여섯 시쯤 되었더라. | 요한복음 4:6

이르시되 너희는 따로 한적한 곳에 가서 잠깐 쉬어라 하시니
이는 오고 가는 사람이 많아 음식 먹을 겨를도 없음이라. | 마가복음 6:31

새벽 아직도 밝기 전에 예수께서 일어나 나가 한적한 곳으로 가사
거기서 기도하시더니 | 마가복음 1:35

육신을 입으신 예수님께서도 사역의 과정에서 피곤해하셨고, 쉬셨어야 했다. 당연히 제자들의 피곤함을 아시고 그들에게도 쉬도록 하셨다. 예수님의 휴식은 필요할 때마다 하셨지만, 예수님의 진정한 휴식은 사람에게서 벗어나는 것이었고, 아버지께 나아가는 것이었다. 그래서 사람이 없는 한적한 곳에서 아버지와 기도로 대화하는 것이었다. 왜냐하면, 육은 쉼이 필요하지만, 영은 그렇지 않기 때문이다. 이것이 왜 7일 안식일이 육적인 휴식뿐 만이 아니라 영적인 회복과 충전을 위한 날이어야 하는 가이다. 하나님의 형상으로 지음받은 우리가 누릴 진정한 휴식은 영적 충만으로 완성된다.

◦ THANKSGIVING 감사드리기 ◦

 멘토여, 창조의 Thanksgiving 감사드리기는 무엇입니까?

마지막 T는 Thanksgiving 감사드리기이다. 하나님께서 감사를 드리시는가? 창조하신 후에 누구에게 감사를 드릴 것인가? 감사는 은혜를 받은 부분에 대한 보답의 표현인데, 하나님께서 누구에게 어떤 은혜를 받으시기에 감사를 드릴까? 궁금한 부분이다. 우선 성경에서 하나님께서 감사를 드리는 부분을 찾아보자.

성경에서 감사 찾는 법:
비전 실현, 사명 완성 후에 도움을 준 이에게 감사하는 내용이 담긴 구절 찾기

성경에서 감사를 찾는 법은 사명 완성을 통하여 비전이 실현된 이후에 도움을 주신 분들께 감사하는 내용이 담긴 구절을 찾는 것이다. 그러면 창조하시는 하나님께서 창조가 끝난 후 누군가에게 감사하시는가?

창세기 1장의 창조 이야기에서 감사드리기는 없다. 하나님께서 비전의 주체이시고, 행동의 주체이시기에 스스로 자신에게 감사를 드리지 않으신다. 그런데도 V.M.O.S.T. A.R.T.ⓒ원리에 T감사가 들어가는 이유는 예수님께서 늘 하나님께 감사를 드리기 때문이다. 그리고 예수님께서 모범을 보여주신 이 원리는 인간이 완성되는 중요한 조건이다. 하나님께서 주신 비전 실현을 위한 일을 행하면서 도움을 받은 이들에게 감사를 드려야 하기 때문이다.

감사를 드려야 할 첫 대상은 언제나 하나님이시다. 왜냐하면, 이 우주 만물을 다 지으시고, 우리에게 비전을 주시고, 우리에게 비전 실현을 위한 자원을 모두 주셨기 때문이다. 그렇기 때문에 우리는 영적, 인적, 물적 자원들을 활용하여 비전 실현을 할 수 있다. 그리고 우리는 도움이 된 사람들에게 감사해야 한다.

예수님께서는 일을 행하시기 전에 일을 이루어 주실 하나님 아버지께 미리 감사드렸다. 그리고 행하신 일들은 모두 기적이 되었다. 그리고 일이 끝난 후 한적한 곳에 가셔서 또 아버지께 나아가셨다.

예수께서 떡을 가져 축사하신* 후에 앉은 자들에게 나눠 주시고 고기도 그렇게 저희의 원대로 주시다. | 요한복음6:11

돌을 옮겨 놓으니 예수께서 눈을 들어 우러러 보시고 가라사대 아버지여 내 말을 들으신 것을 <u>감사하나이다.</u>* | 요한복음 11:41

저희가 먹을 때에 <u>예수께서 떡을 가지사 축복하시고</u>* 떼어 제자들을 주시며 가라사대 받아 먹으라. 이것이 내 몸이니라 하시고 또 잔을 가지사 <u>사례하시고</u>* 저희에게 주시며 가라사대 너희가 다 이것을 마시라

이것은 죄 사함을 얻게 하려고 많은 사람을 위하여 흘리는 바 나의 피 곧 언약의 피니라. | 마태복음 26:26-28

요한복음 6장에서 예수님께서 드린 감사는 떡 5개와 물고기 2마리로 5000명이 먹고 12 광주리가 남은 기적을 만드셨다. 요한복음 11장의 감사는 죽은 지 4일된 나사로가 무덤에서 살아나오는 기적을 만드셨다. 마태복음 26장의 감사는 성만찬의 시초가 된 것으로 예수님을 믿고 성만찬을 받는 사람들이 죄사함을 받고 영생하도록 하는 기적을 만드셨다. 축사, 감사, 사례는 모두 같은 그리스어 유카리스테오 εὐχαριστέω 가 사용되었는데 축사, 감사, 사례, 찬미하다라는 뜻을 가진다. 떡을 축복하실 때는 그리스어 유로게오 εὐλογέω가 사용되었는데 축복하다, 찬양하다는 뜻을 가진다.

이처럼 감사는 기적을 만들어 낸다. 우리가 하나님께 감사를 드릴 때 하나님께서 행하시기 때문이다. 이러한 감사는 예수님을 이어서 사도들에게 이어졌다. 바울 사도는 로마서 마지막 장인 16장에서 자신을 도운 이들에게 이름을 불러가며 일일이 감사를 전한다.

감사는 하나님의 기적을 가져오고, 함께 일을 이룬 이들에게 존경과 보답을 돌려드림으로 미래에도 함께 갈 수 있도록 한다. 그래서 모든 경영은 감사로 마무리됨으로 무리 없이 기적의 미래를 다시 시작하게 해야 한다. 아니면 일의 진행 과정과 마무리 후의 관계가 나빠지고 장래가 어두워질 수 있다.

이것의 중요성을 예수님의 일화를 통하여 살펴보면 다음과 같다.

한 마을에 들어가시니 나병환자 열 명이 예수를 만나 멀리 서서 소리를 높여
이르되 예수 선생님이여, 우리를 불쌍히 여기소서! 하거늘 보시고 이르시되
  '가서 제사장들에게 너희 몸을 보이라' 하셨더니 그들이 가다가 깨끗함을 받은지라.
그중의 한 사람이 자기가 나은 것을 보고 큰 소리로 하나님께 영광을 돌리며
돌아와 예수의 발 아래에 엎드리어 감사하니 그는 사마리아 사람이라.
예수께서 대답하여 이르시되 열 사람이 다 깨끗함을 받지 아니하였느냐,
그 아홉은 어디 있느냐?
<u>이 이방인 외에는 하나님께 영광을 돌리러 돌아온 자가 없느냐</u> 하시고
그에게 이르시되 일어나 가라 네 믿음이 너를 구원하였느니라 하시더라.
| 누가복음 17:12-19

나병환자 열 명이 치유를 받았는데 그중 한 사람만 병을 고쳐주
신 예수님께 감사를 드리러 왔다. 이에 관하여 예수님께서는 그 감사
가 "하나님께 영광을 돌리" 는 영적인 일이라는 것을 알게 하신다. 9명
은 육체적 치유만 받았지만, 감사를 드리러 돌아온 사람은 믿음과 구원
까지 받았다. 그러므로 모든 일을 행한 후에 할 일을 하나님께 영광을 돌
리는 감사를 드리는 일이고, 그러할 때 비전이 진정으로 완전하게 실현
되는 것이다.

모든 비전은 궁극적으로 하나님께 영광을 돌리는 감사로 완성된다.

예수님께서는 이 비밀을 아시기에 어떤 일을 하심에 있어서 전후
에 스스로 늘 아버지께 감사를 드리고 영광을 돌렸던 것이다. 그래서
V.M.O.S.T. A.R.T.ⓒ를 통해 실현할 비전의 일은 감사로 완성하여야
한다.

지금까지 우리는 하나님께서 천지창조라는 거대 프로젝트를 어떻
게 V.M.O.S.T. A.R.T.ⓒ라는 원리에 근거하여 케이스 분석을 했다.

천지창조의 과정과 그 과정이 너무나 터무니없이
짧게 기록된 이야기 속에 이런 경영의 원리와 구조가
존재한다는 사실은 그 자체로 중요한 의미가 있다.

우리는 실제로 하나님이 존재하지 않으시면, 하나님께서 GOD THE CEO로서 실제로 이런 창조 프로젝트를 행하지 않으셨으면 이런 내용이 이런 방법으로 서술될 수 없다는 것을 결론적으로 알게 된다. 여기에서 생각할 것은 이런 시스템에 배어 있는 창조 이야기의 진실성이다. 창조 이야기가 누군가 지어낸 허구라면 이런 규모의 이야기를 이런 체계와 경영적 효율성을 가지고 전개할 수 없을 것이다. 결론적으로 우리는 다음을 알게되었다. 그리고 더 깊은 내용을 더 알게 될 것이다.

첫째, 하나님께서 GOD THE CEO 최고 경영의 신이 맞다.
둘째, 그가 경영을 하셨다면 하나님은 당연히 존재하신다.
셋째, 이것이 최초의 경영 기록이면 경영은 하나님께 속한다.
넷째, 하나님의 사람들은 하나님의 경영법으로 행하여야 한다.

이어지는 2부에서는 하나님께서 창조라는 프로젝트를 경영하심에 있어서 어떤 구체적인 경영 전략을 가지고 합리적이고 효율적으로 일하시는지 특별히 창세기 1장 1절과 2절을 통하여 살펴볼 것이다.

멘티여,

· V.M.O.S.T. A.R.T.ⓒ의 정의는 무엇인가?

· 창조 케이스 분석을 통해 알게된 4가지는 무엇인가?

Part II

태초 창조의 경영전략

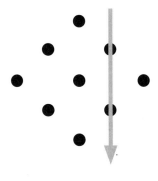

4

창조에 관한 혼돈 7, 정돈 7, 기록 7방식

 멘티여, 왜 사람들이 성경에 쓰인 창조 이야기를 잘 이해하지 못한다고 생각하는가? 어떻게 하면 그들이 이해할 수 있다고 생각하는가? 그대라면 어떻게 설명하겠는가?

먼저 그대의 답을 생각한 후에 이어지는 글을 읽어라. 그렇게 하는 것이 그대에게 명철을 주고, 지혜를 줄 것이다.

4장의 비전은 그대가 창조 7일에 대한 사람들의 혼돈 속의 질문과 정돈을 위한 7가지 관점과 창조 기록의 7 방식을 잘 이해하고 기뻐하는 모습이다. 그것을 위하여 나의 사명은 그대가 가장 합리적으로 7일에 대하여 이해할 수 있도록 돕는 것이다. 그러기 위하여 다음 세가지의 목표치를 가지고 설명할 것이다.

창조에 관한 혼돈스러운 7가지 질문
정돈을 위한 7가지 관점
창조 기록의 7가지 방식

● 목표치1: 창조에 관한 혼돈스러운 7가지질문 ●

 멘토여, 혼돈스러운 7가지 질문은 무엇입니까?

우리는 다음 장부터 하나님의 천지창조에 관한 구체적인 과정과 내용을 살피게 될 것이다. 그런데 사실 성경에서 말하는 천지창조는 매우 위대하지만, 그러나 동시에 너무나 많은 혼돈을 주기도 한다. 우선 다음 질문들은 성경에서 말한 7일간의 창조 이야기에 관하여 사람들이 자주 하는 질문들이다.

첫째 날, 하나님께서 "빛이 있어라"고 하시는데 빛이 있기 전에 어둠과 공간이 있어야 하지 않는가? 그것을 첫날 창조하지 않았는데 그것들은 누가 언제 만들었기에 이미 존재했는가? 그리고 태양 없이 어떻게 빛이 만들어졌는가? 이에 관하여는 9장에서 자세히 살피게 될 것이다.

둘째 날, 하늘이라는 공간을 만들기 위하여 위의 물과 아래의 물을 나누신다고 하시는데, 물이 어디에 있어서 나누실 수 있는가? 그리고 물을 어떻게 윗물과 아랫물로 나누시는가? 이에 관하여는 10장에서 자세히 살피게 될 것이다.

셋째 날, 물과 뭍을 나누신다는데 땅은 누가 언제 만들었기에 물과 마른 땅을 나누시는가? 어떻게 나누시는가? 그리고 식물들을 종류대로 만드시는데 그 종류들은 어디에 있었는가? 이에 관하여는 11장에서 자세히 살피게 될 것이다.

넷째 날, 태양, 달, 별들을 만드신다는데, 어떻게 태양도 없이 첫날 빛이 있었으며, 어떻게 태양이 지구보다 나중에 만들어지는가? 지구 하나만 있었고 그 후에 태양계와 은하계가 지구를 중심으로 만들어졌다는 말인가? 이에 관하여는 12장에서 자세히 살피게 될 것이다.

다섯째 날, 물고기들과 새들을 그 종류대로 만드신다는데 그 종류는 어디에 있었는가? 이에 관하여는 13장에서 자세히 살피게 될 것이다.

여섯째 날, 짐승, 가축을 그 종류대로 만드신다는데 그 종류는 어디에 있었는가? 인간은 왜 종류대로 만드시지 않았는가? 이에 관하여는 14장에서 자세히 살피게 될 것이다.

일곱째 날, 전능자 하나님께서 왜 휴식했어야 했는가? 하나님도 피곤하신가? 이에 관하여는 15장에서 자세히 살피게 될 것이다.

창세기 1장 창조의 이야기엔 이 7가지 질문 외에도 사람들이 혼돈스러워하는 것들이 많이 있다. 우리는 이 질문들뿐 아니라 다른 여러 질문들을 할 것이고, 놀라운 답들을 알게 될 것이다.

이제는 이러한 혼돈을 정돈하는 데 도움이 될 7가지의 관점에 관하여 살펴보자.

목표치2: 정돈을 위한 7가지 관점

 멘토여, 정돈을 위한 7가지 관점은 무엇입니까?

성경의 창조를 이해하는 데 도움이 되는 관점이 있을까?
어떤 사람들은 성경의 창조를 이해하려면 고대 원시 미개인의 관점,
논리도 과학도 없이 다만 자연과 신에 대한 막연한 경외감을 가진
원시 미개인의 관점에서 읽어야 한다고 주장한다.

이렇게 주장하는 이유는 성경이 원시 미개인의 관점에서 기록되었기에 때문이라고 말한다. 그런데 그렇게 접근하니 성경의 창조는 미신 신화 아니면 신앙 고백 수준으로 전락하고 마는 것이다. 이런 주장은 성경이 어떤 책인지 몰라서 말하는 것이다. 성경을 이해하려면 그들의 주장대로가 아니라 다음과 같은 방식으로 읽어야 한다.

첫째, 창조의 큰 그림 이해하기
둘째, 창조의 주체이신 하나님 관점에서 이해하기
셋째, 창조와 성령님 이해하기
넷째, 창조 이야기의 기록 목적 이해하기

다섯째, 하나님 나라의 실체성 이해하기

여섯째, 하나님 나라의 시간 이해하기

일곱째, 창조의 우주관 이해하기

이제 하나씩 살펴보자.

 멘토여, 첫째, 창조의 큰 그림 이해는 어떻게 하여야 합니까?

창조를 이해하기 위한 큰 그림은 우리가 서언에서 보았던 9개의 점을 연결하기 위하여 점 밖으로 나가는 것과 같다. 성경을 인간이 이러저러한 신화를 참고하여 소설 쓰듯이 쓴 것처럼 생각하면 성경은 이해를 못한다. 그리고 창세기 1장을 이해하기 위하여는 지구 밖, 인간 밖, 창조의 6일 밖, 인간의 지성 밖으로 나가지 않으면 안 된다.

예를 들어 창세기 1장 3절에 빛을 창조하시는 상황에서 온 우주엔 지구 하나만 있었다고 주장하거나, 하나님 다음으로 인간이 가장 존귀한 존재이고, 천사들은 인간을 섬기기 위해 나중에 지음 받은 존재라거나, 온 우주 창조가 6일간에 다 완성되었다거나 하는 것은 창조를 온전하게 이해하지 못하게 한다.

그 외에도 창조의 주체를 하나님관점에서 보기, 성령님 이해하기, 창조의 기록 목적 이해하기, 하나님 나라의 실체성 이해하기, 하나님 나라의 시간관 이해하기, 창조의 우주관 이해하기가 이어서 살필 중요한 큰 그림들이다.

 멘토여, 둘째, 창조의 주체에 대한 이해는 어떻게 하여야 합니까?

성경에 기록된 창조 이야기를 이해하려면 우선 하나님의 관점을 가져야 한다. 왜냐하면, 하나님께서 창조하셨고 하나님의 관점에서 창조의 이야기를 기록했기 때문이다.

창조 이야기에는 인간의 논리로 이해가 안 되는 부분들이 많다.
그래서 어떤 이들은 "인간의 논리"로 성경이 틀렸다고 비난한다.
그런데 문제는 그 "인간의 논리"로는 창조를 못 한다는 것이다.
그렇다면 창조하신 하나님의 논리로 창조를 보아야 한다.

그러면 인간이 어떻게 하나님의 관점을 가질 수 있을까? 우선 하나님께서 어떤 분이신지 알아야 한다. 하나님은 당연히 우주와 생명체 창조를 능히 하시는 분이다. 그래서 창조 이야기에서 이해가 되지 않는 부분이 있다면 말이 안 된다고 할 것이 아니라 하나님께 다음과 같이 질문하여야 한다.

"하나님께서는 이것을 어떻게 하셨습니까?"
"하나님께서는 왜 이것을 이렇게 기록하도록 하셨습니까?"

그런데 어떤 학자들은 하나님은 질문할 대상이 아니고
대답을 들을 대상도 아닌 것처럼 행동한다.

그리고 자기들의 지성으로 이해되지 않으니 성경의 창조 기록을 불합리하다고 주장한다. 이러한 관점을 심각하게 수정되어야 한다. 그리고 창조의 주체, 창조 기록의 주체가 하나님이신 것을 회복하여야 한다.

🌳 멘토여, 셋째, 창조와 성령님은 어떤 연관이 있습니까?

성경에 비밀스럽게 기록된 창조를 온전하게 이해하려면 성령님의 도움이 없이는 불가능하다.

우리가 성령의 감동을 통하여
구원을 받은 후 믿음으로 성경을 읽으면

창조와 각종 기적의 이야기를 받아들이는데 아무런 문제가 없다.

그런데 구원의 감동이 식은 후에 읽으면
지적으로, 논리적으로 이해가 안 된다.

이것이 지성으로 성경을 읽는 것과 영성으로 읽은 것의 차이이다.

지성은 인간의 경험과 상식을 기반으로 하지만,
영성은 성령의 경험과 진실을 기반으로 하기 때문이다.

이것이 지성에 의존하는 학자들이 성경을 잘못 해석하는 이유이다. 그들은 오늘날 성경의 해석을 성령에 감동 대신 지성을 활용한 비교 종교학적 비교 문학 비평을 하듯이 한다. 그런 비평의 출발점이 창세기 1장이다. 그들의 공헌(?)으로 인하여 우리는 창세기 1장부터 하나님의 의도와 전혀 다르게 이해하도록 미혹 받았다. 우리는 그 증거와 문제점을 곧 알게 될 것이다.

🌳 멘토여, 넷째, 창조 이야기의 목적 이해는 어떻게 하여야 합니까?

성경의 창조 이야기의 목적은 무엇일까? 이것을 이해하려면 전체 성경 기록의 목적을 알아야 한다. 바울 사도의 말을 빌리자면 다음과 같다.

영원부터 만물을 창조하신 하나님 속에 감추어졌던 비밀의 경영 [경륜, 계획]이 어떠한 것을 드러내게 하려 하심이라. | 에베소서 3:9

비밀의 경영이라 할 때 경영의 원어는 오이코노미아 οἰκονομία로 집의 청지기적 경영, 관리, 행정을 뜻한다. 어떤 번역에서는 경륜으로도 번역한다. 그러면 하나님의 비밀스러운 경영, 경륜, 계획은 무엇일까? 그것은 창세기 3장 15절의 예언의 말씀에 관한 것이다.

내가 너로 여자와 원수가 되게 하고 네 후손도 여자의 후손과 원수가 되게 하리니
여자의 후손은 네 머리를 상하게 할 것이요 너는 그의 발꿈치를 상하게
할 것이니라 하시고 | 창세기 3:15

성경은 창세기 3장에서 인간이 뱀의 미혹으로 타락한 이후에 하나
님께서 여자의 후손으로 태어날 구원자를 통하여 뱀의 머리를 상처내기
까지의 이야기, 그리고 그 이후에 여인의 후손들이 (요한계시록 12:17) 옛
뱀, 큰 용, 사탄을 대적하여 싸워 이기는 것에 관한 이야기를 비전으로
제시하는 책이다.

이런 중요한 목적을 달성하기 위하여 하나님께서는 자신이 인간들
을 위하여 하신 창조의 이야기는 아주 짧게 기록하신다. 대신 인간들과
함께 행하시며 구원을 베푸시는 이야기를 길게 설명하신다.

창조 이야기와 구원 이야기의 비율을 보면
성경의 기록 목적과 하나님의 마음이 어디에 있는지를 알 수 있다.

구약 총 39권 929장, 신약 총 27권 260장, 총 1189장 중에
창조는 창세기 1장에, 부수적으로 2장에 짧게 기록할 뿐이다.

나머지는 구원의 역사에 집중되어 있다.
이 말은 천지창조에 대하여 아무리 잘 알아도
구원받지 않으면 소용이 없다는 말이기도 하다.

1/1189의 의미를 알아야 한다. 위대한 창조이야기를 1만큼 기록하
시므로 자신을 드러내지 않으신다. 하지만 1188장에 인간 구원에 관한
"비밀의 경영"에 대하여 기록하시고 인간으로 하여금 그 중요성을 알
게 하신다. 그리고 창조 이야기는 매우 짧게 쓰였지만, 매우 정교하게 고
학적이고 초과학적인 창조의 핵심을 전달한다. 우리는 창조 이야기의 기
록 목적에 관하여는 5장에서 보다 깊이 살피게 될 것이다.

🌳 멘토여, 다섯째, 하나님 나라의 실체성 이해를 어떻게 할 수 있습니까?

성경의 창조 이야기는 전체 하나님 나라의 실체 속에서 이해하여야 한다. 지구도 하나님 나라의 일부이기 때문이다. 하나님과 하나님 나라의 실체성에 대한 전제가 없으면 성경은 처음부터 마지막까지 깊은 뜻을 이해할 수 없다. 그러면 그것을 어찌 알 수 있는가? 그것을 알 수 있는 유일한 정보는 성경에 있다. 성경의 정보를 종합하여 설명하면 이러하다.

지구는 하나님 나라 실체성 중에 한 부분이다. 이 지구가 오늘날 이런 자연, 그리고 지구 문명이 오늘날 이렇게 된 것에는 이유가 있다. 성경은 그 이유를 온전하게 설명한다. 즉, 인간의 문화와 문명은 하나님 나라의 실체성에 근거한다. 그것을 알 수 있게 해주는 것이 히브리서에 언급되어 있다.

> 그들이 섬기는 것은 하늘에 있는 것의 모형과 그림자라.
> 모세가 장막을 지으려 할 때에 지시하심을 얻음과 같으니
> 이르시되 삼가 모든 것을 산에서 네게 보이던 본을 따라 지으라 하셨느니라.
>
> | 히브리서 8:5

모세가 하나님께서 주신 설계도와 재료에 따라 지은 성막이 사실은 "하늘에 있는 것의 모형과 그림자"(히브리서 8:5)라는 말이다. 그런데 이 말이 내포하고 있는 진실은 실로 거대한 것이다.

하늘에 성전이 있다는 말은 공동체가 있고,
그 공동체가 성전에서 모인다는 것이고,
성전에서 할 일은 하나님을 예배하는 것이다.
그런 건축 문화, 모임 문화, 예배 문화가 존재한다는 것이다.
그러한 공동체의 문화는 문명을 전제한다.

모세가 지은 성막은 하나님께서 주신 설계에 따라 당시에 인간이 구할 수 있는 최고의 금은보화를 동원하여 지은 것이다. 구조와 디자인과 기능도 단순하면서도 아름답고 효율적이 아닐 수 없다. 그런데 이처럼 지구에서 가장 좋은 것들로 만든 것에 관하여 성경은 하나님 나라 문명의 "그림자"에 불과한 것들이라고 표현한다. 이 말뜻을 정확하게 알아야 한다. 사람과 그 사람의 그림자의 차이를 생명 과학적인 차원에서 비교해보라.

그림자는 실체가 없으면 존재할 수 없는 것이고,
실체와 그림자는 생명성과 기능과 가치에 있어서 비교가 안 된다.

이것을 지구 문명에 대입하면
지구 문명이 있다는 것은 하나님 나라의 문명을 전제한다는 것이고
하나님 나라의 문명에 근거하여
실체에 대한 그림자 수준으로 지어졌다는 것이다.

하나님 나라의 문명의 실체는 성경의 모든 곳에 조금씩 언급되어 있다. 예를 들어 인간은 지구에서 타락 이후에 죄와 질병 속에서 죽어가지만, 성경 전반에는 하나님의 능력이 어떻게 그의 사자들을 통하여 병을 고치며, 죽은 사람을 살리고, 바다를 가르며, 바다 위를 걸으며, 바다를 잠잠케 하는지 말해준다. 이것이 하나님 나라의 문명에 기반을 둔 초과학적 법칙들에 근거한다.

우리에겐 기적으로 여길 것들이지만, 그 문명에서는 지극히 상식적이고 합리적이고 과학적인 일이다. 왜냐하면, 하나님 나라의 실체는 우리와 다른 생리와 물리적 원리 속에 작동하기 때문이다. 당연히 과학적이지만, 인간이 이해할 수 있는 수준을 초월한다. 그래서 우리는 그것을 초과학적이라 부를 수 있다.

초과학이라는 말의 정의는
현대 과학에서는 이해를 초월하지만,
물리과학적 근거를 가지고 있는 것을 말한다.
초과학적 문명이라 함은 그러한 것이 상식인 문명이다.

그리고 우리가 기적이라고 부르는 것들은 하늘나라 문명에서는 상식으로 일어나는 일이다. 하나님의 기적을 초과학적 문명의 관점에서 살펴보자. 예를 들어 민수기에는 아론의 마른 지팡이 (민수기 17:1-8)에서 밤사이에 싹이 나고 열매가 맺혀진 사건을 기록한다.

> 여호와께서 모세에게 말씀하여 이르시되
> 너는 이스라엘 자손에게 말하여 그들 중에서 각 조상의 가문을 따라 지팡이
> 하나씩을 취하되 곧 그들의 조상의 가문대로 그 모든 지휘관에게서 지팡이
> 열 둘을 취하고 그 사람들의 이름을 각각 그 지팡이에 쓰되 …
>
> 이튿날 모세가 증거의 장막에 들어가 본 즉 레위 집을 위하여 낸
> 아론의 지팡이에 움이 돋고 순이 나고 꽃이 피어서 살구 열매가 열렸더라.
> | 민수기 17:1, 2, 8

이것은 출애굽 40년 여정의 말기에 일어난 사건이다. 이것을 설명할 수 있는 유일한 것은 하나님의 선택과 하나님의 초과학적 역사하심이다. 우리에게는 모두 기적적인 사건이다. 그러나 이것은 어느 부분 과학적으로 설명할 수 있는 것이다.

예를 들어 아론의 싹난 지팡이의 이치를 설명해주는 초과학적인 일이 경남 함안에서 일어났다. 고려 시대에 건설된 성산산성의 발굴조사 현장, 토층 4-5m지점에서 말라비틀어진 씨앗 몇 개가 발견되었고, 약 700년 전의 연꽃 씨앗으로 판명되었다. 함안 박물관과 농업기술센터 협동으로 그 씨앗을 물에 담근 뒤 5일 만에 발아시켜 싹을 틔울 수 있었다. 그리고 1년 후 아름다운 연꽃을 피웠다.[24]

700년 전의 것으로 말라 죽었을 것이라고 생각했던 씨앗을 살려내고 꽃까지 피운 것은 기적이라고 말할 수 있다.

처음 일어나면 기적이 되고
매번 일어나면 상식이 된다.

이치를 모르지만, 진리이기에 믿으면 신앙이 되고
이치를 파악하여 진실이기에 믿으면 과학이 된다.

과학적 상식은 신앙적 믿음으로 시작하고, 그것이 상식화되는 과정을 거친다. 그 이유는 과학이 추구하는 자연의 이치가 하나님의 창조와 운행 섭리에서 나왔기 때문이다. 과학자들도 어떤 것의 이치를 발견하기 전에는 가설적 비전과 그 비전을 믿음으로 출발하여 그 이치를 밝혀낸다. 이처럼 믿음과 비전은 하나님께서 인간에게 주신 실체로 가는 중요한 영적 도구이다.

초과학적 하나님 나라의 실체성을 예수님을 통하여 살펴보자. 마가복음 5장 39절에서 예수님께서는 죽은 아이를 살리시기 전에 그 아이가 잔다고 표현하신다. 요한복음 11장은 죽은 지 3일 된 나사로를 살리시는 예수님의 이야기가 있다. 그리고 예수님께서도 죽은 지 3일 만에 스스로 부활하셨다. 인간에게는 모두 기적이지만, 하나님께는 상식인 일이었다. 죽은 자를 살린 것은 예수님뿐 만이 아니었다. 엘리사 선지자도 수넴 여인의 죽은 아들을 살린다 (열왕기하 4:18-37), 베드로 사도는 욥바의 다비다라는 여제자를 살렸다 (사도행전 9:36-42). 또한 바울 사도도 유두고라는 청년을 살린다 (사도행전 20:8).

예수님의 기적이 제자들에게 상식이 되었다.
제자들의 기적이 초대교회에 상식으로 되었다.
그런데 오늘날 그것을 읽는 인간들은 의심한다.

이유는 단순하다. 성령님의 감동, 역사하심이 오늘날 쉽게 볼 수 없기에 하나님 나라의 실체를 사람들이 모르기 때문이다. 그러나 사람들이 모른다고 하나님 나라의 실체성이 약화되지 않는다.

🌳 멘토여, 여섯째, 하나님 나라의 시간관은 무엇입니까?

어떤 이들은 전 우주의 역사가 창세기 1장 3절에서 첫날 빛의 창조로 시작되었다고 생각한다. 이런 시간관을 가지고 성경을 읽으면 성경의 진실을 이해할 수 없다.

물론 그렇게 생각하는 것도 무리는 아니다. 그 오해는 창세기 1장 3절에서 첫날에 빛이 창조되었다고 명시하기 때문이다. 그러나 그 첫날 이전에 창세기 1장 1절의 태초라는 시간이 존재했던 것을 성경이 명확하게 제시하고 있다는 것을 간과하면 안 된다.

우리가 태초와 첫날을 그간 구분하지 못한 것은 우리의 오해이지 성경의 잘못은 아니다. 당연히 태초와 첫날은 다르다. 창세기 1장 1절의 태초가 전 우주의 시작점이라면 창세기 1장 3절은 지구를 중심으로 한 시간이 전개되는 시작점이다. 이 시간 차 속에서 성경의 중요한 존재들인 천사들이 지구의 창조 이전에 이미 존재했다.

> 내가 땅의 기초를 놓을 때에 …
> 그 때에 새벽 별들이 기뻐 노래하며
> 하나님의 아들들이 다 기뻐 소리를 질렀느니라. | 욥기 38:1, 7

성경의 전체 맥락 속에서 볼 때 천사들은 하나님께서 지구를 창조하실 때 이미 존재하여 기뻐 소리를 질렀다. 성경의 전반을 통하여 우리가 알 수 있는 성경의 시간은 표 7로 요약된다.

하나님의 시간은 십자가를 중심으로 대칭적인 구조로 전개된다. 하나님의 영원 속 어느 시점에서 그림의 1번과 같이 창세기 1장 1절의 태초가 시작되며 물리적 우주가 창조된다. 그리고 천사들이 창조되고, 일부 천사들의 타락이 발생한다. 톱니바퀴 원은 갈등과 전쟁 등을 의미한다. 2번 그림같이 그 후에 지구와 에덴, 인간이 창조되고, 사탄의 미혹으로 인간의 타락이 온다. 3번의 시점은 타락 이후에 지구와 인간이 사탄에 속하여 전반적으로 갈등하며 신음하는 것을 보여준다. 4번은 예수님의 십자가 사건을 보여준다. 그리고 5번은 십자가로 인하여 구원을 받은 성도들을 통하여 세상이 하나님의 나라화 되지만 여전히 사탄의 세력과의 갈등과 바벨론 왕국과 전쟁이 있음을 말해준다. 6번은 천년 왕국과 그 말미에 곡과 마곡의 전쟁을 말해 준다. 7번은 새 창조와 새 예루살렘을 보이고 하나님의 영원으로 이어진다. 이 시간관을 가지고 성경을 보지 않으면 성경을 이해할 수 없다.

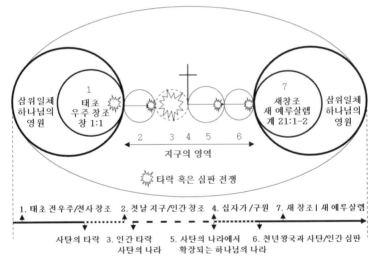

표 7 하나님 나라 관점에서 본 시간과 역사 전개

🌳 멘토여, 일곱째, 창세기 1장의 우주관은 무엇입니까?

성경의 우주관을 잘 못 이해한 사람들은 성경을 엉뚱한 책으로 이해한다. 이런 오해가 어디에서 시작되었는지 살펴보자.

랠프 챔버레인 Ralph Vary Chamberlin 1879-1967은 종교, 교육, 인류학 등에 왕성한 글을 쓴 저명한 미국의 동물학자이며 역사학자이다. 그는 1909년에 다음과 같은 글과 더불어 다음 그림을 발표했다.

성경 구절에 대한 많은 오해가 발생했으며, 독자들이 그리스도 시대와 그 이후까지 히브리인과 이웃 민족 사이에서 우세한 우주의 개념을 고려하지 않거나 적절하게 이해하지 못함으로 인해 계속해서 발생하고 있다. 다른 원시 민족들처럼 히브리인들은 매우 자연스럽게 지구가 평평하다고 생각했다. 성경에서 궁창으로 번역된 히브리어 단어는 일반적으로 주로 금속판, 얇은 금속 또는 판 모양의 금속판을 가리키는 단어인 라키아 Rakia이다. 히브리인들은 이 용어를 하늘에 적용했는데, 그 이유는 그것이 금속성질의 물질적 금고이며 사실상 궁창이라고 진심으로 믿었기 때문이다. 그들의 생각에서 깊음의 물을 지구에서 막고 남은 물을 바다로 모으고 마른 땅의 모습을 가능하게 한 것은 이 강력한 금속 금고였다. 이처럼 물이 하늘 혹 궁창 위와 땅 아래에서 머무르는 것으로 생각하였다.[25]

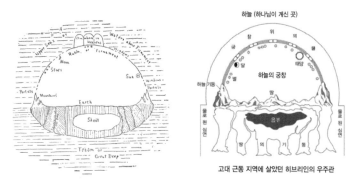

표 8 챔버레인의 고대인들의 우주관 원본 (왼쪽)과 개정 버전 (오른쪽)[26]

챔벌레인에 의하여 그려진 이 그림이 이해하는 우주관은 기본적으로 평평한 땅과 위에 하늘 궁창이 둥근 놋쇠에 의해 지탱되고 그 위에 윗물이 있고 땅속에 아랫물이 있는 것이다. 그리고 이것은 이집트와 바벨론 신화와 유사하다고 보았다. 이러한 이해 이후에 구약의 이야기가 바벨론 등 중동 신화를 차용한 것으로 이해하는 신학계의 풍토가 더 거세졌다. 이러한 우주관으로 창세기 1장을 읽으니 성경이 갑자기 유치한 민족 설화가 되어 버린다.

그런데 이것은 하나님께서 창세기 1장에서 보여주시는 우주관이 절대로 아니다.

그러면 성경의, 창세기 1장의 우주관은 무엇인가?
그것은 오늘날 허블 망원경을 통하여 확인하는 그런 우주관이었다

그대는 이제 곧 이것의 진실성을 특별히 창세기 1장 1절과 2절에서 그리고 이어지는 창조 이야기에서 확인하게 될 것이다. 이 우주관으로 이해하고 창세기 1장을 해석하면 창조 이야기가 실타래 풀리듯이 이해가 될 것이다.

◦ 목표치 3: 창조 기록의 7가지 방식 ◦

🌳 멘토여, 창조 이야기의 7가지 기록 방식은 무엇입니까?

창세기 1장의 기록 방식을 알면 창조 이야기를 효과적으로 이해할 수 있다. 매우 많은 사람들이 창세기 1장 창조에 대한 기록을 읽으면서 혼돈에 빠진다.

이유는 기록된 창조 이야기가 다 인 것처럼 생각하기 때문이다.
실제 창조와 창조 기록은 구분되어야 한다.

창조의 이야기는 창조에 대한 제한적이고 전략적으로 기록한 것이고
실제 창조는 기록을 통하여 표현한 그것보다 더 구체적이다.
즉, 기록되지 않은 셀 수 없는 것들이 있다는 것이다.

그러므로 사건과 기록을 구분하고, 기록의 전략적 방법을 알아야 한다. 우선 다음 7가지는 모세가 영감을 가지고 짧게 기록한 창세기 1장을 효율적으로 이해할 수 있도록 돕는 방법들이다.

첫째, 경영 전략 기법
둘째, 암호 기법
셋째, 설계도 기법
넷째, 대칭 기법
다섯째, 동양화 기법
여섯째, 프리즘 기법
일곱째, 영화 기법

이제 하나씩 살펴보자.

🌳 멘토여, 일곱째, 경영 전략 기법은 무엇입니까?

경영 전략 기법은 하나님께서 창세기 1장에 기록된 것처럼 창조하시는 과정 속에서도 활용하셨을 뿐 아니라, 창세기 1장을 기록함에도 활용하신 것이다. 즉, 경영 전략을 가지고 기록을 하셨다는 것이다. 창세기 1장은 이미 우리가 살핀 V.M.O.S.T. A.R.T.ⓒ경영전략적으로 행해졌고, 쓰여졌다. 그래서 이 경영 전략 기법을 이해하여야 한다.

하나님의 경영 전략을 알고 적용하며 창조의 이야기를 읽으면
이전에 주먹구구로 읽으면서 발견하지 못했던 것들을 알게 된다.

V.M.O.S.T. A.R.T.ⓒ원리 외에도 암호기법, 설계도 기법, 대칭기법, 동양화 기법, 프리즘 기법, 영화 기법과 같은 전략을 활용하셨다.

🌳 멘토여, 둘째, 암호 기법은 무엇입니까?

암호 기법은 창조의 이야기를 암호를 해독하듯이 접근하라는 것이

다. 앞에서도 암호에 관하여 이미 언급했지만, 암호는 필요한 사람에게 만 정보를 주고 적들에게는 감추기 위한 장치이다.

창세기 1장의 최대 암호적 특성은
상상할 수없이 거대한 일을 허무할 정도로 짧게 기록한 것이다.

하나님의 창조 기록의 방식을 알아야 한다.

그는 인간에게 37조 개의 세포를 주시고
그 세포 속에 30억 개 염기의 정보를 주시고,
그 정보를 2~4μm 크기의 염색체 속에 기록하셨다.

그리고 관찰할 수 있는 138억 광년 크기의 우주에
300억조 개의 별들과 생명체를 창조하신 이야기를
창세기 1장에 손바닥 길이로 짧게 기록하셨다.

2~4μm 마이크로미터란 1미터를 100만 개로 쪼갠, 혹은 1센티미터 를 1000개로 쪼갠 작은 크기이다. 현대 과학이 파악한 138억 광년 크기 의 우주와 모든 생명체의 창조 이야기를 손바닥 길이의 창세기 1장에 하 신다. 이러한 패턴은 암호와 같고 같은 분이 창조하셨다는 서명으로 보 아야 한다. 그리고 현대 신학과 과학은, 과학 중에서 유전공학과 천문학 은 그 암호를 해독하려 노력하고 있다.

🌐 멘토여, 셋째, 설계도 기법은 무엇입니까?

하나님께서 창조를 하심에 있어서 대칭적 기법을 활용하실 뿐 아니 라 보다 본질적인 설계도와 같은 것을 활용하신다. 그런데 이 설계도는 창조의 6일간과 6일 전후의 내용적 구조가 담겨 있다.

이 설계도는 아래 위로 하나님의 시간이 위치하고, 두 기둥처럼 6

일이 전 3일과 후 3일로 구분된다. 뿐만 아니라 6일은 "하나님이 이르시되"라는 말로 시작하고, 그 말씀이 첫 3일 기둥에는 3일간 1회, 1회, 2회 반복된다. 둘째 기둥에서는 그 말씀이 1회, 2회 4회 반복되는 구조를 가진다. 모두 고도의 고의성을 가지고 있는 것을 알 수 있다. 창조는 이와 같은 내용적 설계도 속에서 진행되었다.

태초의 창조 (하나님의 시간)			
	무대/영역		주관자들
1	1:3 **하나님이 이르시되** 빛 (오르)이 있으라 낮 밤 구분	4	1:14 **하나님이 이르시되** 광명체들 (마오르)이 있어 낮 밤, 징조, 계절, 날과 해 이루게
2	1:6 **하나님이 이르시되** 아랫물 (바다)과 윗물 (하늘) 만들기	5	1:20 **하나님이 이르시되** 물고기와 새를 종류대로 만들기 1:22 **하나님이 그들에게 이르시되** 물고기와 새 복 주어 번성케 하기
3	1:9 **하나님이 이르시되** 바다와 육지 만들기 1:11 **하나님이 이르시되** 식물 종류대로 만들기	6	1:24 **하나님이 이르시되** 가축, 기는 것, 짐승 종류대로 만들기 1:26 **하나님이 이르시되** 하나님 형상으로 사람 만들기 1:28 **하나님이 그들에게 이르시되** 사람에게 복을 주어 생육, 번성, 충만, 정복, 다스리게 1:29 **하나님이 이르시되** 식물을 음식물로 주시기
7일 안식 (하나님의 시간)			

표 9 설계도로 본 창조

참고로 이러한 구조에 대한 인식은 1950년대에 골격이론 Framework Theory으로 소개되었다.[27] 골격이론의 공헌은 하나님의 6일 창조에 패턴이 있다는 것을 알아 차린 것이다. 그러나 아쉬운 점은 이것을 문학적 구조로 보았다는 것이다. 문학적 구조로 보았다는 말은 이러한 구조가 실제 창조의 역사적 기록이라기 보다는 문학적인, 시적인 후렴처럼 반복하는 것으로만 본 것이다. 그러나 창세기 1장은 단순한 문학적 골격

Frame이 아니라 창조 전반, 그리고 성경 전반, 즉, 시대를 초월하는 역사를 위한 설계도 역할을 한다.

 멘토여, 넷째, 대칭 기법은 무엇입니까?

위에서 살핀 창조의 설계도에 중요한 것은 대칭 기법이 포함된다. 그리고 이것은 하나님의 건축가적 속성에서 기인한다. 우주를 창조하신 하나님은 최고의 설계가이시며 그 설계를 실체화하시는 건축가이시다. 유능한 건축가가 사용하는 방법 중의 하나는 대칭법이다. 아름다운 구조를 가진 건축물들은 좌우 대칭, 혹은 상하 대칭의 디자인을 가진다. 위 표에서 살핀 설계도는 대칭적 구조를 가지고 있다. 그리고 첫 3일과 후3일은 대칭적 구조로 되어 있다.

하나님의 창조물들은 대칭이 특징이다.
사람도 좌우로 완벽 대칭일 경우 아름답고 건강하다.
대칭은 효율성, 기능성, 그리고 아름다움을 주는 놀라운 작용을 한다.

창세기 1장은 창세기 1장에서 그리고 성경 전반에서 다음과 같이 놀라운 대칭적 설계를 가지고 있다. 이것은 우연히 생길 수 없는 고의성을 가지고 있다.

창세기 1장 내부 대칭: 첫 3일과 나중 3일이 대칭 형식으로 구성됨
성경 전체 대칭: 창세기 1-3장과 요한계시록이 대칭 구조를 가짐
성경과 자연 대칭: 창세기 1장 말씀 대로 이루어져 대칭이 됨

이런 논리적 설계 구조는 참으로 놀랍다.
고도의 프로젝트 전문가가 아니면 할 수 없는 일이다.
창조는 GOD THE CEO만이 할 수 있는 고도의 전략이 아닐 수 없다.

하나님의 이러한 기법을 이해할 때 창조를 더 잘 이해할 수 있다.

멘토여, 다섯째, 동양화 기법은 무엇입니까?

　세 번째 동양화 기법의 특성은 최소한의 것을 제외한 과감한 생략에 있다. 예를 들어 산맥을 그릴 때 산의 모든 것을 다 그리려 화면을 채우지 않는다. 중요한 능선 몇 줄기를 그리고는 산의 중간 부분은 생략한다. 아랫부분엔 때론 강이 있고 배나 강변 절벽에 정자가 있기도 하다. 동양화에 익숙한 사람은 산 능선과 땅 사이에 생략된 산줄기에 관하여 상상 속의 구름으로 알아서 채워 넣는다. 즉, 생략을 통하여 여백의 미를 활용하고 관람자가 상상력으로 채워 넣도록 한다는 것이다.

창세기의 창조 이야기는 동양 산수화와 같이
중요한 줄기 외에 나머지는 과감하게 생략한 방식으로 기록되었다.

표 10 동양화의 예
겸재 정선의 경교명승첩 (1741), 간송미술관 소장품 (http://kang.chungbuk.ac.kr/art_kor/218804)

　창세기 1장엔 천지창조라는 주제의 전체 산맥이 있고, 7일은 각각의 산봉우리와 같다. 7개의 봉우리들은 중요한 산줄기들이 반복적인 유사성을 가지고 있음은 창조가 의도적 체계를 가지고 전개되었음을 알게 한다. 그러나 많은 이들이 서양화의 점에서 창세기 1장의 창조 이야기를 읽고는 고대 원시인이 쓴 미완성된 유치한 작품이라고 판단한다.

멘토여, 여섯째, 프리즘 기법은 무엇입니까?

프리즘 기법은 프리즘 현상에 기인한다. 프리즘은 눈으로 보기에는 아무 색이 없는 투명한 삼각 유리 막대이다. 그런데 놀라운 것은 이 투명한 곳에 한 줄기로 집약된 빛이 비치면 빨강, 주황, 노랑, 초록, 파랑, 남색, 보라 등 7가지 색의 파동이 펼쳐져 나오는데 이 파동이 우리에게 색으로 보인다. 즉, 투명해 보이는 빛에 사실은 이러한 색들이 들어 있다는 것이다. 이것은 1666년 아이작 뉴턴 Isaac Newton을 통해 이 실체가 파악되었다.

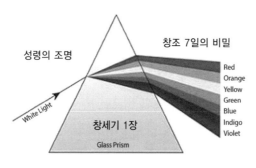

표 11 프리즘 막대와 창세기 1장의 비유

어떤 사람들은 빛과 프리즘 막대기가 그냥 아무 색이 없는 것 같이 창세기 1장의 짧은 기록에 무슨 엄청난 것이 담길 수 있겠는가, 그냥 미개 원시 이스라엘 사람들의 세계관일 뿐이지라고 폄하한다. 그러나 분명하게 알 것이 있다.

창세기 1장에 성령의 조명이 비치면
영롱하고 신비한 7일의 비밀들이 펼쳐져 나오게 설계돼 있다.

이제 그것이 우리가 앞으로 펼쳐질 다른 장에서 보게 될 정보들이다. 창세기 1장은 아무렇지도 않게 몇 줄로 창조 이야기가 기록된 것 같지만, 그 기록들은 각각 놀라운 것들을 암시하고 있는 것을 알게 될 것이다.

멘토여, 일곱째, 영화 기법은 무엇입니까?

영화 기법의 특성은 우리가 영화를 볼 때 처음부터 세상의 모든 사람과 장소를 다 보여주지 않고 주제와 연관된 것들만 우선적으로 보여준다는 것이다. 영화는 주인공의 관점에서 제한된 화면에 감독이 보여주고자 하는 고의로 선택된 장면을 보여준다. 주인공이 사는 나라에 대통령과 재벌, 장군도 있을 수 있지만, 그들은 감독이 나타나라고 할 때까지 등장하지 않는다.

> 창조의 이야기가 지구와 인간을 중심으로 화면 구성이 된다고 하여,
> 우주의 다른 부분과 하나님과 천사들이 없는 것이 아니다.
> 관건은 어떤 개연성 안에서 언제 어떻게 그들이 등장하느냐이다.

이러한 방식은 특별히 태양이 왜 4일 차에 등장하는가에 대한 설명이 필수적이다. 이제 우리는 이 내용을 12장에서 자세히 알게 될 것이다.

우리는 지금까지 창조의 7일에 관하여 사람들이 하는 혼돈의 7가지 질문, 정돈을 위한 7가지 관점 그리고 창조 기록 이해를 위한 7가지 방식에 관하여 살폈다. 이제 이러한 관점들을 가지고 창세기 1장의 본문을 이해하면서 창조와 경영의 비밀에 관하여 알아보자.

멘티여,

· 이제 그대는 성경의 창조 이야기를 이해하지 못하는 사람들의 질문이 무엇인지 설명할 수 있는가?

· 그리고 왜 그들이 그렇게 생각하는지 설명할 수 있는가?

· 성경을 더 잘 이해할 수 있는 방식에 관하여 그대는 어떻게 설명하겠는가?

창세기 1장 기록의
경영 전략

 멘티여, 만약 그대가 최근에 완성한 프로젝트를 누군가에게 설명하는 글을 쓴다면 첫 문장을 어떻게 시작하겠는가?

무엇을 가장 중요하게 여겨 전하겠고, 어떻게 하여 함축적이면서도 장엄하게 말하겠는가? 창세기 1장은 성경 전체의 방향을 정해준다. 성경이라는 책이 창조주 하나님께서 창조하신 지구라는 장소에서 인간을 중심으로 어떤 이야기가 전개되리라는 것을 가늠하게 해준다. 그래서 성경의 첫 장은 매우 중요하기에 전략적으로 기록되어야 한다.

창세기 1장의 기록 목적을 달성하여 네가지 목표치들이 있다. 과연 다음의 네 목표치는 창세기 1장의 기록 목적을 달성케 할 것인가?

창조의 진실을 인간에게 전해주기
창조의 진실을 대대로 전해주기
성경의 진실을 믿음의 사람들에게만 이해하게 하기
짧되 최대한 잘 이해할 수 있게 하기

멘토여, 하나님께서 창조 이야기를 기록하게 하시는 데에도
전략이 있습니까?

당연하다. 무엇인가 말하고 기록하는 데 있어서 전략적으로 생각하여 행하는 것과 그렇지 않은 것은 지혜자와 우둔한 자의 차이를 만든다. 하나님께서는 말씀하실 때와 기록하게 하실 때 이유를 가지고 행하시고, 그 이유가 가장 잘 전달될 수 있도록 전략적으로 하신다. 이러한 능력은 하나님의 지혜와 전지전능하신 속성에서 자연스럽게 나오는 것이다.

사람들의 경우에도 이것은 마찬가지이다. 예를 들어 수많은 걸작을 쓴 미국의 어니스트 헤밍웨이 Ernest Hemingway 1899-1961는 그의 중편소설 노인과 바다를 2백 번 넘게 고쳐 썼다. 이유는 자신이 전달하고자 하는 내용을 가장 효과적으로 만들어 내기 위한 것이었다. 그러기 위하여 그는 전략적으로 생각하면서 가장 감동적인 문장을 만들어 냈던 것이다. 그리고 그것은 전 세계인들에게 공감을 받았고, 그 공로를 인정받아 1954년에 노벨 문학상을 받았다.

하나님께서 무엇인가를 행하실 때는 당연히 전략을 갖고 계신다. 모세를 통하여 창조의 이야기를 기록하게 할 때도 고도의 전략이 있으셨다. 우리는 이 책 전반을 통하여 창세기 1장을 중심으로 GOD THE CEO의 창조와 경영에 관하여 살피게 될 것인데, 하나님께서 창조도 매우 전략적으로 하셨지만, 그 기록도 전략적으로 하도록 하신 것을 알게 될 것이다.

이러한 말이 생소할 수 있겠지만, 우리는 이미 창조의 거대전략을 앞장에서 V.M.O.S.T. A.R.T.ⓒ를 통하여 살폈다. 이제 창조 이야기를 전하기 위하여 창세기 1장을 기록하시는 전략을 V.M.O.S.T.ⓒ에 적용하여 살펴보자. V.M.O.S.T.ⓒ는 V.M.O.S.T. A.R.T.ⓒ에서 A.R.T.ⓒ 부분을 뺀 전략적 계획 부분만을 말한다. 창세기 1장이 왜 기록되었고 어떻게 기록되었는지를 이를 통해 알게 될 것이다.

멘토여, 창조 기록에 대한 하나님의 비전은 무엇입니까?

그렇다면 먼저 하나님께서는 창조 이야기를 기록하게 하시면서 어떤 비전을 가지셨는지 생각해 보자. 그것을 어떻게 알 수 있을까? 우리가 가진 유일한 증거는 성경이다.

하나님께서 창조 이야기를 기록하게 하시면서 가지셨을 비전 찾기:

하나님께서 기록하게 하신 창조 이야기를 읽은 독자들이
과연 무엇을 알고, 어떻게 기뻐할 것을 기대하셨는지 유추하면 된다.

누군가 무엇인가를 기록할 때는 목적을 가지고 적는다. 예를 들어 그대가 짝사랑하는 사람에게 편지를 쓸 때를 생각해 보면 도움이 될 것이다. 그대는 그대의 짝사랑이 편지를 읽으면서 그대의 사랑을 알아차리고 감동에 빠지기를 기대하면서 모든 지혜로 근사한 첫 문장을 쓰려 할 것이다. 편지를 쓰는 그대의 비전은 그 사람이 그대의 진심을 알아주고, 그대의 행동에 관하여 알고 그대에게 감사하며 미소 짓는 모습이 될 것이다. 사랑이 가득 차신 하나님께서 창조의 이야기를 기록하시면서 가지신 창조 기록의 비전은 다음과 같이 말할 수 있을 것이다.

창조 기록의 비전:

영적 권능과 경영적, 합리적 원리에 근거한 하나님의 창조를 알고 기뻐하며
하나님께 영광을 돌리는 사람들의 모습

그러므로 창조를 통한 하나님의 이 비전의 실현은 그대가 하나님 창조의 비밀을 알고 하나님의 사랑과 권능을 감사와 감격으로 받을 때이다. 그러나 많은 사람들이 하나님을 자신들의 마음 밖에 놓음으로, 그들은 하나님 축복의 비전 밖에 있다.

멘토여, 창조 기록에 대한 하나님의 가치는 무엇입니까?

하나님께서 창조의 기록을 하게 하시면서 가지셨을 가치는 무엇일까? 먼저 그것을 어떻게 알 수 있을까?

창조 이야기 기록에 있어서 적용된 가치 찾기:

하나님께서 기록하심에 있어서 적용하신 규칙을 찾는 것이다.

창조의 이야기에는 어떤 규칙, 내규, 법칙, 기준을 가지고 기록되었다. 우리가 창조의 이야기에서 유추할 수 있는 몇 가지 규칙과 기준은 다음과 같다.

창조를 기록함에 있어서 유지된 가치:

그것들은 진실성, 간결성, 암호성, 체계성 그리고 자율성

첫째 가치 기준은 진실성이다. 이 진실의 가치를 유추하는 것은 어렵지 않다. 성경은 진리를 전달하기 위한 책이고, 그것을 전달하기 위한 단순한 가치는 진실성이다. 진실되게 기록하는 것이 지킬 가치였을 것이다. 세상에 창조에 관한 신화들이 있기만 성경의 기록처럼 진실적이지 않다. 이유는 성경의 기록은 창조자가 개입하셔서 자신의 창조를 사실대로 기록하게 하셨기 때문이다. 이 진실성은 하나님의 진실하신 속성에 근거한다. 진실되지 않은 것을 기록할 수도 없고, 필요도 없는 분이시다.

둘째 가치 기준은 간결성이다. 창조 이야기를 사실적으로 쓰려면 몇만 권의 책으로도 부족할 것이다. 그러나 놀랍게 그 이야기는 창세기 1장에 손바닥 길이로 핵심적인 것이 간결하게 기록되었다. 이것은 우연이 아니라 그런 가치를 가지고 쓰였기에 그러한 것이다.

셋째 가치 기준은 암호성이다. 성경에 기록된 창조 이야기는 어떤 언어로도 최대한 가깝게 번역되어 읽힐 수 있지만, 그 내용에 담긴 깊은 비밀은 원어인 히브리어로 읽어도 다 이해하지 못하게 되어 있다. 오직 믿음을 가지고 성령의 영감을 받은 사람들이 이해할 수 있도록 하셨다.

창조 이야기를 지성적으로 이해하지 못했던 사람이 믿음을 가지고 성령의 감동을 받으면 순수하게 받아들이게 된다. 이것은 집단 최면에 걸려서가 아니다. 인간의 혼적 논리로 이해되지 않던 것이 영의 영역에서 이해되는 것이다. 영은 지성을 초월하여 원리와 실체를 이해할 수 있기 때문이다. 그래서 믿음이 있고 성령에 감동받은 사람은 아이라도 창조의 이야기가 편안하게 이해되지만, 그렇지 않은 이들은 아무리 박사라 하여도 이해하지 못한다.

넷째 가치 기준은 체계성이다. 창세기 1장은 6일간의 창조를 함에 있어서 체계성을 가지고 전개된다. 그냥 비슷한 이야기가 전개되는 것이 아니라 그것은 창조의 패턴과 그 패턴 속에 있는 효율성을 전해준다. 우리는 이 합리적 체계성과 경영적 효율성을 곧 확인하게 될 것이다.

다섯째 가치 기준은 자율성이다. 이 자율성은 기록자 모세에게 주신 것이다. 창세기 1장을 살펴보면 그 정보는 인간이 알 수 있는 내용이 아니라는 것을 알 수 있다. 어느 인간도 창세기 1장 1절의 태초 상황과 창세기 1장 2절의 원시 지구를 본 적이 없다. 더구나 그 원시 지구는 흑암 속에 있었다. 그런데 그 원시 지구가 공허하고, 혼돈 속에 있고, 물이 깊음 속에 있는 것을 어찌 알았을까? 이것은 하나님께서 직접 말씀해 주시고 보여주시지 않았으면 알 수 있는 것이 아니다. 그리고 창세기 1장은 하나님의 말씀이 직접 인용된다. 이것은 하나님께서 직접 말씀해 주신 것을 모세가 기록했다는 것인데 그 기록을 함에 있어서 자율성을 가지고 했다. 그 근거는 하나님께서 말씀하시고, 모세가 듣자마자 들은 데로 받아 적은 것이 아니라, 모세가 자신의 방식대로 소화한 후 자율적으로 기록한 것을 발견할 수 있다. 우리는 이 가치에 대한 더 자세한 증거들을 곧 확인하게 될 것이다.

 멘토여, 창조 기록에 대한 하나님의 사명은 무엇입니까?

하나님의 성경 기록 사명은 하나님께서 이 기록이 실행되도록 하기 위하여 무엇을 하셨는지 살피면 된다.

창조 이야기 기록에 있어서 적용된 사명 찾기:

기록하도록 하기 위하여 하나님께서 하신 일을 찾는 것이다.

하나님께서는 창세기 1장의 기록을 통하여 사람들이 하나님께서 무엇을 어떻게 그리고 왜 하셨는지를 알게 하시기 위하여 모세에게 직접 말씀해 주시고, 또 영적인 경험을 통하여 창조의 장면을 보여주셨다. 그 증거는 창세기 1장에서 하나님께서 직접 말씀해 주신 증거와 직접 보지 않았으면 설명할 수 없는 것들을 통하여 알 수 있다.

성경은 때로 기록 목적을 직접 말하기도 한다. 예를 들어 요한복음을 기록한 요한은 그 기록 목적을 다음과 같이 말한다.

예수께서 제자들 앞에서 이 책에 기록되지 아니한 다른 표적도 많이 행하셨으나

오직 이것을 기록함은
너희로 예수께서 하나님의 아들 그리스도이심을 믿게 하려 함이요.
또 너희로 믿고 그 이름을 힘입어 생명을 얻게 하려 함이니라.
| 요한복음 20:30-31

요한은 자신이 기록한 요한복음에서 예수님의 모든 행적을 다 적지 않고 선택적으로 적었으며, 그 목적은 예수님을 믿고 영원한 생명을 살게 함이라고 말한다.

모세가 창조 이야기를 기록함에 있어서도 모든 것을 다 기록할 수 없었다. 인간이 이해할 수 없는 것도 있고, 그것을 다 기록할 수 있지도 않았고, 또 그것들이 기록 목적에 부합하지도 않았기 때문이다.

창조에 관하여 다양한 이야기를 다양한 관점에서 전할 수 있었지만, 우주와 인류가 어떻게 하나님의 뜻과 형상으로 지어졌는지와 그 인간이 어떻게 다스리는 자로, 경영자로 살아야 하는지를 알려 주기 위하여 기록되었다. 그래서 창조 이야기를 전해주시는 하나님의 사명은 그것의 성취를 위하여 최적화된 만큼의 이야기를 해주신다. 그래서 창조 이야기 기록하심에 있어서 사명은 다음과 같이 표현할 수 있다.

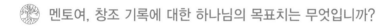

창조를 기록함에 있어서의 사명:

창세기 1장은 성경을 읽는 사람들에게 영적 권능과 경영적, 물리적 원리에 근거하여 하나님께서 천지를 창조하신 것을 알고 하나님께 영광 돌리며, 경영의 원리를 적용하는 삶을 영위하게 하기 위하여 존재한다.

🌳 멘토여, 창조 기록에 대한 하나님의 목표치는 무엇입니까?

하나님께서 창조에 대한 기록하심에 있어서 가지신 목표치는 그것을 통하여 사명을 포괄적으로 성취할 수 있는 세부적인 것들이다.

창조 이야기 기록에 있어서 적용된 목표치 찾기:

하나님께서 사명 성취를 위해 세분화하신 목표들을 찾는 것이다.

창조의 이야기를 기록함에 있어서 하나님께서 가지고 계셨을 목표들은 성경에서 최소한 크게 4가지와 하위 목표치 6가지를 유추할 수 있다. 그들은 다음과 같다.

1. 창조의 진실을 인간에게 전해주기
2. 창조의 진실을 대대로 전해주기
3. 성경의 진실을 믿음의 사람들에게만 이해하게 하기
4. 짧되 최대한 잘 이해할 수 있게 하기
　① 창조의 규모와 영역 알려주기
　② 원시 지구의 상태 알려주기
　③ 창조의 체계성 알려주기
　④ 창조의 포괄성 알려주기
　⑤ 창조의 물리 과학성 알려주기
　⑥ 창조 프로젝트의 경영 전략을 알려주기

하나님께서는 인간들에게 창조의 진실을 알려주시길 목표했고, 그것을 대대로 전해주시기를 원하셨을 것이다. 그리고 그것이 오직 믿음의 사람들이 이해할 수 있게 하시길 원했고, 짧되 최대한 잘 이해할 수 있게 하셨을 것이다. 그렇다면 이것들이 하나님께서 성경을 기록하시면서 가지셨던 목표치라는 것을 어떻게 알 수 있을까? 그것은 그 목표치들을 어떻게 성취하셨는지를 통하여 답을 찾아보자. 그것을 알려면 목표치를 달성하기 위한 전략을 알아보면 된다.

 멘토여, 창조 기록에 대한 하나님의 목표치 달성을 위한 전략은 무엇입니까?

목표치를 달성하기 위해서는 전략이 필요하다. 전략에 관하여 알 수 있는 방법은 무엇을 어떻게 활용했는지를 보면 된다.

창조 이야기 기록에 있어서 적용된 목표치 달성을 위한 전략 찾기:

하나님께서 설정하신 목표치 달성을 위하여
활용한 것들을 찾는 것이다.

이제 위에서 언급된 목표치들을 달성하기 위하여 하나님께서 활용하신 전략을 조금 더 구체적으로 살펴보자.

● 목표치 1: 창조의 진실을 인간에게 전해주기 ●

🌳 멘토여, 창조의 진실을 인간에게 전해주기 위한 전략은 무엇입니까?

그 전략은 모세를 활용하는 것이다. 하나님께서는 모세를 선택하여 그에게 창조에 관하여 보여주시고 말씀해 주셨다. 그래서 모세가 함께 출애굽을 한 사람들에게 그리고 출애굽 이후에 각자의 시대 속에서 각자의 출애굽을 할 모든 인류에게 자신이 보고 들은 바를 전달하게 하셨다. 그럼 왜 모세였을까? 모세는 실로 여타 어떤 인간도 받지 못했던 큰 복을 받은 사람이었다.

🌳 멘토여, 모세가 특별하게 받은 복은 무엇입니까?

모세가 받은 특별한 복을 살피면서 모세가 어떻게 하나님께서 활용하신 전략이 되었는지에 관하여 살펴보자.

모세는 잘 아는 바와 같이 궁전에서 애굽의 왕자로 40년, 광야 미디안의 목동으로 40년, 그리고 출애굽 이후 광야 이스라엘의 목자로 40년을 살았다. 그의 출애굽 이전 첫 40년의 특수성은 애굽 왕궁의 생활과 애굽인들의 전쟁 전략을 배우고, 또 애굽인 왕궁의 영광과 한계를 배우는 것에 있었다. 당시 바로는 인간이 된 신 혹은 신의 아들로 간주되었다. 그래서 애굽의 모든 인간은 그를 신성시하고 두려워하였다.

하나님께서는 모세를 애굽 궁중에 살게 하셔서 바로도 한갓 인간에 불과하다는 것을 직접 눈으로 보아 알게 하셨다.
그래서 훗날 바로 앞에 하나님의 메신저로 섰을 때 당당할 수 있었다.

그리고 두 번째 미디안 광야에서의 40년은 애굽에서 배운 모든 인간적인 방법을 다 내려놓고 오직 하나님만 의지하는 훈련을 받게 하는 과정이었다.

세 번째 40년은 하나님을 대면하여 부르심을 받고, 출애굽의 비전과 사명을 받고 이스라엘을 40년간 인도한 기간이었다. 그는 시내산에 임한 하나님을 대면하며 같이 먹고 마시기도 하고 (출애굽기 24:11), 40일씩 두 번을 하나님 전에서 금식 (신명기 9:9, 18)도 하면서 하나님께 직접 말씀을 듣고 들은 바를 전했다.

그러면 구체적으로 모세가 기록한 창세기 1장의 내용을 어떻게 기록할 수 있었을까? 창세기 1장의 내용은 인간이 기록할 수 있는 내용이 아니다.

창세기 1장의 창조 이야기에는
직접 듣지 않았으면 도저히 쓸 수 없는 내용이 있고
직접 보지 않았으면 도저히 쓸 수 없는 내용도 있다.
그런 내용을 모세는 어떻게 알고 썼을까?

그렇다면 직접 듣지 않았으면 쓸 수 없는 것과 보지 않았으면 쓸 수 없는 내용은 무엇일까?

🌳 멘토여, 모세가 듣고 쓴 증거는 무엇이고 그것이 어떻게 가능했습니까?

기본적으로 창세기 1장은 하나님께서 창조를 위해 말씀하시고, 그 말씀이 실현된 것이 기록되어 있다. 특별히 창세기 1장은 하나님께서 직접 말씀하신 것을 듣고 기록한 것이다. 이 증거가 있는가? 이런 증거를 어떻게 찾을 수 있을까? 모세든 누구든 그럴듯하게 쓰면서 하나님께서 말씀하신 것처럼 쓸 수 있지 않은가? 아니다. 그럴 수 없는 증거가 있다.

그렇다면 하나님께서 직접 말씀하신 증거를 먼저 찾아보자. 잠시 그대가 창조의 이야기를 그대의 생각으로 만들어서 기록한다고 해 보라. 그대가 창세기 1장과 같은 형식으로 창조 이야기를 쓸 확률은 희박하다. 왜냐하면, 창세기 1장의 창조 이야기는 매우 독특한 방식과 구조로 되어 있기 때문이다.

기본적으로 창세기 1장에서 특별히 각 날에 행하신 창조마다 하나님께서 직접 말씀하신다. 예를 들어 다음과 같은 구절이다.

> 하나님이 이르시되
> "빛이 있으라" 하시니 빛이 있었고 | 창세기 1:3

"빛이 있으라" 라고 말씀하시는 것이 그런 것이다. 물론 히브리 원문에는 인용구가 없다. 그래서 이해를 돕기 위하여 첨가한 것이다. 창세기 1장에서 6일간의 창조 이야기는 이처럼 "하나님이 이르시되" 라는 말로 시작하면서 하나님의 말씀을 직접 인용한다.

모세의 창작일 수 없고, 들은 바를 기록한 것이라는 결정적 증거들은 그 외에도 많다. 그중의 하나는 창세기 1장 26절에서 발견된다.

> 하나님이 이르시되
> "우리의 형상을 따라 우리의 모양대로 우리가 사람을 만들고
> 그들로 바다의 물고기와 하늘의 새와 가축과 온 땅과 땅에 기는
> 모든 것을 다스리게 하자" 하시고 | 창세기 1:26

그러면 이 말씀이 어떻게 하나님께서 직접 하신 말씀이라는 증거가 되는가? 우선 이 말씀은 하나님께서 직접 말씀하신 형태로 기록되어 있다. 그런데 문화적 상황을 보면 이것은 유대인들이 절대로 쓸 수 없는 말이 쓰여 있다. 이것은 하나님만이 하실 수 있는 말씀이었다. 그것은 무엇일까?

그것은 하나님께서 사용하신 단어, "우리"에 있다. 이스라엘 사람들은 하나님을 유일신으로 보았다. 그들은 다신과 잡신 사상에 사로잡힌 이방인들을 개 취급할 정도였는데 그 중심에는 최고로 거룩하시고 권능 있으신 유일신을 믿었다.

그런 유대인은 하나님을 "우리"라고 표현할 수 없다.
그런데 하나님께서 자신을 우리라고 표현했다는 것은
보통 심각한 이단적이고 이방의 사상이 아닐 수 없다.

그런데도 불구하고 모세는 "우리"라는 말을 쓴다. 이유는 간단하다. 진리를 말씀하시는 하나님께서 직접 그렇게 말씀하셨기 때문이다.

인간이 하나님의 말씀을 직접 들을 수 있는가? 그러면 모세는 직접 하나님의 말씀을 들었는가? 도대체 어떻게 하나님의 말씀을 직접 들을 수 있었을까? 우선 모세가 하나님께서 말씀하시는 것을 직접 듣고 쓸 수 있었던 근거는 무엇인가?

위에서 살핀 것과 같이 하나님께서 그를 부르시고 그와 특별한 시간을 가지면서 모세와 많은 대화를 나누신다. 결론적으로 하나님께서는 모세에게 이스라엘이 알고 지킬 일들을 말씀하시고 기록하게 하신다.

모세가 하나님 앞에 올라가니 여호와께서 산에서 그를 불러 가라사대
너는 이같이 야곱 족속에게 이르고 이스라엘 자손에게 고하라
모세가 백성에게 내려가서 그들에게 알리니라. | 출애굽기 19:3, 25
모세가 와서 여호와의 모든 말씀과 그의 모든 율례를 백성에게 전하매
그들이 한 소리로 응답하여 이르되
여호와께서 말씀하신 모든 것을 우리가 준행하리이다. | 출애굽기 24:3

하나님께서는 이 일을 위해 모세를 특별하게 대하셨다. 어느 정도 특별했는가 하면 마치 친한 친구를 대하심 같이 대면하여 말씀하셨다.

<u>사람이 자기의 친구와 이야기함 같이</u>
여호와께서는 모세와 대면하여 말씀하시며 | 출애굽기 33:11

이렇게 하나님께서 모세와 친구와 이야기함과 같이 대면하신 것은 있을 수 없는 특별한 일이다. 이스라엘 사람들은 하나님을 대면하면 죽는다는 두려움을 가지고 있었다. 거룩하신 하나님 앞에 죄인이 서면 죽는다는 영적 본능에서 나온 두려움이었다. 그러나 하나님께서는 모세를 무척 사랑하셔서 함께 해 주셨다. 그들의 친밀함은 이스라엘의 불순종으로 인하여 하나님께서 그들을 말살시키시려 했을 때 모세가 강청하여 하나님의 뜻을 돌이키게 할 정도였다.

> 모세가 그의 하나님 여호와께 구하여 이르되 여호와여 어찌하여 그 큰 권능과
> 강한 손으로 애굽 땅에서 인도하여 내신 주의 백성에게 진노하시나이까 …
> 여호와께서 뜻을 돌이키사 말씀하신 화를 그 백성에게 내리지 아니하시니라.
> | 출애굽기 32:11, 14

모세는 실로 특별한 은혜를 입었고, 특별한 것을 위하여 부르심을 받았다. 그런 특별함과 친밀함 속에서 하나님께서 모세에게 말씀하셨고, 모세가 들은 바를 증언한 것이다. 물론 성경의 모든 말씀이 하나님의 영감으로 된 것이긴 하지만, 모든 성경의 이야기가 이렇게 하나님께 직접 듣고 기록한 것은 아니다. 그러나 천지 창조의 이야기는 하나님께서 특별히 말씀해 주시지 않았으면 인간이 도저히 알 수 없는 것들이다. 모세는 이렇게 하나님과의 특수 관계 속에서 하나님 창조의 진실성을 전하게 하기 위하여 선택되었고 전략적으로 사용되었다.

 멘토여, 모세가 보고 쓴 증거는 무엇이고 그것이 어떻게 가능했습니까?

그렇다면 모세가 직접 보지 않았으면 기록할 수 없는 내용은 무엇인가? 그것은 창세기 1장 2절에서 발견할 수 있다.

> 땅이 혼돈하고 공허하며 흑암이 깊음 위에 있고
> 하나님의 영은 수면 위에 운행하시니라. | 창세기1:2

이 장면은 창세기 1장 1절에서 태초에 전 우주가 창조된 이후에 원시 지구의 상태를 묘사하고 있는 것이다. 원시 지구라는 용어를 처음 들으면 의아할 수 있겠지만, 8장에서 그 근거를 자세히 알게 될 것이다. 그런데 창세기 1장 2절의 상태는 현대에 와서 허블 망원경을 통하여 우리가 흔히 접한 초기 별 생성의 장면이다. 그런데 3,500년 전 모세가 이러한 장면을 어떻게 묘사할 수 있겠는가? 이것은 그 장면을 보지 않았으면 묘사하기가 쉽지 않은 초기 별 생성의 상황이다.

과연 모세는 창조 장면을 실제로 본 것일까? 답은 '그렇다'이다. 그렇다면 그것이 어찌 가능했는가? 이 답을 위하여 질문을 먼저 하자. 성경의 마지막 책은 요한계시록이다. 이 책은 미래에 일어날 일을 기록한 것인데 흥미로운 점은 이 책의 기록자인 요한은 미래에 일어날 일들을 그냥 본 것이 아니라 그것들이 기획되고 실행되는 현장에서 참여하여 본 것을 기록한다.

> 또 내가 새 하늘과 새 땅을 보니 처음 하늘과 처음 땅이 없어졌고 바다도
> 다시 있지 않더라.
> 또 내가 보매 거룩한 성 새 예루살렘이 하나님께로부터 하늘에서 내려오니
> 그 준비한 것이 신부가 남편을 위하여 단장한 것 같더라.
> 보좌에 앉으신 이가 이르시되 보라 내가 만물을 새롭게 하노라 하시고
> 또 이르시되 이 말은 신실하고 참되니 기록하라 하시고 | 요한계시록 21:1,2,5

이것이 어찌 가능할까? 시간과 공간에 제약을 받고 살아가는 인간으로서는 말도 안 되는 것들이 성경엔 기록되어 있다. 요한은 일어나지도 않은 먼 미래를 보고 기록했다.

영적 비전과 환상의 세계를 현실 세계에서 보고 경험한 예는 성경에 많다. 예를 들어 예수님께서 40일간 금식하신 후 주리셨을 때 "마귀가 또 그를 데리고 지극히 높은 산으로 가서 천하 만국과 그 영광을 보여" 준다 (마태복음 4:8) 생각해 보라. 예수님께서 40일간 금식하셨는데 지극히 높은 산에 오르실 수 있을까? 이것이 어떻게 가능했을까? 이것이 영의 세계에서 일어나는 시공을 초월하는 현실의 세계이다. 이러한 일들은 성경에서 어렵지 않게 확인할 수 있다. 이러한 것을 이해하지 않고 성경을 읽으면 성경의 초월성을 이해할 수 없다.

구약의 에스겔이 본 환상들은 놀랍다. 그는 환상 속에서 하나님의 전에 있는 네 생물을 (에스겔 1:1-14) 보는데 이것이 환각이나 몽상이 아닌 것은 우리가 요한계시록 4장 6-11절에서 다시 보기 때문이다. 또 에스겔 43장 1-12절에서 성전의 환상을 보는데 이것의 구체적인 실현이 요한이 기록한 요한계시록 21장에서 새 예루살렘으로 실현된다. 에스겔은 B.C. 600년경의 기록이고, 요한계시록은 A.D. 100년경의 기록이다. 즉 700년의 격차가 있지만, 그 내용에 있어서는 일치성이 있다는 말이 무슨 뜻일까?

무슨 말인가 하면 하나님의 영적인 세계 속에서는 과거, 현재 그리고 미래가 동일한 현실로 경험될 수 있다는 것이다.

오늘날엔 인간도 지나간 과거를 얼마만큼 그대로 재현한다. 비디오로 녹화할 수도 있고, 영화로 제작할 수도 있다. 천국의 그림자가 지구이고, 하나님의 형상으로 만든 인간이 그 정도의 과거를 재현할 수 있다면, 하나님께서 모세에게 과거에 일어난 일을 보여주시고, 들려주시는 것은 어려운 일이 아닐 것이다. 그런 관점, 즉, 모세가 창조 현장을 영으로 보고, 하나님께 직접 들은 다음에 창세기 1장 창조 이야기가 기록되었다고 보아야 한다. 그냥 구전된 이야기를 적은 것이 아니라는 것이다.

그리스와 터키 사이에 위치한 아주 조그만 밧모섬에 갇혀 있던 요한에게 미래에 일어날 일들을 생생하게 보여주시고 기록하라고 하신 분이라면, 40일씩 두 번을 포함하여 수차례 하나님의 전에 함께 있었던 모세에게 과거의 일들을 보여주시는 것은 어색한 일이 아니었을 것이다.

결론적으로 모세는 천지 창조의 장면을 하나님께 귀로 듣고, 눈으로 보았다. 그렇기에 그는 자신이 무엇을 쓰는지 알고 썼다. 모든 것을 알고 쓰는 사람은 짧게도 쓸 수 있고, 길게도 쓸 수 있다. 그리고 모세는 자신이 보고 들은 바를 기록하면서 자신의 언어로 바꾸어 쓸 정도로 자율권과 자신감을 가지고 썼다. 이것은 매우 아주 매우 특별한 감정이었다. 이 특별한 자신감의 근거는 하나님께서 모세를 친구 대하듯 하셨던 것에 있다. 그는 하나님을 경외했고, 하나님께서는 그런 모세를 신뢰하고 사랑하셨다. 그 사랑이 모세로 하여금 담대하게 했고, 창세기 1장을 쓰면서 자신의 모든 감격과 감사를 가지고 자율적으로 듣고 본 바를 썼던 것이다.

◦ 목표치 2: 창조의 진실을 대대로 전해주기 ◦

 멘토여, 창조의 진실을 대대로 전해주기 위한 전략은 무엇입니까?

그 전략은 기록된 성경을 활용하시는 것이었다. 하나님께서는 비밀을 모세에게 말하여 전하게 하셨을 뿐 아니라, 기록하여 대대로 전달되게 하셨다. 인간들에게는 기록만이 진실에 대한 혼돈을 피할 수 있는 방법이라는 것을 하나님께서는 너무나 잘 아셨다. 그래서 하나님께서는 모세에게 특별하게 말씀하셨고, 그것을 기록하도록 하셨다

여호와께서 모세에게 이르시되 <u>이것을 책에 기록하여</u> | 출애굽기 17:14
모세가 여호와의 <u>모든 말씀을 기록하고</u> 이른 아침에 일어나 | 출애굽기 24:4

여호와께서 모세에게 이르시되 <u>너는 이 말들을 기록하라.</u>
내가 이 말들의 뜻대로 너와 이스라엘과 언약을 세웠음이니라 하시니라.
| 출애굽기 34:27

또 <u>모세가 이 율법을 써서</u> 여호와의 언약궤를 메는 레위 자손 제사장들과
이스라엘 모든 장로에게 주고 | 신명기 31:9

모세는 자신이 듣고 명령을 받은 바 모든 것을 기록하였다. 신명기 31장 9절에서 "이 율법"이라고 말할 때 히브리 원어는 토라, 즉, 모세 5경: 창세기, 출애굽기, 레위기, 민수기, 신명기를 말한다. 모세는 이렇게 하나님께서 기록하라 하신 것들을 기록하였다. 그런데 아는가?

하나님 스스로도 기록의 중요성을 알고 기록하시는 분이다.
기록은 하나님의 경영 전략에 속한 것이었다.

사람들이 생각하는 하나님은 전지전능하여 모든 것을 말씀만 하시고 기록할 이유가 없을 것 같지만, 그렇지 않다. 하나님은 기록 대장이시다. 기록은 하나님에게서 시작되었다.

 멘토여, 하나님께서도 기록하신다는 증거가 무엇입니까?

하나님께서는 스스로 직접 기록하시는 분이시다. 확실한 예는 모세에게 주신 십계명을 손으로 직접 써 주셨다.

여호와께서 시내 산 위에서 모세에게 이르시기를 마치신 때에
증거판 둘을 모세에게 주시니 이는 돌판이요 하나님이 친히 쓰신 것이더라.
| 출애굽기 31:18

모세가 여호와와 함께 사십 일 사십 야를 거기 있으면서 떡도 먹지 아니하였고
물도 마시지 아니하였으며 여호와께서는 언약의 말씀 곧 십계를 그 판들에
기록하셨더라. | 출애굽기 34:28

그뿐만 아니라 하나님께서는 자신의 책이라고 부르는 책이 있으시다.
우리가 확실하게 아는 두 종류의 책이 있다. 그들은 생명책과 행위록이
다. 하나님께서 기록하시는 생명책에 대한 비밀은 모세를 통하여 출애굽
기부터 등장한다.

그러나 이제 그들의 죄를 사하시옵소서
그렇지 아니하시오면 원하건대
주께서 기록하신 책에서 내 이름을 지워 버려 주옵소서.
여호와께서 모세에게 이르시되 누구든지 내게 범죄하면
내가 내 책에서 그를 지워 버리리라. | 출애굽기 32:32-33

여기에서 흥미로운 점은 주께서 "내 책"이라 부르시면서 기록하시
는 생명책이 있다는 것이고, 모세가 그것을 알았다는 것이다. 이 책의 정
체는 신약에서도 중요하게 언급되므로 모세의 말이 진실됨을 증명한다.

"주께서 기록하신 책"은 예수님께서 제자들에게도 알려 주신 천
국의 비밀이었다. 누가복음에서 예수님께서 제자들이 전도하고 온 다음에,
그리고 요한계시록에서 사데 교회 성도들에게 다음과 같이 말씀하신다.

그러나 귀신들이 너희에게 항복하는 것으로 기뻐하지 말고
너희 이름이 하늘에 기록된 것으로 기뻐하라 하시니라. | 누가복음 10:20

이기는 자는 … 내가 그 이름을 생명책에서 결코 지우지 아니하고
그 이름을 내 아버지 앞과 그의 천사들 앞에서 시인하리라. | 요한계시록 3:5

또 내가 보니 죽은 자들이 큰 자나 작은 자나 그 보좌 앞에 서 있는데
책들이 펴 있고 또 다른 책이 펴졌으니 곧 생명책이라 죽은 자들이
자기 행위를 따라 책들에 기록된 대로 심판을 받으니 | 요한계시록 20:12

그런데 생명의 책만 있는 것이 아니다. "죽은 자들은 자기의 행위에
따라 책들에 기록된 대로 심판"을 받는 다른 "책들"이 있다. 또한 하나
님께서는 이기는 자들을 하나님 성전의 기둥 되게 하시고 "새 예루살렘
의 이름과 나의 새 이름을 그이 위에 기록"하실 것이다 (요한계시록 3:12).

이러한 책과 기록에 관한 언급에서 보는 바와 같이 하나님께서는
기록을 소중하게 여기고, 기록의 효율성을 아는 분이셨다. 그래서 하나
님께서는 모세에게 성경의 첫 다섯 권, 모세 오경을 기록하게 하셨다.

출애굽 이후 약속의 땅 가나안에 들어가는 데는 40년이 걸렸다. 40
년이 걸린 데는 이유가 있다. 그것은 출애굽을 한 이스라엘의 불신앙이
었다.

너희가 그 땅을 탐지한 날 수 사십 일의 하루를 일년으로 환산하여 그 사십
년간 너희가 너희의 죄악을 질지니 너희가 나의 싫어 버림을 알리라 하셨다 하라.
| 민수기 14:34

그래서 이스라엘이 40년 광야생활을 한 것이다. 그러면 하나님께
서는 그 40년간 무엇을 하도록 하셨을까? 그 40년 동안 출애굽을 한 애
굽 출신 모든 1세대가 죽었다. 그 40년은 믿음없이 행했던 사람들이 광
야에서 죽는 비참한 시간이었던 것이다. 그런데 하나님께서는 반전을 준
비하신다.

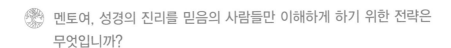

40년간

하나님의 말씀을 버린 1세대가 광야에서 불 신앙으로 죽어가는 동안,

하나님께서는 2세대를 위하여 생명의 말씀을 기록하게 하셨다.

성경은 이렇게

약속된 곳에 들어가기 전에 읽고

삶의 목적과 자세를 고치도록 기록된 책이다.

이렇게 모세의 기록이 시작되었고, 이후에 수많은 기록자들이 같은 목적으로 성경이 기록된 것이었다.

● 목표치 3: 성경의 진실을 믿음의 사람들에게만 이해하게 하기 ●

멘토여, 성경의 진리를 믿음의 사람들만 이해하게 하기 위한 전략은 무엇입니까?

그 전략은 암호방식을 활용하는 것이다. 이 부분에 관하여는 이미 우리가 살핀 바와 같다. 성경이 모든 사람들이 이해할 수 있도록 기록되어 있지 않다는 말이 이해가 안 될 수도 있을 것이다. 하나님께서는 모든 인간이 다 구원받기를 원하시지만, 모든 사람들이 처음부터 순수하게 성경을 믿고 하나님께 돌아오지 않을 것을 알고 계셨다. 어느 사람들은 성경의 비밀을 잘못 활용하여 더 큰 해를 끼칠 수 있는 것도 알고 계셨다. 그래서 어느 부분은 암호화를 하심으로 정보를 보호하셨다.

이것은 예수님의 말씀을 통하여 더 확실하게 이해할 수 있다. 예수님께서 바닷가에 많은 사람들이 모이자 배를 타시고는 해변에 모인 사람들에게 하나님의 나라에 관하여 씨뿌리는 자의 비유를 통하여 말씀하시면서 오직 들을 귀 있는 자는 들으라 하신다. 그리고 이런 방식에 관하여 의아해하는 제자들에게 다음과 같이 설명해주신다.

또 이르시되 들을 귀 있는 자는 들으라 하시니라.

예수께서 홀로 계실 때에 함께한 사람들이

열두 제자로 더불어 그 비유를 묻자오니

이르시되 하나님 나라의 비밀을 너희에게는 주었으나

외인에게는 모든 것을 비유로 하나니

이는 저희로 보기는 보아도 알지 못하며 듣기는 들어도

깨닫지 못하게 하여 돌이켜 죄 사함을 얻지 못하게 하려 함이니라 하시고

| 마가복음 4:9-12

즉, 예수님께서는 어떤 것들은 사람들이 듣기는 들어도, 읽기는 읽어도 이해하지 못할 방식으로 말씀하셨다. 직접 하시는 말씀이 그러한데 전략적으로 기록된 성경은 오죽하겠는가? 그렇다고 모든 사람들이 아무것도 모르라고 암호화하지는 않으신다.

암호는 적에게 정보를 감추고
아군에게 정보를 전하기 위한 것이기 때문이다.

그러므로 하나님의 뜻을 구하는 믿음의 사람들은 믿음으로, 성령의 감동으로 성경을 읽을 때 아이라도 이해할 수 있게 되어있다. 그렇다고 하나님께서 편을 가르시는 분은 아니다. 모든 인류가 구원을 받기를 원하시지만 진리를 악용하여 더 큰 악을 끼칠 이들이 변할 때까지는 비밀을 유지하신다는 것이다. 그래서 모든 이들이 한꺼번에 성경을 이해하지 못한다.

● 목표치 4: 짧되 최대한 이해할 수 있게 쓰기 ●

멘토여, 짧되 최대한 이해할 수 있게 쓰기 위한 전략은 무엇입니까?

그 전략은 각 문장과 문맥을 함축적으로 쓰고 비밀을 유추할 수 있

도록 하시는 것이다. 우주 창조의 이야기를 손바닥의 길이로 정리하는 하나님과 모세의 전략을 생각해 보라. 창조의 하루하루에 담긴 초과학적 원리와 과정을 쓰려면 과연 몇 권의 책이 필요할까? 그러나 하나님께서는 최대한 간결하게 쓰면서도 창조의 패턴과 비밀의 큰 줄기를 알게 하셨다.

이것을 위해서는 여섯 가지의 하위 목표치가 있고, 각각에 다른 전략으로 그 목표치를 달성하셨는데 그것들을 짧게 살피면 다음과 같다.

· 하늘들과 땅을 포함하는 우주 창조의 규모와 영역 알려주기 위해서는 첫 문장 창세기 1장 1절 활용하신다.
· 혼돈, 공허, 흑암, 깊음, 물이 존재한 상태인 원시 지구의 상태 알려주기 위하여 1장 2절 활용하신다.
· 말씀하시고, 말씀이 이루어지는 체계, 밤이 오고 아침이 오는 체계, 좋았다고 평가하시는 체계 등 창조의 체계성 알려주기 위하여 7일 창조에 있었던 구조적 체계를 활용하신다.
· 창조의 포괄성 알려주기 위하여 전우주와 땅의 영역 정보를 활용하신다.
· 창조의 물리 과학성 알려주기 위하여 시간, 공간, 물질, 에너지 창조의 정보 활용하신다.
· 창조 프로젝트의 경영 전략을 알려주기 위하여 V.M.O.S.T. A.R.T.©원리를 활용하신다.

여기에서 언급된 하위 목표치와 전략들은 앞으로 우리가 구체적으로 살피게 될 것이다. 지금까지 우리가 살핀 것들을 V.M.O.S.T.©원리에 적용해보면 다음과 같이 정돈할 수 있다. 여기에서는 V.M.O.S.T. A.R.T.©가 아닌 V.M.O.S.T.©로 단순하게 살필 것이다.

창세기 1장 1절 V.M.O.S.T.©내용

V   비전   영적 권능과 경영적, 물리학적 원리에 근거한 하나님의 창조를 알고

기뻐 하며 영광을 돌리는 사람들의 모습

가치 완벽한 진실성, 완벽한 간결성, 완벽한 자율성, 완벽한 암호성

M 사명 창세기 1장은 성경을 읽는 사람들에게 영적 권능과 경영적, 물리적 원리에 근거하여 하나님께서 천지를 창조하신 것을 알고 하나님께 영광 돌리며, 경영의 원리를 적용하는 삶을 영위하도록 하기 위하여 존재한다.

O 목표치 1. 창조의 진실을 인간에게 전해주기

2. 창조의 진실을 대대로 전해주기

3. 성경의 진실을 믿음의 사람들에게만 이해하게 하기

4. 짧되 최대한 잘 이해할 수 있게 하기

① 창조의 규모와 영역 알려주기

② 원시 지구의 상태 알려주기

③ 창조의 체계성 알려주기

④ 창조의 포괄성 알려주기

⑤ 창조의 물리 과학성 알려주기

⑥ 창조 프로젝트의 경영 전략을 알려주기

S 전략 1.창조의 진실을 인간에게 전해주기 위하여 모세 활용하기

2. 창조의 진실을 대대로 전해주기 위하여 성경 활용하기

3. 창조의 진실을 믿음의 사람들만 이해하게 하기 위하여 믿음이 없으면 이해할 수 없는 암호 방식 활용하기

4. 각 문장과 문맥의 함축적 의미를 유추하기 위하여 다음을 활용하기

① 창조의 규모와 영역 알려주기 위하여 첫 문장 창세기 1장 1절 활용하기 (하늘들과 땅)

② 원시 지구의 상태 알려주기 위하여 1장 2절 활용하기 (혼돈, 공허, 흑암, 깊음, 물이 존재한 상태)

③ 창조의 체계성 알려주기 위하여 7일 창조에 있었던 구조적 체계를 활용 (말씀하시고, 말씀이 이루어지는 체계; 밤이 오고 아침이 오는 체계; 좋았다고 평가하시는 체계 등등)

④ 창조의 포괄성 알려주기 위하여 전우주와 땅의 영역 정보
활용하기
⑤ 창조의 물리 과학성 알려주기 위하여 시간, 공간, 물질,
에너지 창조의 정보 활용하기
⑥ 창조 프로젝트의 경영 전략을 알려주기 위하여 V.M.O.S.T.
A.R.T.ⓒ원리를 활용하기

T 시간   창세기 1장 기록하는 날

지금까지 살핀 V.M.O.S.T.ⓒ를 통하여 볼 때 가치와 전략은 일치하는 것들도 있었다. 하나님의 비전이 실현되는 과정에서 가지고 계신 가치는 목표치를 달성하는 과정에서 전략으로 활용되었다.

창세기 1장은 전체적으로 하나님 창조의 규모와 영역을 알려주고, 원시 지구 상태를 알려주며, 창조의 체계성 포괄성, 물리 과학성을 알려주실 수 있는 내용으로 모세에게 들려주시고, 모세로 하여금 쓰게 하셨다는 것을 살폈다. 이제 본격적으로 창조 이야기를 전략적으로 기록하게 하셨던 글의 첫 문장을 살펴보자. 다음 장에서는 첫 문장의 두 단어에 집중하게 될 것이다.

멘티여,

· 그대는 왜 하나님께서 첫 문장을 그렇게 시작했다고 생각하는가?
· 하나님께서는 모세의 특성을 어떻게 활용했다고 생각하는가?

6

창세기 1장 1절:
두 단어의 비밀

 멘티여, 그대가 하나님의 창조에 관하여 책을 쓴다면 첫 단어를 어떻게 쓰겠는가?

과연 하나님은 왜 창세기 1장 1절에서 태초를 첫 단어로, 그리고 창조를 두 번째 단어로 선택했다고 생각하는가? 멘티여, 잠시 멈추어서 그 이유를 충분히 생각하고 다음을 읽어보라. 어떤 책, 영화, 신제품이든 그것을 가장 쉽고 깊게 이해할 수 있는 방법은 바로 저자의 의도를 파악하는 것이다. 저자는 왜 이렇게 표현했을까, 무엇을 위해 이렇게 했을까라는 질문을 가지고 읽는 것은 그대로 하여금 더 깊은 이해로 인도할 것이다.

창세기 1장 1절의 의도는 우리가 살필 다음 다섯 목표치를 통하여 파악할수 있다.

시간 창조의 실체 알리기
에너지 창조의 실체 알리기
힘의 근원자 소개하기
공간 창조의 실체 알리기
물질 창조의 실체 알리기

🌳 멘토여, 창세기 1장 1절을 통하여 실현하고자 하는 비전은 무엇입니까?

사실 책의 첫 장의 첫 문장은 매우 중요하다. 창세기 1장 1절의 기록 의도를 V.M.O.S.T.ⓒ차원에서 살펴보면 우리는 더 깊은 이해를 할 수 있다. 그대는 한 문장에서 어떻게 비전, 사명, 목표치, 전략 그리고 시간의 요소가 다 들어있을 수 있겠는지 궁금할 것이다. 과연 그럴 수 있을까? 너무 억지가 아닐까라고 생각될 수도 있을 것이다. 그러나 소설가들이 공감 가는 글을 쓰기 위하여 얼마나 각고의 노력을 하는지 생각한다면 조금 이해될 것이다.

예를 들어 헤밍웨이가 썼다고 전해지는 다음 문장을 주목해보라. 영어 6 단어로 쓰였다.

"For sale: baby shoes, never worn."
"판매: 아기 신발, 한 번도 신은 적 없음."

어떠한가? 6단어로 쓰인 이 짧은 글은 우리에게 각 단어의 조합이 끌어오는 많은 이야기들을 생각하게 해준다. 이것은 그냥 신문에서 볼 수 있는 단순 세일 광고일 수 있다. 그러나 단순한 새 신발이 아니라 한 번도 신은 적 없음이라는 말은 갑자기 어떤 사연을 상상하게 한다. 우리는 이 구절을 통하여 '혹시 아기에게 무슨 일이, 이 가정에 무슨 일이 있었던 것일까'를 생각하게 해준다.

과연 창세기 1장 1절도 고도의 전략을 가지고 쓰였는가? 당연하다. 하나님께서 무엇인가를 하시는데 아무 뜻없이 그것을 하시겠는가? 한갓 소설가도 그의 독자를 생각하면서 200번이 넘는 수정과정을 거쳐 쓰는데 인류 전체가 대대로 읽을 성경의 첫 줄을 쓰면서 하나님께서 왜 전략적 효과를 생각하지 않으시겠는가?

창세기 1장은 일곱 단어로 된 짧은 문장이지만, 그곳에 참으로 웅장하고, 위대한 내용이 기록되어 있고, 그 정보는 체계적이고, 포괄적이고, 진실된 내용들이 담겨 있다. 창세기 1장 1절은 인류역사에서 가장 유명하고 의미 있는 문장이다.

창세기 1장 1절을 통하여 성경이 우리에게 목적하는 비전은 창세기 1장 1절을 읽은 후 영적 하나님께서 물질적 실체들을 창조하신 것을 알고 기뻐하며 영광을 돌리는 사람들의 모습이다. 하나님께서는 이런 모습을 비전으로 보시고 그것을 실현하는 것을 사명으로 삼으셨다. 이 문장을 쓰시는 하나님의 사명은 창세기 1장 1절을 읽는 독자들에게 영적 하나님께서 물질적 실체들을 창조하신 것을 알게 하기 위하여 존재한다고 말할 수 있을 것이다.

그런데 이런 사명을 가장 효율적으로 성취하시기 위하여 하나님께서는 내적으로 어떤 규칙을 가지고 행하셨다. 그것은 가치로 표현된다. 이 일이 가치있게 전개되게 하시기 위하여 하나님께서 가지신 가치는 우리가 앞 장에서 살핀 것을 기초로 다음과 같은 특성적인 것들이 있다고 여겨진다. 즉, 창세기 1장 1절은 창조의 웅장함, 위대함, 체계성, 포괄성, 진실성을 드러낼 것, 그리고 간결할 것이라는 가치의 기준을 가지고 있다. 그 증거는 우리가 이 한 문장을 읽으면서 느끼는 것을 통하여 알 수 있다. 이 한 문장은 놀랍게도 창조가 얼마나 웅장하고, 위대하고, 체계적이며 포괄적이고, 진실을 표현하며 간결하게 표현된 것을 확인하기 때문이다.

하나님께서는 이 사명을 감당하시기 위하여 각 주요 단어들을 전략적으로 선택하셨고, 그들이 아무것도 없던 것에서 의미 있는 무엇이 된 것을 드러내게 하셨다. 창조의 전체적이고 구체적인 것을 간략하게 설명하시기 위하여 하나님께서는 하나의 동사와 두 개의 접속사와 네 개의 명사를 활용하신다. 각 주요 단어들은 주요 창조의 특성을 설명하는 목표치를 대변한다. 즉, 전체 창조가 어떻게 구성되었는지를 알게 한다는 것이다. 이 비전 실현을 위하여 그 사명을 감당하기 위하여 설정하신 목표치는 성경에서 다음과 같이 발견할 수 있다.

① 시간 창조의 실체 알리기
② 에너지 창조의 실체 알리기
③ 힘의 근원자 소개하기
④ 공간 창조의 실체 알리기
⑤ 물질 창조의 실체 알리기

즉, 창세기 1장 1절은 시간 창조, 에너지 창조, 힘의 근원자, 공간 창조, 물질 창조의 실체를 목표치 차원에서 구분하여 언급함으로 그 속에 담긴 비밀을 우리가 알기 원하신다. 과연 창세기 1장 1절의 몇 단어가 어떻게 이런 목표치를 성취하실까?

우리는 이미 위에서 헤밍웨이가 쓴 6단어가 어떻게 우리의 상상력을 자극하여 한 가정에 있었던 어떤 이야기를 들려주는지 각자 이해한다. 각 단어는 어떤 것을 대변한다. 창세기 1장 1절의 단어들은 아무것도 없었던 것을 전제로 막 시작된 실체에 관한 것이기에 선택된 각 단어들은 매우 특별한 의미를 갖는다. 이제 창세기 1장 1절의 원어를 통하여 하나님의 의도를 파악해 보자. 원문 속에는 우리가 간과했던 너무나 엄청난 비밀들이 담겨 있다.

🌳 멘토여, 창세기 1장 1절은 히브리어 원어로 어떻게 표현되어 있습니까?

히브리어 원문은 다음과 같다. 히브리 문장은 오른쪽에서 왼쪽 방향으로 쓰이지만 한국어 방식으로 표기하면 다음과 같다.

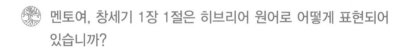

בְּרֵאשִׁית בָּרָא אֱלֹהִים אֵת הַשָּׁמַיִם, אֵת הָאָרֶץ׃
하에레츠 베엣 하샤마임   엣   엘로힘   바라   베레쉬트

이것을 한국 방식으로 쓰고 히브리 원문의 뜻을 존중하여 번역하면
다음과 같다.

베레쉬트	바라	엘로힘	엣	하샤마임	베엣	하에레츠
태초에	창조하셨다	하나님들께서		그 하늘들	과	그 땅을

그대는 위의 번역이 그대가 한글 성경에서 읽던 번역과 다른 것을
발견했을 것이다. 여기엔 매우 중요한 이유들이 있으니 우리가 각 단어
를 살피게 될 것이다.

창세기 1장 1절은 히브리 단어로는 7단어로 쓰인 짧은 문장이지만,
주요 단어 5개, 태초, 창조, 하나님들, 그 하늘, 그 땅으로 구성되어 있다.
나머지 두 단어는 접속사들이다. 이 주요 5 단어들은 위에서 언급한대로
하나님께서 영적 권능과 물리적 원리로 우주를 창조하신 것을 설명하기
위한 비밀들로 가득 차 있다.

🌳 멘토여, 창세기 1장 1절에서 창조하시는 하나님의 영적 권능은 이해
하지만, 물리적 원리로 우주를 창조했다는 것은 무엇을 말합니까?

물리학자들은 우주 구성 물질의 4가지 요소를 시간 time, 공간 space,
물질 matter, 에너지 energy로 본다. 알베르트 아인슈타인 Albert
Einstein 1879-1955은 이 네 가지 요소를 가지고 일반 상대성 이론과
특수 상대성 이론을 발전시켰다. 그런데 창세기 1장 1절은 이 모두를 설
명한다. "태초" 엔 시간이, "하늘" 엔 공간이, "땅" 엔 물질이, "창조" 엔 에
너지가 들어있다. 하나님께서 말씀하시면 그 말씀엔 운동력 (히브리
서 4:12)이 있어 에너지를 일으키고 시간과 공간, 물질을 창조하신 것이
다. 이처럼 전혀 과학과는 관계없을 것 같은 성경의 첫 줄부터 과학의 기
초 개념으로 시작한다. 또한 물리학엔 5번째 중요한 질문이 있다. 그것
은 힘 force, 운동력이 생기는 근원에 관한 것이다. '무엇이 에너지를 발

생케 하고, 운동하게 하는지'이다. 창세기 1장 1절엔 과학이 그토록 알고 싶어하는 그 모든 것의 근본이신 "하나님"이 소개된다.

창세기 1장 1절은 물리학자들이
그렇게 중요시 여기고, 알고 싶어하는 것들이 한 줄로 설명한다.

이것을 온전히 알기 위하여 우리는 이 구절의 히브리 원어를 살필 필요가 있다. 그 원어들은 "태초"베레쉬트, "창조" 바라, "하늘" 하샤마임, "땅" 하에레츠, "하나님" 엘로힘이다. 우리는 차례로 다섯 단어들이 내포하고 있는 다섯 목표치와 또한 그 목표치를 성취하기 위한 전략을 이어지는 두 장에서 살펴볼 것이다.

● 목표치 1: 시간 창조의 실체성 알리기 ●

 멘토여, 시간 창조의 실체성을 알리기 위한 전략은 무엇입니까?

창세기 1장 1절에서 시간 창조의 실체성을 알리기 위한 전략은 첫 단어 '태초에' 라는 뜻의 히브리어 원어 베레쉬트 בְּרֵאשִׁית를 활용하는 것이다. 베레쉬트는 때를 나타내는 전치사 베 בְּ와 맨 처음, 시작, 가장 좋은 것, 첫 열매, 최고, 근본적인 것을 뜻하는 레쉬트 רֵאשִׁית와의 합성어이다. **레쉬트**[29]는 시작점 beginning, 가장 좋은 것 choicest finest, 첫째 first, 첫 열매 first fruits, 첫째 foremost 등을 뜻한다.

창세기 1장 1절의 태초는 이전에 아무것도 없었던 태초를 뜻한다. 그래서 이 태초라는 시간은 무로부터의 창조를 뜻하는 라틴어 엑스 니힐로 ex nihilo의 근거를 제시해준다. 엑스는 어디에서부터 나왔다는 뜻이고, 니힐로는 무, 아무것도 없는 상태를 뜻한다. 허무주의를 뜻하는 니힐리즘 nihilism이 이 nihilo에서 나왔다. 창세기 1장 1절에서 말하는 태초를 표현하기 위하여 요한복음 1장 1절에서는 그리스어로 아르케 ἀρχή[30] 를 썼다. 아르케는 시발점, 시작점, 근원점, 머리, 주도자, 첫 것이라는 뜻이다. 이 아르케는 창세기의 태초를 그리스어적으로 최대한 전하려 사용되었다. 이 첫 단어 베레시트는 태초라는 의미도 중요하지만, 첫 문장에서 첫 번째로 쓰였다는 것에도 의미가 있다.

 멘토여, 이 단어가 첫 번째 사용된 것의 의미는 무엇입니까?

히브리인들은 중요한 단어를 먼저 쓴다. 우리 각자가 같은 사건에 관하여 글을 쓰더라도 첫 단어와 첫 문장은 다 다를 것이다. 유대인들에게 이것은 특별히 중요하다. 그런 차원에서 하나님께서 다른 어떤 단어보다 태초라는 단어를 먼저 쓰신 이유를 생각해야 한다. 첫 단어를 태초에라는 단어로 쓴 것엔 전략적 의도가 있었던 것이다.

그 전략은 창조를 설명함에 있어서 그 어떤 것보다 태초 이전과 이후를 구분하려는 것이다. 태초 이전의 무와 태초 창조를 통해 시작된 유를 강조하시려는 의도를 알게 한다. 그래서 그 태초는 시간의 첫머리이기도 하고, 공간의 첫머리이기도 하다. 하나님께서 그 시점에서 이어지는 문장에서 알려주는 것처럼 그 하늘들과 그 땅을 창조하셨다는 것을 장엄하게 선포하는 것이다. 이렇게 이 태초는 모든 물질들의 이전과 이후를 구분한다.

이처럼 하나님께서는 첫 단어 베레쉬트를 활용하시는 전략을 통하여 목표치 1, 시간 창조의 실체성을 알려 주신다.

◦ 목표치 2: 에너지 창조의 실체 알리기 ◦

 멘토여, 에너지 창조의 실체 알리기 위한 전략은 무엇입니까?

그 전략은 창조, 바라 bara בָּרָא라는 히브리 원어를 사용하시는 것이다. 유명한 아인슈타인의 공식에 의하면 에너지는 물질에서 나온다. 물질 자체는 에너지를 가지고 있다는 것이고 빛이 그 에너지를 전달한다고 본다. 태양계 질량의 99%를 차지하고 있는 태양은 그래서 전체 태양계에 절대적인 에너지와 영향력을 행사한다.

$$E=MC^2$$
Energy=Mass x Constant (Speed of light)^2
에너지 = 질량 x 진공 속 빛 속도의 제곱

이것이 아인슈타인이 규명한 에너지의 정의이다. 이 원리를 발견한 것은 대단한 성취이다. 그러나 과학이 할 수 있는 일은 있는 것의 현상을 파악하는 여기까지 만이다. 과학이 판단하는 첫 "물리적" 에너지는 첫 "물질"에서 나온 것이다. 그러나 에너지가 발생되는 근원이 된 물질은 어디에서 나왔는지는 설명하지 못한다. 그러나 성경은 이 근원을 3500년 전에 명확하게 써 놓았다. 그것은 하나님의 창조를 통하여 발생된 것이다. 그러므로 에너지를 발생시키는 물질이 있기 전에 그것을 만드는 창조 에너지가 있었다.

과학자들이 그렇게 알고 싶어 하는 것을 성경은 답하듯이 창세기 1장 1절에서 단순하게 알려 주신다. 모든 물질과 에너지는 하나님의 비전을 실현하시는 말씀을 통하여 나왔고, 구체적으로 "창조 **바라 בָּרָא**[31]"를 통하여 왔다. 이 단어는 구약에서 55회 사용되었고, 뜻은 기본적으로 창조하다 create, 모양을 갖추게 하다 shape, 부수적으로는 깎아 만들다 cut down, 선택하다 choose, 파견하다 dispatch 등이 있다.

바라는 신학적으로는 절대적으로 존재치 않은 것에서 새로운 것을 창조한다는 의미를 갖는다. 어원적으로는 마치 바위같이 투박한 것에서 조각을 하여 어떤 의미 있는 것을 만들어 내는 행위를 말한다. 이 어원은 그렇다고 창조 전에 바위와 같은 것이 존재했고 거기에서 우주를 깎아 만들었다는 것은 아니다. 그러나 여기에 반전이 있다. 하나님께서는 아무것도 없는 곳에서, 아무것도 없는 것을 깎아 우주를 빚어내신 것이다. 이것이 바라, 하나님의 창조를 역설적으로 설명하는 것이다. 그런데 창조라는 단어 사용에 있어서 다른 반전이 또 있다.

 멘토여, 창조라는 단어에 대한 반전은 무엇입니까?

창세기 1장에서 하나님의 창조 이야기를 함에 있어서 바라만 쓰인 것이 아니다. 구약에서 2,628회 쓰인 **아싸** עָשָׂה[32] 라는 단어가 함께 사용되었다. 이 말은 하다 do, 만들다 make, 되다 become, 맺다 bearing, 완수하다 accomplish, 수여하다 bestow 등의 뜻으로 구약성경 전반에서 '만들다' 의 가장 일반적인 단어로 쓰였다.

또한 창세기 1장에서 7일 창조 중에 '창조' 나 '만들다' 라는 단어가 언급되지 않는 이틀이 있다. 첫째 날과 셋째 날이다. 이때는 창조나, 만들다의 뜻이 아니라 각 날의 특성에 맞는 동사들이 사용되었다. 첫째 날에는 빛이 있으라 (1:3) 할 때 있으라라는 동사의 원형은 **하야** הָיָה로 뜻은 빠져나오다 fall out, 이루어지다 come to pass, 되다 become, 존재하다 be 등을 뜻한다.[33] 그리고 셋째 날 사용된 뭍이 드러나라 (1:9) 는 뜻의 히브리어 동사의 원형은 **라아** רָאָה로 보다 to see, 보이게 되다 become visible, 전시하다 display를 뜻한다.[34] 또 나무를 내라 (1:11) 라고 한 동사의 원형은 **다샤** דָּשָׁא로 솟아나다 to sprout, 싹이 나다 shoot, 푸르게 자라다 grow green를 뜻한다.[35] 이 동사들은 각 날 창조의 특성을 잘 대변하며 하나님 창조의 일부를 드러낸다.

또한 창세기 2장 7-8절에서는 바라와 아싸와 더불어 짓다라는 뜻의 단어 **야짜르** יָצַר[36] (2:7-8)가 함께 쓰였다. 이 말은 형태를 만들기 form,

모양을 갖추게 하기 fashion, shape, device, 흙의 소산 earthware, 창조자 creator, 조성자 maker, 토기장이 potter, 고안 device, 계획된 planned 등을 뜻으로 구약에서 63회 사용되었다.

창세기 1-2장에서 사용된 동사들이 사용된 정황을 정리하면 다음과 같다.

	바라 창조하다	아싸 만들다	하야, 라아, 다샤, 야짜르
태초	천지를 창조 1:1		
1일			빛이 있으라 [하야] 1:3
2일		궁창을 만드사 1:7	
3일			뭍이 드러나라 [라아] 1:9 나무를 내라 [다샤] 1:11-12
4일		두 큰 광명체를 만드사 또 별들을 만드시고 1:16	
5일	종류대로 창조 1:21		
6일	형상대로 사람을 창조하셨으니 형상대로 그를 창조하셨다 그들을 남자와 여자로 창조하셨다[37] 1:27*	종류대로 만드시니 1:25 사람을 만들고 1:26 (하나님 말씀 직접인용) 하나님이 지으신 [아싸] 그 모든 것을 보시니 1:31	창세기 2장 하나님이 땅의 흙으로 사람을 지으시고 [야짜르] 2:7 그 지으신 [야짜르]사람을 2:8
7일	이는 하나님이 그 <u>창조</u>하시며 2:3	그가 하시던 [아싸]모든 일을 2:2 <u>만드시던</u> 모든 일을 2:3	
	천지가 <u>창조</u>될 때에 2:4	여호와 하나님이 땅과 하늘을 <u>만드시던</u> 날에2:4	
	7회	8회	
특성	하나님의 창조에만 사용	하나님과 인간이 만드는 것에 공통으로 사용	창조의 방법과 재료를 구분하기 위해 사용

표 12 창세기 1-2장의 창조 표현 비교

멘토여, 왜 창세기 1장에서 바라와 아싸를 함께 사용하여 혼돈을 야기합니까?

창세기 1장에서 의아한 것은 바라와 아싸, 창조와 만든다는 단어의 혼돈스러운 사용이다. 바라, 창조하다 만 있으면 좋을 텐데, 왜 아싸 만든다는 단어가 사용되어 우리를 혼동케 할까?

> 그런데 바라와 아싸의 혼돈스러운 사용이
> 우리에게 너무나 중요한 것들을 정돈시켜 준다.

우선 왜 창조를 말하면서 이 두 단어가 혼돈스럽게 사용되는 것일까? 그 이유를 창세기 1장의 문맥에서 살펴보면 하나님과 모세가 선호한 단어가 다른 것에 있다. 아, 우리는 과연 하나님과 모세가 선호한 단어가 다른 것을 알 수 있을까? 너무 억지가 아닐까? 그런데 우리는 그 증거를 너무나 쉽게 성경에서 확인할 수 있다. 우선 우리가 쉽게 찾을 수 있는 증거는 창세기 1장 26절과 27절이다. 과연 그러한가? 창세기 1장 26절과 27절을 보자.

하나님께서 직접 일인칭으로 하셨던 말씀:
하나님 [엘로힘]이 이르시되
우리의 형상을 따라 우리의 모양대로 우리가 사람을 만들고 [아싸]···

하나님께서 실행하신 것을 3인칭으로 모세가 고쳐서 쓴 말씀:
하나님 [엘로힘]께서
그의 형상대로 사람[하아담]을 창조[바라]하셨다.
하나님의 형상대로 그를 창조[바라]하셨다.
하나님께서 남자와 여자로 그들을 창조[바라]하셨다. (히브리 원어 번역)
| 창세기 1:26-27

우선 알 것은 26절은 하나님께서 직접 하신 말씀이고, 27절은 이를 모세가 듣고 하나님께서 직접 말씀하신 것이 현실에서 어떻게 실현되었는지 설명하는 것이다. 하나님께서 26절에서 분명하게 아싸 만들다라고 말씀하시는데 모세는 27절에서 그것을 바라 창조라고 세 번씩이나 고쳐 쓴다. 그런데 이러한 것들은 창세기 1장의 기록의 4가지 비밀을 알려 준다.

 멘토여, 창세기 1장의 기록의 4가지 비밀은 무엇입니까?

창세기 1장 26절과 27절을 통해서 알 수 있는 중요한 네 가지 비밀이 있다.

첫째, 모세가 하나님의 말씀을 듣고 기록한 증거이다. 창세기 1장 26-27절에서 우리가 확인한 것은 26절은 하나님께서 직접 말씀하신 것을 기록한 것이고, 27절은 그것을 모세가 부연 설명하고 있다는 것이다. 그런데 부연 설명하면서 모세는 하나님께서 말씀하신 것을 자신의 방식으로 다시 표현한 것이다. 하나님께서 아싸 만들자고 말씀하신 것을 바라 창조하셨다고 고친 것이다. 이것은 우선 창조의 이야기가 모세나 다른 사람들의 창작품이 아니라 하나님께서 말씀하신 것을 듣고 모세가 기록했다는 것을 증명한다.

둘째, 모세가 하나님의 말씀을 바꾸는 과정과 이유에 대한 증거이다. 하나님께서 26절에서 아싸 만들자로 사용하신 것을 모세가 27절에서 왜 바라 창조하다로 바꾼 것일까? 그리고 그 바라 창조하셨다는 것을 왜 세 번씩이나 강조하여 27절에서 사용한 것일까?

세 번이나 언급한 것은 우선 하나님의 신비한 창조에 대한
모세의 감격적 반응이 담긴 것을 알려준다.

모세가 이렇게 아싸를 바라로 바꾸는 과정을 살펴보자. 하나님께서는 창세기 1장 1절에서 태초에 바라 창조하셨다고 선포하신 이후에 모든 것을 아싸 만들다로 표현하신 것으로 추정된다. 그 근거는 하나님께서 2일 차에 궁창과 (1:7), 4일 차에 두 광명체를 (1:16) 아싸 만드셨다고 표현하는 것에서 찾을 수 있다. 그리고 결정적으로 하나님의 말씀이 직접 인용된 26절에서 우리는 하나님께서 인간을 아싸 만들자고 표현하시는 말씀을 듣는다. 하나님께서 인간에 관하여 만들자로 표현하실 정도면 다른 모든 것은 당연히 아싸 만들자로 사용해야 할 것처럼 느껴진다.

그런데 흥미로운 반전이 생긴다. 그것은 창세기 1장 1절에서 바라 창조가 사용된 이후 모세는 5일 차 물고기와 새의 등장에 돌연 바라 창조라는 표현을 쓰는 것이다. 그 이유는 왜일까? 그간 광물과 식물의 창조, 발광체가 만들어짐을 보다가 살아 움직이며 장관을 연출하는 물고기와 새들을 보면서 모세는 감격적으로 아싸 만들다가 아니라 바라 창조라는 단어를 쓴다. 이렇게 하는 이유는 광물과 식물만 보던 모세가 바다의 물고기와 하늘의 새를 보면서 심히 경이로움에 휩싸였던 것 같다. 그리고 하나님 창조의 경이로움을 보고 영광을 돌리기에 아싸 만들다는 약하다고 생각했던 것 같다.

그런데 여기에서 또 다른 반전이 생긴다. 5일 차 생명체의 창조에 감격적으로 바라 창조를 쓴 모세는 6일 차 동물에게는 바라 창조하다가 아닌 아싸 만들다를 사용한다. 반면 같은 6일 차 인간에게는 다시 바라 창조라는 단어를 쓴다. 이것은 5일 날 같이 생겨난 물고기와 새들에 관하여 동일하게 바라 창조하다를 사용한 논리에서 벗어난다. 왜 그럴까?

이유는 비교급으로 보는 모세의 관점이다. 하나님께서 창조하시는 첫날부터 4일까지의 과정 속에서 광물인 지구와 식물을 보다가 5일 차에 자체적으로 살아 움직이는 물고기와 새가 바다와 하늘을 채우는 장면을 본 모세는 매우 감격했던 것이다. 그 감격의 표현은 바라의 사용으로 나타난다.

그리고 그 패턴은 6일 차에서도 반복된다. 6일의 전반부에 동물들이 지상에 나타나는 것에 감격했겠지만, 모세는 그들이 창조되었다고 표현하지 않는다. 이유는 그 단어를 곧이어 하나님의 형상으로 나타날 인간들의 창조에 대한 감격을 위하여, 그리고 인간 창조에 대해 하나님께 대한 존경을 위하여 남겨둔 것이다.

　　모세가 어느 정도 인간의 창조에 감격했는지는 그의 27절 표현을 통해 알 수 있다. 하나님께서는 1장 26절에서 "아싸, 만들다"라는 동사를 1회만 사용하여 "우리가 사람을 만들고"라고 표현하신다. 그러나 모세는 27절에서 세 번이나 바라 창조하다는 동사를 사용한다. 어떤 한국어 번역은 바라 창조하다를 두 번 만 번역해 주지만, 히브리 원어는 다음과 같이 세 번 반복한 것을 보여준다.

> 하나님 [엘로힘]께서 그의 형상대로 그 사람[하아담]을 창조하셨다.
> 곧 하나님의 형상대로 그를 창조하셨다.
> 하나님께서 남자와 여자로 그들을 창조하셨다. | 창세기 1:27

　　이것은 모세가 하나님께서 인간을 창조하시고, 창조된 인간을 비전으로 보면서 더 감격스러운 것에 아싸 대신 바라를 사용함으로 하나님께서 받으시기에 합당한 영광을 드리고자 했던 것을 알 수 있다. 이렇게 하기 위하여 모세는 자율적으로 하나님께서 사용하신 아싸를 바라로 바꾸면서까지 이렇게 하는 것이다.

　　하지만, 모세의 이러한 격한 감동으로 바라를 사용한 것은 2장으로 가면서 보다 객관적이 된다. 무슨 말인가 하면 2장 3절과 4절에서 모세는 이 두 단어를 다시 정확하게 사용한다. 이것은 1장에서 두 단어를 사용한 것이 혼돈하여서 사용한 것이 아니라, 사용할 충분한 이유가 있어서 사용한 것을 말해준다. 그리고 놀랍게 바라와 아싸를 구분하여 사용한다. 그리고 여기에도 중요한 비밀을 알려 준다. 창세기 2장 3절과 4절은 다음과 같다.

하나님이 그 일곱째 날을 복되게 하사 거룩하게 하셨으니 이는 하나님이
그 창조하시며 만드시던 모든 일을 마치시고 그날에 안식하셨음이니라.

이것이 천지가 창조될 때에 하늘과 땅의 내력이니 여호와 하나님이 땅과
하늘을 만드시던 날에 | 창세기 2:3-4

모세는 창세기 2장 3절에서 창조의 이야기를 정리하면서 바라 창조
와 아싸 만들기를 구분하여 표현한다. 그리고 4절에서도 역시 같은 절에
서 바라와 아싸를 구분하여 말한다.

그런데 4절에서 반전이 있다. 4절에서 바라 창조와 아싸 만들기를
구분하여 사용한다. 첫 부분에서는 "천지가 창조될 때" 후반부에는 "땅
과 하늘을 만드시던"으로 표현되어 있다. 그렇다면 왜 이런 차이가 생
기는 것일까? 그냥 실수일까? 아니면 시적인 대치법일까? 바라와 아싸
의 혼용은 문학적 장치가 아니다. 사실 여기엔 매우 중요한 이유가 있다.
하나씩 살펴보자.

우선 알 것은 4절 전반부에서 한글로 표시된 "천지"나, 후반부에
서 "땅과 하늘"은 원어에서 보면 같은 단어들이 사용되었다. 천지는 하
샤마임 (그 하늘들)과 하에렛츠 (그 땅)이고 땅과 하늘로 표시된 원어는
하에렛츠 (그 땅)과 하샤마임 (그 하늘들)이다. 그렇다면 도대체 어떤 이
유로 전반부에서는 바라 창조를, 후반부에서는 아싸 만들기를 사용한 것
일까?

그 이유는 하늘과 땅, 땅과 하늘의 단어 순서에 있다. 그러면 그 순
서가 도대체 어떤 의미이기에 바라와 아싸를 구분하여 썼을까? 하늘과
땅의 순서로 말하고 바라 창조를 언급한 전반부는 창세기 1장 1절에서의
하늘을 중심으로 바라 창조된 "그 하늘들과 그 땅"을 의미한다. 그리고
땅과 하늘의 순서로 서술된 것은 이제 창세기 2장에서 땅을 중심으로 펼

쳐질 에덴과 아직 비를 내리지 않는, 앞으로 비가 오게 될 하늘에 관한 내용을 말하는 것이다. 그러므로 창세기 2장 3-4절에서 모세는 바라 창조와 아싸 만들기를 구분한다. 이 부분은 16장에서 다시 살피게 될 것이다.

셋째, 하나님 말씀의 원형에 대한 증거이다. 모세는 하나님께서 하신 말씀을 받아서 자신이 전달하는 방식으로 고쳐 쓰면서 주로 주어와 동사를 바꾼다.

하나님께서 직접 일인칭으로 하셨던 말씀:

하나님 [엘로힘]이 이르시되

우리의 형상을 따라 우리의 모양대로 우리가 사람을 만들고 [아싸]

하나님께서 실행하신 것을 3인칭으로 모세가 고쳐서 쓴 말씀:

하나님 [엘로힘]께서 그의 형상대로 사람[하아담]을 창조[바라]하셨다.

하나님의 형상대로 그를 창조[바라]하셨다.

하나님께서 남자와 여자로 그들을 창조[바라]하셨다. (히브리 원어 번역)

| 창세기 1:26-27

하나님 입장에서 "우리" 라고 표현하신 주어를 모세가 "엘로힘, 하나님들" 로 바꾼다. 물론 엘로힘은 영어에서는 단수형 God 그리고 한국어 번역도 단수 하나님으로 되어 있다. 모세가 이야기를 전달하는 하나님께서 사용하신 "우리" 를 "엘로힘, 하나님" 으로 바꾼 것은 당연하다. 그런데 우리는 여기에서 매우 중요한 것을 유추하여 알게 된다. 그것은 창세기 1장 1절에 관한 것이다. 창세기 1장 1절은 다음과 같이 기록되어 있다.

태초에 하나님이 천지를 창조 [바라]하셨다. | 창세기 1:1

이 문장은 창세기 1장 26절과 27절에서 발견한 것을 적용하면 어찌 될까? 그것은 하나님께서 "우리" 가 라고 표현하신 것을 모세가 대신 전하면서 고쳐 쓰면서 "엘로힘, 하나님" 으로 고친 것이다. 그래서 창세기 1장 26-27에서 발견한 원리를 적용하여 하나님께서 말씀하신 원형을 유추하면 다음과 같다.

태초에 우리가 천지를 창조 [바라]하였다.

이것이 하나님께서 창조를 설명하시면서 모세에게 처음 하신 말씀인 것이다. 관건은 "우리"를 "하나님"으로 바꾼 것이다. 이것은 우리가 창세기 1장 26절과 27절에서 확인하는 모세의 패턴이다.

그런데 만약 모세가 창세기 1장 1절을 혼자 생각으로 썼더라면 필시 다음과 같이 달리 썼을 것이다.

하나님께서 태초에 천지를 창조했다.

이유는 창조를 설명하는 모세에게는 태초도 창조도 중요하지만, 더 중요한 것이 있는데 그것은 하나님이기 때문이다. 유대인에게 하나님보다 더 중요한 것은 없다. 그래서 중요한 하나님을 먼저 썼을 것이다. 그런데 창세기 1장 1절에서 태초를 먼저 쓴 것은 이 문장을 모세가 쓰지 않았다는 것을 말해준다. 왜냐하면, 하나님 입장에서는 창조 전과 후의 구분이 그 어떤 것보다 중요했기 때문이다.

넷째, 이를 통해 우리는 창조 기록에 대한 하나님과 사람들의 자세에 관하여 알 수 있다. 하나님께서는 모세로 하여금 자율성을 가지고 하나님께서 말씀하시는 것을 자신의 방식으로 기록하게 하셨다. 그 결과 우리는 바라와 아싸를 모세가 혼동스럽게 사용한 것을 안다. 그러나 모세가 아싸를 바라로 바꾸어 표현할 수밖에 없었던 감격에 마치 옆자리에 함께 있는 것 같이 공감하게 된다.

여기에서 알게 되는 것은 창조 이야기 기록의 진실성이다. 이것을 설명하는 몇 가지 관점들이 있다.

멘토여, 바라와 아싸의 혼돈이 창조 이야기의 진실성을 증명하는 것들은 무엇입니까?

첫째, 만약 모세가 혼자 창작한 것이라면 모세는 이렇게 바라와 아싸를 혼돈스럽게 쓸 이유가 없다. 그냥 바라라는 한 단어를 일관되게 쓰면 무에서 유를 창조하신 하나님의 권위도 더 서고 혼돈도 피하기에 모든 것이 쉬웠을 것이다. 그러나 모세는 그렇게 하지 않았다. 이유는 하나님께서 두 단어를 쓰셨기 때문이고, 자신이 할 수 있었던 것은 5일과 6일의 창조에 관하여 아싸를 바라로 고치며 하나님께 영광을 돌린 것이다.

둘째, 어떤 사람들의 주장처럼 만일 이스라엘 사람들이 바벨론 포로 시대에 유대인들의 신앙을 고취하기 위하여 근동의 유사 신화를 참고하여 창작한 것이라면 더더욱 이렇게 바라와 아싸를 동시에 사용할 이유가 없을 것이다. 바라 한 단어만을 썼다면 이미 언급한 것과 같이 무에서 유를 창조하신 전능자 하나님을 더 부각할 수 있기 때문이다.

셋째, 만약 창조 이야기가 인간의 창작품이었다면 위에서 언급한 이런 혼돈을 피하기 위하여 후대 서기관들이 쉽게 고쳐 쓸 수도 있었을 것이다. 그러나 성경 원본 복사가 직업이었던 서기관들은 바라와 아싸가 동시에 사용된 것을 그대로 두고 고치지 않았다. 이유는 하나님께서 말씀하시고 모세가 기록한 것이기에 한 자라도 고치면 안 된다고 생각했기 때문이다. 그래서 우리는 혼돈스럽지만, 하나님께 대한 경의를 표현하는 모세와 그런 모세의 글에 경의를 표하는 성경 원본 복사자들의 마음을 알게 된 것이다.

결론적으로 이것을 통하여 알게 되는 것은 창조 이야기는 인간이 상상력을 동원하여 쓴 시나 소설이나 근동의 신화를 읽고 편집하여 쓴 신화가 아니라 우주를 직접 창조하신 하나님의 말씀을 듣고 기록한 계시록이며, 역사서이고 또 창조라는 프로젝트를 어떻게 실행하시는 것을 보여주는 경영의 보고서라는 사실이다.

🌀 멘토여, 그럼 바라 창조하다는 말은 창세기 창조 때만 사용되었습니까?

바라는 창세기 이외에도 쓰였는데 여전히 하나님께서 하신 일에만 사용되었다. 그러나 후에는 넓은 의미로 형이상학적인 것을 표현하기 위하여도 하나님께서 하신 일에 사용되었다. 하늘의 천군 (이사야 40:26), 평화와 재난 (이사야 45:7), 의와 구원 (이사야 45:8), 새 마음을 (시편 51:12) 창조하다로 쓰인 것이 그런 예이다.

지금까지 우리는 목표치 2, 에너지 창조의 실체를 알리기 위한 전략으로 바라라는 단어에 관하여 살폈다. 바라 외에도 다양하게 사용된 용어들은 혼동을 야기했지만, 그 혼동 뒤에는 모세의 하나님께 대한 경의가 포함되어 있음도 알았다. 또한 그 혼동을 허락하신 하나님, 그 혼동을 있는 그대로 인식한 유대인들을 통하여 창조 이야기의 진실성을 알 수 있었다. 우리는 지속해서 창세기 1장에 담겨있는 놀라운 과학과 경영의 관점을 확인하게 될 것이다.

멘티여,

· 그대는 태초라는 말이 성경에서 첫 번째로 쓰인 이유와 그것이 뜻하는 것을 설명할 수 있는가?
· 그대는 창조라는 두 번째 단어가 쓰인 이유와 두 가지 유사어가 사용된 이유를 설명할 수 있는가?

7

창세기 1장 1절:
세 단어의 비밀

 멘티여, 그대가 자주 사용하는 하나님의 호칭은 무엇인가?
왜 그 호칭을 선호하는가?

그 호칭이 신이라면 많은 신 중에 하나로 인정하는 것이고, 하나님이라면 성경에서 말하는 하나님을 안다는 것이고, 하나님 아버지라고 부르면 하나님의 자녀가 되어 그 아버지의 축복을 받으며 사는 인격적인 관계가 설정되었다는 것을 말해준다.

우리는 이 장에서 하나님과 하늘 그리고 땅에 관하여 살피게 될 것이다. 그런데 이 세 단어는 그간 우리가 전혀 예상하지 못했던 것들을 알게 해줄 것이다. 그리고 이 세 단어들을 중심으로 우리가 살필 목표치는 다음과 같다.

힘의 근원자 소개하기
공간 창조의 실체 알리기
물질 창조의 실체 알리기

◦ 목표치 3: 힘의 근원자 소개하기 ◦

 멘토여, 힘의 근원자를 소개하기 위한 전략은 무엇입니까?

그 전략은 하나님을 뜻하는 엘로힘 ELOHIM이라는 단어를 활용하는 것이다. 물리학자들은 에너지가 물질에서 온다고 한다. 하지만, 물리학자들은 그 물질들이 어떻게 시작되었는지에 관하여는 답하지 못한다. 물리적 현상으로는 빅뱅을 통하여 시작되었다는 가설을 가지고 있지만, 그 빅뱅이 어떻게 시작되었는지에 관하여는 답이 없다. 그러나 성경은 너무나 쉽게 그 답을 주고 있다. 그 답은 하나님이시다. 과연 창세기 1장 1절은 그 하나님이 어떤 분이시기에 그런 창조하셨다고 말하는지 살펴보자. 이것은 우리에게 창조에 대한 진실성으로 인도하게 될 것이다.

하나님이라고 번역된 히브리 원어는 **엘로힘** אֱלֹהִים[38]으로 신 GOD, 신들 GODs, 대단한, 위대한, 권능 있는 mighty, 판사들 judges, 강력한 mighty, 통치자들 rulers 등의 뜻을 가진다. 이 단어 엘로힘엔 또한 놀라운 반전이 있다.

우선 엘로힘은 신을 뜻하는 **엘로아** אֱלֹוהַ[39]의 복수형으로 직역하자면 위대한 신들, 하나님들이다. 이 복수형이 뜻하는 것에서 우리는 매우 중요한 두 가지 사실을 살펴보아야 한다. 그것은 하나님의 복수성과 히브리 문법에 관한 것이다.

 멘토여, 먼저 하나님의 복수성은 무슨 뜻입니까?

하나님의 복수성은 우선 그 이름 엘로힘에서 찾을 수 있고 또 하나님께서 자신을 칭하실 때 자신을 "우리"라고 표현하시는 것이 결정적인 증거이다. 우리는 이 관점을 이미 앞장에서도 확인했었다. 창세기 1장 26절을 통하여 조금 더 부연해 설명하자면 다음과 같다.

"우리의 형상을 따라 우리의 모양대로 우리가 사람을 만들고
그들로 바다의 물고기와 하늘의 새와 가축과 온 땅과 땅에 기는 모든 것을
다스리게 하자" 하시고. | 창세기 1:26

이 말씀은 하나님의 말씀을 직접 인용한 것으로 하나님께서는 자신을 "우리"라고 표현하신다. 하나님 자신을 우리라고 표현하는 것은 창세기 3장 22절을 통하여 거듭 확인할 수 있다. 즉, "보라 이 사람이 선악을 아는 일에 우리 중 하나 같이 되었으니"라고 말씀하심으로 하나님 자신을 "우리"로 표현하신다.

그러면 하나님께서는 왜 창세기 1장과 3장에서 스스로의 정체성을 복수형 "우리"라고 일관되게 표현하실까? 여기엔 매우 중요한 두 가지 비밀이 있다.

첫째, "우리"는 좁게는 삼위일체 하나님의 복수성이다.
둘째, "우리"는 넓게는 삼위일체 하나님과 하나님의 명령을 받아 일을 수행하는 천사들의 복수성이다.

여기에서 우리는 하나님의 놀라운 속성에 관하여 알게 된다. 그것은 하나님께서 자신을 "우리"라고 표현하시는 것은 삼위일체 하나님의 공동체성 표현이고, 서로를 전적으로 신뢰하고 존중하신다는 것이다. 하나님께서는 삼위뿐 아니라 천사들까지도 자신들의 공동체에 포함하심으로 하나님의 비전뿐 아니라 비전을 실현하는 운명과 자원을 공유하는 공동체로 이해하신다는 것을 알 수 있다. 이 비밀을 더 깊이 알기 위하여 우리는 히브리 문법을 살펴야 한다.

 멘토여, 두 번째 히브리 문법과는 어떤 연관이 있습니까?

히브리어 문법의 특성 중 하나는 영어처럼 주어와 동사의 수 일치

에 있다. 주어가 단수이면 동사도 단수형으로 받는다. 다음 문장은 이미 우리가 살폈던 말씀이지만, 문법적인 면에서 다시 살펴보자. 주어와 동사 수의 일치라는 관점을 설명하기 위하여 주요 단어의 숫자를 표시하면 다음과 같다.

> "우리의 형상에(복수) 따라 우리의 모양대로 (복수)
> 우리 (복수형 주어)가 사람을 만들고 (복수형 동사) | 창세기 1:26

창세기 1장 26절은 하나님께서 직접 하신 말씀인데, 여기에서는 주어와 동사의 수가 일치한다. 물론 히브리어 원문에서 우리라는 주어가 따로 쓰여진 것은 아니다. 만들다를 뜻하는 아싸 עָשָׂה라는 히브리어 기본형 동사에 복수형 칼 미래형 (미완료) 접두어 נ 누를 붙여 נַעֲשֶׂה 나아세로 만든 것이다. 영어식으로 표현하자만 Let us 와 같은 형식으로 표현된 것이다.

결론은 하나님께서는 자신을 표현함에 있어 "우리"라는 복수형 주어와 복수형 동사 형태를 사용하신다는 것이다. 여기에서 중요하게 살필 것은 이 말씀은 하나님께서 직접 말씀하신 것이고, 자신에 대하여 직접 말씀하실 때는 자신을 복수형 주어에 복수형 동사로 받는다는 것이다. 즉, 하나님께서 보시는 자신은 엘로힘과 "우리"라는 말에서 보는 것과 같이 복수성이다. 그런데 27절에서는 반전이 생긴다.

27절에서 주어와 동사의 수 일치가 깨진다. 27절은 26절에서 하나님께서 말씀하신 것이 어떻게 실행되었는지를 모세의 관점에서 부연 설명하는 것이다.

> 하나님이 [엘로힘] (복수형 주어) … 사람을 창조하시되 (단수형 동사)
> 남자와 여자를 창조하시고 (단수형 동사) | 창세기 1:27

한글 성경에는 단수 하나님으로 표현되었지만, 히브리 원어는 엘로힘이라는 복수형이 주어로 사용되어 있다. 그런데 복수형 주어를 받는 동사는 단수형으로 표시되어 문법 파괴가 일어났다. 여기에서 중요하게 살필 것은 이 말은 모세가 한 말이라는 것이다. 하나님께서 26절에서 하신 말씀이 어떻게 실현되었는지를 모세가 다시 말하면서 변화가 생겼다는 것이다. 그런데 이것은 심각한 히브리 문법의 파괴가 아닐 수 없다. 왜 이런 일이 벌어진 것일까? 혹은 이런 파괴를 왜 용납하는 것일까?

🌳 멘토여, 왜 복수 주어를 단수 동사로 표현하며 문법을 파괴합니까?

이 문법파괴는 하나님의 현실과 상황을 적절하게 해석하고 적용하는 모세의 엄청난 지혜가 숨겨져 있다.

그것은 "우리"라는 말 속에 포함된
삼위일체 하나님 존재의 복수성과 행동의 단수성에 관한 것이다.

그가 한 선택은 절묘하게도 삼위일체 하나님의 특성을 대변한다.

그는 삼위 하나님의 복수성을 존중하여
주어를 엘로힘, 하나님들로 표현한다.
그러나 삼위의 행동을 표현하는 동사는 단수로 받아
일체성을 가지는 특성을 절묘하게 표현했다.

하나님께서 자신의 정체성을 "우리"라는 복수로 쓰신 것과 강한 신들이라는 뜻의 복수형 "엘로힘"을 쓰는 것은 하나님의 복수적 정체성을 말해준다. 사실 하나님께서 자신을 엘로힘, 복수의 위대한 신들이라고 표현하시고, "우리"라고 표현하신 것은 그의 삼위일체성에 대한 선포였다. 성부 하나님, 성자 예수님, 그리고 성령 하나님의 비밀을 말씀하시는 것이었다.

이것은 실로 모세의 깊은 이해와 지혜로운 선택이 아닐 수 없다. 그런데 안타까운 것은 모세의 이런 심오한 이해는 후대 유대인들과 오늘날의 일부 신학자들에게 온전하게 이해되지 못했다. 엘로힘이라는 복수 주어를 단수 동사로 받은 깊은 이유를 모른 채 장엄복수라 하여 장엄하신 하나님이기에 복수형으로 표현했을 뿐 실제로는 유일신인 단수로 본 것이다.

이러한 주장을 하는 그들의 근거는 모세가 삼위일체성을 알았을 리가 없다는 것이다. 삼위일체 개념은 신약시대 이후에 등장하는 신학적 개념이라고 믿기 때문이다. 삼위일체 개념의 비밀이 알려진 것은 예수님 이후인 것이 맞다. 그러나 삼위일체 실체성은 태초부터 있었고, 모세는 그 삼위일체 하나님을 대면하여 알았다. 그러므로 이런 식의 주장은 참된 신학적 주장이 아니라 비교문학적 주장에 불과하다. 이렇게 주장하는 결과는 참람하다.

> 훗날 예수님께서 하나님의 아들로서 이 땅에 구원자로 오시고,
> 그가 보내신 성령님께서 보혜사로 오셨을 때
> 그들에게 삼위일체성을 받아들일 신학적 이해가 없었음으로
> 예수님과 성령님을 배척했고, 지금도 그리 행하고 있다.

예를 들어 우리가 앞서 살핀 생명록은 신약에서 예수님께서 제자들에게 누가복음 10장 20절에서 말씀해 주시고, 결정적으로 요한계시록 3장 5절, 20장 12절에 구체적으로 언급된다. 그들의 논리로 보면 모세가 언급한 "주께서 기록하신 책에서 내 이름을 지워" 달라고 말하며 언급한 생명책은 모세가 알 수 없는 말을 한 것이 되어 버린다. 이와 같이 모세가 영적으로 경험하고 말한 바를 비교 문학하듯이 판단하는 것은 참람한 것이다.

지금까지 우리는 엘로힘이란 명칭이 가지고 있는 특수성을 살폈다. 여기에서 우리는 매우 중요한 사실을 하나 짚어 보아야 하는 데 그것은 유일신을 자랑스럽게 섬긴 유대인들의 정서와 히브리 문법까지 파괴하면서까지 하나님을 복수로 표현한 이유다.

🌳 멘토여, 왜 모세는 유일신을 섬기는 민족적 특성에 반하여 하나님을 "우리"와 "엘로힘"이라는 복수형으로 기록했습니까?

유일신을 섬긴다는 것을 자랑스럽게 생각하는 유대인들의 정서와 히브리 문법까지 파괴하면서까지 하나님을 복수로 표현한 이유는 단순하고 심오하다. 그리고 이것은 앞장에서 살핀 것과 같이 참으로 중요한 것을 말해준다.

첫째, 그렇게 한 이유는 하나님께서 스스로 자신을 복수형인 "우리"와 엘로힘, 하나님들이라 표현하셨기 때문이다. 모세는 하나님께서 말씀하신 것을 기록할 때는 하나님께서 말씀하신 그대로 복수주어와 복수동사로 그대로 썼다. 다만 자신의 말로 부연 설명할 때 삼위일체성의 비밀에 따라 동사를 단수로 썼다. 하나님께서 직접 복수형을 쓰시는 상황에 유대인들의 전통적인 유일신 사상과 히브리 문법은 중요한 것이 아니었다.

둘째, 모세가 하나님께서 그렇게 알려 주신 것을 진리로 받았고, 고칠 것으로 생각하지 않고, 후세에서도 고치면 안 되는 것으로 명했기 때문이다.

셋째, 이것이 말해주는 중요한 사실이 있다.

그것은 모세가 창세기 1장을 기록함에 있어
자신의 생각으로 꾸며서 그럴듯하게 쓰지 않고

엘로힘 하나님께서 말씀하신 것을 통하여 알게 된 것을
증인 입장에서 기록했다는 것이다.

그런데 이쯤 해서 하나님의 정체성에 대한 반전이 있다. 창세기 1장엔 하나님을 "우리"라고 표현할 뿐 아니라 "나"라고 단수로 표현하기도 한 것이다. 왜 그럴까? 성경이 처음부터 믿을 수 없는 책이기에 그럴까? 아니면 하나님께서 왔다 갔다 하시는가? 아니면 모세가 큰 실수를 한 것일까?

🌳 멘토여, 모세가 하나님을 3인칭 단수로 표현하는 것과 하나님께서
   자신을 일인칭 단수로 표현하는 것은 왜 그러합니까?

이것은 매우 중요한 관찰이고 중요한 질문이다. 차례로 하나님을 단수로만 표현하는 곳을 찾아보면 다음과 같다.

하나님께서 단수의 형태로 처음 등장하는 것은 창세기 1장 5절이다. 그런데 한글 성경에서는 그것이 잘 표현되지 않았기에 영어로 보면 쉽다.

> 빛을 낮이라 칭하시고 어두움을 밤이라 칭하시니라.
> 저녁이 되며 아침이 되니 이는 첫째 날이니라. [개역한글]
> God called the light "day," and the darkness he called "night."
> And there was evening, and there was morning--the first day.
> [NIV] | 창세기 1:4

히브리어 원어에서는 영어처럼 "그"라는 대명사를 사용한 것이 아니다. 대신 "부르다"라는 동사 카라 קָרָא 를 남성형 과거 삼인칭 단수형으로 표현함으로 그라는 개별 주어 대신 동사가 그것을 표현하게 했다.

두 번째, 하나님께서 스스로 "나"라는 1인칭 주어를 사용하시는 경우는 다음과 같다. 그것은 창조 6일째 자신을 "내가"라고 표현하신다.

하나님이 가라사대 내가 온 지면의 씨 맺는 모든 채소와 씨 가진 열매 맺는
모든 나무를 너희에게 주노니 너희 식물이 되리라.

또 땅의 모든 짐승과 공중의 모든 새와 생명이 있어 땅에 기는 모든 것에게는
내가 모든 푸른 풀을 식물로 주노라 하시니 그대로 되니라. [개역한글]

Then God said, "I give you every seed-bearing plant on the face
of the whole earth and every tree that has fruit with seed in it.
They will be yours for food.
And to all the beasts of the earth and all the birds of the air and
all the creatures that move on the ground--everything that has the
breath of life in it--I give every green plant for food."
And it was so. [NIV] | 창세기 1:29-30

그렇다면 이러한 것들은 우리가 앞서 살핀 1장 26절에서 "우리"
라고 사용하신 복수형 정체성과는 어떻게 되는 것일까? 첫 번째 하나님
을 삼인칭 단수로 쓴 것은 이미 삼위일체 행동의 일체성을 단수로 받았
다는 차원에서 설명했다. 그렇다면 하나님께서 스스로 일인칭 단수로 표
현하신 것은 어찌 된 것일까? 과연 합리적인 설명을 할 수는 있는 것일
까? 그러나 여기엔 또 다른 반전이 있다.

이것은 오히려 하나님의 세계와 창조의 과정을 더 깊이있게 살필 때
알 수 있는 비밀로 우리를 인도해줄 것이다. 그것은 어투와 어법에서 살
필 수 있는 하나님의 세계에 관한 것이다.

첫날, 하나님이 가라사대 빛이 있으라. | 창세기 1:3
…
여섯째 날, 하나님이 가라사대 땅은 생물을 그 종류대로 내되 육축과
기는 것과 땅의 짐승을 종류대로 내라. | 창세기 1:24
하나님이 가라사대 우리의 형상을 따라 우리의 모양대로 우리가 사람을 만들고
그로 바다의 고기와 공중의 새와 육축과 온 땅과 땅에 기는 모든 것을
다스리게 하자. | 창세기 1:26

첫째 날부터 시작되는 하나님께서 가라사대로 시작되는 말들은 대

부분 하나님의 뜻을 선포하시는 명령문이다. 창조물들에게 어찌 되라고 말씀하시는 것이다.

그런데 6일 차에 인간을 창조하실 때는 다르다.
26절은 엘로힘, 즉, 복수의 하나님들께서
인간을 어떻게 창조하자는 상의를 하시는 장면이다.

1장 26절은 명령어가 아니라 상의문이었다는 것이다. 이러한 어투는 창세기 3장 22절에서도 확인된다.

여호와 하나님이 가라사대
"보라 이 사람이 선악을 아는 일에 우리 중 하나같이 되었으니
그가 그 손을 들어 생명나무 실과도 따먹고 영생할까 하노라." | 창세기 3:22

이 구절도 삼위일체 하나님께서 함께 상의하시는 장면이다. 상의 후에 인간을 에덴에서 추방하는 결정을 내리시는 것이다.

그런데 창세기 1장 29-30절에서 말씀하시는 것은 대표성을 가지시는 하나님께서 "나"라는 개인의 정체성을 가지고 창조된 동물과 인간에 관하여 말씀하시는 것을 보는 것이다.

즉, 창조에 대한 논의는
복수형 엘로힘께서 같이 상의하시고, 창조를 같이 하시지만,
창조된 피조물들에게 말씀하시는 차원에서는
대표성을 가지신 하나님께서 말씀하심으로
"나"라는 일인칭으로 표현하는 것이다.

이렇게 말씀하시는 시점이 중요한데 그 시점은 6일 차다. 이것은 매우 중요한 비밀로 우리를 인도한다. 이것은 창세기 2장과 연결될 때 알

게 된다. 나머지 설명은 17장에서 여호와의 이름과 연관하여 살피게 될 것이다. 여기에서 잠시 장엄복수에 대하여 살펴보자.

🌳 멘토여, 장엄복수가 무엇입니까?

장엄복수 Majestic Plural는 복수형 명사이지만 실제로는 단수로 단수 취급을 해야 한다고 하는 이론이다. 엘로힘과 샤마임 같은 단어가 대표적인 예이다. 엘로힘은 하나님들이라고, 샤마임은 하늘들이라는 복수형 명사이다. 그러나 장엄복수 개념으로 보면 장엄함을 인하여 복수형으로 표현했을 뿐이고 실제로는 단수이니 단수로 취급해야 한다는 것이다. 그러나 이 개념은 창세기 1장에 적용될 수 없는 적절치 않은 이론이다. 이 이론은 하나님과 하늘의 실체를 온전하게 이해하지 못한 차원에서 창조주와 창조를 왜곡하게 하기에 이것의 문제점을 지적하지 않을 수 없다. 우선 창세기 1-3장에 나타난 엘로힘과 하나님께서 스스로 사용하시는 호칭에 관하여 "우리", "내가" 그리고 "우리 중의 하나" 의 관점에서 살펴볼 것이다.

"우리"

창세기 1장에서 발견하는 하나님의 호칭은 엘로힘이고 그 번역은 위대하신 하나님들이다. 물론 한국어 번역은 하나님들이라고 하지 않는다. 첫째는 유일신을 섬긴다고 생각했던 유대인들이 하나님의 복수성을 인정하지 않은 까닭이고 한국어에서도 "들"을 붙이는 복수형 개념 표현을 꺼리기 때문이다. 그러나 성경에서는 그 엘로힘께서 창세기 1장 26절에서 자신을 표현하실때 "우리가 우리의 형상으로" 라고 우리라 표현하신다. 이것은 엘로힘, 위대하신 하나님들이 사용하실 법한 표현이 아닐 수 없다. 그러나 장엄복수 이론자들은 이것은 표현법일 뿐 실제는 단수라고 봐야 한다고 한다.

"내가"

우리라고 호칭하시던 엘로힘께서 갑자기 창세기 1장 29-30절에서 "내가"라고 호칭을 바꾸신다. 여기에서 중요한 것은 "우리"라고 하신 것도, "내가"라고 하시는 것도 모두 하나님께서 하신 말씀의 인용이라는 것이다. 즉, 하나님께서 어떤 때는 "우리" 다른 때는 "내가"라고 선택적으로 사용하신 다는 것이다. 이것은 우리와 나를 구분하시는 복수성과 단수성을 구분하시는 하나님을 만나는 것이다. 그런데 이런 하나님의 고의성을 무시하고 장엄복수라 하여 다 단수라고 주장하는 사람들을 어떻게 이해해야 할까?

"우리 중에 하나"

"내가"라는 단수 주어 호칭은 창세기 2장부터 계속 유지된다. 그런데 갑자가 창세기 3장 22절에서 다른 말을 발견하게 된다. "보라 이 사람이 선악을 아는 일에 우리 중 하나 같이 되었으니"라고 말씀하시면서 "우리 중에 하나"를 언급하신다. 즉, 우리가 있고 각각의 하나가 다르게 존재한다는 것이다. 우리는 창세기 1-3장에서 하나님께서 우리라는 말을 사용하실 때는 하나님들께서 "우리"끼리 인간 창조와 인간 타락 후의 일들을 상의하실 때라는 것을 살폈다.

창세기 3장 22절이 바로 그런 상황이다. 이 회의의 주관자는 여호와 하나님이시다. 히브리어로는 여호와 엘로힘이다. 즉, 엘로힘 중 여호와 라는 분, 다른 말로 위대하신 하나님 중 여호와라는 이름을 가지신 분으로도 해석될 수 있다. 이 "우리 중의 하나"라는 말은 삼위일체 하나님들께서 복수로 존재하시고, 한 분 한 분이 각 개체로 존재한다는 것을 말해 준다. 창세기 3장 22절의 말씀은 하나님 말씀의 직접인용이기에 인간적 해석이 들어갈 여지가 없다. 이 구절은 장엄복수가 얼마나 허탄한 이론이지에 대한 방점을 찍어 준다.

우리가 다음 목표치 4에서 살필 샤마임, 하늘들도 장엄복수로 보면 안 된다. 창세기 1장 1절에서 나오는 샤마임은 하늘들로 복수가 맞다.

하나의 하늘이 아니라 하늘들로 보아야한다. 이유는 하나님께서 지구에서 보는 하늘 하나를 창조하신 분이 아니기 때문이다. 그런 관점으로 창조를 보면 창조를 이해하지 못한다. 어쩌면 지난 수 천년 동안 수많은 사람들이 창조 이야기를 읽었지만 이해하지 못하는 중요한 이유 중에 하나이다. 성경과 다른 견해를 가지고 성경을 보니 이해될 수 없었던 것이다. 이러 이러한 혼돈스러운 것들을 정돈할 필요가 있다.

🌳 멘토여, 창조 이야기 기록에 대한 혼돈스러운 주장들을 어떻게 이해하여야 합니까?

성경의 창조 이야기에 대한 혼돈스러운 주장을 하는 이유들이 여럿 있다. 어떤 학자들은 창세기 1장의 창조 이야기를 하나님께서 모세에게 환상으로 보여주고, 들려주신 것을 기록한 것으로 이해하지 않는다. 다만 대대로 구전된 불확실한 것을 모세가 정리했다든지, 혹은 구전된 것을 바벨론 유수 때 정돈한 것으로 생각한다.

그들은 창조 이야기를 유대인들이 바벨론에 포로로 잡혀갔을 때 패배자처럼 살아가는 유대인들에게 신앙을 고취시키고, 하나님의 유일성과 위대함을 강조하기 위하여 근동의 신화들을 차용하여 그럴듯하게 만들어 냈다고 생각한다. 그들은 근동에 유사한 신화들이 그 증거라고 주장한다. 그러나 그들의 주장은 여러 관점에서 틀렸다. 그 증거는 다음과 같다.

첫째, 우리가 살핀 것들과 앞으로 살필 것들은 하나님께서 모세에게 증거해 주시지 않으면 인간으로서 도저히 알 수 없는 내용이다.

둘째, 만약 창조 이야기를 모세가 꾸며서 썼다면 당연히 신을 단수형으로 써서 유일신 사상에도 부합되고, 문법적으로도 단수 신을 단수 동사로 받도록 함으로 모순을 피했을 것이다. 그래서 유대 문화 전통 속에서 자연스럽게 받아들일 유일신 사상을 강조하고, 문법적으로도 혼란스럽지 않게 했을 것이다. 그러나 그는 그렇게 하지 않았다. 이유는 하나님께서 직접 말씀하신 것을 다르게 쓸 수 없었기 때문이다.

셋째, 어떤 사람들의 주장과 같이 만약 모세가 저자가 아니고 바벨론에 유배간 믿음의 사람들이 고대 자료와 신화를 참고하여 하나님에 관하여 썼다고 해도 이처럼 쓰지 않았을 것이다. 그들도 하나님을 복수형으로 쓸 이유가 없다. "우리"라는 표현 없이, 엘로힘, 복수의 하나님들 없이 그냥 그들의 신앙체계에 맞추어 단수의 하나님을 부르면 신학적으로도, 문법적으로도 문제가 없을 것이기 때문이다.

넷째, 이방신화를 참고했다고 생각하는 부류의 신학자들은 창조의 기록을 유대인들의 종교심을 고취시키기 위한 창작품으로 본다. 자신들이 여기 저기에서 자료를 수집하여 수평적인 인문학적 관점에서 문학을 분석하듯이 모세도 그렇게 했을 것이라고 보는 것이다. 이것은 모세와 성경에 대한 모독이다.

그들은 신학자가 아니라 문학 비평가들로 직업을 바꾸어야 한다.
왜냐하면, 그들은 하나님께서 일하시는 방식,
성경이 기록된 방식을 무시하고,
비교 문화와 문학 비평적으로 접근하기 때문이다.

그들의 주장이 잘못되었다는 것은 모세의 삶을 살펴보아도 알 수 있다. 모세는 40년 왕궁 생활 이후 40년 목동 생활하면서 애굽의 모든 병법과 지략과 술수에 대한 것들을 버리고 오직 믿음과 순종과 사랑을 배우는 시간을 거쳤다.

출애굽 사건은 모세가 배운 애굽의 지혜로 이루어지지 않았다.
절대적으로 하나님의 비전, 사랑, 권능 속에서 완성되었다.

이것을 경험한 모세가 애굽과 근동의 신화를 차용할 이유가 없다.

모세가 쓸 것이 없어서 근동신화나 문화적 이해를 모아서 쓴 것이 아니다. 그에게 쓸 것은 너무나 많았지만, 절제한 것이다. 그리고 하나님께서는 출애굽의 10가지 재앙을 통하여 보는 것처럼 이방신들을 응징하는 것이 목적이었는데, 그것을 알고 있는 모세가 타 신화들을 모방하여 쓸 이유가 없다.

다섯째, 그리고 바벨론에 포로로 잡혀간 이들이 모세의 글과 구전되던 것을 정리했다 하더라도 그들이 근동의 신화들을 참고하고 모방하여 그럴듯한 이야기를 지어낼 이유가 없다. 바벨론에 포로로 잡혀간 이들에게 중요한 것은 순수한 신앙의 회복이었다. 그런데 이를 위해 하나님과 관련된 글을 기록하는 데 있어서 이방 신들의 글을 참고했다고 생각한다면 참으로 비합리적인 주장이 아닐 수 없다.

이러한 내적인 증거들은 창세기에 쓰인 창조 이야기가
모세나 인간들의 창작품이 아니고
하나님의 이야기를 전해 들은 모세의 기록인 것을 확증해준다.

지금까지 우리는 목표치 3, 힘의 근원자를 알기 위한 전략으로 창조의 실체이신 엘로힘 하나님의 비밀을 살폈다. 이것은 우리를 하나님의 삼위일체성의 비밀로 인도했고, 그것이 유대인들에게 어떤 종교 교리적 문제와 히브리어의 문법적 문제를 야기했는지도 살폈다. 그리고 그런 문제점들이 오히려 성경과 그 기록의 진실성을 말해준다는 것을 알게 되었다. 이제 창세기 1장 1절의 넷째 단어에 관하여 살펴보자.

● 목표치 4: 공간 창조의 실체 알리기 ●

🌳 멘토여, 공간 창조의 실체 알리기를 위한 전략은 무엇입니까?

그 전략은 하늘이라는 뜻의 히브리 원어 하샤마임 הַשָּׁמַיִם[40] 을 활용하는 것이다. 하샤마임 은 정관사 하 הַ 가 붙어 있는 샤마임 שָׁמַיִם으로 단어로 기본적으로 복수형으로 그 하늘들이라는 뜻이다. 샤마임은 천국 heaven, 하늘들 중의 하늘 heaven of heavens, 가장 높은 하늘 the highest heaven, 하늘들 heavens 등을 뜻한다.

하늘을 뜻하는 히브리 원어는 위에서 살핀 것과 같이 하샤마임 이다. 하샤마임은 정관사가 붙은 복수형으로 정확한 번역은 "그 하늘들" 이다. 땅을 뜻하는 히브리어, 하에레츠는 정관사가 붙은 단수형으로 정확한 번역은 "그 땅" 혹은 "그 지구" 이다. 이 말은 하나님께서 창조를 시작하신 태초, 시작점에서 복수인 그 하늘들과 단수인 그 지구를 창조하셨다는 것이다. 그리고 하늘들엔 정관사 그가 붙어 있어서 그 지구처럼 하나님께서 창조하신 그 우주를 특정하여 말씀하신다. 이 우주가 하나님께서 창조하신 그 하늘들이 맞다는 것이다.

우리는 이미 목표치 3에서 장엄복수에 대하여 살폈다. 어떤 학자들은 하늘들도 장엄복수로 인식하고 문법적으로 복수지만 뜻은 단수로 취급해야 한다고 주장한 것을 언급했다. 그러나 하늘을 샤마임이라는 히브리 단어를 통하여 복수형 하늘들로 표현한 모세는 장엄복수를 염두에 두고 쓴 것이 아니었다. 하늘의 복수성을 알고 그대로 인정하고 쓴 것이다.

그 증거 중에 하나는 3층천으로 구분한 유대인들의 전통적 하늘관에 있다. 눈으로 보는 하늘이 1층 천, 영들이 사는 중간계가 2층 천, 하나님께서 계신 곳이 3층 천이다. 바울 사도는 고린도후서 12장 1-6절에서 3층 천으로 표현된 하나님의 나라에 다녀온 경험을 겸손하게 말씀한다. 이것은 물리적인 하늘과 영적인 하늘을 함께 알고 있는 유대인들의 놀라운 지혜를 말해준다. 하샤마임, 즉, 그 하늘들의 영역은 이처럼 관찰이 가능한 영역과 불가능한 영역으로 나뉘고, 물질적인 영역과 영적 영역으로 구성되어 있다. 영적인 영역은 눈으로 관찰할 수 없기에 우선 물질적인 우주, 복수성을 가진 하늘들에 관하여 살펴보자.

 멘토여, 하나님께서 창조하신 물리적 우주의 실체는 무엇입니까?

창세기 1장에서는 하늘들과 땅의 순서로 창조를 설명한다. 이제 잠시 물리적 하늘들과 지구의 모습에 관하여 살펴보자. 현대 과학이 파악하고 있는 전체 우주의 크기는 약 1000억 광년이다. 참고로 1광년은 약 10조 km로 지구를 약 2억 3천백만 번 도는 거리이다. 이 1000억 광년 크기의 우주에는 천만 개에 달하는 초거대 은하단이 있고, 250억 개에 달하는 은하계가 있고, 350억 개의 거대 은하수들이 있고, 7조에 달하는 작은 은하수가 있고, 300억조의 별들[41]이 있는 것으로 추정된다. 우리 은하계는 버고 Virgo 초거대 성단에 속해 있는데 크기가 약 10억 광년이다. 이 속엔 100개의 초거대 성단들이 있고, 24만 개의 은하군이 있고, 300만 개의 큰 은하계와 6천만 개의 작은 은하계, 그리고 2만 5천조의 별들이 있다.[42]

10억 광년 거리에 있는 은하계의 모습들

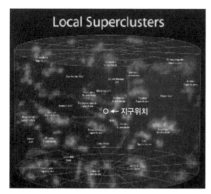

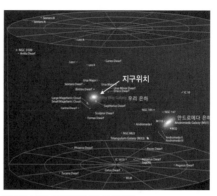

10억 광년 거리에 있는 은하계의 모습들　　　　500만 광년 거리에서 본 은하계[44]

10만 광년 거리에서 본 은하계 모습[45]

반지름 46억km 크기의 태양계 모형도[46]

표 13 크기와 구역별 우주의 모습

　　지구에서 500만 광년 떨어진 곳을 보면 지구가 속한 밀키웨이
Milky Way로 이름 붙여진 은하계에서 가장 가까이에 있는 안드로메다

Andromeda 은하가 있다. 안드로메다은하는 우리 은하보다 90배가 크고 또 크고 작은 은하수가 약 46개, 또 700억 개의 별들이 빛나고 있다.[43]

우리 은하계는 약 10만 광년의 지름과 약 1000광년의 높이를 가지고 있다. 약 2000억-4000억 개의 별을 가지고 있으며 태양보다 더 큰 별들도 많다. 우리 은하에는 몇 개의 소용돌이 치는 팔들이 존재하고, 그 중에 오리온 팔에 태양계가 속해 있다. 지구가 속한 태양계는 약 반지름 46억km의 크기이다. 우리 은하의 중심부에서 약 26,500 광년 정도 떨어져 있고, 은하를 중심으로 한 바퀴 공전하는 데는 약 2억 2600만 년이 걸린다.[47] 이 태양계에는 지구형 행성인 수성, 금성, 지구, 화성, 그리고 목성형 행성인 목성, 토성, 천왕성, 해왕성이 있다.

지구의 지름은 12,756.270km, 둘레는 약 4만 km이고 시속 약 1666.666km, 초속 463m로 자전한다. 또한 태양 주변을 초속 약 29.8km 속도, 시속 107,000km로 공전한다. 지구는 70억 명의 사람을 태우고 시속 1667km로 회전하며 비행한다. 이렇게 비행하면서도 소음이 없는 이유는 인간의 가청 주파수가 20hz에서 16,000hz이기 때문이다.

이것을 굳이 사진으로 보면서 그 크기와 지구의 위치를 확인했어야 할 이유가 있다. 이 우주가 하나님께서 창세기 1장 1절에서 창조하신 그 하늘들과 그 지구의 모습이기 때문이다. 많은 사람들은 창세기 1장 1절을 다양하게 해석하면서 이 실체적 우주의 모습으로 보지 않는다. 그러므로 창세기 1장 1절을 성경이 말하는 대로 이해하지 못한다.

지금까지 우리는 목표치 4, 공간 창조의 실체를 살피기 위한 전략으로 우리는 하샤마임 그 하늘들에 관하여 살폈다. 그런데 창세기 1장 1절에 말한 그 하늘은 단순한 하늘이 아니고 그 하늘들이라는 뜻을 가진 복수형 하샤마임이었다. 복수형 그 하늘들은 하나님께서 창세기 1장 1절에 창조하신 우주를 뜻했고, 그 우주는 위에서 살핀 모든 공간과 모든 물질들을 이미 내포하고 있다는 것을 알았다.

이제 창세기 1장 1절의 단어 중 다섯째 중요단어를 살펴보자.

목표치 5: 물질 창조의 실체 알리기

 멘토여, 물질 창조의 실체 알리기를 위한 전략은 무엇입니까?

그 전략은 지구를 뜻하는 하에레츠를 활용하는 것이다. 사실 물질은 이미 우리가 살핀 하샤마임, 그 하늘들의 모든 공간과 행성에 포함되어 있다. 하지만, 하나님께서 창조하신 것들 중 인간이 살게 될 지구는 그 물질을 손으로 만져 확인하게 해준다.

창세기 1장 1절의 다섯째 중요단어는 하에레츠 הָאָרֶץ이다. 에레츠[48] 는 땅 land, 지구 earth, 국가들과 그들의 땅 countries and their land, 바닥 ground, 지역 region 등을 뜻한다. 하에레츠는 정관사가 붙은 단수형으로 정확한 번역은 "그 땅, 그 지구" 이다.

이것이 말해주는 것은 하샤마임, 즉, 수많은 하늘들이 있지만, 지구는 단 하나, 정관사가 붙은 그 땅, 그 지구, 단 하나의 특별함을 가지고 존재한다는 것이다. 우리는 위에서 그 하늘들과 그 지구의 물체성을 살폈다. 우리는 다음 장에서 이 물체성을 가진 지구에 관하여 구체적으로 살피게 될 것이다. 그렇게 물체성을 가진 우주와 지구를 살피는 이유가 매우 중요하다.

 멘토여, 우리가 하늘들과 땅을 이렇게 살핀 이유가 무엇입니까?

그 이유는 하나님께서 창조하신 하늘들과 땅의 물체적 실체를 알아야 하나님의 창조를 온전히 이해할 수 있기 때문이다. 그간 하늘들과 땅의 실체를 모르고 탁상공론으로 하나님의 창조를 이야기함으로 창조에 대한 많은 오해와 편협한 이해들이 있었다. 그 부작용으로 우리는 오늘

심각하게 고통받고 있다. 믿는 이들도 창세기의 1장의 창조를 오해함으로 창조론을 이해하지 못한다.

그러나 성경은 진실을 말하고 있다. 하늘들이라고 표현된 실체적 의미를 우리는 이미 드넓은 우주를 통하여 살폈다. 그런데 여기에서 중요한 점이 있다. 생각해 보라.

창세기 1장 1절에서 모세는 어떻게 하늘들이라는
복수 개념의 표현을 쓸 수 있었을까?

약 3,500년에 그런 표현을 했다면 그것은 무엇을 말해주는가?

현대 유대인들은 하늘들을 그냥 우주의 관용구로 이해하지만, 모세는 광대하게 구성된 여러 하늘들을 구분하여 썼다. 이것은 창세기 1장 1절의 말씀의 내용을 인간이 스스로 알아서 쓴 것이 아니라는 것이다. 즉, 이것을 알고 있는 전지전능하신 하나님이 계시고 그 분이 알려 주셨기에 모세가 쓰게 된 것이라는 사실이다. 우리는 이것을 "우리"라고 자신을 부르시는 엘로힘과 하늘들로 표현하는 진실성 속에서 이미 살폈다.

이것들이 말해주는 것은 성경의 진실성이다.
그리고 하나님의 실체성과 전지전능함이다.

지금까지 우리는 목표치 5, 물질 창조의 실체를 하에레츠, 그 지구에 관하여 살폈다. 그리고 이 지구에 대한 더 구체적인 이야기는 다음 장에서 살피게 될 것이다.

멘토여, 이것을 V.M.O.S.T.ⓒ로 정돈하여 말씀하여 주십시오

6장과 7장에서 살핀 창세기 1장 1절을 기록하심에 있어서 하나님께서 가지셨을 비전을 실현하는 전략을 V.M.O.S.T.ⓒ표로 정리하면 다음과 같다.

창세기 1장 1절 V.M.O.S.T.ⓒ내용

V	비전	창세기 1장 1절을 읽은 후 영적 권능과 물리적 원리에 근거한 하나님의 창조를 알고 기뻐하며 영광을 돌리는 사람들의 모습
	가치	완벽한 간결함, 웅장한 웅장함, 완벽한 위대함, 완벽한 체계성, 완벽한 포괄성, 완벽한 과학성
M	사명	창세기 1장 1절은 성경을 읽는 독자들에게 영적 권능과 물리적 원리에 근거하여 하나님께서 천지를 창조하신 것을 알게 하기 위하여 존재한다.

O 목표치 1. 창조의 규모와 영역 알려주기

　　　　　① 시간 창조의 실체 알리기

　　　　　② 에너지 창조의 실체 알리기

　　　　　③ 힘의 근원자 소개하기

　　　　　④ 공간 창조의 실체 알리기

　　　　　⑤ 물질 창조의 실체 알리기

S 전략 1. 창조의 규모와 영역 알려주기

　　　　　① 시간 창조의 실체 알리기 위하여 베레쉬트 בְּרֵאשִׁית

　　　　　② 에너지 창조의 실체 알리기 위하여 바라 בָּרָא 창조라는 단어 활용

　　　　　③ 힘의 근원자 소개하기 위하여 창조자 엘로힘 אֱלֹהִים 하나님들이라는 단어 활용

④ 공간 창조의 실체 알리기 위하여 하샤마임 הַשָּׁמַיִם
그 하늘들이라는 단어 활용
⑤ 물질 창조의 실체 알리기 위하여 하에레츠 הָאָרֶץ
그 땅이라는 단어 활용

T   시간   창세기 1장 기록하는 날

멘티여,

· 그대는 하나님의 히브리어 엘로힘의 뜻과 이 말이 뜻하는 바에 관하여
설명할 수 있는가?

· 성경에서 하늘이라 표현된 히브리 원어 하샤마임이 뜻하는 것에 관하여
설명할 수 있는가?

· 성경에서 말하는 땅의 히브리어 하에레츠가 뜻하는 것에 관하여
설명할 수 있는가?

8

창세기 1장 2절:
원시 지구의 비밀

 멘티여, 그대는 지구 탄생 시 첫 모습이 어땠을 것으로 생각하는가?

사진이나 영상으로 보는 지구의 장엄하고 아름다운 모습에 말로 표현할 수 없을 때가 많다. 그러나 그것이 지구의 처음 모습은 아니었다. 지구가 오늘날 우리가 아는 이 모습을 갖기 전에는 어땠을까? 성경은 현재 우리가 살고 있는 지구의 과거 모습을 알려주는 유일한 책으로 다음과 같이 말해 준다.

땅이 혼돈하고 공허하며 흑암이 깊음 위에 있고
하나님의 영은 수면 위에 운행하시니라. | 창세기1:2

그리고 이 구절은 우리에게 다음의 목표치를 알려주고 우리로 하여금 상상하지 못한 것들로 초대한다.

원시 지구의 물리적 상황을 알게 하기
원시 지구의 상황을 현실적으로 알게 하기
흑암 속 원시 지구의 의미 알게 하기

위에서 살핀 창세기 1장 2절의 말씀은 창세기 1장 1절 태초의 시점에 창조된 땅의 진실을 묘사해주는데, 사실 한 눈에 읽고 그냥 넘어갈 수 있는 것이 아니다. 이 한 문장이 가진 의미를 안다면 그대는 그대로 앉아 있지 못할 것이다. 창세기 1장 2절은 태초와 1장 3절, 첫날 빛의 창조 중간에 무엇인가가 있었다는 사실을 분명하게 말해주지만, 사람들은 이 진실을 받아들이길 주저하거나 받아들여도 애매하게 받아들인다.

창세기 1장 2절은 바로 그렇게 생각하는 사람들의 오해를 바로잡기 위한 구절이다. 창세기 1장 2절의 상황이 1장 3절에서 시작되는 첫날, 빛의 창조 이전에 있었던 지구의 진실이기 때문이다. 지구가 그렇게 존재한 것, 그 상황을 창세기 1장 2절의 방식으로 기록하게 한 것에는 너무나 놀라운 이유가 있기 때문이다. 그 이유를 알기 위하여 창세기 1장 2절이 기록된 목적과 전략을 V.M.O.S.T.ⓒ를 통하여 파악해 보자.

🌳 멘토여. 창세기 1장 2절을 통하여 실현되는 비전은 무엇입니까?

창세기 1장 2절을 통하여 실현되는 비전은 사람들이 태초의 어느 시점에 하나님께서 창조하신 원시 지구를 통하여 드러나는 진실을 알고 기뻐하는 모습이며 이를 위해 완벽한 정확성과 과학성을 가지고 기술하는 가치를 가진다. 이 비전을 실현하기 위한 사명은 하나님께서 태초에 지으신 원시 지구의 상태를 진실되게 전하고 그 의미를 알게 하기 위하여 존재한다로 표현할 수 있다.

이 사명을 감당하기 위한 목표치는 원시 지구의 물리적 상황을 알게 하기, 원시 지구의 상황을 현실적으로 알게 하기, 흑암 속에 있는 원시 지구의 의미 알게 하기 등이다. 이 비전 실현을 위하여 그 사명을 감당하기 위하여 설정하신 목표치는 성경에서 다음과 같이 발견할 수 있다.

① 원시 지구의 물리적 상황을 알게 하기
② 원시 지구의 상황을 현실적으로 알게 하기
③ 흑암 속 원시 지구의 의미 알게 하기

이제 첫 번째 목표치부터 살펴보자.

● 목표치 1: 원시 지구의 물리적 상황을 알게 하기 ●

멘토여, 원시 지구의 물리적 상황을 알게 하기 위한 전략은
무엇입니까?

그 전략은 창세기 1장 2절에 언급된 원시 지구의 혼돈, 공허, 깊음,
흑암, 물과 바람의 상태를 활용하는 것이다. 그간 많은 신학자들이 창세
기 1장 2절을 어떻게 해석해야 할지 몰라 대부분 영적 혼돈차원으로 해
석하는 경향이 있었다.

> 그러나 놀라운 진실은 창세기 1장 2절의 상태는
> 창세기 1장 3절 빛의 창조로 시작되는
> 원시 지구의 현대화 작업 전 지구의 물리적 현실을 말해준다.

원시 지구 현대화라는 말이 생소할 수 있지만, 이제 진실을 알고 나
면 이 말이 자연스럽게 들릴 것이다. 그러기 위하여 우리는 1장 3절 첫날
빛의 창조 전에 1장 2절의 뜻을 정확하게 알아야 한다. 창세기 1장 2절의
의미를 모르고 1장 3절로 뛰어들면 혼돈 속에서 고꾸라지게 되어 있다.

창세기 1장 3절은 그 유명한 빛이 있으라고 하신 첫날의 위대한 창
조하시는 날이다. 그러하기에 많은 사람들이 창조하면 1장 3절로 뛰어
들기를 기뻐한다. 그러나 많은 이들이 창세기 1장 1절과 2절에 대한 충

분한 이해 없이 3절로 들어가기에 큰 혼란의 늪 속에 빠진 채 몽롱하게 살아간다. 그러므로 스스로도 창조에 관하여 누군가 물으면 합리적인 답을 하지 못한다. 그러면서 그냥 믿으라고만 주장한다.

그러나 성경은 그런 막연한 책이 아니다. 왜 아닌지는 이제 알게 될 것이다. 그럼 이제 1장 2절에서 말하는 지구로 들어가 보자. 우리가 들어갈 지구는 한 절의 말씀으로 구성되어 있다. 그래서 우리는 1장 2절을 구성하는 단어들을 주목해야 한다. 우리가 살필 주요 단어들은 다음의 일곱 단어: 혼돈, 공허, 흑암, 깊음, 수면, 하나님 그리고 영이다.

- 혼돈하다는 말은 히브리어로 토후 תֹהוּ [49]로 형체가 없는, 실체가 없는, 혼돈스러운 상태를 뜻한다.
- "공허"를 뜻하는 히브리어 보후 בֹהוּ [50]는 텅 빈, 아무것도 없는, 버려진 상태를 뜻한다.
- 흑암을 뜻하는 히브리어는 호섹 חֹשֶׁךְ [51] 으로 흑암, 어둠, 불분명한, 비밀스러운을 뜻한다.
- 깊음을 뜻하는 테홈 תְהוֹם [52] 은 깊음, 심연, 깊은 곳, 바다 등을 뜻한다.
- 수면을 뜻하는 마임 מַיִם [53] 은 물, 물들 등을 뜻한다.
- 하나님을 뜻하는 엘로힘 אֱלֹהִים [54] 은 하나님의 복수형이기도 하지만, 큰, 거대한, 위대한을 뜻한다.
- 신을 뜻하는 루아흐 רוּחַ [55]는 신이라는 뜻 외에도 바람 공기, 숨, 화, 분노, 호흡, 마음, 동기 등으로도 쓰인다.

자, 이제 이 단어들이 왜 창세기 1장 2절에서 선택되었고, 무엇을 말해주기 위해 전략적으로 사용되었는지에 관하여 살펴보자.

 멘토여, 2절의 문장이 실체적으로 의미하는 것이 무엇입니까?

그렇다면 창세기 1장 2절은 무엇을 말하는 것일까? 성경에서 무엇을 어떻게 말씀하시는지 주요 단어를 중심으로 물리적인 관점에서 적용해 보자.

창세기 1장 2절은 다음과 같다.

땅이 혼돈하고 공허하며 흑암이 깊음 위에 있고
하나님의 영은 수면 위에 운행하시니라. | 창세기1:2

이것을 쉽게 이해할 수 있기 위하여 이와 유사한 우주의 상황의 별을 살펴보자. 이 사진은 허블 망원경이 찍은 태양에게서 2만 광년 떨어진 곳에 있는 V838 모노세로티스 Monocerotis라는 별의 모습 (가운데)을 보여준다. 별 주변엔 성운이 솜사탕처럼 펼쳐져 있다.

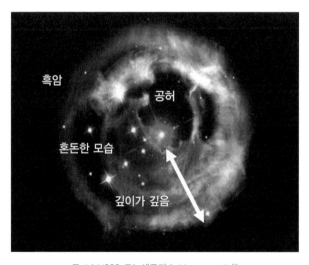

표 14 V838 모노세로티스 Monocerotis[56]

이 장면은 창세기 1장 2절에서 "땅이 혼돈하고 공허하며 흑암이 깊음 위에" 있었다는 말이 현실에서는 어떤 상태로 실제로 존재할 수 있는지에 대한 힌트를 준다. 사진에서 별 주변을 보면 큰 바람으로 가볍게 날리는 방향이 보일 정도로 행성이 솜사탕 같이 부풀어져 있다. 이 사진을 기억하면서 창세기 1장 2절의 주요 단어를 구체적으로 살펴보자.

- **혼돈**하다는 말은 지구를 구성하고 있는 물질들이 단단하게 뭉쳐 있지 않으므로 느슨하고 혼돈스럽게 있는 상태라는 것이다.

- **공허**하다는 것은 그 물질들이 꽉 차인 상태가 아니라 여기저기 텅 빈 공간들이 있다는 것이다.

- **깊음**이라는 말에는 깊은 바다, 심연이라는 뜻이 있다. 이것은 이미 언급한 것과 같이 지구 구성 물질들이 혼돈스럽고 느슨하게 있고, 액화 수소와 기체 수소들로 부풀려져 있어서 부피가 커지고 지구 중심부터 수면까지 깊이가 매우 깊다는 것이다.

- **흑암**이라는 것은 빛이 없으므로 캄캄한 상황이라는 것이다.
  수면은 지구의 구성 물질 중 액체화된 물 성분, 기체화된 물 성분이 맨 위에 위치하였다는 말이다.

- **하나님의 신**이라고 번역된 히브리 원어는 루하 엘로힘으로 이것을 영적으로 해석하면 큰 신, 즉, 하나님의 영이고, 물리적으로 해석하면 큰 바람이라고 할 수 있는 이중적 표현이다. 엘로힘은 큰 신이라는 뜻과 단순히 큰, 위대한이라는 이중의 뜻을 가진다. 그리고 루하는 영이라는 뜻과 바람이라는 이중의 뜻을 가진다. 이 구절은 물리적인 차원에서 큰 바람이 있었던 원시 지구 수면 위를 영적인 차원에서 하나님의 신이 운행 하시며 새 일을 하신다는 이중적 의미를 절묘하게 표현하고 있다.

결론적으로 창세기 1장 2절은 오늘날 우주 과학이 알게 된 대로 행성 형성의 중간 단계에 있는 원시 행성의 모습을 그대로 설명한다.

이 원시 지구를 가장 적절하게 표현할 이미지는 솜사탕이다.
느슨하게 부풀려져 큰 부피로 있는 상태라는 것이다.

🌳 멘토여, 원시 행성, 원시 지구는 무슨 뜻입니까?

원시는 현재와 대조되는 개념이다.

원시 지구의 정의는
현재 우리가 사는 지구의 모습으로 구체화되기 이전,
즉, 창세기 1장 2절이 말하고 있는 상태의 지구이다.

성경에 원시 지구라는 말이 없기에 이런 개념이 생소할 수 있지만, 이제 익숙해져야 한다. 그 이유는 너무나 단순하다. 이것이 성경이 말하는 진실이기 때문이다. 원시 지구는 창세기 1장 2절이 묘사하고 있는 것과 같이 초기 행성 형성의 단계를 지나 지구의 구성입자들이 매우 느슨하게 있으므로 혼돈하고, 꽉 차지 않아 빈 것 같고, 부피가 크고, 깊이가 깊고, 맨 위에 물이 있고, 바람이 세차게 불었던 상태로 태초 이후에 거기서 그런 상태로 존재하고 있었던 것이다. 우리는 이러한 원시 지구의 상태를 위에서 살펴본 V838 모노세로티스를 통하여 힌트를 얻었다.

창세기 1장의 창조는
창세기 1장2절의 원시 지구를 표14가 보여주는 우주관을 가질 때
비로서 합리적이고 효율적으로 이해할 수 있다.
즉, 4장 표8에서 살핀 사람이 그린 엉터리 우주관이
창세기 1장의 우주관이 아니라는 것이다.

하나님께서는 더 놀라운 증거를 창조 과정에서 남겨 놓으셨다. 그 증거는 태양계 속에서 발견할 수 있는데 그 증거들은 마치 지구 탄생의 비밀을 현실적으로 이해할 수 있도록 고의로 남겨 놓으신 것으로 이해된다. 과연 태양계에서 무엇을 알 수 있을까?

● 목표치 2: 원시 지구의 상황을 현실적으로 알게 하기 ●

 멘토여, 원시 지구의 상황을 현실적으로 알게 하기 위한 전략은 무엇입니까?

그 전략은 태양계 내의 해왕성과 목성의 상태를 활용하는 것이다. 창세기 1장 2절은 지구가 현대화되기 전 원시 지구 행성의 모습이라는 것을 살폈다. 그런데 지금 우리가 사는 지구 모습 이전, 즉 창세기 1장 2절 상황의 지구를 유사하게 대변해 주는 태양계 내의 두 행성이 있는데 그것은 해왕성과 목성이다.

 멘토여, 해왕성이 어떻게 원시 지구에 대한 힌트를 줍니까?

해왕성 Neptune은 태양계의 8개 행성 중 맨 마지막 행성이다. 해왕성의 라틴어 이름 넵투누스 Neptunus가 말해주듯 이것은 바다의 왕, 바다의 신이라는 뜻이며, 깊은 물로 가득 찬 행성이다. 그래서 색깔이 맑은 푸른색을 띤다. 해왕성은 지구에서 너무 멀리 있어서 맨눈으로 볼 수 없고 아직 알려진 것이 그리 많지 않다. 또한 태양에서 먼 거리에 있어서 원시 지구의 상태처럼 거의 완벽한 흑암 속에 있다.

해왕성의 적도 지름은 지구 지름의 3.8배이며 부피로 따지면 지구의 57.7 배이지만, 밀도는 지구의 1/3에 불과하다.

밀도가 낮다는 말은 중력이 작다는 것이고
결론적으로 원시 지구가 그런 것과 같이
솜사탕처럼 부풀려져 있고, 응축되지 않아서 부피가 크다는 것이다.

해왕성은 창세기 1장 2절에서 물로 뒤덮였던 원시 지구의 수면과
수면 위의 강한 바람의 실체적인 모습을 보여준다.

1989년 8월 25일 보이저 2호가 처음 해왕성에 접근하여 발견한 것은, 목성에 있는 것과 같이 대암반이었다. 대암반은 시속 2,100킬로미터 속도의 바람이 수면 위에 불어서 생기는 거대한 회오리 반점이다. 해왕성의 상층부 바깥은 바람이 드센 대기 구름층이고, 수소, 헬륨, 그리고 메탄가스를 포함하는 상층부 내부, 그리고 물, 암모니아, 메탄 얼음을 포함하는 맨틀 중간부, 그리고 돌과 얼음을 포함하는 중심 핵 부분으로 구성된다.

해왕성은 창세기 1장 2절에서 언급하는 원시 지구의 모습을 상당히 많이 보여주는 살아 있는 화석과 같다. 특별히 흑암 속에 있고, 깊은 물로 뒤덮인 것, 수면 위에 부는 큰 바람은 창세기 1장 2절의 원시 지구의 상황과 똑 닮았다. 그러나 우리는 해왕성에 관하여 아직 아는 것이 많지 않다. 따라서 아직 해왕성에서 다 확인하지 못한 원시 지구의 상황을 다른 행성에서 알아보자. 이 행성은 원시 지구의 혼돈과 공허, 깊음을 우리에게 알려줄 것이다. 이제 목성을 살펴볼 차례이다.

 멘토여, 목성은 어떻게 원시 지구의 상태를 알려줍니까?

목성 Jupiter는 태양계의 다섯 번째 행성이다. 두 번째 태양이 될 뻔한 행성이라고 불릴 정도로 태양계 행성 중 가장 큰 행성이다. 목성의 라틴어 이름 류피테 Luppiter에서 연유한 주피터 Jupiter는 로마신화에서 최고의 신이며 그리스 신화에서는 제우스 Zeus 로 불린다. 목성이 태양계 행성 중 가장 큰 것을 염두에 둔 것이다. 목성도 대부분 수소로 구성되어 있고, 깊은 액화와 기체 수소층에 강력한 바람이 분다.[57] 목성은 지구 지름의 열 배 크기이고, 목성 지름의 열 배 크기가 태양이다. 또 부피로 따지면 지구의 1,300배이지만, 밀도는 지구의 1/4에 불과하다. 결론은 크기에 비하여 중력이 낮아 응축되지 않아서 부피가 크고 솜사탕 같이 부풀려져 있다는 것이다.

목성은 창세기 1장 2절 혼돈스럽고 공허하며 깊음이 있던
원시 지구 내부의 모습을 실체적으로 보여준다.

목성은 창세기 1장 2절에서 보여주는 것과 같이 응축되기 전 원시 지구의 상태를 말해준다. 목성을 구성하고 있는 물질은 수소가 76%, 헬륨이 22%이다. 구조적으로는 중심에 고체 핵이 있고 나머지는 먼지와 어우러진 액체 수소의 바다와 대기층이 유동적으로 존재함으로 혼돈스럽다. 목성의 상황을 창세기 1장 2절에 대입해 보면 더 자세히 그것을 알 수 있다.

목성의 표면에서부터 내부로 2만km까지 수소분자가 층을 이루고, 그 아래 두께 4만km의 액체 금속 수소 층이 있으며 중앙에는 암석질의 핵을 갖고 있어 구성 물질들은 혼돈스럽게 엉겨 있고, 속은 단단하지 않고 공허하며, 밀도가 낮아 솜사탕처럼 부풀려져 있으므로 표면부터 중심까지 깊이가 매우 깊다. 표면은 액체와 기체 상태의 수소가 있고, 그곳엔 초당 100미터에 달하는 강한 바람이 분다. 이런 이유로 화성과 달리 어떤 우주선도 목성에 착륙할 수 없다. 거대한 폭풍들이 산발적으로 일어나 거대 반점을 형성하는 액체와 기체 수소로 뒤덮여 있기 때문이다.

해왕성은 원시 지구가
물로 뒤덮였고 큰 바람이 수면 위를 운행했다는 말의 실체성을,
목성은 원시 지구의
땅이 혼돈하고 공허하고 깊었고 큰 바람이 수면 위를 운행했다는
말의 실체성을 이해하도록 돕는다.

이것들이 말해주는 것은 창세기 1장 2절에 대한 물리적인 이해이다. 해왕성과 목성은 창세기 1장 2절에서 언급된 원시 지구의 천체 물리

학적인 정황을 우리에게 중계하듯 생생하게 전해주고 있다. 그런데 또 놀라운 것은 이 창세기 1장 2절의 원시 지구가 흑암 속에 있었다는 말의 의미이다.

◦ 목표치 3: 흑암 속 원시 지구의 의미 알게 하기 ◦

🌳 멘토여, 원시 지구가 흑암 속에 있었다고 말하는 전략은 무엇입니까?

창세기 1장 2절에서 원시 지구가 흑암 속에 있었다고 말하는 것은 하나님의 전지전능하심과 창조 이야기가 인간의 창작품이 아닌 것을 말해준다. 또 아직 빛이 없었음을 강조하는 것이다. 생각해 보라. 흑암이라 했다. 흑암을 뜻하는 히브리어 호섹의 뜻은 어둠, 불분명한 것과 드러나지 않아서 비밀인 것을 말한다.

우리는 여기에서 두 가지 면에서 놀라야 한다. 우리는 지금까지 이 창세기 1장 2절이 흑암 상태에 있다는 것을 눈으로만 읽었지 이것이 무엇을 말하는지 깊이 있게 생각하지 않았다. 창세기 1장 2절에서 언급한 원시 지구가 진실로 흑암에 있었다면 다음 질문에 답해보라.

모세는 태초 이후 흑암 속, 아무것도 보이지 않는 상태에서 있었던
원시 지구의 상태를 어떻게 정확하게 알고 묘사했는가?

사실 이 정황은 모세가 도저히 알 수 없는 것이다. 모세뿐 아니라 3,500년 전에 어느 인간도 알 수 없던 것이다. 사실 원시행성의 이러한 상태는 1,990년 허블우주망원경 Hubble Space Telescope를 대기권 밖으로 쏘아 올려서 근자외선, 가시광선, 근적외선 스펙트럼을 활용하여 먼 우주 속 흑암을 꿰뚫어 볼 수 있게 되면서 가까스로 알게 된 것이다. 이것이 말해주는 것은 자명하다. 그것은 창세기 1장 2절의 이야기가 모

세가 혼자 소설을 쓰듯이 쓴 것이 아니라 하나님께서 보여주시고, 들려주신 것들을 증인 입장에서 기록했다는 것이다.

모세는 1,900년이 되어서야 비로소 알 수 있는
원시 지구를 생생하게 기록하였다.
그러나 현대인들은 그런 모세를 원시 미개인 취급하여
그가 절대로 알 수 없다고 생각하고, 성경을 난도질하여
표8과 같이 기형적 우주관을 만들어 놓고 그것을 숭배하고 있다.

🌳 멘토여, 1장 2절의 상황의 실체성으로 이해하지 못하면 어떻게 됩니까?

1장 2절은 창세기 1장 1절과 3절의 사이에서 창조를 이해하는 데 가장 핵심적인 역할을 해주는 열쇠이다. 2절을 신학적인 지혜와 천체 물리학적인 지식을 함께 가지고 읽으면 우주와 원시 지구의 모습을 조금 더 분명하게 볼 수 있다. 그리고 이것은 우리로 하여금 창조의 6일을 온전하게 이해하도록 할 첫 단추이다. 그러나 창세기 1장 2절을 있는 그대로 이해하지 못하니 눈앞에 몇천 년 간 있었으나 분간하여 읽지 못하고 그 결과 창조 이야기는 대 혼란에 빠졌다.

이러한 혼돈은 마치 예수님께서 죽으셨다고 고정 관점을 가진
엠마오로 가던 두 제자가 부활하신 주님을 만나고도
알아보지 못했던 것을 연상시킨다.

우리가 한 이해가 왜 진실되고 중요한지 우리는 제10장 창조의 둘째 날에 확실하게 알게 될 것이다.

🌐 멘토여, 지금까지의 대화를 V.M.O.S.T.ⓒ로 정리하면 어떻게 됩니까?

지금까지의 대화를 V.M.O.S.T.ⓒ로 정돈하면 다음과 같다.

V	**비전**	사람들이 하나님께서 태초의 어느 시점에 창조하신 원시 지구를 통하여 드러나는 진실을 알고 기뻐하는 모습.
	가치	완벽한 정확성, 완벽한 과학성
M	**사명**	창세기 1장 2절은 하나님께서 태초에 지으신 원시 지구의 상태를 진실되게 전하고 그 의미를 알게 하기 위하여 존재한다.
O	**목표치**	① 원시 지구의 물리적 상황을 알게 하기 ② 원시 지구의 상황을 현실적으로 알게 하기 ③ 흑암 속 원시 지구가 의미하는 것 알게 하기
S	**전략**	① 원시 지구의 물리적 상황을 알게 하기 위하여 원시 지구의 혼돈, 공허, 깊음, 흑암, 물과 바람의 상태 설명 활용하기 ② 원시 지구의 상황을 현실적으로 알게 하기 위하여 해왕성과 목성의 상태를 활용하기 ③ 흑암 속 원시 지구의 의미 알게 하기 위하여 다른 원시 행성 상태 활용하기
T	**시간**	창세기 1장을 쓰는 시간

창세기 1장 2절의 원시 지구 상태는 실로 3,500년 전에 인간이 상상할 수 없었던 우주 과학적 사실을 말해준다. 즉, 오늘날 우리가 허블 우주망원경을 통하여 이제야 알게 된 우주에서 많이 관찰할 수 있는 원시 행성, 원시 지구의 상태를 보여준다.

이 현장감을 가지고 나머지 창조를 이해해야 성경에서 말하는 창조가 온전히 이해된다. 창세기 1장 2절에 대한 이러한 천체 물리학적 묘사를 이해하지 않으면 이어지는 6일의 창조를 도저히 이해할 수 없다. 이제 이 기초를 가지고 Part 3에서 창조의 7일에 관하여 구체적으로 하루씩 살펴보자.

멘티여,

· 그대는 창세기 1장 2절에서 말하는 원시지구의 상황을 설명할 수 있는가?

· 창세기 1장 2절의 상황을 잘 보여주는 두 행성은 어떤 것이고, 그들은 원시지구의 어떤 모습들을 대변해 주는가?

⋮

Part III

7일 창조의 **경영** 전략

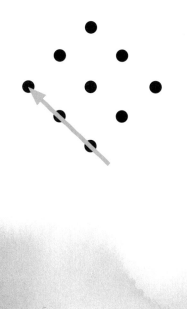

9

첫째 날:
태양 없이 빛 만들기

 멘티여, 그대가 만약 원시 지구 상태를 전제로 창조한다면 첫 번째 하고 싶은 것은 무엇인가?

하나님께서는 빛을 만드셨는데 그것은 그대가 만들려는 것과 일치하는가? 다른 것을 생각했다면 그 이유는 무엇인가? 하나님께서는 왜 빛을 처음으로 만드셨다고 생각하는가? 사실 하나님께서 빛을 처음 지으신 데는 매우 중요한 의미가 있다.

우리는 이제 첫날 빛의 창조에 관하여 아래의 목표치들을 살핌으로 빛 창조에 관한 여러 답을 얻게 될 것이다.

빛 창조하기
낮과 밤 나누기
하루라는 시간 구분하기
시간에 이름 붙이기
태초와 첫날 구분하기

멘토여, 첫째 날, 하나님께서 "빛이 있어라"라고 하시므로 빛을 창조하시는데 빛이 있기 전에 어둠과 공간이 있어야 하지 않습니까? 첫째 날 창조가 빛이면 그 전에 아무것도 없어야 하는 것이 아닌가요? 그리고 태양 없이 어떻게 빛이 만들어졌습니까?

이 질문들은 창조의 첫날에 관하여 많은 사람들이 질문하는 것이다. 그런데 이 질문에 대한 답을 해줄 수 있는 유일한 책은 성경이다. 성경을 근거로 질문을 하였기 때문이기도 하고, 성경 외에는 답을 해줄 수 있는 책이 없기 때문이다.

우리가 이 질문들에 관하여 답을 찾을 수 있는 힌트는
성경 중, 창세기 1장 3-5절까지에 있는 세 줄의 문장이다.

과연 우리들은 다음의 세 문장에서 합리적인 답을 찾을 수 있을까?

하나님이 이르시되 빛이 있으라 하시니 빛이 있었고
빛이 하나님이 보시기에 좋았더라.
하나님이 빛과 어둠을 나누사
하나님이 빛을 낮이라 부르시고 어둠을 밤이라 부르시니라.
저녁이 되고 아침이 되니 이는 첫째 날이니라. | 창세기 1:3-5

그러나 안타깝게도 이 세 문장에는 빛 창조 이전에 있어야 할 어둠과 공간이 어떻게 존재했는지에 관하여는 말해주지 않는다. 그렇다면 그 답을 발견할 수 있는 방법은 있는가?

답은 답이 없는 곳이 아니라 답이 있는 곳에서 찾아야 한다. 그러기 위하여 우리는 9개의 점을 연결하기 위하여 점 밖에 선을 연결했던 지혜를 활용해야 한다. 그것은 이 첫날에 관한 정보를 주는 세 줄 밖으로 나가 선을 연결하는 것이다. 나갈 곳은 창세기 1장 2절이다.

창세기 1장 3절 이전에 어둠과 공간의 증거는 창세기 1장 2절에서 너무나 단순하게 증거 된다. 그렇다면 이제 태양 없이 빛을 어떻게 만들었는지에 대한 답을 찾아야 한다. 과연 이것이 가능할까? 이제 창조의 첫날에 관한 비전과 사명 그리고 목표치 등 첫날에 연관된 제반 이슈에 관하여 V.M.O.S.T. A.R.T.ⓒ를 통하여 살펴보자.

 멘토여, 첫날의 비전 실현의 과정을 V.M.O.S.T. A.R.T.ⓒ을 통하여 설명해 주십시오.

우선 말씀에 근거하여 알 수 있는 첫날의 비전은 우선 흑암의 원시 지구에 빛이 찬란하게 비추는 모습이다. 이것을 이루기 위한 가치는 앞에서 살핀 것과 같이 완벽한 영광, 완벽한 팀워크, 완벽한 사람 중심, 완벽한 사랑, 완벽한 기능성, 완벽한 아름다움, 완벽한 효율성이다. 이 가치가 말해주는 것은 빛은 하나님의 완벽한 영광을 드러낸다, 그리고 모든 창조는 삼위일체 하나님의 완벽한 팀워크를 가지고 하셨다. 그리고 빛의 창조는 완벽하게 사람을 중심으로 창조되었다. 그리고 이것은 완벽한 사랑을 통하여 주신 하나님의 선물이었다. 또한 빛은 사람과 지구의 모든 피조물들에게 완벽한 기능성을 가지고 창조되었다. 빛은 완벽한 아름다움과 완벽한 효율성을 가지고 있다. 이 비전을 이런 가치를 가지고 실현하기 위하여 하나님께서 감당하시는 사명은 **나는 빛을 창조하여 흑암의 지구에 비추고 빛과 어둠, 낮과 밤을 구분하게 하기 위하여 존재한다**라고 말할 수 있다. 이것을 정돈하면 다음과 같다.

이 비전 실현을 위하여 그 사명을 감당하기 위하여 설정하신 목표 치는 성경에서 다음과 같이 발견할 수 있다.

1:3 빛 창조하기
1:4 낮과 밤 나누기
1:5 하루라는 시간 구분하기
1:5 시간에 이름 붙이기
1:5 태초와 첫날 구분하기

자 이제 우리는 하나님께서 이 목표치들을 실현하기 위하여 어떤 전략을 가지고 행하셨는지 살펴보아야 한다. 그렇다면 우리에게 질문이 더 늘었다. 하나씩 답을 찾아가 보자. 각 목표치와 실행 전략을 찾기 전에 첫날 빛에 관한 여러 이슈들을 먼저 살펴보자.

 멘토여, 왜 하나님께서는 첫날의 창조로 빛을 만드셨습니까?

그 이유는 사실 매우 중요하다. 빛은 창세기 1장 2절의 상태에서 흑암 속에 있던 원시 지구에서 다음 단계의 창조를 행하시기 위하여 빛은 기본적인 것이었다. 그러나 빛은 어두우면 일을 못 하기 때문이 아니라, 빛의 창조는 다른 모든 이후의 창조에 대한 기준을 설정하시는 것이다. 모든 생명체는 빛을 기준으로 살아가도록 하시는 것이다. 그러나 이보다 더 중요한 이유가 있는데 그것은 이 빛이 하나님의 속성에 근거한 것이고, 이 빛이 하나님 영광의 속성을 드러내며, 모든 창조가 하나님의 속성과 하나님의 품격에 근거한다는 가치의 기준을 정해주기 때문이다.

우리가 그에게서 듣고 너희에게 전하는 소식은 이것이니
곧 하나님은 빛이시라 그에게는 어둠이 조금도
없으시다는 것이니라. | 요한일서 1:5

하나님은 하나님의 품격과 영광을 드러내는 방식으로 창조하신다. 그래서 모든 피조물들은 빛을 받을 때 가장 아름답고, 기능적이게 하셨다.

아름답고, 풍요롭고, 존귀한 것은 하나님의 속성이며,
하나님의 창조물은 그러한 그의 속성을 드러낸다.
마치 창조물 속에 담긴 하나님의 서명과 같은 것이다.

빛은 그런 창조를 위한 기본 조건이다. 그리고 이 빛에서 시작하여 하나하나 매우 영롱하고 아름다운 창조를 시작하신다.

● 목표치 1: 빛 창조하기 ●

멘토여, 태양 없이 빛을 창조하기 위한 전략은 무엇입니까?

그 전략은 발광하는 빛의 입자를 활용하는 것이다. 빛의 입자라는 말이 무엇일까? 히브리 성경에서 쓴 빛은 오르 אור로 빛, 빛나는, 빛을 발하는, 불꽃을 내다 등을 뜻한다. 물론 이 오르라는 말은 빛의 입자가 어떤 것인지 말해 주지 않는다. 우선 태양 없이 빛을 만들 수 있는지를 살펴보고 빛의 입자에 관하여 살펴보자.

멘토여, 그러면 태양 없이 빛이 있을 수 있습니까?

사실 많은 이들이 이것 때문에 논리적 이해에 어려움을 갖는다. 이것 때문에 성경은 더 이상 읽어볼 필요도 없는 허탄한 책이라고 생각하는 사람들이 있다. 이것 때문에 학생들이 과학 시간에 창조론은 허탄한 유대인들의 민족 설화, 동화라고 생각하고, 그 동화를 믿는 기독교인들을 미개하고 어리석게 취급한다.

그러나 생각해 보자. 누가 정말로 미개하고 어리석은지. 지금 주장은 창세기 1장에 의하면 태양의 창조는 4일째인데 첫날에 빛을 창조했다고 하니 논리적으로 맞지 않는다는 것이다. 이것은 빛이 오직 태양에서 나온다는 것을 전제로 한 말이다. 그러나 그것이 유일한 진실일까? 여기에 반전이 있다.

진실은 태양 없이도 빛이 있을 수 있다는 것이다. 나는 이전에 많은 사람들에게 태양 없이 빛을 만드는 방법을 수없이 증명해 주었다. 심지어 내가 그대에게 이 비밀을 알려주는 순간 그대도 즉시, 나를 따라서 태양을 사용하지 않고 빛을 만들어 낼 수 있다.

 멘토여, 제게도 태양 없이 빛을 만들 수 있는 법을 알려 주십시오.

태양 없이 빛을 만들기 위해서는 몇 가지 준비가 필요하다. 우선 어둠을 위하여 최대한 밀폐된 방에서 모든 불을 다 꺼라. 그전에 그대가 빛을 만드는 초보임으로 비상시를 위하여 주변에 성냥, 라이터, 혹은 손전등, 후레쉬 기능이 있는 스마트폰 등을 준비하라. 만약을 대비하여 전기 스위치 바로 옆에서 하는 것도 좋다. 그런 후 그대의 영혼을 맑고 밝게, 순수하고 순결하게 만들어야 한다. 지난 수천 년간 혼돈스러웠던 것이 풀리는 순간이다. 그러니 이 정도는 준비해야 하지 않겠는가? 큰 기대를 가지고, 기도를 통하여 깊은 평화 속으로 들어가라. 아무것도 보이지 않을 정도의 어둠 속에서 오직 하나님을 의지하며 더욱 깊은 평화로 들어가라.

그리고 그 평화의 강렬함이 최대로 느껴질 때 말하라. "빛이 있을지어다." 그런 후 눈을 뜨고 지켜보라. 만약 오래 기다렸는데도 빛이 나타나지 않았다면, 실망하지 말라. 그대가 처음 시도하여 하나님의 수준으로, 하나님과 똑같이 빛을 만드는 것은 무리일 수 있기 때문이다. 이런 상황이라면 둘째 방법을 활용하라. 이제부터 사용할 둘째 방법은 확실하게 태양 없이 그대가 빛을 만들어 어둠을 밝히게 될 것이다.

둘째 방법은 다시 깊은 평화 속에서 하나님께 기도하는 것이다. 그리고 편안하게 다시 말하라 "빛이 있을지어다." 그리고 빛을 찾아보라. 만약 빛이 보이지 않는다면, 빛을 찾기 위하여 비상시를 위하여 준비했던 전기 스위치나, 손전등, 전화기 혹은 성냥 등을 활용하여 불을 켜라. 그리고 이제 다시 빛을 찾아보라. 그 순간에 그대는 빛이 환하게 비추고 있는 것을 발견하게 될 것이다.

🌳 멘토여, 전기, 라이터, 전화기, 성냥 등에서 나온 빛을 말씀하십니까?

맞다. 그대는 태양 없이 빛을 만들기 위하여 방을 어둡게 했고, 빛이 있으라 하였고, 지금 어둡던 방에 태양이 아닌 것으로 방을 환하게 밝혔다. 비상시를 위하여 준비했던 전기 스위치나, 손전등, 전화기 혹은 성냥 등을 활용하여 태양 없이 빛을 만든 것이다.

우리가 지금까지 한 실험의 논리적 전제는 태양 없이 빛을 만드는 것이었다. 그리고 이제 그대는 전기, 전등, 전화기 등을 통하여 논리적으로 태양 없이 빛을 만들 수 있다는 것을 알게 되었다. 결론적으로 태양은 4일째 창조물인데 어찌 첫날 빛이 있을 수 있는가라고 하는 질문이 얼마나 어리석은 것인지 알게 되었기를 바란다.

🌳 멘토여, 하나님께서는 그런 것 없이, 어떻게 태양 없이 빛을 만드셨습니까?

태양 없이, 그리고 형광등, 성냥, 라이터 없이 빛이 있을 방법은 여전히 많다. 그것을 간단하게 증명해 주는 예들이 있는데, 그것은 성경이다. 지금 우리가 성경의 첫 책인 창세기 1장에서 빛의 창조에 관하여 말하는 데, 성경의 마지막 책인 요한계시록에는 창세기보다 더 놀라운 사실이 언급된다.

그 성은 해나 달의 비침이 쓸 데 없으니
이는 하나님의 영광이 비치고 어린 양이 그 등불이 되심이라.
| 요한계시록 21:23

빛의 창조로 빛이 비추어지는 것이 더 놀라운가 아니면 어떤 물질적 재료 없이 빛나는 것이 놀라운가? 훗날 모든 이가 심판받은 후에 새 예루살렘 성이 예비되는데 그곳에서는 하나님과 예수님께로서 나오는 빛이 태양과 달을 대신한다고 한다. 그렇다.

새 예루살렘 성에서는 빛을 내기 위하여 태양이 필요 없다는 것이다.

이것은 세상을 비추는 빛이 태양에게서 나온다는 상식 속에 살아가는 우리에게는 매우 충격적으로 다가온다. 그럼 여기에서 문제는 이것이 과연 사실인가 하는 것이다. 누구든지 어떤 말이든 할 수는 있지만, 그것이 참이 아니라면 의미가 없다.

멘토여, 증명될 수 없는 말이라면 의미가 없습니다. 이것이 가능하다는 것을 증명하실 수 있습니까?

증명을 할 수 있는 방법 중 하나는 증인들의 증언이다. 그 증언을 하는 인물도, 시대도, 지역도 다른 사람들이 같은 내용에 관하여 말을 하고 있다면 신빙성이 높아질 것이다. 그리고 경험한 사람이 직접 말한다면 더 신빙성이 높아질 것이다. 자, 이제 우리가 그 증거를 찾아보자. 사도 요한의 글에는 하나님과 예수님께서 빛이라고 증거한 기록들이 있다.

참 빛 곧 세상에 와서 각 사람에게 비추는 빛이 있었나니. | 요한복음 1:9
예수께서 또 말씀하여 이르시되 나는 세상의 빛이니 나를 따르는 자는
어둠에 다니지 아니하고 생명의 빛을 얻으리라. | 요한복음 8:12

이 말씀은 모두 예수님과 3년 반을 함께 지낸 예수님의 제자 요한 사도가 증언록인 요한복음과 그의 편지에 기록한 내용이다. 이중엔 예수님께서 직접 자신이 세상의 빛이라고 말씀하신 부분도 있다.

 **멘토여, 영적 빛 말고 눈으로 볼 수 있는 빛에 대한 예는 없습니까?**

그렇다면 눈으로 볼 수 있는 구체적인 빛이 태양 없이 생겼던 경우에 관하여 살펴보자. 성인들을 묘사한 성화에 보면 그들의 얼굴에서 광채가 나는 모습을 볼 수 있다. 이러한 구체적인 경우를 우리는 성경에서 찾아볼 수 있다. 첫째 증거는 시내산에서 모세에게서 일어난 일이고, 둘째 증거는 디베랴 바닷가에서 약 19 km (12 마일) 떨어진 곳에 위치한 다볼산에서 예수님께 일어난 사건이다. 이 두 사건의 시간적 차이는 약 1,500년이다. 전혀 다른 곳에서 전혀 다른 사람에게 일어난 사건이고, 사람들이 직접 보고 기록한 진실성이 있는 이야기 들이다. 그 일이 실제로 일어나지 않았다면 그런 방식으로 기록할 이유가 없는 것이다.

 **멘토여, 모세에게 일어난 사건은 무엇입니까?**

모세가 두 번째로 시내산에 올라 40일간 금식하면서 하나님께 언약의 말씀을 받고 내려올 때 일어난 일이다. 출애굽기 34장은 그 일을 다음과 같이 기록한다.

> 29 모세가 그 증거의 두 판을 모세의 손에 들고 시내 산에서 내려오니
> 그 산에서 내려올 때에 모세는 자기가 여호와와 말하였음으로 말미암아
> 얼굴 피부에 광채가 나나 깨닫지 못하였더라
>
> 30 아론과 온 이스라엘 자손이 모세를 볼 때에 모세의 얼굴 피부에 광채가
> 남을 보고 그에게 가까이하기를 두려워하더니…
>
> 35 이스라엘 자손이 모세의 얼굴의 광채를 보므로 모세가 여호와께 말하러
> 들어가기까지 다시 수건으로 자기 얼굴을 가렸더라 | 출애굽기 34장

이 사건에서 중요한 것은 모세가 40일간 하나님과 함께 있다가 내려온 후에 얼굴에 광채가 났다는 것이다. 모세는 자신에게 광채가 나는 줄 몰랐다가 사람들의 반응을 보고서야 알았다. 모세는 하나님께 들어갈 때는 자신을 가리지 않았고, 나와서는 다시 가렸다는 것이다. 매우 구체적인 이 정황 기록은 사건의 진실성을 말해준다.

모세에게 빛이 날 수 있었던 것은 그가 하나님과 40일을 함께 하면서 스스로 빛이신, 그리고 빛이 발하시는 하나님과 함께 있으면서 하나님의 거룩과 영광의 영향을 받았기 때문이다. 이 영향은 너무도 커서 구체적으로 몸에 증거를 남길 정도였던 것이다. 모세에게 일어난 이 사건은 요한계시록에서 빛이 하나님께로 나오기 때문에 태양이 필요 없다고 하는 말이 참일 수 있다는 것을 증명해준다. 만약 이런 일이 없었다면 모세 당시의 사람들로 서는 상상으로 쓸 수 있는 내용이 아니다.

 멘토여, 예수님의 사건은 무엇입니까?

예수님께 일어난 사건은 십자가에 못 박히시기 전에 그의 제자 셋만을 데리고 다볼산에 올라가셨을 때의 일이다. 이 사건은 너무나 놀라운 일이었기에 마태, 마가, 누가복음 세 군데에서 모두 기록한다.

> 이 말씀하신 후 팔 일쯤 되어 예수께서 베드로와 요한과 야고보를 데리고
> 기도하시려 산에 올라가사
> <u>기도하실 때에 용모가 변화되고 그 옷이 희어져 광채가 나더라.</u>
> 문득 두 사람이 예수와 함께 말하니 이는 모세와 엘리야라.
> 영광 중에 나타나서 장차 예수께서 예루살렘에서 별세하실 것을 말할새
> | 누가복음 9:28-31

예수님께서 천국에서 내려온 모세와 엘리야를 만나 곧 십자가에서 못 박혀 죽으실 일들에 관하여 대화를 나누신다. 즉, 이제 그 사명을 감당하실 때가 되었음으로 모세와 엘리야가 예수님을 특별히 찾아와 말한

것이다. 마태복음은 이 상황을 다른 관점에서 설명한다. "그들 앞에서 변형되사 그 얼굴이 해 같이 빛나며 옷이 빛과 같이 희어졌더라"(마태복음 17:2). 옷에 난 광채는 예수님의 몸 전체에서 나오는 광채로 인한 것이다. 우리가 전구를 천으로 감싸면 마치 천이 희어지고 투명하게 보이는 이치이다. 예수님의 경우에도 매우 구체적인 정황들이 기록되어 있는 것으로 보아, 실제 있었던 이야기를 기록한 것을 알 수 있다.

모세와 예수님의 몸에서 그런 빛이 나와서 비출 수 있었다면, 길과 건물이 보석과 금으로 지어진 영광스러운 새 예루살렘에서의 하나님과 예수님의 영광의 빛을 상상할 수 있다. 우리가 생각할 것은 하나님의 존재는 우리가 상식적으로 생각할 수 있는 분이 아니라는 것이다. 하나님과 모세, 그리고 예수님께로부터 나온 빛은 그들의 영광에서 기인한다. 그리고 그 영광엔 권능이 함께 한다.

 멘토여, 그렇다면 첫날 창조된 빛은 하나님의 몸에서 난 광채입니까?

첫날 창조된 빛이 하나님의 몸에서 나온 것은 아니다. 하나님의 광채는 의도적으로 창조된 것이 아니라, 하나님에게서 자연스럽게 나온 것이기 때문이다. 하나님께로부터 나온 빛은 "빛이 있어라"라고 말해야 나오는 것이 아니다. 그러므로 첫째 날의 빛은 하나님의 몸에서 나온 빛과는 전혀 다른, 창조된 빛이다. 지금까지의 설명은 태양이 아니더라도 빛은 있을 수 있다는 것, 빛을 만드시는 하나님의 영광과 능력에 관하여 살폈다. 그렇다면 이제 본격적으로 첫날의 목표치와 전략에 관하여 살펴보자.

 멘토여, 그렇다면 첫날 창조된 빛이 태양 없이 빛을 내는 것이라는 뜻은 무엇입니까?

우리는 태양이 없이도 빛을 낼 수 있는 것들이 많다는 것을 살폈다. 그렇다면 하나님께서 첫날에 창조하신 빛은 무엇이었을까? 빛은 빛일 뿐 다른 것은 없다. 물론 태양 없이 빛난 것이었다. 그렇다면 어떻게 빛이 났던 것일까? 우주에서 태양 없이 빛이 생길수 있는 방법을 찾아보자.

예를 들어 전기는 뭔가를 태워 불을 내지 않고도 빛을 낼 수 있다. 인간은 전기로 빛을 만든다. 그러면 하나님께서도 전기를 이용하여 빛을 만드실 수 있을까? 전기로 빛을 만들려면 전구와 전선이 필요한데 창세기 시점에서는 전구와 전선은 없었을 것이니 하나님은 빛을 못 만드실까? 전기를 통해 빛을 처음 만든 것은 인간이 아니라 하나님이셨다. 하나님께서 아무런 전구나 전선도 없이 빛을 만드시는 것을 우리는 자주 볼 수 있다.

🌳 멘토여, 하나님께서 전구나 전선도 없이 어떻게 전기를 이용하여 빛을 만드시는 것입니까?

가장 쉬운 예는 번개이다. 번개는 기본적으로 음전하와 양전하가 만날 때의 충격으로 발생한다. 번개는 공중에서 발생하는 것, 낙뢰는 땅으로 떨어지는 번개를 말한다. 이미 원시 지구는 어느 정도 형태를 갖춘 고체 상태의 내핵과 액체 상태의 외핵이 있어서 그것의 상충 작용이 전기자극을 만들어 냈을 것이다. 그뿐만 아니라 원시 지구의 외부는 혼돈스러운 표면에 액체 상태와 기체 상태의 수소와 산소가 있고, 큰 바람도 있어서 번개가 만들어질 수 있는 상황은 충분했을 것이다. 그래서 가벼운 양전하는 위에, 무거운 음전하는 아래에 위치하도록 하고, 그것들을 만나게 하면 빛, 열, 소리를 내는 번개와 천둥이 순간적으로 만들어지게 된다.

🌳 멘토여, 번개는 순간적인 현상인데 그것이 어떻게 하루 종일 빛을 비추게 할 수 있다는 것입니까?

번개는 오늘날 우리가 짧은 순간밖에 보지 못하는 현상이다. 그러나 번개를 지속적이고 안정적으로 유지할 수 있다면 빛을 안정적으로 만들 수 있다. 번개 외에도 태양 없이 빛을 만들 방법은 더 있다.

 멘토여, 번개 이외에 다른 방법은 또 무엇이 있습니까?

예를 들어, 암흑 속에서 빛을 내는 야광 물질도 있다. 하나님께서 야광 성질을 가진 작은 입자들을 광물질합성을 통하여 간단하게 만드실 수 있을 것이다. 야광은 형광 혹은 발광 물질로도 불리는데 말 그대로 자체적으로 빛을 만들어 내는 것이다. 야광 루미네센스 luminescence에는 여러 종류가 있다. 화학 작용으로 인한 화학 야광. 수정과정에서 나오는 수정 야광, 전기자극을 통한 전기 야광, 물리적 반응으로 인한 고체의 기계적 야광, 광자흡수를 통한 광자 야광, 이온화된 방사선에 의한 방사 야광, 열 가열로 인한 열 야광 등 다양한 야광과 발광체가 존재한다. 지구를 둘러싼 여러 물질 중에서 형광 입자를 모아 놓으실 수 있다면 창조에 필요한 빛과 열을 충분하게 공급하실 수 있었을 것이다.

지금까지 목표치 1, 태양 없이 빛을 창조하기 위한 하나님의 전략을 살폈다. 우리가 예를 든 안정화된 번개 전기나 야광은 태양 없이 빛을 만들 수 있는 단순한 예였다. 핵심은 하나님께서 태양 없이 빛을 만드셨다는 것이고 우리는 태양이 없으면 빛이 있을 수 없다는 편견에서 벗어났을 것이다. 그런데 하나님께서는 빛을 만드셨을 뿐 아니라 그 빛을 활용하여 낮과 밤을 구분토록 하신다.

● 목표치 2: 낮과 밤 구분하기 ●

 멘토여, 낮과 밤을 구분하기 위한 전략은 무엇입니까?

그 전략은 지구 전반에서 창조된 빛을 지구 한쪽으로 모으기를 활용하는 것이다. 그리고 이 전략은 성경에 명시되어 있다. 우선 말씀을 보자.

> 하나님이 빛과 어둠을 나누사
> 하나님이 빛을 낮이라 부르시고 어둠을 밤이라 부르시니라.
> 저녁이 되고 아침이 되니 이는 첫째 날이니라. | 창세기 1:5

창세기 1장 5절의 말씀에 의하면 하나님께서 낮과 밤을 구분하기 위하여 활용하신 전략은 빛과 어둠을 나누는 것이다. 여기에서 핵심 단어는 "나누사"라는 말이다. 나눈다고 할 때 원어는 바달 בָּדַל badal로 나누다 to be divided, 분리하다 separate, 칸막이하다 partition의 뜻을 가지고 있다.[58]

빛과 어둠을 나누신다는 말은 하나님께서 처음 빛을 만드셨을 때 빛이 전 원시 지구에 퍼져 있었다는 것을 전제한다.
이것은 첫날의 빛이 태양에서 나온 것이 아니라는 것을 확증해준다.

만약 태양과 같은 한 물체에서 빛이 나오는 것이라면 빛과 어둠을 나누실 필요가 없다. 왜냐하면, 태양에서 나오는 빛의 영역은 이미 어둠의 영역에서 분명하게 구분되기 때문이다. 그런데 나누셔야 했다는 것은 빛의 입자가 전 지구의 흑암에 전반적으로 퍼져 있어서 고의적으로 나누셨어야 한다는 뜻이다.

이것은 첫날 빛의 창조가 태양을 전제로 하지 않으며, 성경의 논리는 이것을 명확하게 증명한다. 성경은 첫날 빛은 태양에서 나온 것이 아니어야 말이 된다. 대신 우리가 위에서 살핀 것과 같이 한 곳에서 나오는 것이 아니라 오히려 지구 전반에 빛의 입자 형태로 펼쳐져 있었어야 한다는 것을 알게 한다. 그래서 우리가 위에서 살핀 것과 같이 전하를 이용한 안정화된 전기 상태의 빛이든, 혹은 형광 입자 등이 후보군일 수 있다. 하나님께서는 이 입자들을 한쪽으로 모으심으로 빛의 영역과 어둠의 영역을 나누신다. 그리고 빛이 모아진 쪽은 낮, 없는 쪽은 밤이라 부르실 수 있게 하신 것이다.

● 목표치 3: 하루라는 시간 구분하기 ●

 멘토여, 하루라는 시간을 구분하시기 위한 전략은 무엇입니까?

그 전략은 빛과 지구의 공간적 특성과 자전의 특성을 활용하는 것이다. 원시 지구는 우리가 아는 과학적 상식을 알려준다. 이것의 증거는 "저녁이 되고, 아침이 되니"라는 말씀 속에서 발견할 수 있다. 저녁이 되고 아침이 되는 상황은 빛이 만들어지고 자동적으로 된 것이 아니다. 이 말은 무엇인가가 움직였다는 말이다. 이 말 속에는 과학적 사실이 숨은 그림처럼 숨겨져 있다.

 멘토여, 그 숨은 그림은 무엇입니까?

저녁이 되고 아침이 된다는 말 속에 숨은 그림은 바로 원시 지구의 자전이다. 하나님께서 창조하신 빛을 모아서 한쪽에 배치해 놓으심으로 빛과 어둠을 나누셨다. 그리고 시간이 지나면서 지구는 자전을 통하여 어둠이 왔던 것이다.

그리고 하나님께서는 빛과 지구의 공간적 특성과 자전의 특성을 활용하여 빛이 있는 시간 (낮), 빛이 오는 시간 (아침)과 빛이 없어지는 시간 (저녁)없는 시간 (밤)을 구분하신다. 그렇게 하루라는 시간이 완성되게 하신 것이다. 이 하루의 더 깊은 의미에 대하여는 12장에서 다시 살피게 될 것이다.

멘토여, 하나님께서 첫날에 시간도 창조하셨습니까?

하나님께서는 지구 창조의 첫날에 시간을 창조하지는 않으셨다. 왜냐하면, 시간은 하나님에게서 나오고, 그것이 외부적으로 측정될 수 있는 상황은 창조가 시작된 태초부터 있었기 때문이다.

 멘토여, 그럼 하나님께서 첫날 시간에 관하여 하신 것은 무엇입니까?

시간에 관하여 첫날에 하신 것은 지구에서 시간을 측정할 수 있는 장치를 마련해 주신 것이다. 저녁이 되고 아침이 된 것은 시간의 창조가 아니라, 지구의 하루를 측정할 수 있는 하루라는 시간 단위를 정하여 이름을 붙여 준 것이다.

하나님께서 첫날 빛과 어둠을 나누시고, 낮과 밤을 나누셨다는 것은 하나님께서 빛을 창조하심으로 빛과 어둠을 통하여 하나님의 시간을 측정할 수 있게 하신 것이다.

◦ 목표치 4: 시간에 이름 붙이기 ◦

 멘토여, 시간에 이름 붙이기 위한 전략은 무엇입니까?

그 전략은 빛의 유무를 활용하는 것이다. 이를 통하여 하나님께서는 빛이 있는 시간을 낮이라, 빛이 없는 시간을 밤이라 이름 붙이셨다. 이렇게 이름이 붙여졌어야 하는 이유가 중요하다. 그것은 그 이전까지 지구에 그런 실체가 없었다는 것을 의미한다. 이제 그 실체가 처음 생겼기에 그 이름을 붙이는 것이다. 첫날은 이렇게 완성되었고 새 이름들이 붙여졌다.

🌳 멘토여, 이름을 붙이시는 것은 어떤 의미가 있습니까?

이름을 붙이는 것은 그것이 이전에 존재하지 않았다는 것을 의미한다.

꽃

창세기의 창조는 그 무엇도 그냥 우연히 있었다고 전제하지 않는다.
그러므로 그들에게는 이름이 필요하고,
존재 이유가 주어지고 설명되었어야 했다.

그리고 이름을 붙인다는 것은 이름 붙인 것에 대한 창조자적 권세와 다스림의 권세를 의미한다. 부모가 자녀에게 이름을 붙이는 것처럼 말이다.

꽃

다른 신화나 전설에서는 이름 붙이는 것을 강조하지 않는다.
왜냐하면, 창조를 통하여 실제로 존재치 않았던 것들이 생긴
실제적 현장 인식이 없으면 이름 짓는 중요성을 모르기 때문이다.

성경에서 말하는 창조의 상황은 참으로 없었던 것들이 실제로 만들어졌고 실제로 이름을 붙였었기에 그것이 너무나 자연스럽게 기록된 것이다. 사건이 허구가 아니라 실제로 있었기 때문이다.

• 목표치 5: 태초와 첫날 구분하기 •

🌳 멘토여, 태초와 첫날 구분하기 위한 전략은 무엇입니까?

그 전략은 빛을 활용하는 것이다. 태초는 창세기 1장 1절에서 전 우주와 우주에 있는 모든 것이 창조된 시점이고, 창세기 1장 5절에서 말하는 첫날은 지구를 중심으로 하여 만들어진 첫날이다. 1장 5절에서 말하는 "첫날" 이라고 번역된 말은 히브리어로 엑하드 욤으로 더 정확하게

말하면 한 날 혹은 한 낮이라는 뜻의 합성어이다. 히브리어 אֶחָד 엑하드는 하나, 혼자, 한번, 한 조각 등을 뜻한다.[59] 엑하드는 첫째, 둘째 등으로 세는 서수가 아니라, 하나, 둘 세는 기수이다. יוֹם 욤은 오후, 햇볕이 있는 낮, 밤과 반대개념으로의 낮, 하루, 시대, 출산, 각각의, 오늘, 언제나, 지속해서라는 뜻으로 성경에서 쓰였다.[60]

> 그래서 엑하드 욤은 정확하게 번역을 하자면
> 하나님께서 지구에 빛을 만드심으로 생긴 빛이 있는 그 첫 낮,
> 2번째 날이 시작되는 저녁이 오기 전의 낮 시간대를 의미한다.

그래서 첫날은 지구에 임한 한낮의 의미였다는 것이 중요하다. 다시 어둠이 임하기 전의 낮, 빛의 때였던 것이다.

이것이 지구의 하루 개념이 된 것이다. 이것은 영어의 개념에서도 찾아볼 수 있다. 즉, 날이라는 말로 쓰이는 day는 날, 하루의 의미와 더불어 낮 등으로 쓰이며 낮을 day time, 밤을 night time이라고 구분한다.

🌳 멘토여, 그럼 첫 낮, 첫날은 지구를 중심으로 한 것입니까?

결론적으로 그러하다. 이 말은 매우 중요하다. 왜냐하면, 성경에 기록된 창조는 지구를 중심으로 한 창조이고, 이 관점으로 6일 창조가 기록되었기 때문이다. 창세기 1장 1절에서 말하는 태초는 전 우주에 임한 시간이었다. 원시 지구에도 시간은 있었다. 왜냐하면, 시간은 공간과 더불어 공존하기 때문이다. 그러므로 성경이 말하는 첫날은 원시 지구에 빛이 임한 첫날, 즉, 하나님께서 지구를 현대화하시는 첫날인 것이다.

🌳 멘토여, 그럼 왜 성경은 하나님께서 6일 동안 천지 만물을 모두 창조하셨다고 말씀하십니까?

하나님께서 창조를 6일 동안 하셨다고 믿는 분명한 이유가 있다. 그것은 성경이 그렇게 말하기 때문이다.

이는 엿새 동안에 나 여호와가
하늘과 땅과 바다와 그 가운데 모든 것을 만들고 [아싸]
일곱째 날에 쉬었음이라.
그러므로 나 여호와가 안식일을 복되게 하여 그날을 거룩하게 하였느니라.
| 출애굽기 20:11

하나님께서 출애굽기 20장에서 6일 동안 세상을 만들었다고 하신다. 출애굽기 20장 11절에서 쓴 동사가 바라 창조가 아니라 아싸 만들기가 쓰인 것에 주목하라. 하나님께서는 창세기 1장 1절에서만 창조 바라라는 단어를 쓰신다. 이유는 그때 최초의 창조를 하신 것이고, 6일의 지구는 창조가 아니라 만들기 아싸의 상황으로 보신 것이다. 아싸는 이전에 존재했던 것에서 만드시는 것이다. 이렇게 이해해야 할 이유는 자명하다. 첫 날 빛을 만드시기 이전에 이미 우주와 원시 지구가 1장 2절에 혼돈과 공허와 흑암의 상태로 이미 존재했기 때문이다.

태초 창조의 근거: 창세기 1:1 태초에 천지를 창조하셨다고 말하심
태초 창조의 증거: 창세기 1:2 공허, 혼돈, 흑암, 깊음의 원시 지구

지구 현대화 근거: 첫날 빛의 창조는 원시 지구의 흑암을 전제로 시작
지구 현대화 증거: 원시 지구와 6일 현대화 이후의 지구 변화

그래서 성경의 문맥은 전체성속에서 읽고 해석해야 한다. 결론은 전 우주의 태초적 시작과 지구 현대화의 첫날은 구분되어야 한다는 것이다.

🌳 멘토여, 하나님께서 첫날 창조를 완성하신 후에 하신 일은 무엇입니까?

하나님께서는 첫날 목표치를 달성하심으로 사명을 완성하셨다. 그것을 완성하시기 위하여 행동 action을 하셨으며, 행동 후에 평가시간을 가지신다. 빛이 있어라 하신 후에, 보시기에 좋았더라는 말씀에서 이것을 알 수 있다. 빛을 보시기에 좋았더라는 말씀은 빛 만드실 생각을 하시고 빛이 만들어진 이후의 영광스러운 상황을 비전으로 보신 후, 빛이 만들어짐으로 비전이 실현된 후에 보시고 좋으셨다고 평가 Review하는 것이다. 비전으로 품으셨던 그대로 이루어졌음으로 좋다고 평가하시는 것이다. 그리고 또 보상 Reward 차원에서는 기쁨과 보람으로 창조의 보상을 받으신다. 그리고 저녁이 되고 아침이 된다는 말 속에는 첫날 창조 후에 휴식하시는 모습을 보게 된다.

🌳 멘토여, 첫날 창조의 궁극적인 비전은 무엇입니까?

첫날의 비전은 우선 흑암의 원시 지구에 빛이 찬란하게 비추는 모습이다. 이 비전은 창조 첫날에 국한된 비전이다. 그러나 빛을 창조하신 궁극적인 비전은 창조된 빛 안에서 활동하는 모든 생명체들과 그것을 다스리는 인간들의 생동감 넘치는 모습과 그것을 보시고 심히 기뻐하시는 하나님의 모습이다.

물론 첫날 빛은 네 번째 날에 태양이 창조되면서 대치되었다. 그러나 첫날 창조의 빛은 존재 자체에서 빛이 나시는 하나님의 영광을 드러내고, 하나님의 속성이 잘 대변된 창조물이었다. 빛은 그 자체로써도 아름답지만, 그 기능으로 인하여 하나님의 진리와 생명과 사랑의 속성을 드러내 준다. 그래서 지구 현대화 첫날 빛의 창조는 하나님의 깊은 비밀을 드러내 주는 창조이다.

지금까지 우리는 첫째 날의 창조의 비밀 중에서 빛을 창조하시고, 낮과 밤을 구분하시고, 하루하루 시간을 구분하시고, 그리고 태초와 첫날을 구분하시는 전략에 관하여 살폈다. 이것을 정돈하면 다음과 같다.

🌳 멘토여, 첫날 하나님께서 하신 것들을 V.M.O.S.T. A.R.T.ⓒ로
정리하여 주십시오.

첫날 하나님께서 행하신 것을 V.M.O.S.T. A.R.T.ⓒ로 정리하면
다음과 같다.

V 비전   흑암의 원시 지구에 빛이 찬란하게 비추는 모습. (단기 비전)
         창조된 빛 안에서 활동하는 모든 생명체들과 그것을 다스리는 인간
         들의 생동감 넘치는 모습과 그것을 보고 심히 기뻐하시는 하나님의
         모습 (궁극적인 비전)
    가치 완벽한 영광, 완벽한 팀워크, 완벽한 사람 중심, 완벽한 사랑,
         완벽한 기능성, 완벽한 아름다움

M 사명   나는 빛을 창조하여 흑암의 지구에 비추고 빛과 어둠, 낮과 밤을
         구분하게 하기 위하여 존재한다.

O 목표치 ① 1:3 빛 창조하기
         ② 1:4 빛과 어둠 나누기
         ③ 1:5 하루라는 시간 구분하기
         ④ 1:5 시간에 이름 붙이기
         ⑤ 1:5 태초와 첫날 구분하기

S 전략   ① 빛 창조하기 위하여 발광하는 빛의 입자 활용하기
         ② 낮과 밤 구분하기 위하여 지구 전반에서 창조된 빛을 지구
            한쪽으로 모으기 활용하기
         ③ 시간을 구분하기 위하여 빛과 지구의 공간적 특성과 자전의
            특성을 활용하여 빛이 있는 시간 (낮), 빛이 오는 시간 (아침)과
            빛이 없어지는 시간 (저녁)없는 시간 (밤)을 구분하기 활용하기
         ④ 시간에 이름 붙이기 위하여 빛과 시간과 자전의 특성을 활용
            하여 빛이 있는 시간을 낮이라, 빛이 없는 시간을 밤이라 이름
            붙이기 활용하기

⑤ 태초와 첫날 구분하기 위하여 빛 활용하기

T **시간** 첫날

A **행동** 1:3 빛이 있으라 하시니 빛이 있었고
1:4 하나님이 빛과 어둠을 나누사
1:5 하나님이 빛을 낮이라 부르시고 어둠을 밤이라 부르시니라

R **평가** 1:4 빛이 하나님이 <u>보시기에 좋았더라</u> (평가)
보상 1:4 빛이 하나님이 <u>보시기에 좋았더라</u> (기쁨과 보람)
휴식 1:5 저녁이 되고 아침이 되니 이는 첫째 날이니라

T **감사**

이제 둘째 날에 관하여 살펴보자.

멘티여,

· 하나님께서 첫날에 빛을 만드신 것의 의미는 무엇인가?

· 하나님께서 태양 없이 빛을 만드실 수 있다는 것을 예를 들어
설명할 수 있는가?

· 하나님께서 빛을 창조하신 후에 그것을 활용하시는 예는 무엇인가?

10

둘째 날:
물을 나누어 하늘 만들기

 멘티여, 만약 그대가 창세기 1장 2절에서 언급한 원시 지구 상태에서 윗물과 아랫물을 나누어야 한다면 그대는 어떻게 하겠는가?

그대가 하나님께서 그러하시 듯이 전지전능한 능력이 있다면 원시 지구를 둘러쌌던 깊은 물을 어떻게 윗물과 아랫물로 나누겠는가? 그전에 도데체 하나께서는 왜 윗물과 아랫물로 나누시려 한 것일까? 그것은 현재 지구의 모습과 어떤 연관이 있는 것일까? 이런 생각들을 미리 하고 창조 2일차의 일들을 살펴야 좀 더 깊은 이해를 하게 될것이다.

우리는 다음 목표치들을 집중적으로 살피면 익숙하고 놀라운 전략을 알게 될 것이다.

하늘 궁창 만들기,
아랫물과 윗물로 나뉘게 하기
궁창에 이름 붙이기

🌀 멘토여, 둘째 날, 하늘이라는 공간을 만들기 위하여 위의 물과 아래의 물을 나누신다고 하시는데, 물은 어디에 있어서 나왔고 왜, 또 하늘 공간을 만드셔야 했습니까? 어떻게 윗물과 아랫물을 나누셨습니까?

이 질문들은 창조의 둘째 날에 관하여 많은 사람들이 질문하는 것이다. 그런데 이 질문에 대한 답을 해줄 수 있는 유일한 책도 성경이다. 성경을 근거로 질문을 하였기 때문이기도 하고, 성경 외에는 답을 해줄 수 있는 책이 없기 때문이다.

우리가 이 질문들에 관하여 답을 찾을 수 있는 힌트는 성경 중, 창세기 1장 6-8절까지에 있는 세 줄의 문장이다.

하나님이 이르시되 물 가운데에 궁창이 있어 물과 물로 나뉘라 하시고

하나님이 궁창을 만드사 궁창 아래의 물과 궁창 위의 물로 나뉘게 하시니 그대로 되니라

하나님이 궁창을 하늘이라 부르시니라 저녁이 되고 아침이 되니 이는 둘째 날이니라. | 창세기 1:6-8

과연 우리들은 다음의 세 문장에서 합리적인 답을 찾을 수 있을까? 이 말씀에 근거하여 먼저 두 번째 날의 비전과 가치와 사명, 목표치와 전략을 하나씩 살펴보자.

🌀 멘토여, 둘째 날 창조에서 하나님의 비전은 무엇이었습니까?

하나님께서는 첫째 날 빛을 만드심으로 생명이 살 수 있는 중요한 조건과 다음 창조를 위한 준비를 하셨다. 둘째 날은 그 기초 위에 본격적으로 원시 지구의 현대화 작업을 행하신다. 그것은 원시 지구에 하늘을 만드시는 것이다. 그래서 성경에 있는 대로 둘째 날의 비전을 설정하면 창조된 궁창과 하늘이다.

말씀에 근거하여 우선 비전과 사명을 구분하여 보면 다음과 같다. 둘째 날의 비전은 우선 보시기에 좋게 창조된 하늘이다. 이것을 이루기 위한 가치는 앞에서 살핀 것과 같이 완벽한 영광, 완벽한 팀워크, 완벽한 사람 중심, 완벽한 사랑, 완벽한 기능성, 완벽한 아름다움이다. 이런 가치를 가지고 둘째 날의 비전을 실현하기 위한 하나님의 사명 선언문은 나는 궁창을 창조하기 위하여 존재한다이다.

그리고 그 사명을 감당하기 위하여 설정하신 목표치는 성경에서 다음과 같이 발견할 수 있다.

1:6 하늘 궁창 만들기,
1:7 아랫물과 윗물로 나뉘게 하기
1:8 궁창에 이름 붙이기

하늘에 궁창 만들기, 그리고 궁창 아랫물과 위의 물로 나누고 이름을 붙이는 것이 둘째 날의 목표치다. 그렇다면 이런 목표치들이 사명 완수에 어떻게 도움이 되고, 어떤 전략을 활용하여 달성하시는 것일까?

◦ 목표치 1: 하늘 궁창 만들기 ◦

🌳 멘토여, 하나님께서 둘째 날에 만드시는 하늘을 만들기 위한 전략은 무엇입니까?

성경에서 알려주는 전략은 위의 물과 아래의 물로 나누기를 활용하는 것이다. 성경에서 하늘이라는 공간을 만드시고 윗물과 아랫물을 나누신다고 명확하게 말씀하신다. 이제 위에서 했던 질문에 답을 해보자.

도대체 하늘은 왜 만드셔야 했고, 첫날 빛을 만드신 것 외에 다른 것을 만들지 않으셨는데 나눌 윗물과 아랫물은 어디에 있었는가 하는 것이다. 이제 우리는 이 질문에 당황하지 않는다. 이유는 창세기 1장 2절에서 우리가 여러 차례 확인했기 때문이다. 첫째 날 빛의 창조도 창세기 1장 2절의 흑암을 전제로 흑암의 원시지구를 중심으로 창조되었다. 둘째 날 물과 물을 나누시는 것도 창세기 1장 2절의 깊음으로 표현된 깊은 물을 전제로 시작되는 것이다.

🌳 멘토여, 하늘은 창세기 1장 1절에서 이미 만들어진 것이 아닙니까? 왜 또 하늘을 만드셔야 합니까?

창세기 1장 1절 태초에 "그 하늘들"이 이미 만들어진 것을 아는 것은 매우 중요하다. 그러면 둘째 날에 만드시는 하늘은 무엇인가? 창조의 2일 차에 만드시는 하늘은 창세기 1장 1절에서 만든 하늘과는 다른 하늘이다. 그럼 어떻게 다른 하늘일까? 우선 창세기 1장에서 쓰이는 다른 하늘들에 관하여 리스트를 정돈하면 다음과 같다.

태초의 하늘: 창세기 1장 1절 (그 하늘들)
2일 차 하늘: 창세기 1장 8 (궁창), 20절 (땅 위 하늘의 궁창)
4일 차 하늘: 창세기 1장 14, 15, 17절 (하늘의 궁창)

우선 위의 리스트를 통하여 알게 되는 것은 같은 하늘이지만, 조금씩 표현들이 다른 것을 알 수 있다. 왜 다르고 그 다름이 무엇을 뜻하는지는 이어지는 글에서 확인해 보자.

● 목표치 2: 궁창 아랫물과 궁창 윗물로 나뉘게 하기 ●

🌳 멘토여, 하나님께서 궁창 아랫물과 윗물을 나누시는 전략은 무엇입니까?

그 전략은 중력을 활용하는 것이다. 목표치 1에서 하늘 만들기는 성경에 그 전략이 쓰여 있어서 찾기가 쉬웠다. 그러나 깊은 물을 윗물과 아랫물로 나누는 전략에 관하여는 알 방법이 없다. 그런데 중력이라고 하니 의아할 수도 있을 것이다. 중력은 성경에는 없지만, 우리에게는 너무나 친숙한 현대 과학 상식이기에 그렇다. 과연 하나님께서도 중력을 알고 계시고, 중력을 활용하셨을까? 왜 중력이라 말하는지 하나씩 살펴보자.

성경을 자세히 읽으면
궁창을 만드는 방법에 대한 매우 중요한 힌트를 얻을 수 있다.
그것은 물을 양옆으로가 아니라 아래와 위로 나누는 것에 있다.

바보같이 들릴지 모르지만, 물을 나누되 양옆이 아니라, 아래와 위로 나눈다면 우리에게는 큰 힌트가 된다. 이것은 우리가 잘 알고 있는 물리 과학적 상식과 일치되는 방향성을 주기 때문이다.

사실 둘째 날을 설명한 구절들만 가지고는 하나님께서 둘째 날 활용하신 전략을 찾는 것은 무리가 있다. 이를 위해 9개의 점 연결에서 배운 것을 활용하자. 좀 더 큰 그림 속에서 생각해 보자. 그것은 다시 창세기 1장 2절부터 다시 시작하는 것이다.

창세기 1장 2절에서 보는 원시 지구는
솜사탕처럼 부풀려지고 물과 액화 수소로 둘려진 상태이다.

2일 차의 일은 지구를 둘러싼 깊은 물을
아랫물과 윗물로 나누시는 것이다.

그렇다면 위로 물을 밀어 올리기보다는
아래를 응축시키심으로 공간을 만드시는 것이 정황상 합리적이다.

2일 차에는 원시 지구에 빛이 생긴 것 외에는 여전히 땅이 혼돈하고, 공허하며, 깊고, 물이 지구를 덮었고, 수면엔 큰 바람이 있는 상태이다. 이런 상태이기에 고쳐지는 상태는 땅의 혼돈스러운 흙이 모여 응축하고 단단해져야 한다. 공허한 부분들, 즉, 느슨하게 있어 빈 공간이 생긴 부분들은 메꿔져야 하고 부피가 커서 깊은 부분 중 광물과 흙은 뭉쳐져야 한다. 그리고 물은 아래의 물과 위의 물로 나뉘어 져야 했다.

우리가 이렇게 추론하는 이유는 하나님께서 둘째 날의 창조를 통하여 하신 일의 결과가 우리가 현재 지구를 보는 바와 같이 단단하게 뭉쳐진 지구이기 때문이다. 그러므로 우리의 추론은 이미 답을 알고 있는 상태에서 하는 쉬운 것이다. 그렇다면 하나님께서 이것을 위하여 어떤 전략을 활용하시는 것일까? 이것을 해결할 수 있는 모두가 다 잘 아는 간단한 원리가 있다.

그것은 중력이다.

원시 지구에 더 강력한 중력이 작동하도록 하는 것이다. 그런데 지난 몇천 년간 인류는 이 간단한 전략을 알아차리지 못하였다.

🌳 멘토여, 중력은 무엇입니까?

중력의 기본적인 정의는 "질량을 가진 두 물체 사이에 작용하는 힘"이다.[61] 이 중력은 사실 하나님께서 우주를 만드심에 있어서 활용하신 기본적인 원리 중 하나이다. 이 중력이 기체화된 성운들을 유착하게 하여 작은 고체가 되게 하고, 그 고체들 중 크기와 질량이 큰 것들이 주변 작은 것들을 중력으로 끌어당겨 흡수함으로 점점 커지게 하여 마침내 별이 되도록 한 것이다.

지구 입장에서 보면 중력의 중심이 지구의 중심핵에 몰려 있고, 그 방향으로 물체를 잡아당기기 때문에 암석과 흙과 물과 구름이 안정적으로 뭉쳐지고, 하늘 공간에 떠 있는 것이다. 욥기 26:7절은 "그는 북쪽을 허공에 펴시며 땅을 아무것도 없는 곳에 매다시며" 라고 지구가 중력에 의하여 우주 공간에 떠 있는 것을 이미 말하고 있다.

지구의 아래쪽에서 거꾸로 서 있어도 떨어지지 않게 하는 것은 하나님께서 활용하신 우주 중력 때문이다. 중력의 존재를 처음 발견한 사람은 아이작 뉴턴 Sir Isaac Newton으로 그는 1687년 자연철학의 수학적 원리 Principia 라는 책에서 이를 설명했다. 그는 두 물체 사이에서 서로 잡아당기려는 힘과 자신을 지키려는 힘이 바로 중력이며 이 둘 간의 균형이 지구와 달로 하여금 일정한 괘도를 따라 돌게 한다고 보았다.

반면, 알베르트 아인슈타인은 중력을 시간과 공간으로 구성된 우주의 물체들이 각각의 무게만큼 공간에 움푹 파이게 함으로 서로 적절한 거리와 균형을 유지하면서 공전한다고 보았다. 아인슈타인은 이것을 멀리서 오는 빛들이 중력의 영향을 받는 별들을 주변에서는 굴절되어 보이는 것을 통하여 증명하였다.[62]

🌳 멘토여, 그 중력이 지구에 어떤 역할을 한 것입니까?

창세기 1장 2절의 상황을 보면 지구엔 이미 상당한 중력이 있었다. 그 증거는 원시지구의 상태가 성운 상태가 아니라 제법 뭉쳐진 구형으로 자전할 수 있는 것이다. 물론 원시 상태의 지구의 중력은 현재에 비하면 약했다. 그 증거가 있다.

🌳 멘토여, 원시 지구의 중력이 현재처럼 강력하지 않았다는 증거는 무엇입니까?

그 증거는 우선 창세기 1장 2절에서 말하는 것과 같이 지구의 내부가 혼돈스럽게 부풀려지고 비어 있는 상태인 것이며 결정적인 증거는 물이다. 물은 지구 위에 있으면서도 아래로 흘러내리지 않고 지구 위에 있었다. 광물질과 흙보다 가벼운 물이 액체와 기체 상태로 가볍게 공중에 떠 있을 수 있는 상태였던 것이다.

중력이 지구의 중심에 더 강하게 작동되면 무거운 순서대로 지구 중심을 향해 더 모여들게 될 것이다. 금속들이 무거우니 먼저 지구 중심에 모이겠고, 그다음 암석질이 모이고, 위에 주로 흙 성분들이 모이고, 그 위에 물 성분들이 자리 잡을 것이다. 이렇게 된 증거가 오늘 날 우리가 살아가는 지구이다.

🌳 멘토여, 궁창은 어떻게 생겨난 것입니까?

우선 둘째 날, 궁창과 궁창을 통한 하늘을 만드시는 상황을 막연하게가 아니라 우주 공간에서 일어난 구체적인 것으로 이해할 수 있도록 해보자. 다음 사진들은 앞에서 우리가 살폈던 V838 별의 변화 모습이다. 이 네 장의 사진은 1번의 크기가 3번의 크기로 응축되어 축소되고, 4번 그림에서 보는 바와 같이 창세기 1장 2절에서 공허하고, 혼돈스럽고, 부피가 커서 깊이가 깊던 원시 지구가 점점 중력으로 인하여 줄어듦으로 거기에 공간이 생기게 되는 것을 개념적으로 보여준다.

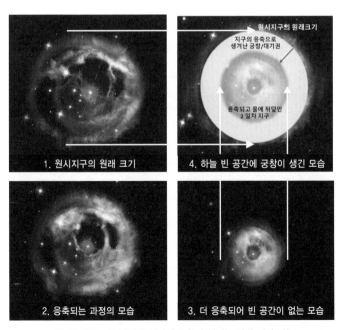

표 15 중력으로 인해 뭉쳐져서 궁창이 생기는 과정 개념도[63]

이 사진들은 2일 차 창조의 개념을 설명하기 위하여 별의 폭발 장면을 역순으로 재구성한 것이다. 그래서 실제로는 3, 2, 1의 순서로 작은 별이 폭발하여 커진 모습이다. 3번은 2002년 5월 20일, 2번은 2002년 10월 28일, 1번은 2002년 12월 17일의 장면이다. 천체 물리학자들은 실제로 별들의 형성과정에서 성운들이 1, 2, 3의 과정으로 뭉쳐서 작아지고, 반대로 별이 노화되면 3, 2, 1의 순서로 폭발한다고 본다.

원시 지구는 중력 변화로 이런 변화를 거쳐 응축되고 단단한 모습이 되었다. 그 증거물은 우리가 현재 살아가고 있는 현대화된 지구이다. 지구 현대화 둘째 날은 이처럼 지구에 더 강력한 중력을 주심으로 지구의 물질들이 무게에 따라 응축되어 하늘에 공간이 생기도록 하신 것이다. 이런 과정을 통하여 지구엔 느슨하고 혼돈스럽게 있던 광물질과 흙이 뭉쳐지면서 자연스럽게 기본 퇴적 단층들이 형성되었다. 기본 퇴적 단층이라는 말은 그 이후에 여러 이유로 생긴 퇴적 단층과 구분하기 위한 것이다.

이 기본 퇴적 단층에서는 어떠한 생물의 화석도 발견되지 않는다.
이때는 생물이 생기기 전이고
순수하게 지구의 광물만이
중력에 의하여 응축되어 퇴적되어 있기 때문이다.
실제 지구 지층은 이처럼 창조 과정의 진실성을 증명해 주고 있다.

🌳 멘토여, 실제 지구 내부의 모습은 우리가 살핀 바를 증명하고 있습니까?

지구는 몇 개의 거대 퇴적층으로 구성되어 있다. 지구의 내부는 우리가 발을 딛고 사는 지표면, 그리고 망또 혹은 덮개라는 뜻의 맨틀 Mantle, 그리고 핵으로 구성되어 있다. 놀랍게도 지구의 구조는 지구 구성물질의 무게순으로 퇴적된 것을 보여주는데 이는 지구가 중력에 의하여 응축된 것을 증명한다.

지표면은 1-100km의 깊이로 대륙과 해양으로 구성되어 있다. 대륙지각은 현무암질의 하부지각과 화강암질의 상부 지각으로 구분되어 있다. 그 아래 맨틀은 660km 정도의 상층 맨틀과 2,900km의 하층 맨틀로 구성되어 있다. 이 맨틀은 지각에 비하여 철과 마그네슘 함량이 높은 암석층으로 되어 있다. 지구의 중심부는 5,150km 깊이의 외핵과 6,378km의 내핵으로 구분되며, 철과 니켈 성분의 무거운 금속질로 구성되어 있다.[64]

　내부 핵은 강력한 중력에 의하여 철과 니켈 성분이 고체로 뭉쳐져 있다. 그 주변에 역시 철과 니켈 성분으로 구성된 외부 핵이 있는데 차이점은 그것이 마그마 형태의 불타는 액체로 되어 있다는 것이다. 이것이 가능한 이유는 강력한 압력으로 인한 것이다. 강한 압력으로 녹으면서 불타고 있는 것이다. 이런 상태에 관하여 개역한글 성경 욥기 28장 5절에서 "지면은 식물을 내나 지하는 불로 뒤집는 것 같고"라고 표현한다.

　지구 내부의 이 외핵은 자전과 공전하는 지구의 움직임과 더불어 유동적으로 내핵 주변을 감싸며 흔들린다. 이는 자석의 원리처럼 양극과 음극의 자력을 발생시킨다. 이 자력은 지구의 대기권을 강력한 태양풍으로부터 지키는 놀라운 역할을 한다.

　이렇게 변화된 지구의 상태는 해왕성과 목성과 비교하면 더 쉽게 이해가 갈 것이다. 해왕성과 목성은 창세기 1장 2절의 상황에서 우리가 살핀 원시 지구의 모습을 대변하고 있기 때문이다.

🌀 멘토여, 원시 지구와 해왕성과 목성 상태는 어떻게 비교가 됩니까?

　우리는 이미 8장에서 원시 지구의 상태가 현재 해왕성과 목성의 상태와 유사하다는 것을 살폈다.

만약 더 강한 중력으로 원시 지구가 응축되지 않았으면
원시 지구는 해왕성과 목성을 합성한 상태로 남아있었을 것이다.

왜냐하면, 해왕성엔 물로 가득한 대신 광물과 흙 성분이 상대적으로 적다. 목성은 원시 지구가 가지고 있는 광물과 흙 성분은 많지만, 물 성분이 많지 않다. 그래서 해왕성엔 매우 깊은 심연의 물과 암모니아 메테인 성분을 가지고 지구처럼 푸른색으로 빛난다. 해왕성은 원시 지구의 깊은 물 층을 아랫물과 윗물로 나누어야 하는 상황의 실체를 보여준다. 목성의 상태는 원시 지구가 응축되기 전 단단한 땅으로 뭉쳐질 수 있는 광물질과 흙 성분의 정황을 보여준다.

	쉬운 해석	원시지구의 상태를 대변하는 현재 목성 상태	강한 중력이 임한 현재 지구의 상태
땅이 혼돈하고	Formless, 혼돈하고 느슨하여 형체 없는	목성은 수소76 %, 헬륨 22%로 구성되어 있고, 중심에는 고체 핵, 나머지는 먼지와 어우러진 액체 수소의 바다와 대기층이 있으며, 땅은 현재의 지구처럼 굳지 않고, 유동적으로 혼돈스러운 상태.	강력한 중력으로 무게별로 단층을 형성하며 가라앉고 단단하게 뭉쳐진 상태
공허하며	Formless, 혼돈하	목성의 구성물질이 혼돈스럽고 느슨하게 있으며 액체와 수소 분자로 있어서 단단하지 않고 공허하게 빈 것 같은 상태	중력으로 인하여 단단하게 뭉쳐져 속이 꽉 찬 상태
흑암이	Darkness 어둠	빛의 입자와 태양이 창조 되기 전에는 흑암이 목성에도 있었음	지구 창조 첫날, 빛 입자의 창조, 4일의 태양, 달, 별들의 창조를 통하여 흑암이 낮과 밤으로 구분됨
깊음 위에 있고	Deep 지구 중심부터 긴 거리의 표면	2만km까지 수소분자가 층을 이루고, 그 아래 두께 4만km의 액체 금속 수소 층이 있으며 중앙에는 암석질의 핵을 갖고 있기에 표면부터 중심부까지 깊이가 매우 깊은 상태	액체화와 기체화로 혼돈스럽던 지구가 응축되었기에 이전의 솜사탕같이 부피가 크던 깊이가 사라짐. 그 깊이에 공간이 생기고 하늘이 됨
하나님의 신은 수면 위에	하나님의 신/ 호흡/ 바람이	액체 수소의 바다와 대기층 위에 초속 100미터의 바람이 불고 있음.	중력으로 인하여 가벼운 물이 구름이 되고, 액화 기체는 아랫물이 되어
운행하시니라	수면 위에		지구를 뒤덮고, 액화 기체의 불안정성을 벗어나 바람이 안정적이 됨

표 16 중력 활용 전후의 목성과 지구 비교

창세기 1장 2절의 원시 지구와 현재 목성의 유사성 그리고 현재 지구의 상태를 대조한 것이다. 위에서 살펴본 것과 같이 해왕성의 깊은 물층을 염두에 두고 다음을 읽으면 도움이 될 것이다. 현대 과학이 아직 해왕성의 내부 정보를 잘 파악하지 못하기에 여기서는 목성의 상태와 비교를 하는 것이다.

표 16은 현재 지구의 상태를 대조한 것이다. 위에서 살펴본 것과 같이 해왕성의 깊은 물층을 염두에 두고 다음을 읽으면 도움이 될 것이다. 현대 과학이 아직 해왕성의 내부 정보를 잘 파악하지 못하기에 여기서는 목성의 상태와 비교를 하는 것이다. 표를 보면 현재의 목성이 과거 원시 지구의 상태를 대변해 주기에 목성이 중력을 받으면 어떤 일이 생길 것인지를 유추해보면 둘째 날 하나님의 창조가 쉽게 이해된다. 그럼 아래의 물과 위의 물은 어떻게 된 것일까?

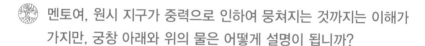 멘토여, 원시 지구가 중력으로 인하여 뭉쳐지는 것까지는 이해가 가지만, 궁창 아래와 위의 물은 어떻게 설명이 됩니까?

과연 하나님께서는 윗물과 아랫물을 어떻게 구분하실까? 우린 이미 해왕성에 매우 깊은 물과 암모니아, 메테인층이 있다는 것을 살폈다. 그 깊이는 해왕성 반지름의 2/3 정도를 차지할 것으로 유추한다. 그런 상태에서 윗물과 아랫물로 나누시는 것이다.

중력을 이용하여 무게에 따라 지구 구성 물질들이 응축되어 단층이 형성되는 방법을 하나님은 사용하신 것이다. 이 중력의 원리가 물에도 적용된다면 액체화된 물은 무거워서 지구의 땅 위에 있게 되고 기체화된 물은 가벼워서 구름층이 되어 윗물을 형성하게 된다. 이렇게 아랫물과 윗물이 나뉘면 그 중간에 오늘날 우리가 아는 공간인 창공, 곧 하늘이 창조되는 것이다.

🌿 멘토여, 궁창 아래의 물은 무엇입니까?

궁창 아래의 물은 액체화된 물로 흙 성분보다는 가벼움으로 지구 흙 위를 뒤덮게 된 물이다. 이 부분은 3일 차에 하나님께서 집중하시는 부분이다. 그런데 여기에서 우리가 살필 중요한 점이 있다. 그것은 이 상황에서 지구의 상태이다.

지구가 응축되면서 솜사탕 같던 것이 작고 단단해졌을 것이다. 그리고 엄청난 압력으로 인하여 지구는 불타는 지구의 핵과 더불어 온통 불타고 있었을 것이다. 그러면 결과적으로 지구는 표면은 어떻게 되었을까? 지구 표면층은 불로 인하여 단단하게 달구어지고 물에 의하여 식어지면서 담금질 효과를 주었을 것이다. 그러면서 마치 빵의 표면이 단단해진 것과 같은 효과가 생겼을 것이다.

🌿

이것은 현대 지구의 표면층이 왜
판 구조 Plate tectonics로 되었는지를 완벽하게 설명해 준다.

만약 물이 없이 표면이 달구어졌으면 사막처럼 되었을지 모르지만, 물에 덮힌 채 달구어졌기에 진흙성분으로 생성될 수 있었던 것이다. 우리는 다음 장에서 이것과 연관된 중요한 것을 살피게 될 것이다.

🌿 멘토여, 궁창 위의 물은 무엇입니까?

궁창 위의 물은 하늘에 떠 있는 기체화된 물, 구름을 말한다. 어떤 사람들은 윗물도 아랫물과 같이 액체성분의 물층이고 이 물층이 노아 홍수 때에 모두 쏟아졌다고 생각하지만, 그렇지 않다. 하나님께서 그렇게 창조하신 결과가 현재 우리가 보는 상태이다. 기체화된 물은 가벼움으로 중력에 덜 영향을 받고 궁창 위에 존재하는 것이다. 물론 윗물층이 현재보다 더 두꺼웠을 수는 있을 것이다.

궁창을 뜻하는 히브리 원어는 라키아 רָקִיעַ이다. 이 말은 창공 expanse, 하늘의 공간 expanse of heaven, 둥근 천장 vault of heaven, 펼쳐진 표면 an extended surface, 눈으로 보이는 하늘의 둥그런 창공 visible arch of the sky이라는 뜻이다.[65] 즉 이 궁창은 지구의 응축으로 인하여 생긴 우리가 일차적으로 보는 하늘 아래의 공간이다.

하나님의 지혜는 윗물과 아랫물이라 하여 반드시 똑같은 형식의 물이어야 한다는 일반적인 인간의 상식을 초월한다. 만약에 아랫물과 윗물이 같은 액체 성분의 물이어야 한다고 주장하는 사람들은 우리가 4장에서 챔버레인의 그림을 통하여 살핀바와 같이 성경의 표현을 자기 수준으로 오해한 결과이다. 그것은 잘못된 우주관이다. 성경은 아랫물과 윗물이 같은 액체여야 한다고 주장하지 않는다. 그 증거는 4일 차에 살피겠지만 광명체의 경우를 통하여 알수 있다. 하나님께서 두 광명체를 만드셨지만 큰 광명체는 불타게 하시고, 작은 광명체인 달은 태양 빛을 반사케 하신 것을 통하여도 알 수 있다. 만약 광명체라는 개념으로만 보면 두 광명체는 같이 불타야 하지만 그렇지 않다.

둘째 날에 창조된 하늘은 그냥 하늘로 끝나는 것이 아니다. 하나님께서 창조하신 둘째 날의 하늘은 대기권과 자기장권을 포함하고 있다. 지구 대기권은 "생명체에 산소 공급, 온실 효과를 통한 지구 보온, 태양으로부터 오는 자외선 차단, 저위도의 에너지를 고위도로 운반, 운석으로부터 지구 보호 등이 있다.[66] 그래서 만약 이 대기권이 없었다면 인간은 사실 살 수 없다.

대기 자기장권의 크기는 지구로부터 6만 km까지 펼쳐져, 태양에서 나오는 거대한 태양 방사선 입자들이 지구에 들어오지 못하도록 보호막을 만들어 준다. 그렇지 않으면 지구 생명체는 태양 방사선 입자에 피폭되어 오존층도 파괴되고, 공기와 물도 사라지며 어떠한 생명체도 살수 없게 된다.

태양에서 가까워 태양의 방사선 입자로 인하여 대기권이 사라져 버리고 황무해진 행성이 수성과 금성이 그 예다. 수성과 금성엔 대기권이 없다. 여기에는 자기장권이 있겠으나 태양의 영향이 너무 커서 방어막 역할을 하지 못한 것이다. 둘째 날의 창조는 몇 줄로 표현되었지만, 태양계에 대한 놀라운 계획을 엿볼 수 있는 설계가 들어있던 것이다.

🌳 멘토여, 태양계에 대한 놀라운 설계가 무엇입니까?

지구의 물과 자연환경은 현대 과학이 탐구한 드넓은 우주에 있는 태양계 혹은 그 어느 별에서도 발견되지 못했다. 수성과 금성엔 물이 없는데 태양과 너무 가까이에 있어서 수성과 금성의 대기권과 자기장권이 붕괴되어 버렸기 때문이다. 화성에는 물의 흔적만 있을 뿐이다. 목성에는 원시 지구 상태의 액화 수소와 기체 수소들이 있다.

만약 지구 현대화 둘째 날, 이런 대기권과 자기장이 생기기 전에
불타는 태양이 먼저 있었다면 지구의 대기권과 물 등의 자원은
수성과 금성처럼 유지되지 못했을 가능성도 있다.

그래서 불타는 태양이 4일 차에 만들어진 것은
너무나 놀라운 창조의 경영 전략이 아닐 수 없다.

지금까지 우리는 목표치 2, 궁창의 물과 물을 나누기 위한 전략이 중력을 활용하신 것이라는 것을 살폈다.

◦ 목표치 3: 궁창에 이름 붙이기 ◦

🌳 멘토여, 궁창에 이름을 붙이기 위한 전략은 무엇입니까?

그 전략은 하늘에 샤마임이라는 용어를 활용하신 것이다. 하나님께서는 중력을 통하여 생긴 궁창을 하늘이라고 이름 붙이신다. 우리가 앞서 살핀 것과 같이 창세기 1장 창조 이야기에는 3가지의 다른 하늘이 등장하는 데 모세는 그들 모두를 구분함으로 우리로 하여금 그 셋이 다른 하늘이라는 것을 알게 하신다.

우리가 이미 살핀 것처럼 샤마임은 복수형으로 하늘들이라는 뜻이지만, 둘째 날에 만들어진 하늘은 창세기 1장 1절에서 창조된 하늘들과는 구분된다. 히브리 원어를 보면 확실해진다. 창세기 1장 1절의 하늘의 원어는 하샤마임으로 그 하늘들로 정관사 하가 붙어 있고 이는 모든 우주를 의미한다. 반면 둘째 날 창조된 하늘은 샤마임으로 정관사가 없고, 원시 지구의 물과 물을 나누어 생긴 궁창을 의미한다. 이것은 태양과 달과 별들이 위치하는 하늘의 궁창과도 구분된다.

둘째 날 창조된 하늘은 땅을 중심으로 한 "땅 위 하늘의 궁창"(창세기 1장 20절)이다. 이것이 의미하는 것은 땅을 기준으로, 땅에서 보는 하늘을 의미한다. 즉, 땅과 눈으로 보이는 구름까지 사이에 생긴 궁창으로서의 하늘이다. 넷째 날에 언급하는 하늘은 태양이 위치할 곳으로 "하늘의 궁창"(창세기 1:14, 1:15, 1:17)으로 표현되어 있다. 하늘의 궁창은 땅을 기본으로 볼 때 구름 너머에 있는 하늘의 궁창을 말한다. 그러므로 둘째 날의 하늘은 땅과 구름 사이의 궁창이고, 넷째 날의 하늘은 구름과 하늘들 사이에 있는 것으로 태양계와 우리가 보는 별들이 위치한 은하계를 지칭한다. 이것을 정리하면 다음과 같다.

태초의 하늘 – 하샤마임 הַשָּׁמַיִם
전 우주로 대변되는 공간에 펼쳐진 "그 하늘들"(창세기 1:1)
2일 차 하늘 – 샤마임 שָׁמַיִם
원시 지구의 물과 물 사이를 갈라 생긴 "땅 위 하늘의 궁창"(창세기 1:8, 20)
우리가 눈으로 보는 구름이 있는 하늘

4일 차 하늘 – 하샤마임 הַשָּׁמַיִם

태양계의 발광체들과 은하계의 별들이 위치하는 "그 하늘의 궁창"
(창세기 1:14, 15, 17)

눈으로 보이는 구름과 우주 사이에 위치한 하늘

창세기 1장의 하늘들은 이처럼 명확하게 구분된다. 그리고 이 하늘은 오늘날 우리가 아는 우주를 정확하게 대변한다.

3500년 전 인류에게 이런 하늘의 이해가 어찌 가능했겠는가?

이것이 말해주는 것은 성경에서 말하는 하나님의 존재성과 성경의 진실성에 관하여 말해준다.

🌳 멘토여, 하늘을 먼저 창조하시는 순서의 중요성은 무엇입니까?

우리는 태초에 우주를 상징하는 하늘을 만드시고, 다음에 지구의 궁창으로서의 하늘을 만드셨다는 것을 살폈다. 그런데 이런 하나님의 창조에서 알아야 할 중요한 점이 있다. 그것은 하나님이 일하시는 순서에 관한 것이다. 일반적으로 인간이 건축을 하려면 땅을 파서 기초를 단단히 만드는 것부터 하지만 하나님의 순서는 다르다.

하나님의 창조는 하늘 그리고 위에서부터 시작하신다. 태초에 하늘, 첫날에 하늘의 빛, 둘째 날에 지구의 궁창 하늘, 셋째 날에 바다와 육지였다. 그런 다음 다시 하늘로 올라가는데 그 이유가 중요하다. 넷째 날의 하늘은 다시 하늘로 시작되는 두 번째 세트의 시작이기에 그러하다. 하늘의 태양과 달과 별들로 시작하여 다섯째 날에 물고기와 새, 여섯째 날에 동물과 사람을 창조하시는 것이다. 즉, 하나님께서 행하시는 것을 나타내시는 증거 중의 하나는 위에서 아래로 진행된다는 것이다. 이것은 매우 중요하다.

하나님께서 새로운 인류를 창조하실 때 이런 일을 또 행하신다. 그 것은 예수님께서 십자가에서 죽으셨을 때 일어난 일이었다.

> 예수께서 다시 크게 소리 지르시고 영혼이 떠나시니라.
> 이에 성소 휘장이 위로부터 아래까지 찢어져 둘이 되고 땅이 진동하며
> 바위가 터지고
> 무덤들이 열리며 자던 성도의 몸이 많이 일어나되
> 예수의 부활 후에 그들이 무덤에서 나와서 거룩한 성에 들어가
> 많은 사람에게 보이니라. | 마태복음 27:50-53

예수님께서 십자가에서 죽으시자 성소 휘장이 갈라졌다. 이것은 예수님의 죽음으로 성도들이 제사장을 거치지 않고 직접 하나님께 속죄를 위하여 나아갈 수 있게 됨을 뜻한다. 문제는 성소 휘장이 아래에서 위의 방향이 아니라, 위에서 아래로 찢어졌다는 것이다. 이것이 말해주는 것은 이 모든 것이 사람이 한 것이 아니라 "위에 계신" 하나님께서 하신 일이라는 것을 알게 하신 것이다.

또한 요한계시록에서도 "새 하늘과 새 땅을 보니 처음 하늘과 처음 땅이 없어졌고 바다도 다시 있지 않"은 상태에서 (요한계시록 21:1) "거룩한 성 새 예루살렘이 하나님께로부터 하늘에서 내려" 온다 (요한계시록 21:2). 성경은 이처럼 일의 시발점이 땅에 있지 않고 일관되게 하늘에서 시작되는 관점을 설명한다. 만약 인간이 상상으로 이러한 것을 썼다면 인간의 본성상 땅에서 시작했을지 모른다. 그러나 하나님의 관점에서 이루어지는 하나님의 창조는 늘 하늘에서 땅의 순서로 진행된다. 이러한 순서는 하나님께서 하신다는 서명과 같은 것이다.

 멘토여, 왜 둘째 날에는 좋았더라는 말씀이 없습니까?

우리는 둘째 날에 보시기에 좋았더라는 말씀이 없는 것을 발견하게

된다. 이것은 매우 의아한 일이다. 하나님의 창조 경영 전략의 패턴으로 보면 하나님께서는 "좋았다"는 말씀을 나머지 5일 동안 빼놓지 않고 하신다. 하나님의 창조가 모두 기능적이고 보기에 좋으셨기 때문이다. 그런데 6일 창조 중 유일하게 2일째에만 이 언급이 없다. 그러면 둘째 날의 창조는 보시기에 좋지 않으셨단 말인가? 그럴 수는 없다. 하나님께서 둘째 날에 만드신 하늘, 궁창 그리고 위의 물과 아랫물이 참으로 절묘하고 아름답기 때문이다.

그럼 이것을 어떻게 해석해야 할까? 어떤 이들은 둘째 날에 좋다는 말씀이 없으신 이유가 훗날 노아의 홍수 때 비를 사용하실 것이기 때문이라고 유추한다. 그러나 이것은 합당치 않다. 이유는 그런 논리로 보자면 그 홍수로 죽을 동식물들에게 보시기에 좋았다고 말하는 것은 합당치 않기 때문이다.

그러므로 둘째 날에 좋았다는 말이 없는 것은 모세의 단순 실수로 판단된다. 왜냐하면, 둘째 날의 창조는 실로 아름답고 그 기능이 선하였기에 하나님께서 좋았더라는 말씀을 안 하셨을 이유가 없기 때문이다. 그런데 이러한 실수 정황을 대하는 두 인물들의 자세가 놀라운 것을 말해준다.

🌳 멘토여, 실수 정황이 말해주는 두 가지는 무엇입니까?

첫째는 모세가 이것을 빼놓고 쓴 실수를 대하시는 하나님의 자세이다. 하나님께서는 모세의 인간성, 즉, 불완전함을 알고 계셨다. 그런데도 하나님께서는 모세에게 하나님이 하신 말씀을 그대로 받아 적게 하시기보다는 모세 자신의 언어로 스스로 정리하여 짧고 웅장하게 기록하도록 하셨다. 모세의 실수를 하나님께서는 고치지 않으신다. 모세의 약점을 있는 그대로 인정하시고, 존중하시는 것이다. 그렇게 하셨다는 증거가 모세가 한 실수를 용납하시고 고치지 않은 채 오늘 우리가 보는 성경이다.

둘째는 모세의 이러한 실수를 대하는 서기관과 유대인들의 자세이다. 서기관들이 모세가 쓴 창조 기록의 원본을 복사할 때, 이 확실한 실수를 알고 당황했을 것이다. 그러나 그들은 감히 2일째에만 그것을 빼먹은 모세의 실수를 바로잡을 생각을 하지 않았다. 그 한 구절을 넣는 것이 왜 어려웠겠는가? 하지만, 그들은 그렇게 하지 않았다.

이것이 말해주는 것은
유대인들이 이 창조 이야기를 어떻게 이해했는가이다.
모세가 실수했어도 감히 거기에 함부로 손대지 못한 것은
하나님의 말씀을 모세가 직접 듣고 기록했다고 믿었기에
일점일획도 고치면 안 된다고 생각했기 때문이다.

이것이 말해주는 중요한 점이 있다. 그것은 성경의 진실성이다. 하나님께서 모세의 실수를 허락하신 것은 바로 이런 것이 더 성경의 진실성을 보여주기 때문이다.

목표치 3 궁창에 이름 붙이는 전략은 하늘, 샤마임을 활용하시는 것이었다. 이것은 태초의 하샤마임과 다르고 넷째 날 해와 달과 별들이 위치할 하늘의 궁창과도 구분된다.

🌳 멘토여, 둘째 날 창조의 궁극적인 비전은 무엇입니까?

둘째 날의 비전은 윗물과 아랫물을 나눔으로 창조된 하늘이다. 그러나 이 하늘은 우리가 대기권과 자기장권을 통하여 알게 된 것보다 더 놀라운 기능들을 포함하고 있다. 그래서 둘째 날의 궁극적인 비전은 창조된 하늘을 통하여 대기가 형성되고, 새와 비행기가 날아다니는 아름답고 기능적인 하늘의 모습이다. 이 비전을 실현하시는 것을 사명으로 삼으셨다. 그리고 사명을 완수하기 위하여 목표치를 설정하시고 목표치를 달성하기 위하여 전략들을 활용하신다.

하나님의 목표치는 하늘 공간 만들기, 아랫물과 윗물로 나뉘게 하기, 대기권과 자기장권 만들기, 그리고 궁창에 이름 붙이기이다. 하늘의 공간을 만들기 위해서는 성경에서 말하는 대로 위의 물과 아래의 물로 나누는 전략을 활용하시며 아래의 물과 위의 물로 나누기 위해서는 중력을 활용하신다. 대기권을 만들기 위하여 우주 접경까지의 하늘을 활용하시고, 자기장권을 만들기 위하여 지구 내부의 자력을 활용하신다. 그리고 궁창의 이름을 하늘이라고 붙이신다.

시간적으로는 이것을 하루라는 시간 속에서 행하신다. 우리는 이 하루의 개념에 관하여 넷째 날에 구체적으로 살피게 될 것이다. 그리고 하나님께서는 모든 목표치가 완수되었음을 "모든 것이 그대로 되니라" (1:7)고 평가하시고 선포하신다. 그리고 "저녁이 오고 아침이" 오면서 둘째 날이 완성된다.

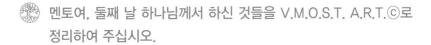 멘토여, 둘째 날 하나님께서 하신 것들을 V.M.O.S.T. A.R.T.ⓒ로 정리하여 주십시오.

하나님께서 행하신 것을 V.M.O.S.T. A.R.T.ⓒ로 정리하면 다음 도표와 같다.

V	**비전**	창조된 하늘 (단기 비전) 창조된 하늘을 통하여 대기가 형성되고, 새와 비행기가 다니는 아름답고 기능적인 하늘의 모습 (궁극적인 비전)
	가치	완벽한 영광, 완벽한 팀워크, 완벽한 사람 중심, 완벽한 사랑, 완벽한 기능성, 완벽한 아름다움
M	**사명**	나는 아름답고 기능적인 하늘을 창조하기 위하여 존재한다.

O	**목표치**	① 1:6 하늘 궁창 만들기
		② 1:7 아랫물과 윗물로 나뉘게 하기
		   (대기권 만들기)
		   (자기장권 만들기)
		⑥ 1:8 궁창에 이름 붙이기

S	전략	① 1:6 하늘 궁창을 만들기 위하여 위의 물과 아래의 물로 나누기 활용
		② 1:7 아랫물과 윗물로 나뉘게 하기 위하여 중력 활용
		(대기권 만들기) 위하여 우주 접경까지 하늘 활용
		(자기장권 만들기) 위하여 지구 내부의 자력 활용
		③ 1:7 궁창에 이름 붙이기 위하여 궁창을 하늘이라 이름 부르기
T	시간	둘째 날
A	행동	1:7 물로 나뉘게 하시니 그대로 되니라 (행동중심)
		1:8 하나님이 궁창을 하늘이라 부르시니라
R	평가	1:7 물로 나뉘게 하시니 그대로 되니라 (계획대로 된 상황 확인)
	보상	기록 없음
	휴식	1:8 저녁이 되고 아침이 되니 이는 둘째 날이니라
T	감사	

이제 셋째 날, 물과 뭍의 창조에 관하여 살펴보자.

멘티여,

· 그대는 하나님께서 윗물과 아랫물로 나누신 것을 어떻게 설명하겠는가?

· 윗물과 아랫물로 나눈 것의 의미와 그것의 파생 효과는 무엇이라고
  생각하는가?

11

셋째 날:
물과 뭍 나누어 바다와 육지 만들기

 멘티여, 그대가 하나님이어서 셋째 날에 물과 뭍을 나눈다면 어떻게 하겠는가? 그리고 땅에 어떤 식물들을 만들겠는가?

그대가 모든 것을 다 할 수 있는 권능을 가진 하나님이라면 어떻게 물과 뭍을 나누겠는가? 말도 안 되는 방법과 최대한 합리적으로 할 수 있는 방법, 두 가지를 생각한다면 무엇이겠는가? 그전에 하나님께서는 왜 물과 뭍을 나누셨어야했을까?

우리는 이장에서 다음 4가지의 목표치를 통하여 흥미로운 답들을 알게 될 것이다.

바다와 육지 만들기
뭍과 모인 물에 이름 붙이기
풀과 채소와 과목을 만들기
풀, 채소, 과목이 지속해서 번성하게 하기

멘토여, 셋째 날, 물과 뭍을 나누신다는데 땅은 누가 언제 만들었기에 물과 마른 땅을 나누십니까? 그리고 식물들을 종류대로 만드시는데 그 종류들은 어디에 있었습니까?

이 답을 찾을 수 있는 힌트는 역시 창세기 1장으로 돌아가 봐야 한다. 먼저 셋째 날 하나님께서 행하신 것은 창세기 1장 9절로 13절에서 확인할 수 있다.

> 하나님이 이르시되 천하의 물이 한 곳으로 모이고 뭍이 드러나라 하시니 그대로 되니라
> 하나님이 뭍을 땅이라 부르시고 모인 물을 바다라 부르시니 하나님이 보시기에 좋았더라
> 하나님이 이르시되 땅은 풀과 씨 맺는 채소와 각기 종류대로 씨 가진 열매 맺는 나무를 내라 하시니 그대로 되어
> 땅이 풀과 각기 종류대로 씨 맺는 채소와 각기 종류대로 씨 가진 열매 맺는 나무를 내니 하나님이 보시기에 좋았더라
> 저녁이 되고 아침이 되니 이는 셋째 날이니라. | 창세기 1:9-13

하나님께서는 이 짧은 구절을 통하여 위대한 일을 행하신 것을 우리에게 알려 주시지만, 우리가 원하는 모든 정보를 다 주지는 않으신다. 그러나 하나님의 창조 비밀에 관하여 알 수 있는 귀한 정보들을 주신다. 그것을 V.M.O.S.T. A.R.T.ⓒ에 적용하여 살피면 더 깊은 것들을 알 수 있다.

 멘토여, 셋째 날 창조에서 하나님의 비전은 무엇이었습니까?

셋째 날 하나님의 초점은 땅이다. 말씀에 근거하여 셋째 날의 비전과 가치, 사명을 구분하여 보면 다음과 같다. 셋째 날의 비전은 우선 보시기에 좋게 창조되어 육지와 바다가 구분되고, 땅에 각종 식물이 아름답게 자란 모습이다. 이것을 이루기 위한 가치는 앞에서 살핀 것과 같이 완벽

한 영광, 완벽한 팀워크, 완벽한 사람 중심, 완벽한 사랑, 완벽한 기능성, 완벽한 아름다움이다. 이 비전을 이런 가치를 가지고 실현하기 위한 하나님의 사명 선언문은 나는 육지를 만들고, 육지에 식물을 창조하여 아름답게 자라게 하기 위하여 존재한다이다. 이것을 정리하면 다음과 같다.

 멘토여, 셋째 날의 목표치는 무엇입니까?

이 사명을 감당하기 위하여 하나님께서는 몇 가지 목표치를 가지고 행하신다. 우선 물을 한곳에 모으기, 땅이 드러나게 하기, 그리고 식물을 창조하기, 그리고 그들이 지속해서 번성하게 하기 등이다. 그리고 그 사명을 감당하기 위하여 설정하신 목표치는 성경에서 다음과 같이 발견할 수 있다.

1:9 바다와 육지 만들기
1:10 뭍과 모인 물에 이름 붙이기
1:11 풀과 채소와 과목을 만들기
1:12 풀, 채소, 과목이 지속해서 번성하게 하기

과연 하나님께서는 이것들을 어떻게 완성하시는가?

 멘토여, 우선 바다와 육지를 지으신 정황은 무엇입니까?

3일 차의 창조는 창세기 1장 2절을 근거로 하여 땅이 혼돈하고, 깊은 수면이 있었던 것을 둘째 날 창조에서 응축하고, 그 응축된 땅 위에 물이 뒤덮인 상태에서 시작된다. 셋째 날의 물과 땅은 창세기 1장 2절의 원시 지구에서 온다. 이 상태에서 바다와 육지를 만드시는 것이다. 이런 상태를 증명하는 두 가지가 있다.

첫째 창조 2일 차에 응축된 지구의 증거는 유사한 재질과 색으로 무지개떡처럼 겹겹이 쌓인 지층과 화석의 유무에 있다. 원시 지구의 광물과 흙 성분이 응축되어 아름다운 지층이 형성되었다. 그리고 이 지층에서는 어떤 생명체 화석도 발견되지 않는다. 이유는 이때는 생명체가 창조되기 전이었기 때문이다. 당연히 그 위에 새롭게 생긴 지층엔 많은 화석들이 발견된다.

둘째 두 번째 날 중력을 통하여 응축된 땅 위에 바다가 존재했었다는 증거는 최근 연구를 통하여 그 증거를 알 수 있게 되었다.

벤자민 W. 존슨 Benjamin W. Johnson과 보스웰 윙 Boswell A. Wing이 2020년 3월 네이처 지오사이언스 Nature Geoscience에 기고한 논문[67] 에서 지구의 육지가 현재 상태로 되기 전에는 모든 육지가 바다에 잠겨 있었을 가능성이 있다고 밝혔다. 그들은 오스트레일리아 북서부 파노라마 지역의 원시 시대의 바위를 분석한 결과를 통하여 이를 알아냈다. 성경의 3일 차 창조가 말하는 것과 같이 고대 지구의 대륙들이 다 바다에 잠겨 있었음을 증명하는 증거들을 고대 암석에서 발견했다. 그 증거는 산소 입자 18에서 찾았다. 그들의 이론은 마그마가 생성되면서 뜨거운 마그마 성분이 하늘에서 떨어진 비와 같은 물에 의하여 식어갔고, 모든 대륙은 물속에 잠겨 있어야 산소입자 18이 형성된다는 것이다.

해양 화학 침전물은 시간이 지나면서 산소 18/16이라는 원소가 증가되는 특성을 분석한 결과다. 바다는 긴 과거에 오늘날보다 더 따뜻했을 것으로 추정한다. 이유는 뜨거운 마그마가 식어가는 과정에서 바다가 따뜻했을 것이기 때문이다. 결론적으로 이것이 말해주는 것은 대륙이 물에 잠겨 있었을 때만 응축된 땅 위에 바다가 존재하는 것이 가능하다는 것이다. 그런 다음에 대륙이 바다에서 분리되는 과정을 거쳤을 것으로 추정한다.

이러한 내용은 그간 지구 물리학이 주장하는 지구와 물의 연관 관계와는 다른 이론이다. 지구 물리학자들은 황량한 지구에 훗날 물이 있는 행성과의 충돌을 통하여 물을 얻었다고 주장했다. 그러나 존슨과 웡의 연구는 창세기 창조의 진실성을 증명하는 이론이 아닐 수 없다. 이처럼 현대 과학이 더 발전하게 되면 성경의 창조에 대한 증거들을 더 많이 지지하게 될 것이다. 이제 본격적으로 목표치들과 전략에 관하여 살펴보자.

● 목표치 1: 바다와 육지 만들기 ●

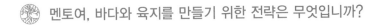 멘토여, 바다와 육지를 만들기 위한 전략은 무엇입니까?

그 전략은 물과 뭍을 나누기를 활용한 것이다. 바다와 육지를 만드시는 전략은 창세기 1장 9절에서 말하고 있는 데로 "천하의 물이 한 곳으로 모이고 뭍이 드러나"게 하기이다. 왜 그러실까? 이미 살핀 것과 같이 둘째 날의 창조로 지구가 물에 뒤덮인 상황이기 때문이다.

하나님께서는 물을 한 곳으로 모이라고 하셨고 그렇게 되었다는 말은 실제 상황에서 어떻게 이루어졌을까? 하나님께서 하신 이 말씀이 현실화되기 위해서는 기본적으로 바다 아래의 땅에 변화가 있어야 한다. 그 변화는 기본적으로 물이 한곳으로 모이게 하는 결과를 가져오게 해야 한다. 그리고 그것은 오늘날 우리가 사는 현대화된 지구의 현실을 반영해야 한다. 그렇다면 하나님께서는 그것을 어떤 전략을 통하여 이것을 행하셨을 것인가?

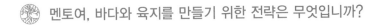 멘토여, 그럼 물을 모이고 뭍이 드러나게 하시기 위한 전략은 무엇입니까?

물과 뭍을 드러나게 하기 위하여 사용한 전략은 두 가지로 추론된다.

첫째 전략은 중력 활용이다. 2일 차에 사용하신 중력으로 지구는 둥글게 응축되어 있었다. 그리고 그 위에 아랫물이 뒤덮여 있었다. 우리가 10장에서 살핀 것과 같이 지구는 중력으로 인하여 응축되면서 내면에서 발생한 엄청난 열로 인하여 지구 표면이 불탔을 것이다. 그리고 물로 뒤덮혀 있었기에 적당한 담금질 효과로 인하여 지구 표면층은 판구조 plate tectonics 현상, 즉 표면이 구운 빵의 표면처럼 단단해졌을 것이다. 이런 구조 때문에 지구는 수렁이 되지 않고 인간이 건축을 하며 살수 있게 되었다.

그런데 여기에 조금 더 강력한 중력을 주신다면 어떻게 될까? 느슨하게 뭉쳐져 있었던 것이 응축되면서 느슨해져 있었던 땅 부분은 자연스럽게 쑥 꺼지고, 암석층으로 있었던 곳들은 상대적으로 그대로 있을 것이다. 그러면서 지구의 단단한 표면 판이 균열되었을 것이다.

그래서 지구는 아프리카판, 남극판, 오스트레일리아판, 유라시아판, 북아메리카판, 남아메리카판, 태평양판, 코코스판, 나즈카판, 인도판 등으로 균열되었다.

둘째 전략은 지질운동이다. 3일 차에 2차 중력이 응축된 원시지구를 더 응축시키면서 균열된 판들은 서로 부딪히면서 어떤 것은 아래로 꺼지고 어떤 것은 위로 치솟았을 것이다. 또한 3일 차엔 지진과 화산활동이 촉진되었을 것이다. 우리는 그 흔적을 가까운 산과 바다에서 본다. 퇴적층들이 수평이 아니라 수직으로 보이는 현상은 거대한 지층들이 어떤 이유로 충돌하고 뒤집히며 높고 낮은 곳을 생성했다는 증거다.

다음 두 사진은 프랑스 지질학자 자크 마라비에일 Jacques Malavieille 이 실험을 통하여 지각 운동이 어떻게 산을 만들어 내는지를 보여준다. 이것이 가능한 이유는 지구의 판에 지각 운동이 발생하면서 평평하던 지각이 솟구치면서 산과 계곡, 들과 바다가 형성되었기 때문이다. 시간이 지나면서 지각운동으로 솟구치고 들어간 곳들은 비를 통하여 부드럽게 되고, 흙들이 평야를 이루면서 하나님께서 비전으로 가지고 계신 다음 단계가 준비되는 것이다.

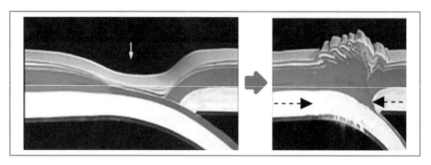

표 17 지각 운동의 예

◦ 목표치 2: 모인 물과 드러난 뭍에 이름 붙이시기 ◦

멘토여, 모인 물과 드러난 뭍에 이름 붙이시기 위한 전략은 무엇입니까?

그 전략은 뭍은 땅, 물은 바다라는 용어를 활용한 것이다. 물과 뭍을 나누어 구분하신 후에 하나님께서 하신 것은 그들에게 이름을 붙여주신 것이다. 이름을 붙이기 위하여 하나님께서는 바다와 육지라는 단어를 활용하신다. 물들이라는 뜻의 hammayim 함마임을 바다 야밈 יַמִּים, yammin이라고 부르시고, 마른 곳은 히브리 원어로는 에렛츠 אֶרֶץ 'erets로 땅 혹은 육지로 부르신다.

이 에렛츠는 정관사가 없다. 그러므로 창세기 1장 1절에서 창조된 정관사가 붙은 지구 전체를 말하는 하에렛츠와는 구분된다.

하에렛츠 הָאָרֶץ 지구 (창세기 1장 1절)

에렛츠 אֶרֶץ 땅 혹은 육지 (창세기 1장 10절)

그런 다음의 목표치는 풀과 채소와 나무를 만드시는 것이었다.

● 목표치 3: 풀과 채소와 과목을 만드심 ●

 멘토여, 하나님께서 식물을 창조하시는 정황은 무엇입니까?

하나님께서 3일 차에 식물을 창조하시는 것은 놀라운 경영 전략 속에서 행해진다. 우선 땅을 바다에서 구분해 내신 후에 바다속의 땅과 육지에 식물을 내시는 것이 순차적으로 자연스럽다. 무엇보다 5일과 6일 차에 물고기와 새, 그리고 동물과 인간들을 창조하시기 전에 그들의 양식으로 풀과 채소와 과실을 주실 것이기에 (창세기 1:29-30) 미리 준비하신 것이다. 생각해 보라. 동물들이 창조되었는데 식량이 없다면 말이 되겠는가? 하나님께서는 미리 완벽한 준비를 해 놓으시는 것이다. 식물은 단순하게 동물들의 양식에만 관계된 것이 아니다. 식물은 바다와 더불어 공통적인 역할을 하는 것이 있다.

 멘토여, 식물이 바다와 공통적인 역할을 하는 것이 무엇입니까?

인간과 동물들이 살아가는 데 필수적인 것은 산소다. 이 산소를 만들어 내는 세 군데 공장이 있다. 그것은 하늘의 대기와 바다와 식물이다. 대기에 관하여는 이미 우리가 살폈고, 이제 바다와 식물의 특성에 관하여 살펴보자.

첫째, 바다는 지구 물의 97%를 가지고 있다. 바다 자체로 생명을 품는 곳이고, 그 아름다움은 그지없다. 그뿐 아니라 기능적인 면에서도 바다는 또 지구의 산소 공급의 거대한 공장이다. 바다는 아름다움과 기능성

면에서 참으로 탁월한 디자인이 아닐 수 없다. 바다는 대류 순환을 통한 수증기를 제공하며, 막대한 열에너지를 저장하고 순화하며, 이산화 탄소를 흡수하기도 한다. 그리고 해초와 물고기 등이 자라게 하고, 인류를 위한 엄청난 양의 식량을 제공한다. 또한 바다는 소금을 통하여 지구의 위생창고가 되기도 한다. 바다의 소금기는 바다를 얼지 않게 해준다. 바다는 또한 여러 지역으로 가는 배의 길이 된다. 바닷물은 수평적으로는 한류와 난류의 온도 차를 이용하여 각 바다를 돌고, 수직적으로는 수증기가 되어 하늘로 올라갔다가 다시 비와 눈으로 내려오는 순환을 한다. 그래서 바다는 지구 생명체가 살아가는 데 없어서는 안 되는 필수적인 곳이다.

둘째, 식물들은 이미 창조된 바다와 더불어 이산화탄소를 광합성하여 산소를 만들어 내는 거대한 공장이다. 식물들은 매우 아름답다. 그래서 동물과 인간이 태어난 후에 음식뿐 아니라 이 식물을 보면서 아름다움을 느끼도록 한 것이다. 하나님은 이처럼 하늘의 기능성, 바다와 땅과 식물의 기능성뿐 아니라 그 아름다움도 고려하여 완벽한 지구를 창조하신다. 그리고 "보시기에 좋았더라"라고 말씀하신다. 이분이 우리의 창조주 하나님이시다.

 멘토여, 식물을 창조하기 위한 전략은 무엇입니까?

그 전략은 그것들의 "종류"를 (1:11) 활용하시는 것이었다. 하나님께서는 풀, 씨 맺는 채소, 씨 맺는 나무를 "종류대로" (창세기 1:11) 지으셨다. 그들을 종류대로 지으셨다면, 그 종류가 어딘가에는 있어야 한다. 그렇다면 그 종류들은 어디에 있는 것들일까? 그런데 어딘가에 있었다고 한다면, 지구 외에 다른 곳에 그것들이 있어야 한다. 그렇다면 그 곳은 어디일까?

첫째로 가능한 곳은 하나님의 계획 속이다. 이 계획을 하면서 가지시는 것이 비전이다. 이것은 이렇게 완성되어야 한다고 머리에 그리시는 것이 비전이다. 하나님께서 각 식물들을 어떻게 창조하실 것인지 그 모든 종류를 이미 구상해 놓으셨을 것이다. 그리고 그 구상 속의 종류대로 창조하셨던 것이다.

둘째로 그 종류들이 실제로 어딘가에 존재했었다면 가능한 곳은 하나님께서 계시는 하나님의 나라이다. 하나님의 나라는 크게는 하나님께서 창조하신 모든 공간과 시간이다. 좁게 말하면 하나님께서 특별히 거하시는 왕국이 있는 곳이다. 예를 들어 성경에는 하나님께서 거하시는 곳이 언급되어 있다. 특별히 요한계시록에는 하늘에서 내려온 새 예루살렘 성의 모습이 매우 구체적으로 표현되어 있다. 거기에는 강이 있고, 위에서 이미 살핀 생명 나무도 있다.

길 가운데로 흐르더라 강 좌우에 생명나무가 있어 열두 가지 열매를 맺되
달마다 그 열매를 맺고 그 나무 잎사귀들은 만국을 치료하기 위하여 있더라.
| 요한계시록 22:2

물론 새 예루살렘과 이 나무는 지구의 종말 이후에 올 미래의 하나님 나라에서 나오는 것이기에 지구 창조 시에는 존재하지 않는 것으로 생각할 수 있다. 그러나 생각해 보라. 하나님께서는 영원 전부터 계시고, 천사들과 우주를 다스리신다. 그러면 하나님께서는 아무것도 없는 텅 빈 곳에 계실 것이라고 생각하는가? 우리는 이미 앞에서 히브리서가 준 지구와 하늘나라의 연관성에 대한 비밀을 살폈다.

그들이 섬기는 것은 하늘에 있는 것의 모형과 그림자라 모세가 장막을
지으려 할 때에 지시하심을 얻음과 같으니 이르시되 삼가 모든 것을 산에서
네게 보이던 본을 따라 지으라 하셨느니라. | 히브리서 8:5

히브리서는 모세가 지은 장막은 하늘에 있는 것의 모형과 그림자라

고 말한다. 예를 들어 새 예루살렘 보좌에서 강이 흘러나오고 양옆에 생명나무가 있는 모습을 통하여 우리는 에덴과 그 주변의 4강의 디자인이 천국의 모형임을 확인할 수 있다.

🌳 멘토여, 태양은 4일차에 만들어졌는데 어찌 3일차에 식물이 자랄 수 있습니까?

이 질문은 태양의 절대적인 도움으로 식물이 자라는 현실을 살아가는 사람이라면 당연하게 할 수 있는 것이다. 과연 태양없이 식물이 자랄 수 있을까? 답은 "그렇다."이다. 증거는 두 가지이다. 하나는 지구에 하나는 천국에 있다.

오늘날은 특수 형광등으로 태양없이 식물을 공장에서 수경재배 한다.
또 다른 예는 성경에 있다. 생명나무가 태양없이 자란다.

계시록 21:23절은 "그 성은 해나 달의 비침이 쓸 데 없으니 이는 하나님의 영광이 비치고 어린 양이 그 등불이 되심이라"고 말한다. 그곳에서 생명나무가 자라는 것이다. 태양없이 어떻게 식물이 자랄 수 있는가? 이것은 이제 현대 과학으로도 하고 있는 것으로 하나님께는 간단한 것이었다. 첫째 날에 만들어진 빛은 넉넉히 식물에게 필요한 에너지를 줄 수 있었다.

🌳 멘토여, 선악과나 생명나무 열매가 실제적인 것입니까?

사람들은 에덴 동산 중앙에 있던 이 두 나무는 실재하는 것이 아니라 상징적인 것으로만 생각한다. 그러나 선악과와 생명과는 실제로 효과가 없이 상징적으로만 있는 그런 것은 아니라는 3가지 증거가 있다.

첫째 증거는 선악과를 먹은 후 인간은 "그들의 눈이 밝아져" (창세기 3:7) 구체적인 변화가 생겼다. 그리고 결과적으로 구체적으로 선과 악을 구분하게 되었다. 이것은 이 열매가 인간의 몸속에 들어가 일으킨 구체적인 반응 때문이었다.

둘째 증거는 선악과를 먹은 후에 "그의 손을 들어 생명 나무 열매도 따먹고 영생할까" (창세기 3:22) 하여 그것을 못 먹도록 지킬 정도로 영생과도 구체적인 나무였다. 만약 그것이 상징적인 나무였다면 먹고 약효가 있을까 봐 걱정할 필요가 없다. 어떤 사람들은 불순종 자체가 이슈라고 한다. 물론 불순종 자체도 근본적인 문제이다. 그러나 여전히 열매를 먹음으로 생긴 변화는 유효하다.

셋째 증거는 생명나무는 에덴에서 선악과와 같이 사라졌지만, 새 예루살렘에 다시 등장한다. 믿음을 지키고 이긴 자가 상으로 "하나님의 낙원에 있는 생명나무의 열매" (요한계시록 2:7) 받아먹고 영생을 살도록 하는 나무이다. 또 하나님과 어린양의 보좌에서 강이 흐르는데 "강 좌우에 생명나무가 있어 열두 가지 열매를 맺되 달마다 그 열매를 맺고 그 나무 잎사귀들은 만국을 치료하기 위하여 있더라" (요한계시록 22:2)고 말씀하신다. 그 잎새는 상처를 치료하는 데 쓰는 구체적 효과가 있는 나무이다. 새 예루살렘에 들어간 성도들에게 상급으로 주어지는 이 열매는 매우 구체적인 것이다.

● 목표치 4: 풀, 채소, 과목이 지속해서 번성하게 하기 ●

🌳 멘토여, 풀, 채소, 과목이 번성하게 하시는 전략은 무엇입니까?

그 전략은 열매로 맺히는 씨앗을 활용한 것이다. 하나님 창조의 특별성은 하나님께서는 미래가 어떻게 완성될 것을 아시고 행하신다는 것이다. 식물 차원에서 생각하면 하나님께서는 이들을 처음 창조하실 때 그들의 열매와 다음 세대를 생각하신다.

하나님께서는 이 창조물이 모두 성장한 이후의 결과를 미리 보시고 그 이후를 미리 생각하신다. 씨 맺는 채소와 나무는 그렇게 창조 때에 지으신 것이다. 이것은 진화론과 창조론의 결정적인 차이이다. 진화론은 우연히 오랜 시간에 걸쳐서 어떻게 하다 보니 여기까지 온 것이라는 이론이지만, 하나님의 창조는 창조의 시작부터 각종 풀, 채소, 과목들의 완벽한 성장에 대한 비전을 가지고 시작한다. 그것은 "씨 맺는" 이라는 말을 통하여 알게 된다. 식물이 완벽하게 자라면 씨를 맺고 개체를 형성하게 되기 때문이다. 이것이 하나님께서 하시는 일의 방식이다.

 멘토여, 셋째 날 창조의 궁극적인 비전은 무엇입니까?

셋째 날의 비전은 둘째 날에 창조된 하늘과 바다의 상태에서 육지와 바다를 나누시고 땅에 각종 식물이 아름답게 자란 모습이다. 그러나 이것은 훗날 더 놀라운 기능들을 제공하도록 창조되었다. 그래서 셋째 날의 궁극적인 비전은 오늘날 우리가 땅과 바다와 식물들을 통하여 누리는 모든 아름답고 기능적인 것들로 한 문장으로 표현할 수 없고 다음과 같이 여러 모습을 확인할 수 있다: 하나님께서는 아름답고 기능적으로 창조되어 물이 온수와 한수로 구분되어 물길을 만들고 지구를 도는 모습; 또 달의 중력을 통하여 밀물과 썰물을 통해 움직임으로 바다 안과 밖에 산소를 공급하고 물고기와 바다 식물이 사는 모습; 그리고 바다를 통하여 배들이 운항하며, 땅에는 각종 광물질로 가득 차고 산과 계곡과 들과 호수로 구성되어 아름다움과 풍성한 자원을 공급하는 모습; 그뿐만 아니라 아름답고 기능적인 식물이 잘 성장하여 산소를 공급하며, 식량과 건축자재로 쓰이도록 충만한 육지의 모습이다

이것을 실행하시기 위하여 하나님께서는 물을 한곳에 모이게 하시고, 뭍이 드러나게 하시고, 뭍과 물에 이름을 붙이신다. 그리고 풀, 야채, 과목들을 창조하신다. 하나님께서는 이 모든 것을 창조하시기 전에 비전

을 가지고, 그것을 실행하신 후, 보시기에 좋았다고 평가도 하시고, 좋았다는 감정적 보상을 받으신다.

🌳 멘토여, 셋째 날 하나님께서 하신 것들을 V.M.O.S.T. A.R.T.ⓒ로 정돈하여 주십시오.

하나님께서 행하신 것을 V.M.O.S.T. A.R.T.ⓒ로 정리하면 다음과 같다.

V	**비전**	보시기에 좋게 창조되어 육지와 바다가 구분되고, 땅에 각종 식물이 아름답게 자란 모습 (단기 비전)

기능적으로, 아름답게 창조되어 물이 온수와 한수로 구분되어 물길을 만들고 지구를 돌며, 달의 중력을 통하여 밀물과 썰물로 움직임으로 바다 안과 밖에 산소를 공급하며, 바다를 아름답게 채운 물고기들, 운항하는 배들의 모습과 각종 광물질로 가득 찬 땅의 내 외부, 산과 계곡과 들과 호수로 구성되어 아름다움과 풍성한 자원을 공급하는 땅과 아름답고 기능적인 식물이 잘 성장하여 산소를 공급하며, 식량과 건축자재로 쓰이도록 충만한 육지 (궁극적인 비전)

	가치	완벽한 영광, 완벽한 팀워크, 완벽한 사람 중심, 완벽한 사랑, 완벽한 기능성, 완벽한 아름다움
M	**사명**	나는 육지를 만들고, 육지에 식물을 창조하여 아름답게 자라게 하기 위하여 존재한다
O	**목표치**	① 1:9 물을 한 곳으로 모이게 하고 뭍(땅)이 드러나게 하기 ② 1:10 뭍과 모인 물에 이름 붙이시기 ③ 1:11 풀과 채소와 과목을 만드심 ④ 1:12 풀, 채소, 과목이 지속해서 번성하게 하기
S	**전략**	① 1:9 물을 한 곳으로 모이게 하고 뭍(땅)이 드러나게 하기 위하여 지각 활동을 활용 ② 1:10 뭍과 모인 물에 이름 붙이시기 위하여 뭍을 땅이라, 모인 물을 바다라 부르심

③ 1:11 풀과 채소와 과목을 만들기 위하여 종류를 활용
④ 풀, 채소, 과목이 지속해서 번성하게 하기 위하여 씨를 활용

T	시간	셋째 날
A	행동	1:9 뭍이 드러나라 하시니 그대로 되니라
		1:10 뭍을 땅이라 부르시고 모인 물을 바다라 부르시니
		1:11 씨 가진 열매 맺는 나무를 내라 하시니 그대로 되어
R	평가	1:10 물을 바다라 부르시니 하나님이 보시기에 좋았더라
		1:12 열매 맺는 나무를 내니 하나님이 보시기에 좋았더라
	보상	
	휴식	1:13 저녁이 되고 아침이 되니 이는 셋째 날이니라
T	감사	

지금까지 우리는 셋째 날의 창조의 비밀인 물과 뭍을 나누는 전략에 관하여 살폈다. 물을 한 곳으로 모으시고, 뭍 (땅)이 드러나게 하기, 모인 물과 드러난 뭍에 이름 붙이기, 그리고 풀과 과목을 만드시고, 지속해서 번성하게 하시는 전략을 살폈다. 이제 태양계의 창조에 관하여 살펴보자.

멘티여,

· 그대는 하나님께서 왜 3일 차에 바다와 육지를 나누셨는지 설명하겠는가?

· 풀과 채소와 나무를 하나님께서 어떻게 창조하셨다고 말씀하시는가? 그것의 의미는 무엇인가?

12

넷째 날:
태양계 만들기

 멘티여, 그대가 태양과 태양계를 만든다면 어떤 순서로 무엇을 중시
하여야 할 것인지 계획을 세워보라.

그대가 먼저 이 질문에 답을 생각해 보는 것은 매우 중요하다. 미리
생각해 보고 하나님께서 어찌하셨는지를 듣는다면 더 빠른 이해를 하게
될 것이기 때문이다. 그렇지 않으면 모든 것이 너무 막연하게 생각되어
이해할 수 없게 된다.

이제 우리는 태양과 달 그리고 별들의 탄생을 앞두고 있다. 다음 목
표치들이 우리를 답으로 인도하게 될까?

첫날의 빛과 넷째 날의 빛 구분하기
두 광명체와 별 만들기
시간대 구분하기

🌳 멘토여, 넷째 날, 태양, 달, 별들을 만드신다는데, 어떻게 태양도 없이 첫날 빛이 있었으며, 어떻게 태양을 지구보다 나중에 만드십니까? 지구 하나만 있었고 그 후에 태양계와 은하계가 지구를 중심으로 만들어졌다는 말입니까?

사실 이 질문에 대한 답의 일부는 이미 우리가 첫날의 창조에서 살폈다. 나머지 답을 찾을 수 있는 힌트는 역시 창세기 1장으로 돌아가 보아야 한다. 먼저 넷째 날에 하나님께서 행하신 것을 확인해 보면 다음과 같다.

> 하나님이 이르시되 하늘의 궁창에 광명체들이 있어 낮과 밤을 나뉘게 하고
> 그것들로 징조와 계절과 날과 해를 이루게 하라.
> 또 광명체들이 하늘의 궁창에 있어 땅을 비추라 하시니 그대로 되니라.
> 하나님이 두 큰 광명체를 만드사 큰 광명체로 낮을 주관하게 하시고
> 작은 광명체로 밤을 주관하게 하시며 또 별들을 만드시고
> 하나님이 그것들을 하늘의 궁창에 두어 땅을 비추게 하시며
> 낮과 밤을 주관하게 하시고 빛과 어둠을 나뉘게 하시니
> 하나님이 보시기에 좋았더라.
> 저녁이 되고 아침이 되니 이는 넷째 날이니라. | 창세기 1:14-19

이 구절을 읽으면 태양과 달 그리고 모든 별들이 4일 차에 만들어진 것 같아서 당황스럽다. 그러나 성경은 당연히 황당한 책이 아니다. 이제 우리는 그것을 알게 될 것이다. 우선 넷째 날의 비전부터 알아보자.

🌳 멘토여, 넷째 날 발광체를 만드시는 비전은 무엇입니까?

우선 말씀에 근거하여 4일째의 비전과 가치, 사명을 구분해 보면 다음과 같다. 넷째 날의 비전은 우선 보시기에 좋게 창조되어 원시 지구에 안정적인 빛으로 밤 낮을 비추며 이를 통하여 일시를 가름할 수 있게 된

모습이다. 이것을 이루기 위한 가치는 앞에서 살핀 것과 같이 완벽한 영광, 완벽한 팀워크, 완벽한 사람 중심, 완벽한 사랑, 완벽한 기능성, 완벽한 아름다움과 완벽한 효율성이다. 이 비전을 이런 가치를 가지고 실현하기 위한 하나님의 사명 선언문은 나는 지구 주변에 안정적인 빛을 공급하며 이를 통하여 일시를 구분할 수 있도록 해주기 위하여 존재한다이다.

이 사명을 완수하기 위하여 설정하신 다음과 같은 목표치들을 발견할 수 있다. 큰 발광체와 작은 발광체를 만드시고 또 그것을 활용하여 다른 중요한 목표치들을 완성하신다. 낮과 밤을 안정시키고, 날들이라고 이름한 달, 그리고 계절과 해를 이루신다. 사명을 감당하기 위하여 설정하신 목표치는 성경에서 다음과 같이 발견할 수 있다.

1:14 첫날의 빛과 넷째 날의 빛 구분하기
1:14 두 광명체와 별 만들기
1:14 시간대 구분하기

 멘토여, 넷째 날의 정황은 목표치 설정과 어떤 연관이 있습니까?

우선 넷째 날 창조하시기 직전 지구의 정황은 이러하다. 첫날 빛, 둘째 날 하늘과 바다, 셋째 날 바다와 뭍을 나누시고, 식물들을 창조하심으로 지구가 제법 구조적으로 안정되었고, 흙이 있는 모든 곳에는 다양한 식물들이 자라게 되었다. 그런 상태에서 하나님께서는 이제 첫날에 있게 하신 빛이 아닌 항구적인 발광체 시스템을 만드시려는 것이다. 이 시스템은 현재 우리가 알고 있는 태양계의 형성을 의미한다.

성경에 의하면 4일 창조 때까지
우리가 오늘날 아는 현대화된 태양계는 존재하지 않았다.
현대화와 태양계라는 말을 주목하라.

태양계의 현대화가 4일의 주제였다. 그렇다면 그것이 무슨 의미이고, 어떻게 하신 것일까? 이제 그대는 참으로 그간 연습했던 9개의 점을 한 번에 연결하기를 최대한 활용해야 한다. 고정관념의 밖으로 나가서 점들을 연결하게 될 것이다.

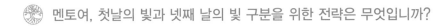

목표치 1: 첫째 날 빛과 네 번째 날의 빛 구분하기

🌳 멘토여, 첫날의 빛과 넷째 날의 빛 구분을 위한 전략은 무엇입니까?

그 전략은 대칭을 활용하는 것이다. 하나님의 창조전략 중에는 하나는 대칭의 원리이다. 이 대칭성은 창조뿐 아니라 하나님의 섭리 전반에서 확인할 수 있다. 첫째 날과 넷째 날의 빛의 구분뿐 아니라 전체적 창조의 과정을 대칭적으로 보면 하나님의 의도를 더 쉽게 파악할 수 있다.

지구 창조 첫날 하나님께서 빛이 있어라 하실 때 빛을 뜻했던 단어는 단수형 히브리어 오르 אור이다. 이 단어는 빛, 햇빛, 낮을 뜻한다.[68] 지구 창조 4일째 발광체가 있으라고 창조하시면서 사용하신 히브리어는 복수형 마오르 מְאוֹר이다. 마오르는 빛이라는 뜻의 오르에 마가 붙어 밝은 발광체를 통하여 나오는 빛, 조명, 빛나는 상태를 강조하며, 태양과 등잔과 같은 발광체를 의미한다.[69]

첫째 날:　오르 אוֹר 가 있으라 (빛)
넷째 날: 마오르 מְאוֹר 가 있으라 (빛들, 발광체)

이렇게 우리는 첫째 날의 빛과 넷째 날에 창조된 빛의 차이를 알게 된다. 즉, 첫째 날의 빛은 빛 자체를, 넷째 날은 빛을 만들어 내는 발광체를 창조하신 것이다. 첫째 날에는 오르를 그리고 넷째 날에는 마오르를 창조하시는 하나님의 전략은 절묘하다. 1일과 4일에 빛의 모티프로 철자 하나를 통하여 새로운 전략을 소개하신다. 그래서 우리는 창조 설계와 실행을 하시는 경영인과 엔지니어로서의 하나님뿐 아니라 언어를 시적으로 활용하시는 시인 하나님을 보게 된다.

목표치 2: 두 광명체들과 별들 만들기

멘토여, 두 광명체들과 별들을 만들기 위한 전략은 무엇입니까?

두 광명체들과 별들을 만들기 위한 전략은 다음과 같이 추론할 수 있다. 태양 발광체를 만들기 위한 전략은 원시 태양과 중력을 활용하고, 달 발광체를 만들기 위해서는 원시 달에 태양의 빛을 활용하며, 별들을 만들기 위해서는 원시 은하계와 중력을 활용하신다는 것이다. 이것이 어떻게 가능한지 하나씩 살펴보자.

멘토여, 두 광명체들과 별들이 주관할 공간은 어디입니까?

4일 차에 하나님께서는 "하늘의 궁창"에 두 광명체를 만드신다. 우리는 이미 하늘 궁창의 위치를 둘째 날 창조에서 살폈다. 이 하늘의 궁창은 둘째 날에 창조한 땅 위에 있는 하늘 궁창보다 더 높은 곳에 위치한 "하늘의 궁창"으로 해와 달과 별들이 주관하여 운행할 곳을 말한다.

이 하늘의 궁창은 태양계와 별들로 채워진 은하계가 있는 곳이다.

이 하늘 궁창은 이미 창세기 1장 1절에서 만들어진 것이었다.

멘토여, 그럼 태양은 언제, 어떻게 만들어졌습니까?

하나님께서 이 하늘 궁창에 "두 큰 광명체"(창세기 1:16)를 만드신다. 그런데 이 말에 중요한 비밀이 숨겨져 있다.

이 말은 무엇인가를 광명체로 만드셨다는 것이다.

이것이 무슨 뜻일까? 발상의 전환을 통하여 진실에 접근하기 위하여 우선 달이 발광체로 변화되는 상황을 살펴보자. 우리는 달이 어떻게 빛을 내고 있는지 과학적 상식을 통하여 잘 알고 있다.

달은 태양의 빛을 반사함으로 발광체가 된다.
이것은 달이 광명체가 아닌 상태로 존재했던 것을 전제한다.

달은 발광체가 아닌 상태가 있었고 태양을 통하여 발광체가 되었다. 그렇다면 태양은 어떻게 발광체로 변하는 것일까? 우선 태양이 위치한 현장을 살펴보자.

현대 과학이 이해하는 차원에서는 지구는 약 1,000억 광년 크기의 전체 우주 속에서 특별히 10만 광년의 크기를 가진 한 은하계에 속했고, 그 은하계의 6개의 나선형 팔 중 오리온에 속했고, 그 오리온 팔의 중간 위치에 있는 1만 광년 크기의 태양계에 속한 3번째 행성이다. 그런데 다음 말의 의미를 잘 생각해 보라.

태양은 태양계 질량의 99.86%를 가지고
태양계 내의 행성들에 절대적인 영향을 행사한다.

태양은 지구 질량의 33만배, 목성은 지구 질량의 318배를 가지고 있다. 이 말은 지구는 태양계 속에서 태양이 99.86%의 질량을 가지고 지어지는 과정 속에서 태양 질량의 1/33만 쪼가리 부스러기를 모아 지어진 미미한 존재라는 것이다. 이런 지구를 이렇게 아름답고 기능적으로 지으신 것은 미약한 것을 들어 아름답고 의미 있게 하시는 하나님의 원리를 확인하게 한다.

왜냐하면, 하나님께서 창세기 1장 1절 태초에 "하샤마임, 그 하늘들"을 만드셨을 때 이미 모든 은하계들과 원시 지구가 포함되었기 때문이다. 그리고 원시 지구가 있었다는 말은 원시 태양과 원시 은하가 있었다는 것을 전제한다. 이러한 말을 처음 들으면 의아할 수 있다. 그러나 동양화와 영화 촬영의 관점에서 창조의 이야기를 보아야 한다.

창세기 1장을 영화 기법으로 비유하자면 지구라는 주인공을 중심으로 전개되는 이야기이다. 이 말은 영화가 그리하듯이 주인공 이외의 인물에 관하여는 강조하여 설명하지 않을 뿐이지, 주인공만 화면에 보인다 하여 다른 인물과 세계가 존재하지 않는 것은 아니라는 것이다. 또한 동양화에서는 큰 줄기만 드러내고 나머지는 대범하게 생략하여 그리지만 세부적인 것은 이치에 맞추어 추론할 수 있게 그린다. 하나님의 영화 편집적 시각과 동양화의 생략법의 방식을 적용하여 지구 주변을 살펴야 한다. 그러면 성경 행간에 숨어 있던 것들이 보이기 시작한다.

 멘토여, 원시 태양계는 무슨 뜻입니까?

하나님께서 창세기 1장 2절을 알게하여 주신 이유는 매우 중요하다. 그것은 우리로 하여금 지구의 원시 상태와 그 상태가 의미하는 것을 알려준다. 즉, 지구의 원시 상태는 4일 차 창세기 1장 14절과 15절에 언급되는 "하늘의 궁창"을 전제한다. 하나님께서 지구의 대기권이 포함된 궁창은 둘째 날에 창조하셨지만, 이 "하늘의 궁창"은 따로 창조하지 않으신다. 왜냐하면, 이것은 태초에 이미 창조되었기 때문이다. 이 하늘의 궁창이 원시 은하계와 원시 태양계, 그리고 그 안에 원시 태양을 품고 있었던 것이다.

원시 태양의 정의는
성경에서 말하는 대로 발광체, 즉, 불티는 태양이 되기 전
원시 지구와 유사하게 느슨하게 존재하면서
태양계 질량의 99.86%를 가지고 막강하게 태양계 행성들에
영향력을 미치고 있던 원시 항성이다.

지구를 비롯한 모든 태양과 태양계 행성들은 모두 원시 상태에서 현재 우리가 알고 있는 모습으로 현대화되도록 변화된 것이다.

🌳 멘토여, 원시 태양계의 증거는 무엇입니까?

현대 과학으로 우리가 알 수 있는 것은 태양계 속에서 태양과 모든 생성들은 불가분의 영향력을 주고받는 다는 것이다. 특별히 태양의 행성들에 대한 영향력은 강력하다.

그래서 지구의 변화를 역추적하면 태양의 변화를 알아차릴 수 있다.

원시 지구의 존재를 알고 있는 우리가 갖고 있는 모든 내용을 종합하여 퍼즐을 맞추어 보자. 원시 지구가 솜사탕처럼 부풀어 있었는데 그것을 응축시키셨다는 것을 이젠 잘 알고 있다. 그리고 원시 지구를 뭉치게 한 전략적 요인은 중력이라는 것을 추론했다.

그럼 둘째 날 지구를 응축시킨 그 중력은 어디에서 왔을까?

이것을 추론하기 위하여 우리는 지구 밖으로 나가야 한다. 마치 9개의 점을 직선 네 개로 연결하기 위하여 9개의 점 밖으로 선을 연결했던 것처럼 말이다. 이 원시 지구 밖으로 나가서 선을 연결하면 우리는 원시 태양과 원시 태양계를 만나게 된다. 그 증거는 둘인데 하나는 하나님께서 기록하게 하신 성경 안에 있고, 하나는 하나님께서 실체를 만드신 성경 밖에 있다.

첫째 성경적 힌트는 창세기 1장 2절에서 알려주는 원시 지구이다. 만약 창세기 1장 1절의 창조와 2절의 원시 지구가 제시되지 않은 상태에서 첫 창조가 빛이라고 했으면 우리는 난감했을 것이다. 그러나 하나님께서는 그렇게 우리를 난감하게 할 분이 아니시다. 이치적으로 알 수 있는 것들을 다 준비하여 이해를 돕는 분이다. 하나님께서는 창세기 1장 2절을 통하여 이 원시 지구의 존재와 상태를 알려 주신다. 또 첫날의 창조에서 원시 지구가 자전하여 저녁이 되고 아침이 오는 것을 알려주신다. 이것이 말해주는 것은 원시 지구가 혼자 존재하지 않고 어딘가에 속했다는 것이다. 스스로 돌아가는 자전은 혼자만 있어도 되는 것 같지만, 그렇지 않다.

스스로 도는 자전은
무엇인가를 중심으로 도는 공전과 공존하기 때문이다.
그렇다면 원시 지구는 무엇을 중심으로 공전했던 것일까?

당연히 그것은 원시 태양이었다. 그리고 원시 태양과 지구는 원시 은하계를 중심으로 공전하고 있었다.

이것은 자연스럽게 두 번째 힌트로 우리를 인도한다. 둘째 힌트는 성경 밖에 있는 것으로 하나님께서 창조하신 태양계와 은하계다. 태양계에는 지구와 "같이" 중력이라는 원리를 통하여 단단하게 뭉쳐진 행성들이 있다. 이렇게 추론하는 근거는 태양계를 살펴보면 알 수 있다.

태양계는 거리와 뭉쳐진 정도에 따라 두 개의 행성군으로 나뉘는데 지구형 행성들은 수성, 금성, 지구, 화성, 그리고 목성형 행성들은 목성, 토성, 천왕성, 해왕성이다. 태양계 행성의 특성은 태양에서 가까울수록 행성들의 크기는 작고 밀도는 높다는 것이다. 즉, 태양에서 가까울수록 단단히 뭉쳐져 밀도가 높고 상대적으로 크기는 작다.

이것은 태양계 행성들이 어떤 일관된 원인에 의하여 같은
비율로 응축되었다는 것을 말해준다.

그 원인은 원시 태양이고,
이 영향력의 핵심은 원시 태양의 중력에 있다.

다음 표는 태양과의 거리와 크기, 밀도를 비교한 것이다.

구분	지구형행성				소행성대	목성형행성				카이퍼소행성대
행성	수성	금성	지구	화성		목성	토성	천왕성	해왕성	
거리	0.4	0.7	1	1.5		5.2	9.5	19.2	30.1	
지름	0.32	0.94	1	0.53		11.1	9.4	4	3.8	
평균밀도	5.43	5.24	5.52	3.94		1.33	0.7	1.27	1.64	

표 18 태양에서 지구까지의 거리와 지름을 1로 기준으로 한 비교

그럼 원시 태양의 중력이 어떻게 원시 지구와 다른 원시 행성에 영향을 미치며 현대화된 것일까?

 멘토여, 원시 태양계가 어떻게 현대화되었습니까?

원시 태양의 현대화라는 말이 무슨 뜻일까?

그 말은 원시 태양이 현재 우리가 아는 발광체로 되는 것을 말한다. 이것의 추론은 어렵지 않다. 원시 은하 형성의 어느 시점에 원시 태양계가 시작되었고, 태양계 질량의 99.86%를 원시 태양이 흡수하면서 태양을 중심으로 나머지 행성이 구체적으로 형성되었다. 그리고 원시 태양이 점차적으로 더 강하게 뭉쳐지면서 어느 시점에 원시 태양의 내부는 불덩이가 되었고, 더 강한 중력이 작용하여 원시 태양의 외부도 발화되어 불덩이가 되었을 것이다. 유사한 과정으로 지구도 뭉쳐졌고, 지구의 내부도 불타고 있었을 것이다. 그럼 지구의 내부가 뭉쳐져 불타던 시점은 언제이고, 태양은 어느 시점에서 불타게 된 것일까?

그 어느 시점이 언제인지 성경은 성경적으로 정확하게 말해준다. 지구의 내부가 불타기 시작한 시점은 지구 현대화 2일째였다. 중력으로 인하여 뭉치기 시작한 시점이다. 태양은 그 중력의 크기로 보아 더 일찍 내부가 불탔을 것이다. 그러나 태양의 밖까지 불타기 시작한 것은 지구 현대화의 4일 차의 일이다. 이 4일 차에 지구를 주인공으로 펼쳐지던 영화 화면에 원시 태양이 등장하는 것이다. 그렇다고 이 태양이 전혀 존재감이 없었던 것은 아니다.

지구 현대화 첫날 창세기 1장 5절에서 원시 지구가 자전하는 것을 알려 줄 때 이치와 눈치가 빠른 사람들은 원시 태양의 존재성을 알았을 것이다. 그리고 우리는 둘째 날 중력의 변화로 지구가 응축되고, 셋째 날에 바다와 육지가 분리되느라 지각 운동을 하기 위해 더 큰 중력이 작용할 때 원시 태양의 존재성을 추측했을 것이다. 왜냐하면, 지구 형성의 모체가 태양이고 지구가 자전과 공전을 하게 된 근원이 또한 태양이기 때문이다.

지구 현대화 2일 차에 발생했던 중력 변화는 어떻게 된 것일까?

우리가 원시 태양계의 변화를 원시 지구 현대화에 대입하면 놀라운 것을 알게 된다. 지구 현대화 2일 차에 임했던 중력은 지구에서 생긴 것이 아니라 원시 태양에서 생긴 것이었다.

이것을 어떻게 알 수 있을까? 우리는 표18에서 태양계 행성들이 태양에서 가까운 순서로 밀도가 높게 뭉쳐 있는 것을 살폈다. 이것이 언제였을까? 창세기 1장에서 제시하는 것을 통해 접목해 볼 때 그것은 지구 현대화 2일 차에서 시작하여 4일 차에 이르기까지 있었다. 원시 태양과 그로 인한 지구의 변화를 대형 화면에 한꺼번에 놓고 살펴보면 다음과 같다.

원시 태양계의 행성은 원시 태양이 더 응축되는 과정에서 태양의 중력에 전반적인 영향을 받게 된다. 원시 태양이 더 뭉쳐질수록 중력은 강하게 되고, 그 영향은 모든 태양계 행성에 미쳤다. 원시 태양이 뭉쳐지면서 강력한 중력이 임했고 솜사탕과 같이 뭉쳐 있던 1장 2절의 지구가 우리가 아는 지구의 단단함을 입은 것은 우리가 이미 살핀 것처럼 지구 현대화 2일 차와 3일 차였다.

태양 중력 변화로 인한 이런 지구의 변화가 있었을 때 태양계의 다른 행성들도 영향을 받아 응축되었다. 그 증거가 우리가 표에서 확인할 수 있던 것과 같이 태양의 거리와 비례하는 비율로 응축된 것이다. 그리고 마침내 지구 현대화 4일차에 원시 태양은 응축될 대로 되어 안과 밖이 함께 불타게 되었다. 원시 태양은 그렇게 "발광체"가 된 것이다.

 멘토여, 4일차에 언급되는 별들은 어떻게 만들어 진 것입니까?

엄격하게 보면 별은 항성과 행성으로 구분된다. 항성은 스스로 불타며 위성에 영향을 미치는 별이고 행성은 항성 주변을 돌면서 항성의 빛을 반사하는 별이다. 하나님께서 넷째 날에 별들도 만드셨다는 것은 두 가지로 유추할 수 있다.

첫째, 항성에 관계하여서는 원시 은하계에 임한 중력 변화가 원인이었다. 원시 태양에 임한 중력 변화의 이유는 원시 태양이 속한 원시 은하의 중력 변화에 기인했을 것이다. 원시 은하의 중력 변화가 원시 태양을 응축시키고, 그와 같이 원시 은하에 불타는 항성들이 같은 시기에 생성되므로 별들이 생긴 것으로 유추할 수 있다.

둘째, 행성에 관계하여서는 태양의 영향이다. 원시 태양이 불타면서 발광체가 되자 그 주변에 있던 위성들이 일시에 그 빛을 반사하면서 발광체가 된 것이다. 달이 그렇게 빛나며 존재를 드러낸 것과 같이 말이다. 다른 행성들과 달의 차이는 거리에 있다. 다른 행성들도 태양 빛을 반사하여 빛나지만, 달이라고 부르지 않고, 달의 기능을 하지 않는 이유는 그들이 멀리 있기 때문이다. 달은 신기한 거리를 유지하며 오직 밤에만 지구를 비추도록 장치되어 있다.

 멘토여, 달의 특성은 무엇입니까?

우리는 이제 큰 발광체와 작은 발광체가 태양과 달을 의미한다는 것과 그들이 빛을 내는 과정이 동일한 방법이 아니었다는 것을 이제 상식적으로 알고 있다. 하나님께서는 굳이 달로 하여금 불타지 않고도, 태양 빛을 반사함으로 적절한 빛을 지구의 밤에 비출 수 있도록 하시는 놀라운 전략을 사용하셨다.

우리는 이것을 통하여 하나님의 창조에는
효율적인 패턴이 있되 획일적이지 않고,
허를 찌르는 방법도 사용되었다는 것을 알게 된다.
우리가 하나님의 창조를 하나님의 관점에서 보아야 할 이유이다.

달의 생성에 관하여 연구하는 학자들은 달과 지구의 구성물질이 상당히 같고, 다른 행성들과 다른 것을 지적하면서 달이 지구로부터 떨어져 나갔을 가능성을 크게 보고 있다. 달을 연구하는 학자들은 달이 지구에서 떨어져 나가 적절한 거리에 위치하면서 지구가 잡아당기는 힘, 즉, 지구의 중력으로 인하여 지구 주변을 돌고 있다고 본다. 달이 떨어져 나가게 된 계기로는 지구 주변을 떠돌던 원시 행성 테이아 Theia가 지구와 충돌한 후에 튕겨 나간 것으로 본다.[70] 그리고 달과 지구의 충돌은 하나님의 4일 차 지구 현대화에 중요한 역할을 한다.

🌳 멘토여, 그 중요한 역할은 무엇입니까?

그 충돌은 지구에 중대한 변화를 야기하여 지구 축의 기울기를 변화시킨다. 지구 축은 23.5도 기울어져 있는데 이 기울기로 인하여 계절이 형성된다. 지구가 주변을 떠돌던 테이아 행성과 충돌한 것은 지구 현대화 2-3일 차에 더 강한 중력으로 뭉쳐진 후였을 것이다. 왜냐하면, 그 전에 충돌했다면 지구도 테이아도 솜사탕 같아서 서로 융합하고 튕겨내지 못했을 것이기 때문이다. 이 충돌은 강력하여 지구의 축을 23.5도 기울게 만들었다. 그리고 이것이 절묘하여 지구에 4 계절을 만들어 낸다.

하나님께서 달을 4일 차에 만드신 것은 그가 창조하실 5일, 6일 차에 대한 예비하심이었다. 즉, 물고기, 새, 짐승, 사람들은 밤에도 활동하기에 적절한 빛이 필요했던 것이다. 그리고 그들의 양식을 위하여 풀, 채소, 과일 나무의 성장을 위해 밤에도 빛이 필요했다. 그러므로 태양과 달이 5일과 6일 차 생명체 창조 전에 마련된 것은 참으로 시기적절하다.

달은 놀라운 고의성을 가진 창조의 증거라고 본다.
달의 지름 대 지구 지름의 비율은 366%이다.
지구가 일 년 동안 자전하는 횟수는 366회이다.
달이 366회 공전하는 데 걸리는 시간은 10000일이다.
달의 지름은 태양의 400분의 1이다.
달은 태양보다 400배 더 지구에 가깝다.

그래서 지구에서 관측할 때, 태양과 달의 겉보기 지름은 정확하게 일치한다.

달은 1일에 400Km씩 자전한다.

지구가 달보다 400배 빠르게 자전하고 있다.

달은 거의 19년 주기로 지구와 가까워지는데 그것을 슈퍼문이라고 한다.

27.322 – 달이 1회 공전하는 데 소요되는 항성일이다.

27.322% – 지구 지름 대 달 지름의 백분율이다.[71]

이러한 달의 수치들이 우연이었을까? 달, 지구, 태양과 연관한 숫자에서 본 것과 같이 하나님께서는 숫자와 비율의 전문가이시다. 이제 시간을 측정케 하시는 하나님의 놀라운 디자인에 대하여 살펴보자.

◦ 목표치 3: 시간대 나누기 ◦

🌳 멘토여, 시간대 나누기 위한 전략은 무엇입니까?

창조의 4일 차에서 우리는 다양한 시간대를 구분할 수 있게 된다.

> 하나님이 이르시되 하늘의 궁창에 광명체들이 있어 <u>낮과 밤을 나뉘게 하고</u>
> 그것들로 <u>징조와 계절과 날과 해</u>를 이루게 하라. | 창세기 1:14

하나님 창조의 놀라운 것은 물질적인 것을 창조하시는 것 같은데 그것은 곧 비물질적인 것과 연결된다.

> 하나님의 창조의 놀라운 점은 그것의 효용성에 있다.
> 물질은 눈에 보이지 않는 에너지를 내고,
> 또 움직이며 시간의 특성과 구분점을 만든다는 것이다.

하나님께서는 태양과 달, 지구의 자전과 공전을 통하여 시간을 구분하신다. 시간대를 나누기 위한 하나님의 전략은 다음과 같다.

낮과 밤– 태양과 달을 활용하기

1일– 지구의 자전 활용하기

1달 (징조)–달의 지구 공전을 통한 변화를 활용하기

4 계절–달과 지구의 충돌로 야기된 지구의 23.5도 기울기 활용하기

1년–지구의 태양 공전 활용하기

참으로 놀랍지 않은가? 과학 이론이 이런 현상을 파악하지만 성경은 그 기원과 설계를 말해 준다. 세상엔 많은 창조 설화들이 있다. 그들의 주된 관심은 그냥 해, 달, 자연, 그리고 동물과 사람, 신이 주된 관심 사이다. 그러나 성경의 창조이야기는 짧은 이야기 속에 엄청난 정보를 담아 주며 창조물들이 어떻게 시계의 역할을 하도록 창조되었는지, 누가 했는지를 말해 준다. 이것은 우주가 아무 의미 없이 어쩌다가 폭발하여 자연스럽게 만들어진 것이 아니라 고도의 고의성을 가지고 창조된 것이라는 사실을 처음부터 제시하는 것이다.

● 기타 목표치: 창조의 하루에 대한 진실 알게 하기 ●

기타 목표치는 다섯째 날 창조에 국한된 목표치는 아니다. 이 목표치는 성경에 제시된 하루라는 시간에 대한 혼돈에 관하여 생각해 보려는 것이다. 그래서 기타 목표치로 잡았다. 창조 6일의 하루의 길이는 얼마가 될까? 이 질문은 많은 혼돈을 일으킨다. 성경은 과연 무엇이라 하는가? 이 목표치를 달성하기 위한 전략은 6일에 행하신 것들에 대한 구체성을 활용하는 것이다. 구체적으로 어떤 일이 어떤 과정을 거쳐 창조되었는지를 살핀다면 시간 개념에 관하여 보다 구체적인 이해를 하게 될 것이다.

 멘토여, 각 날의 창조가 하루에 되었다는 뜻을 어떻게 이해하여야 합니까?

우리는 9장에서 엑하드 욤이라는 말의 진정한 의미를 다음과 같이 살펴보았다.

물론 이 욤은 저녁부터 다음 저녁까지의 시간을 뜻하게 되었다. 창세기 1장은 분명하게 창조가 하루를 뜻하는 욤이라는 시간대 속에서, 그리고 저녁이 되고 아침이 되는 하루의 시간 대 속에서 전개된다고 말씀하신다. 그렇다면 그 창조의 하루의 길이는 과연 얼마일까?

멘토여, 창조의 각 날들의 길이는 어떠했을까?

과연 이 하루는 시간 차원에서 어떤 의미일까? 우선 하나님께서 각 날에 창조하신 것들이 구체화되는 과정을 살피면서 시간에 대한 질문을 해보자.

첫날 지구 현대화의 첫날에 빛을 만드셨다. 이것이 번개 전기의 안정화이든, 야광 물질들의 활용이든 태양 없이 빛을 만드시는데 어느 정도의 시간이 필요하셨을까? 빛의 입자들을 한 곳에 모으시고 빛이 있는 곳과 어둠이 있는 곳을 구분하시는데 어느 정도의 시간이 필요했을까?

2일 차 창조에서는 창세기 1장 2절에서 언급한 상태의 원시 지구에 대 변혁이 발생한 날이다. 솜사탕 같은 혼돈스럽고 공허하고 느슨하고 깊이가 있던 상황에서 중력을 통하여 현대 지구의 상태로 뭉치는데 어느 정도의 시간이 필요했을까? 뭉치면서 지구 내부에 불덩이 핵이 생기고, 지구 이곳저곳이 불에 타고, 그 위에 물이 뒤덮인 채 식으면서 지구 표면이 약간의 구워짐 현상이 생겼다. 그것이 오늘날 우리가 아는 대륙의 판이다. 이렇게 불타고, 이렇게 식는데 어느 정도의 시간이 필요했을까?

3일 차에 평평한 공처럼 압축된 지구에 더 강한 중력이 임하였다. 2일 차의 응축과 압축열에 의하여 지구 표면이 구워져 판으로 형성된 것에 중력으로 인하여 균열이 일어나며, 판이 약한 곳은 속으로 꺼지고, 강한 곳은 위로 치솟으며 물이 낮은 곳을 채움으로 바다가 되고, 치솟은 곳은 산과 대륙이 되었다. 그러면서 거대한 지진과 화산 활동이 있었다. 이런 지구의 대 격변이 생긴 후 지진과 화산등의 상황이 종료되고 식으며, 비를 통하여 균열의 틈이 메꾸어짐으로 식물들이 자랄 수 있기 위하여 얼마의 시간이 필요했을까? 그리고 현대 인류가 알고 있는 310,129종류의 식물이 만들어지고 심겨지고 자라나는데 어느 정도의 시간이 필요했을까?

4일 차에는 지구와 다른 태양계 행성의 중력 변화에 근본적 영향을 주었던 원시 태양의 뭉침이 마침내 임계점을 넘어 대 폭발을 하고 불덩이가 됨으로 우리가 아는 태양이 되었다. 그리고 이러한 태양의 변화 와중에 원시 행성 테이아가 지구와 충돌하여 지구를 23.5도 기울게 만들고 튕겨 나가 원시 달이 되었다. 그리고 태양이 큰 발광체가 되자 그 빛을 반사함으로 원시 달이 작은 발광체가 되었다. 또한 태양계와 은하계의 별들이 태양 빛을 반사하며 빛을 내게 되어 별로 인식하게 되었다. 원시 태양의 중력 변화를 야기한 것은 원시 은하계이고, 원시 은하계의 중력 변화는 원시 태양이 불덩이와 같이 되었듯이 원시 은하에 수 없이 많은 불타는 항성들을 만들어 별을 만들었다. 하나님께서 이 모든 것을 만드시는데 어느 정도의 시간이 필요했을까?

5일 차에 물고기와 새를 지으셨다. 지구상에는 1백 8십 9만 9천 587종류의 생명체가 존재한다. 이들 중 새가 9,990종류, 파충류가 8,734종류, 물고기가 31,153종류이다. 이것들을 종류대로 창조하시는데 어느 정도의 시간이 필요했을까?

6일 차에 각종 기는 것, 들짐승과 가축들을 종류대로, 인간을 하나님의 형상으로 지으셨다. 지구상에 척추동물 중 포유류가 5,487종류, 파충류가 8,734종류, 무척추동물이 약 1,359,365종 등이 존재한다. 인간을 특별하게 창조하시되 창세기 2장에서 보는 바와 같이 아담을 먼저 창조하셨다. 그 후에 동산 동물들을 아담에게 데려와 아담이 그들의 이름을 짓도록 하셨다. 또 아담을 잠들게 한 후 아담의 갈빗대에서 이브를 복제 창조하셨다. 하나님께서 6일 차에 이 모든 것을 만드시는데 어느 정도의 시간이 필요했을까?

위에서 살핀 것이 창조의 6일에 성경에서 짧게 언급한 것들의 행간에서 과정적으로 일어났던 일들이다. 우선 이것을 통하여 알게 되는 것은 하나님께서 과정을 가지셨다는 것이다.

하나님께서는 왜 "모든 것이 다 있을지어다"라고 하지 않으시고
"빛이 있을지어다"라고 하셨을까?

한꺼번에 다 창조하지 않으시고 6일이라는 창조 과정을 거치시며
목표치들을 설정하시고 전략적으로 하셨을까?

이것이 말해주는 것은 하나님께서 말씀으로 모든 것을 간단하게 하신 것 같지만, 그 말씀이 실행됨에 있어서는 구체적인 시간 속에서 창조경영 전략에 따른 구체적인 과정을 거치셨다는 것이다.

멘토여, 그러면 하루를 어떻게 이해해야 합니까?

하루를 이해하는 여러 견해들이 있다. 오늘날과 다를 바가 없는 24시간의 하루로 보는 견해, 베드로 후서 3장 13절을 따라 하루를 천년으로 보는 견해, 또 하루가 지질학계가 주장하는 선캄브리아, 고생대, 중생대, 신생대의 시대라는 견해, 혹은 불특정한 하루라는 것들이다.

위에서 살핀 관점 모두 나름 창조의 하루를 합리적으로 설명하려는

시도이지만, 아쉬운 부분도 있다. 우리가 모르는 부분을 모르는 것으로 인정하고 아는 것을 아는 것으로 인정할 때 가장 합리적으로 창조 6일의 하루를 이해할 방법 있다.

그것은 창조의 하루를 하나님의 하루로 보는 것이다.

하나님께서 창조하시는 시간은 인간의 기계적 시간과 상당히 다르다.

요한복음 2장에서 물로 포도주를 만드신 것은 순간적이었다.
그러나 과학으로 측정하면 몇 개월 혹은 몇 년으로 산정될 수도 있다.

아론의 마른 지팡이에서 꽃과 열매가 맺힌 것은 밤사이에 일어났다.
드러나 과학의 시간으로 추론하면 몇 개월로 산정될 것이다.

여기에서 인정할 두 가지가 있다. 하나님의 초월적 시간이 존재한다는 것과 또한 인간의 합리적 시간이 있다는 것이다. 영적인 사람에게 이 두 가지는 다 현실이다. 그러나 영적인 감동이 없으면 인간의 시간만 합리적으로 본다. 결론적으로 우리는 이 두 가지를 다 인정하고 창조의 하루를 볼 때 우리는 이렇게 정의할 수 있을 것이다.

하나님의 하루는
24시간 보다 더 짧을 수도 있고, 더 길 수도 있는 하루이다.

성경에서 하루의 측정 단위로 "저녁이 되고 아침이 되니"는 지구의 자전을 근거로 말하는 것이기에 하루 24시간을 추론하게 만든다. 그러나 반전이 있다.

태양계 안에 모든 행성의 하루가 24시간은 아니며
지구 안에 있던 모든 하루가 24시간이 아니었다.

예를 들어 지구는 하루 안에 자전하는데 23시간 56분이 걸린다. 수성은 지구 시간으로 환산할 때 58일 16시간, 금성은 역주행이므로 −243일이 하루이다. 반면 태양에서 먼 목성은 9.9시간, 해왕성은 16.1시간이다.[72] 목성형 행성들은 원시 지구와 유사한 조건을 갖추고 매우 빠르게 자전한다. 이 말은 원시 지구도 4일차 이전에는 현재보다 더 빨리 자전했을 수 있다는 것을 의미한다.

또 여호수아서 10장 13절에서 접하는 여호수아의 하루와 열왕기하 20장 10-11절에서 접하는 히스기야의 하루도 24시간이 아니었다. 하나님께서 사용하신 창조의 하루를 인간의 시간으로 제한하지 않고 하나님의 하루로 규정하는 것은 과학을 성경의 관점에서 연구하려는 과학자들에게 새로운 지평을 열어 줄 것이다.

 멘토여, 이러한 이해가 어떻게 과학자들에게 도움이 됩니까?

예를 들어 11장에서 소개한 존슨 Johnson과 윙 Wing은 성경의 3일 차 창조가 말하는 것과 같이 고대 지구의 대륙들이 다 바다에 잠겨 있었음을 증명하는 증거들을 고대 암석에서 발견했다. 이것은 매우 획기적인 발견이었다. 그래서 그들은 자신들의 발견이 성경에서 말하는 바와 일치한다고 언급했지만, 성경에서 말하는 하루를 24시간의 관점에서 볼 때는 그들의 이론은 설 자리가 없었다. 왜냐하면, 그들의 연구는 우리가 2일 차와 3일 차 창조의 과정에서 본 바와 같은 과정을 거친다는 것을 말해주지만, 문제는 성경과 다른 시간관이었다.

그들은 지구가 뭉쳐지면서 마그마가 생기고, 그것이 식는 과정은 긴 시간이 걸렸을 것이라고 보는 것이다. 그리고 지구 대륙 암석의 존재는 마그마에서 나와 물속에서 굳어지는 과정을 거쳤다고 본다. 그 시간은 긴 시간을 요구하는데 성경이 말하는 24시간으로서의 하루로 해석한다면 그들의 이론을 성경적이라고 해야 할지 말아야 할지 고민에 빠졌다.

그러나 우리가 창조의 하루를 인간의 24시간이 아닌 하나님의 하루로 규정한다면 이런 과학적 발견을 성경에 대입해 보면서 과학자들이 성경에 근거한 연구를 더 깊게 할 수 있는 문을 열어 주게 될 것이다. 그리고 언젠가는 과학의 진실과 성경의 진리가 만나게 될 것이다.

🌳 멘토여, 넷째 날 창조의 궁극적인 비전은 무엇입니까?

넷째 날의 궁극적인 비전은 안정적인 태양계, 안정된 지구, 안정된 계절과 시한을 통하여 번성하며 충만하게 살아가는 지구 생물과 인간들의 모습이다. 하나님께서는 단순히 발광체들의 창조만이 아니라 이것과 연관하여 일시라는 비 물질적인 체계도 창조하여 주셔서 인간들의 삶이 시간과 함께 체계적인 삶을 영위할 수 있게 하셨다. 이 모든 것을 행하시면서 하나님께서는 품고 계신 비전이 현실에서 실현된 것이 보시기에 좋았다고 평가하시고, 기뻐하시고 저녁이 되고 아침이 되면서 휴식하신다.

🌳 멘토여, 넷째 날 하나님께서 하신 것들을 V.M.O.S.T. A.R.T.ⓒ로 정리하여 주십시오.

하나님께서 행하신 것을 V.M.O.S.T. A.R.T.ⓒ로 정리하면 다음 도표와 같다.
넷째 날 V.M.O.S.T. A.R.T.ⓒ내용

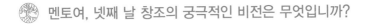

V   비전   원시 지구에 안정적인 빛으로 밤낮을 비추며 이를 통하여 일시를 가름

할 수 있도록 하는 모습 (단기 비전)

안정적인 태양계에서 안정된 지구와 안정된 계절, 시한을 통하여 번성하며 충만하게 살아가는 지구 생물과 인간들의 모습 (궁극적인 비전)

가치 완벽한 영광, 완벽한 팀워크, 완벽한 사람 중심, 완벽한 사랑, 완벽한 기능성, 완벽한 아름다움

M 사명 나는 원시 지구에 발광체를 창조하여 안정적인 빛을 공급하고 이를 통하여 일시도 구분할 수 있도록 해주기 위하여 존재한다.

O 목표치 ① 1:14 첫날의 빛과 발광체에서 나오는 빛 구분하기
② 1:14 두 광명체와 별 만들기
③ 1:14 시간대 구분하기

S 전략 ① 첫날과 넷째 날의 빛 구분하기 위하여 어원과 대칭활용하기
② 두 광명체와 별 만들기 위하여 큰 발광체를 만들기 위하여 원시 태양을 불타게 하고, 작은 발광체를 만들기 위하여 원시 달이 태양의 빛을 반사하게 하고, 별들도 큰 발광체의 반사되는 빛 활용
③ 시간대 구분하기 위하여 다음을 활용
낮과 밤을 나누기 위하여 낮의 빛을 위하여 큰 광명체 활용, 밤의 빛을 위하여 작은 광명체와 별 활용
하루를 이루기 위하여 지구의 자전을 활용
날들 (달)을 이루게 하기 위하여 작은 광명체인 달의 주기를 활용
4계절을 이루게 하기 위하여 4계절 창조를 위하여 지축 23.5도 기울기를 활용
해 (1년)을 이루게 하기 위하여 1년의 구분을 위하여 지구의 공전 활용

T 시간 넷째 날

A 행동 1:14 낮과 밤을 나뉘게 하고 그것들로 징조와 계절과 날과
해를 이루게 하라
비추라 하시니 그대로 되니라
1:16 두 큰 광명체를 만드사
큰 광명체로 낮을 주관하게 하시고
작은 광명체로 밤을 주관하게 하시며
또 별들을 만드시고

1:17 하늘의 궁창에 두어 땅을 비추게 하시며
1:18 어둠을 나뉘게 하시니
R 평가 1:18 광명체 창조 후 하나님이 <u>보시기에</u> 좋았더라 (평가)
보상 1:18 광명체 창조 후 하나님이 <u>보시기에</u> 좋았더라 (기쁨과 보람)
휴식 1:19 저녁이 되고 아침이 되니 이는 넷째 날이니라
T 감사

지금까지 우리는 넷째 날의 창조의 비밀 중에서 태양계 창조의 전략에 관하여 살폈다. 특별히 첫 빛과 발광체에서 나오는 빛의 차이, 두 광명체와 별의 창조 과정, 그것과 태양계의 비밀을 원시 태양계 가설을 통하여 살폈다. 그리고 태양계를 만드심으로 비 물질인 시간대를 구체적으로 만들어 주시는 GOD THE CEO의 놀라운 전략을 살폈다. 이제 어류와 조류의 창조에 관하여 살펴보자.

멘티여,

· 그대는 이 장에서 배운 것을 활용하여 하나님께서 지구와 태양계의 생성에 관하여 어떻게 설명하겠는가?
· 하나님께서 두 발광체를 어떻게 지으셨는가?
· 그 발광체를 어떻게 활용하시는가?

13

다섯째 날:
물고기와 새 만들기

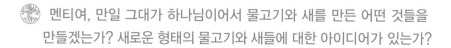 멘티여, 만일 그대가 하나님이어서 물고기와 새를 만든 어떤 것들을
만들겠는가? 새로운 형태의 물고기와 새들에 대한 아이디어가 있는가?

생물 다양성 정보 Global Biodiversity Information의 통계에 의
하면 지구엔 1백 8십 9만 9천 587종류의 생명체가 존재한다. 그 중
에 식물이 약 310,129종류, 척추동물 중 포유류가 5,487종류, 새가
9,990종류, 파충류가 8,734종류, 물고기가 31,153종류, 무척추동물이
약 1,359,365종 그리고 곰팡이 종들이 있다.[73] 이들은 모두 형형색색으
로 아름다울 뿐 아니라 기능적으로도 생태계 사이클을 전체적으로 균형
있게 조성하고 있다. 이러한 생명체들을 그대가 최초로 창조한다면 어느
것부터 어떻게 창조하여, 어떤 기능들을 주겠는가?

다음 두 목표치들이 우리를 5일 창조의 세계로 인도할 것이다.

큰 바다 동물과 생물, 새들을 만들기
어류와 조류가 생육하고 번성하도록 하기

멘토여, 다섯째 날, 물고기들과 새들을 그 종류대로 만드신다는데
그 종류는 어디에 있었습니까?

이 답을 찾을 수 있는 힌트는 역시 창세기 1장에 있다. 먼저 다섯
째 날 하나님께서 행하신 것을 성경에서 먼저 확인해 보면 다음과 같다.

> 하나님이 이르시되 물들은 생물을 번성하게 하라.
> 땅 위 하늘의 궁창에는 새가 날으라 하시고
> 하나님이 큰 바다 짐승들과 물에서 번성하여 움직이는 모든 생물을
> 그 종류대로, 날개 있는 모든 새를 그 종류대로 창조하시니
> 하나님이 보시기에 좋았더라.
>
> 하나님이 그들에게 복을 주시며 이르시되 생육하고 번성하여 여러 바닷물에
> 충만하라 새들도 땅에 번성하라 하시니라.
> 저녁이 되고 아침이 되니 이는 다섯째 날이니라. | 창세기 1:20-23

이 구절에서도 위에서 한 질문에 대한 답은 담겨 있지 않다. 그리고
더 많은 질문들을 우리에게 준다. 우선 한 가지씩 질문을 생각해 보자.

 멘토여, 하나님의 다섯째 날을 위한 비전은 무엇입니까?

우선 말씀에 근거하여 비전과 가치, 사명을 구분해보면 다음과 같다.
다섯째 날의 비전은 우선 보시기에 좋게 창조되어 바다에 물고기가, 하
늘에 새가 충만하고 보시기에 아름다운 모습이다. 이것을 이루기 위한
가치는 앞에서 살핀 것과 같이 완벽한 영광, 완벽한 팀워크, 완벽한 사람
중심, 완벽한 사랑, 완벽한 기능성, 완벽한 아름다움이다. 이런 가치를
가지고 이 비전을 실현하기 위하여 하나님께서 가지시는 사명 선언문은
나는 바다에 물고기가 종류대로, 하늘에 새가 종류대로 아름답게 번성하
고 충만케 하기 위하여 존재한다이다.

이 비전 실현을 사명으로 삼고 하나님께서는 다양한 목표치를 설정하신다. 큰 바다 동물과 생물 만들기, 날개 있는 모든 새들 만들기, 그들을 생육하고 번성하도록 하기, 그들에게 활동 영역을 주기 등이다. 사명을 감당하기 위하여 설정하신 목표치는 성경에서 다음과 같이 발견할 수 있다.

① 1:20, 21 큰 바다 동물과 생물, 새들을 만들기
② 1:22 어류와 조류가 생육하고 번성하도록 하기

 멘토여, 다섯째 날의 목표치가 뜻하는 것들을 해석하여 주십시오.

하나님께서는 넷째 날에 지구 밖 하늘 공간을 채울 태양과 달, 그리고 별들을 창조하셨다. 태양과 달은 생명체의 활동을 위하여 필수적이다. 그런데 태양과 달이 공급하는 것은 빛과 온도만이 아니다. 달은 해와 지구와 절묘한 거리를 인한 중력의 작용으로 바다의 조수 활동을 초래하여 바다속에 산소를 공급하고, 또 바다 밖에도 산소를 공급한다. 또한 밤에 하등과 고등 동물들이 활동할 수 있도록 한다. 또한 그러한 조수 활동을 하는 바다는 물의 증발을 쉽게 해서 하늘에도 적절한 수분과 구름을 제공한다. 또한 달은 3일 차에 창조된 식물들의 성장을 더 촉진시켰을 것이다. 이 말은 이제 물속에 물고기들과 하늘의 새들이 창조될 모든 조건이 갖춰진 것을 의미한다.

● 목표치 1: 큰 바다 동물과 생물, 새들을 만들기 ●

 멘토여, 큰 바다 동물과 생물들, 날개 있는 모든 생물들을 창조하시기 위한 전략은 무엇입니까?

그 전략은 그들의 "종류"를 활용하시는 것이다. 그 종류는 이미 하

나님의 비전 속이든 하나님 나라에 존재했으리라는 것을 앞 장에서 유추했다. 그것이 창조되었다고 말하는 것은 지구에 없었던 것이 지구에 생긴 것을 의미한다. 여전히 지구 입장에서는 무에서의 창조이다.

● 목표치 2: 어류와 조류가 생육하고 번성하도록 하기 ●

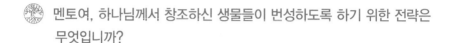 멘토여, 하나님께서 창조하신 생물들이 번성하도록 하기 위한 전략은 무엇입니까?

하나님께서는 종류대로 지으신 물고기들과 새들이 바다와 하늘을 활용하여 번성하는 삶을 살도록 하신다. 그들이 생육하고 번성하게 하는 목표치를 달성하기 위한 하나님의 전략은 "복"을 활용하는 것이었다.

> 하나님이 그들에게 복을 주시며 이르시되 생육하고 번성하여 여러 바닷물에
> 충만하라 새들도 땅에 번성하라 하시니라. | 창세기 1:22

복을 주셨다는 것을 현실적으로 이해하자면 새와 물고기들이 교미를 통하여 번성할 수 있는 특별한 기능을 허락하셨다는 말이다. 어차피 처음부터 그런 것 아니었는가 생각할 수 있지만, 그런 생각은 오늘 현재를 기준으로 하는 것이고, 현재 우리가 다루는 시점은 창조 시점이다. 창조 때는 백지에서 시작한다. 그렇기에 창조 시점에서 특수 기능은 하나님의 비전 속에서 주시는 복으로 말미암는 것이다.

이 복으로 인하여 물고기와 새들이 암수로 구분되지만, 암수가 유전자를 공유하며 사랑이라는 가치 안에서 각 물고기와 새들이 사회적 관계를 형성하여 살 수 있게 하셨다. 하늘에 새가 날고, 바다에 물고기가 있고, 그들이 출산하여 번성하는 것이 오늘을 사는 우리에게는 상식이지만, 이것은 하나님의 창조와 축복이 있은 뒤의 일이었다.

멘토여, 어류와 새들의 활동 영역에 관하여는 어떻게 하셨습니까?

어류들을 위해서는 물과 뭍을 구분하신 후 바다라 칭하신 곳을, 조류 들을 위해서는 하늘의 궁창을 그들의 활동 영역으로 주셨다. 창세기 1장 20절을 보자.

> 하나님이 이르시되 물들은 생물을 번성하게 하라
> 땅 위 하늘의 궁창에는 새가 날으라 하시고 | 창세기 1:20

새들에게 주신 영역은 땅을 기준으로 하여 땅 위에 위치한 하늘의 궁창이다. 그러므로 이것은 태양이 머무는 하늘이 아니라 우리가 눈으로 보는, 그리고 두 번째 날에 창조된 그 하늘의 궁창이다. 안전한 대기권 안에, 수풀과 나무들이 있고, 구름이 있는 곳이었다.

멘토여, 다섯째 날 창조의 궁극적인 비전은 무엇입니까?

다섯째 날의 비전은 우선 보기 좋게 창조되어 바다에 물고기가, 하늘에 새가 아름답게 충만한 모습이다. 그러나 이것들은 훗날 더 놀라운 기능을 제공하도록 창조되었다. 그래서 다섯째 날의 궁극적인 비전은 바다에 충만한 바닷물고기와 하늘에 충만한 새들의 모습 그리고 그 생태계를 다스리며 활용하는 인간들의 모습이다

하나님께서는 다섯째 날에 바다엔 큰 바다 짐승과 다른 물고기들, 그리고 하늘에 새들을 종류대로 창조하셨다. 하나님께서는 또한 그들에게 복을 주셔서 혼자가 아니라 같은 종류끼리 사회적 관계를 가지고 번성하도록 하셨다. 모든 어류와 조류들은 보기에도 아름답고, 기능적으로 완벽하고, 바다와 하늘에 완벽하게 적응하며, 바다와 하늘을 풍요롭게 할 존재들이다.

하나님께서는 그들을 지으시면서 그들이 바다와 하늘에서 살면서 거대한 생태계를 조성하면서 아름답고 기능적으로 존재하는 모습을 궁극적인 비전으로 가지셨다. 그리고 그들은 오늘날에도 인간들에게 영감을 주며, 또한 양식이 되어 주며 우리 곁에서 하나님 창조의 아름다운 비전을 증거하고 있다.

하나님께서는 이것들을 창조하신 이후에 보시고 생각하셨던 비전대로 창조되었음을 보시고 좋다고 평가하심으로 기쁨과 보람도 느끼신다. 그리고 밤이 오고 아침이 오면서 다섯째 날이 완성된다.

🌳 멘토여, 다섯째 날 하나님께서 하신 것들을 V.M.O.S.T. A.R.T.ⓒ로 정리하여 주십시오.

하나님께서 행하신 것을 V.M.O.S.T. A.R.T.ⓒ로 정리하면 다음 도표와 같다.

V	비전	보시기에 좋게 창조되어 바다에 물고기가, 하늘에 새가 아름답게 충만한 모습 (단기 비전) 바다에 충만한 바다 물고기와 하늘에 충만한 새들의 모습 그리고 그 생태계를 다스리며 활용하는 인간들의 모습 (궁극적인 비전)
	가치	완벽한 영광, 완벽한 팀워크, 완벽한 사람 중심, 완벽한 사랑, 완벽한 기능성, 완벽한 아름다움
M	사명	나는 바다에 물고기가 종류대로, 하늘에 새가 종류대로 아름답게 번성하고 충만케 하기 위하여 존재한다.
O	목표치	① 1:20, 21 큰 바다 동물과 생물, 새들을 만들기 ② 1:22 어류와 조류가 생육하고 번성하도록 하기 ③ 기타: 공룡에 대한 진실 알기 ④ 창조의 하루에 대한 진실 알게 하기
S	전략	① 어류와 조류 만들기 위하여 그 종류를 활용

		② 어류와 조류들 생육하고 번성하도록 하기 위하여 교미를 통해 알을 낳아 번성하도록 복 주기
T	시간	③ 기타: 공룡에 대한 진실 알기 위하여 성경과 역사 유물 활용하기
A	행동	1:20 물들은 생물을 번성하게 하라 땅 위 하늘의 궁창에는 새가 날으라 하시고 1:21 모든 생물을 그 종류대로, 날개 있는 모든 새를 그 종류대로 창조하시니 1:22 하나님이 그들에게 복을 주시며 이르시
R	평가	1:21 물고기와 새를 창조하시니 하나님이 보시기에 좋았더라 (평가)
	보상	1:21 물고기와 새를 창조하시니 하나님이 보시기에 좋았더라 (기쁨과 보람)
	휴식	1:23 저녁이 되고 아침이 되니 이는 다섯째 날이니라
T	감사	

　지금까지 우리는 다섯째 날의 창조의 비밀 중에서 어류와 조류를 만드시고, 그들이 생육하고 번성하도록 복 주신 전략을 살폈다. 이제 여섯째 날의 창조의 전략에 관하여 살펴볼 것이다. 그 전에 잠시 성경에서 언급하는 창조의 하루에 관하여 살펴볼 것이다. 이것은 5일 차에 해당되는 개념은 아니지만, 이쯤에서 하루라는 시간 개념에 관하여 살필 수 있는 준비가 되었다고 본다.

　　멘티여,

· 하나님께서 물고기와 새들을 종류대로 만드셨다고 하는 데 그 종류들이 하나님 나라에 존재했다는 것에 관하여 그대는 어떤 증거를 말할 수 있는가?

14

여섯째 날:
짐승, 가축, 사람 만들기

🌳 멘티여, 그대가 짐승들과 사람들을 만들 수 있다면 어떻게 만들겠는가?

그대가 모든 것을 다 할 수 있는 권능을 가진 하나님이라면 짐승들과 사람들을 어떻게 만들겠는가? 인간에게 어떤 능력들을 더 부여하겠는가? 그 이유는 무엇인가? 하나님께서 왜 그런 능력을 안 주셨다고 생각하는가? 하나님께서는 왜 인간을 만드시고, 어떻게 인간으로 하여금 만물을 경작하고, 다스리게하셨는가?

다음 다섯 목표치들은 우리를 놀라운 세계로 인도할 것이다.

가축, 기는 것, 모든 짐승 만들기
사람 만들기
인간들에게 생육, 번성하여 땅에 충만하게 하기
땅을 정복하고, 물고기, 새, 땅의 모든 생물을 다스리게 하기
동물과 사람에게 식물 주기

🌳 멘토여, 여섯째 날, 짐승, 가축을 그 종류대로 만드신다는데 그 종류는 어디에 있었습니까? 인간은 왜 종류대로 만드시지 않았습니까?

이 답을 찾을 수 있는 힌트를 위해서 역시 창세기 1장으로 돌아가 자. 먼저 여섯째 날 하나님께서 행하신 것을 성경에서 먼저 확인해 보면 다음과 같다.

동물 창조
24 하나님이 이르시되 땅은 생물을 그 종류대로 내되
가축과 기는 것과 땅의 짐승을 종류대로 내라 하시니 그대로 되니라.
25 하나님이 땅의 짐승을 그 종류대로, 가축을 그 종류대로,
땅에 기는 모든 것을 그 종류대로 만드시니 하나님이 보시기에 좋았더라.

비전과 비전 실현을 위한 인간 창조
26 하나님이 이르시되 우리의 형상을 따라 우리의 모양대로
우리가 사람을 만들고 그들로 바다의 물고기와 하늘의 새와 가축과
온 땅과 땅에 기는 모든 것을 다스리게 하자 하시고
27 하나님이 자기 형상 곧 하나님의 형상대로 사람을 창조하시되
남자와 여자를 창조하시고

사명지정
28 하나님이 그들에게 복을 주시며 하나님이 그들에게 이르시되
생육하고 번성하여 땅에 충만하라, 땅을 정복하라.
바다의 물고기와 하늘의 새와 땅에 움직이는 모든 생물을 다스리라 하시니라.

음식물 지정
29 하나님이 이르시되 내가 온 지면의 씨 맺는 모든 채소와
씨 가진 열매 맺는 모든 나무를 너희에게 주노니 너희의 먹을 거리가 되리라.

30 또 땅의 모든 짐승과 하늘의 모든 새와 생명이 있어 땅에 기는 모든 것
에게는 내가 모든 푸른 풀을 먹을 거리로 주노라 하시니 그대로 되니라.
31 하나님이 지으신 그 모든 것을 보시니 보시기에 심히 좋았더라.
저녁이 되고 아침이 되니 이는 여섯째 날이니라. | 창세기 1장

이 구절에서도 위에서 한 질문들에 대한 답은 한눈에 파악할 수 없다.
그리고 더 많은 질문들을 우리에게 준다. 우선 하나씩 살펴보자.

 멘토여, 하나님의 여섯째 날을 위한 비전은 무엇입니까?

우선 말씀에 근거하여 비전과 가치, 사명을 구분해보면 다음과 같다.
여섯째 날의 비전은 우선 보기 좋게 창조된 동물과 인간들, 그리고 땅이
인간들에 의하여 잘 개발되고, 각종 동물들이 잘 다스려지므로 전 지구
가 에덴화된 모습이다. 이것을 이루기 위한 가치는 앞에서 살핀 것과 같
이 완벽한 영광, 완벽한 팀워크, 완벽한 사람 중심, 완벽한 사랑, 완벽한
기능성, 완벽한 아름다움이다. 이런 가치를 가지고 이 비전을 실현하기
위해 하나님께서 가지시는 사명 선언문은 나는 땅에 기는 것, 짐승, 가축
과 인간을 창조하고 인간들로 하여금 땅을 경작하며, 동물을 다스림으로
전 지구를 에덴화 하게 하기 위하여 존재한다이다.

그리고 그 사명의 완수를 위하여 하나님께서는 여러 개의 목표치를
가지고 행하신다. 가축, 기는 것, 모든 짐승 만들기, 그들의 활동 영역을
지정하시기, 남자 만들기, 여자 만들기, 인간들에게 생육과 번성하며 땅
에 충만케 하기, 땅을 정복하고 생물들 다스리게 하기, 사람과 생물들에
게 식물 지정 해주기 등이다. 사명을 감당하기 위하여 설정하신 목표치
는 성경에서 다음과 같이 발견할 수 있다.

① 1:24 가축, 기는 것, 모든 짐승 만들기
② 1:27 사람 만들기

③ 1:28 인간들에게 생육, 번성하여 땅에 충만하게 하기
④ 1:28 땅을 정복하고, 물고기, 새, 땅의 모든 생물을 다스리게 하기
⑤ 1:29,30 동물과 사람에게 식물 주기

지난 5일간 많은 창조하신 이후에 하나님께서는 지구와 지구 생명체를 창조하신 목적을 완성하기 위한 6일째를 맞이하신다. 여섯째 날은 땅의 짐승, 기는 것, 육축을 창조하시고 사람을 창조하시는 것이 주된 목표치다. 그리고 거기에서 멈추지 않으신다. 하나님께서는 여러 가지 생명체들을 창조하실 뿐 아니라, 모든 창조물들이 이 땅에서 조화롭고, 번성하며 살도록 그들을 다스리며 관리할 존재를 창조하신다. 우리는 여기에서 다시 한번 경영의 하나님을 만난다.

창조의 6일은 그냥 여러 가지를 창조하시는 날들이 아니었다.
구조와 체계 그리고 조직을 갖추고 창조되어 창조물들이 경영이 되도록
하신 것이다. 그 경영자로 창조되는 것이 인간이다.

결론적으로 여섯째 날은 인간을 지으심으로 모든 창조물들을 다스리며 지구가 미래적으로도 보시기에 좋게 창조하신 것이다.

⋄ 목표치 1: 가축, 기는 것, 모든 짐승 만들기 ⋄

멘토여, 가축, 기는 것 그리고 모든 짐승을 만드시기 위한 전략은 무엇입니까?

그 전략은 그 "종류" 를 (1:24) 활용하시는 것이었다. 하나님은 그들을 종류대로 지으셨다. 우리는 식물과 어류와 조류의 종류들이 어디에서 기인했는지를 살폈다. 그렇다면 동물들에 대한 종류들은 어디에 존재했던 것일까?

멘토여, 동물들을 종류대로 지으시는데, 그 종류들은 어디에
존재했습니까?

우리는 이미 종류들이 하나님의 나라에 이미 존재했음을 살폈다.
이제 좀 더 구체적으로 동물들의 존재에 대한 증거를 찾아보자.

 멘토여, 과연 하나님의 나라, 그의 왕국에도 동물들이 존재합니까?

과연 하나님의 나라, 천국에도 동물들이 있을까? 증거를 가지고 말
할 수 있는가? 가보지 않은 천국에 관하여 우리가 어찌 왈가왈부할 수
있을까? 우리는 이제 근거를 가지고 이것들에 대하여 살피게 될 것이다.
우리에게는 그것에 관하여 충분히 추론할 수 있는 근거를 가지고 있다.
하나님께서 우리에게 주신 성경이 그것이다.

동물의 원형에 대하여 성경은 놀라운 사실을 말해준다. 우리가 상
상하는 것 이상이다. 동물들은 단순히 하나님 나라에 있는 것 이상으로
존재한다. 즉, 동물들이 하나님의 보좌 주위에 있다. 성경 가운데 특별히
에스겔서와 요한계시록에서 이것을 알 수 있다.

> 그 얼굴들의 모양은 넷의 앞은 사람의 얼굴이요 넷의 오른쪽은 사자의 얼굴이요
> 넷의 왼쪽은 소의 얼굴이요 넷의 뒤는 독수리의 얼굴이니 | 에스겔 1:10

> 보좌 앞에 수정과 같은 유리 바다가 있고 보좌 가운데와 보좌 주위에
> 네 생물이 있는데 앞뒤에 눈들이 가득하더라.

> 그 첫째 생물은 사자 같고 그 둘째 생물은 송아지 같고 그 셋째 생물은
> 얼굴이 사람 같고 그 넷째 생물은 날아가는 독수리 같은데 | 요한계시록 4:6-7

이 네 생물들은 구약의 에스겔서에서 2회, 신약의 요한계시록에서

11회[74] 등장한다. 사람, 사자, 소와 독수리에 대한 정보는 놀랍다. 물론 그들은 땅에 사는 사자, 소, 독수리를 가져다 놓은 것이 아니다. 그들은 일반 동물 그 이상이다.

그들은 사람의 형상, 즉, 사람의 신체에 얼굴과 다리 부분이 다르고, 날개와 손이 있다 (에스겔 1:5-9, 요한계시록 4:8). 이 네 생물들은 지구에 없는 형태로 천국에 존재한다. 이것은 동물들이 진화를 거쳐서 최종 현재 모습을 가졌다는 것에 쐐기를 박아 준다. 즉, 지상에도 없는 것이 천상에 이미 있는 것이다. 진화가 더 되어 있는 것이 아니라 최종 단계가 이미 천국에 있다는 것이다. 이 말은 하나님께서 생물들은 어떻게 자유자재로 만드실 수 있는지를 말해준다.

이러한 사실이 우선적으로 말해주는 것은
하나님께서 종류대로 지으셨다고 말하는
그 종류가 지구 말고 하나님의 나라에 존재한다는 사실이다.

어떤 사람들은 하나님께서 영이시기에 하나님의 나라는 굳이 실제적인 형체가 있을 이유가 없다고 생각한다. 그러나 에스겔서와 요한계시록에서 살핀 바와 같이 하나님이 계신 하나님 나라에는 하나님께서 앉으시는 보좌가 있고, 보좌 주변에 이와 같은 네 생물이 있고, 또 천사들과 열두 장로도 있다. 왜 하나님께서 앉으셔야 할까? 왜 하나님께서 옷을 입고 계셔야 할까? 왜 하나님께서 관을 쓰고 계실까? 이 말은 하나님 나라가 어떤 사람들이 생각하는 것처럼 막연하고 텅 빈 곳이 아니라는 것이다. 우리는 이것에 관하여 3일 차, 5일 차에서도 이미 살폈다. 구체적인 생활이 있고, 구체적인 문화와 문명으로 존재하는 실체적인 곳이라는 것이다.

하나님의 나라는 조직과 체계 그리고 문화가 존재하는 곳이다. 성경은 분명하게 제사장들이 "섬기는 것은 하늘에 있는 것의 모형과 그림자라. 모세가 장막을 지으려 할 때에 지시하심을 얻음과 같으니 이르시되 삼가 모든 것을 산에서 네게 보이던 본을 따라 지으라 하셨느니라" (히브리서 8:5)고 우리에게 말씀해 주심과 같다.

● 목표치 2: 사람 만들기 ●

 멘토여, 사람을 만들기 위한 전략은 무엇입니까?

그 전략은 하나님의 형상과 모양을 활용하는 것이다. 우리는 위에서 하나님께서 생명체를 만드심에 있어서 그들의 "종류"를 활용하신 것을 살폈다. 그런데 놀라운 반전이 생긴다. 이 원리가 적용되지 않은 생명체가 있기 때문이다. 그 생명체는 바로 인간이다.

하나님께서 인간의 경우 소위 "종류대로" 만들지 않으셨다. 그러면 무엇으로 만드셨는가? 그리고 왜 그러실까? 우선 우리는 창세기 1장 26절을 통하여 하나님께서 아담을 지으실 때 어떤 종류가 아니라 "하나님의 형상을 따라 하나님의 모양대로" 지으셨다는 것을 알 수 있다.

성경은 왜 종류대로 만들지 않으셨는지 말해 주지 않는다.
그러나 왜 하나님의 형상으로 만드셨는지는 말씀해 주신다.

그 이유에 관하여 하나님과 모세가 하신 말씀을 직접 들어보자.

하나님이 이르시되
우리의 형상을 따라 우리의 모양대로 우리가 사람을 만들고
그들로 바다의 물고기와 하늘의 새와 가축과 온 땅과 땅에 기는 모든 것을
다스리게 하자 하시고 | 창세기 1:26

창세기 1장 26절의 특수성은 하나님께서 "우리" 라는 복수의 정체성을 가지고 인간 창조에 관하여 상의를 하시는 것이다.

✢✢✢

창세기 1장 26절은 삼위일체 하나님께서 "우리"가 이렇게 하자고
상의하는 과정을 드러내신 첫 말씀이고 마지막 말씀이 아니다.

두 번째 말씀은 창세기 3장 22절에서 선악과 사건 이후에 또 "우리"의
정체성으로 함께 상의하시는 것을 확인할 수 있다.

그렇다면 이런 방식의 말씀을 하시고, 그것을 기록하게 하신 이유는 무엇일까? 이전까지의 말씀은 주로 어떻게 되라는 명령어였다. 그러나 26절의 말씀은 상의하시는 말씀이시다. 이렇게 하나님께서 복수의 정체성을 가지고 상의하시는 모습을 알게 하시는 것인 인간의 창조가 매우 특별한 특수성을 가지고 전개된 진실한 사건이었다는 것을 말해주려는 것이다. 인간의 창조 사건은 다른 창조와 다르게 전개되었던 것을 알게 해주려는 것이다.

우리는 이쯤에서 하나님의 생물체 창조전략의 패턴, 공식을 파악할 수 있다. 그것을 공식화하면 다음과 같다.

생명 창조전략 공식 1: 생물을 그들의 종류를 활용하여 만들기
생명 창조전략 공식 2: 사람을 하나님의 형상과 모양을 활용하여 만들기

이 공식을 통하여 우리는 매우 중요한 사실 세 가지를 알게 된다.

첫째, 모든 생물들을 이미 살핀 것과 같이 종류대로 창조하신 것이다.

둘째, 인간을 그 종류에 따라 창조하지 않은 단순한 이유는 인간의 종류가 존재하지 않았기 때문이다.

셋째, 인간을 "하나님의 형상에 따라 하나님의 모양대로" 지으신 이유는 인간들로 땅을 경작하고 다른 생물들을 "다스리게" 하시기 위한 것이었다.

잠시 형상과 모양에 대한 히브리 원어의 의미를 확인하여 보자.

형상으로 번역된 히브리어는 첼렘 צֶלֶם으로 뜻은 형태 form, 이미지 image, 외관 phantom, 환영, 모형과 더불어 유사한 모양 likeness의 뜻을 가지고 있다. 그러나 첼렘의 무게 중심은 유사성보다 외적인 모양성에 있다.

모양으로 번역된 히브리어는 데무트 דְּמוּת로 뜻은 유사한 모양 likeness, 유사성 similitude, 꼴 figure, 패턴 pattern, 유사성 resembling이다. 그래서 데무트는 외적인 모양이라기보다는 패턴 샘플에서 만들어졌으므로 꼴과 모양이 유사한 상태에 무게 중심을 가지고 있다.

그래서 하나님의 형상, 첼렘이 외형적인 모습을 강조한다면 모양, 데무트는 그 형상의 내면적 유사성을 강조하여 말한다. 모양이라는 말보다는 하나님을 원형 패턴으로 하여 유사한 모양 likeness으로 창조되었다고 보는 것이 더 적절한 것이다. 그래서 많은 영어 성경은 데므트를 유사성 likeness라고 번역했다.

창세기 1장 26절에서는 하나님께서는 첼렘, 형상과 데무트, 모양을 구분하셔서 언급하시지만, 27절에서 모세는 첼렘, 형상만 언급한다. 그래서 신학자들도 이것을 말할 때 두 단어의 차이보다는 하나님의 형상이라는 관점에서 두 개념을 함께 설명하는 경향이 있다.

그래서 신학자들은 하나님 형상이 뜻하는 것을 영적으로는 하나님의 속성 중 어떤 것들을 부여받았다고 보고 그 때문에 하나님과 영적으로 교통할 수 있으며, 동물을 다스릴 수 있는 것으로 본다. 지적으로는 하나님의 지성을 닮아서 지식과 지혜를 가지고, 언어로 소통한다고 본다. 사회적으로는 삼위일체 하나님의 관계성을 본받아 다른 인간들과 사랑, 신뢰, 존중하는 사회적 관계를 가질 수 있다고 본다. 신체적으로는 하나님의 외모와 유사성을 가졌다고 보았다. 물론 이것은 하나님 형상에 대한 종합적인 이해이다.

안타까운 것은 모세가 하나님의 인간 창조에 관하여 자신의 언어로 다시 설명하면서 데무트를 빼먹은 것이다.

데무트가 생략된 것은 하나님과 인간이
유사하게 지음받았다는 진실을 약화시켰다.

그 안타까운 예는 때로 설교자들마저도
인간을 사회적 동물, 경제적인 동물이라고 부름으로
유사성을 하나님이 아니라 동물에서 찾는 것이다.

인간이 사회적 존재, 경제적 존재인 것은 맞지만, 그런 동물은 아니다. 인간을 이런 식으로 동물로 부르는 것은 진화론적 학자들의 이론을 무분별하게 받아들인 결과이다. 그런데 이렇게 인간을 동물로, 짐승으로 부르는 것은 인간에 대한 모독이 아니라 하나님께 대한 모독이다. 인간을 동물 취급하는 것은 하나님을 그렇게 하는 것이기 때문이다. 사실 그것은 짐승으로 대변되는 사탄이 지극히 바라는 것임을 알아야 한다.

🌳 멘토여, 아담이 하나님의 형상으로 지음받은 것의 특별성은
어디에서 찾을 수 있습니까?

인간이 하나님의 형상으로 지음받은 특별성에 대한 그 첫째 증거

는 성경이 말씀하신 대로 실현된 것을 통하여 알 수 있다. 즉, 하나님의 형상으로 지음 받아야했던 이유는 다른 생명체들에 대한 다스림에 있었는데 유일하게 인간만이 지구의 모든 생명체들을 말씀과 같이 다스리고 있다는 것이다.

둘째 증거는 아담과 이브의 세 번째 아들의 출산 이야기에서 발견된다. 창세기 5장 1-3절은 다음과 같이 말한다.

> 이것은 아담의 계보를 적은 책이니라. 하나님이 사람을 창조하실 때에
> 하나님의 모양 [데무트. 유사성]대로 지으시되
> 남자와 여자를 창조하셨고 그들이 창조되던 날에 하나님이
> 그들에게 복을 주시고 그들의 이름을 사람이라 일컬으셨더라.
> 아담은 백삼십 세에 자기의 모양 [데무트, 유사성] 곧 자기의 형상
> [첼렘, 형상]과 같은 아들을 낳아 이름을 셋이라 하였고 | 창세기 5:1-3

모세는 창세기 5장에서 사람의 창조에 관하여 언급하면서 창세기 1장 27절에서 생략한 데무트 유사성을 두 번이나 강조한다. 마치 1장 27절에서 생략한 것에 대한 미안함으로 더 강조하는 듯이 말이다.

5장 1-3절의 말씀에 따르면 하나님의 모양에 따라 첫 남자와 여자가 창조되었고, 그들의 이름은 사람, 히브리어로는 아담으로 지으셨다.

> "그들의 이름을 사람 [아담]"이라는 말에서 알게 되는 것은
> 아담은 첫 남자 인류의 개인 이름이기도 했지만,
> 동물과 다르게 구분되는 종류로서의 "인류"를 뜻한다는 것이다.

그런데 아담이 셋을 낳는 것에 관하여 설명할 때 예상치 못한 정보를 알게 된다. 아담이 셋을 "자기의 모양, 곧 자기의 형상"으로 낳았다고 하는 것이다. 중요한 것은 여기에서 셋을 낳았다고 할 때 하나님의 모

양, 형상이 아니라, 아담 자신의 모양과 형상으로 낳았다고 언급하고 있다는 것이다.

기록자 모세는 아담은 하나님의 형상으로, 셋은 아담의 형상으로 낳았다고 구분하여 말한다. 이유가 무엇일까?

> 하나님의 형상과 유사성으로 아담이 지음받은 것이
> 그냥 신학적 표현이나, 문학적 표현이 아니라,
> 구체적인 사건이기에 그것을 구분하고 있는 것이다.

물론 아담이 하나님의 형상으로 지음 받았고, 아담과 셋의 유전형질이 같기에 셋도 하나님의 형상으로 지음 받았다고 말할 수 있다. 오늘날 우리가 모든 인간들이 하나님의 형상으로 지음 받았다고 말하는 것처럼 말이다. 그러나 모세는 이것을 분명하게 구분한다. 이유는 아담이 하나님의 형상으로 지음받은 것이 역사적인 사건이었기에 그 역사성을 구분하는 것이다. 그리고 하나님께서 인간을 하나님의 형상으로 지으신 매우 중요한 이유가 있었다. 이미 우리가 위에서 살폈지만, 조금 더 구체적으로 살펴보자.

🌳 멘토여, 인간을 하나님의 형상으로 지은 중요한 이유가 무엇입니까?

이제 하나님께서 인간을 하나님의 형상으로 지으신 이유를 살펴보자. 그 목적은 창세기 1장 28절에서 확인된다.

하나님이 그들에게 복을 주시며 하나님이 그들에게 이르시되 생육하고 번성하여 땅에 충만하라, 땅을 정복하라, 바다의 물고기와 하늘의 새와 땅에 움직이는 모든 생물을 다스리라 하시니라. | 창세기 1:28

그 이유는 우선 가정적으로 "생육하고 번성하여 땅에 충만하라" 이고, 직업적으로 "땅을 정복하라, 바다의 물고기와 하늘의 새와 땅에 움직이는 모든 생물을 다스리라" 는 것이다. 가정적인 생육, 번성, 땅에 충만하는 것은 다른 동물과도 같다. 하지만, 땅을 정복하고, 어류, 조류, 동물들을 다스리는 직업적 경영에 대한 의무와 특권은 오직 인간에게만 주신 것이다.

결론적으로 보면 현재 땅을 정복하고, 어류, 조류, 동물들을 다스리는 것은 유일하게 인간에게만 주어진 일이다. 만약 진화론자들의 주장이 맞는다면 이런 일은 다른 동물에서 진화된 다른 존재들도 할 수 있어야 하지만, 현실은 그렇지 않다.

> 왜 인간들만 하나님께서 명하신 대로 어류, 조류, 동물들을
> 다스리고 있는 것일까? 이것을 심각하게 생각해야 한다.

지금까지 역사 속에서 이것이 뒤집힌 일은 없다. 이유는 하나님께서 그렇게 정해 놓으셨기 때문이다. 창세기 1장 26-28절을 통하여 하나님의 형상이 가지는 의미를 해석하자면, 그 핵심은 땅과 그 위에 있는 모든 생물들을 다스릴 수 있는 경영의 지혜와 권세이다. 하나님을 대신하여 하나님께서 지구에 창조하신 모든 것을 잘 관리, 감독, 다스림으로 완성할 보시기에 좋은 에덴화된 전 지구의 비전을 가지고 계셨기 때문이다.

🌳 멘토여, 그럼 인간이 하나님 종류라고 말할 수 있습니까?

인간을 하나님의 형상과 유사성으로 지으셨다는 말은 인간이 하나님의 종류라고 말할 수 있게 만든다. 그러나 하나님께서는 인간이 하나님의 종류로 지음 받았다고 말씀하지 않는다는 사실에 주목해야 한다. 똑같은 종류가 아니기 때문이다. 어느 부분 하나님을 닮았지만, 온전한 하나님의 종류는 아니다. 그러나 놀라운 반전이 벌어진다.

인간이 참으로 하나님의 종류가 되도록 하는 사건이 벌어지는 것이다. 그것은 우리가 예수님을 통하여 구원받고, 성령을 받으면서 우리가 하나님을 "아바, 아버지"(갈라디아서 4:6)라 부를 수 있게 된 것이다. 이 부분에 대한 말씀을 하나님의 아들이신 예수님을 통하여 확인하여 보자.

> 예수께서 이르시되 나를 붙들지 말라. 내가 아직 아버지께로 올라가지
> 아니하였노라. 너는 내 형제들에게 가서 이르되 내가 내 아버지 곧
> 너희 아버지, 내 하나님 곧 너희 하나님께로 올라간다 하라 하시니
> | 요한복음 20:17

우리가 예수 그리스도의 "제자"(요한복음 13:23)가 될 때 우리는 예수님의 "친구"(요한복음 15:15)와 "형제"(요한복음 20:17)와 "신부"(에베소서 5:23)가 되며, 예수님의 아버지가 우리 아버지, 예수님의 하나님이 우리 하나님이 되는 것이다. 이것은 인간 정체성에 관한 매우 중요한 정보이다.

이것은 창세기 3장에 등장하는 뱀과 그 배후에 사탄이 인간에게 왜곡하고 싶었던 정보였다.

> 뱀은 인간이 선악과를 먹으면 하나님과 같이 될 수 있다는
> 미혹을 통하여 인간을 결론적으로 동물과 같이 만들었다.
>
> 인간이 하나님의 말씀을 배척하고 뱀과 사탄의 말을 순종하면서
> 하나님의 영이 떠나므로, 하나님 형상의 존엄성을 잃고
> 동물의 형상을 입음으로 노아의 홍수 때 동물과 같이 죽은 것이다.

그래서 사탄은 처음부터 인간이 동물과 동격이라고 가르치는 것이다. 그리스도의 신부를 경멸하며, 인간들로 하여금 자신과 같이 짐승이 되기를 미혹하는 말인 것이다. 그래서 예수님께서 다음과 같이 말씀하신다.

너희는 너희 아비 마귀에게서 났으니 너희 아비의 욕심대로 너희도 행하고자
하느니라. 그는 처음부터 살인한 자요. 진리가 그 속에 없으므로 진리에
서지 못하고 거짓을 말할 때마다 제 것으로 말하나니 이는 그가 거짓말쟁이요
거짓의 아비가 되었음이라. | 요한복음 8:44

예수님께서 말씀하시는 처음은 마귀가 인류에 뱀의 모습으로 나타
난 창세기 3장의 처음이다. 이브를 미혹하여 범죄하게 하고 그 결과 인
간이 죄의 결과인 죽음을 당함으로 그는 살인한 자가 되었고, 여전히 인
간을 다양한 허접한 이론으로 미혹하고 있다. 그 중에 핵심이 진화론이
다. 진화론은 하나님께서 창조자이심을 부인하고, 모든 생물들이 우연히
생겨나서 발전했다고 미혹한다. 우리는 이제 여전히 거짓으로 미혹하는
이론을 파하고 진실에 서야 한다.

● 목표치 3: 인간들에게 생육, 번성하여 땅에 충만하게 하기 ●

멘토여, 인간들이 생육, 번성, 충만하도록 하기 위하여 하나님께서
활용하신 전략은 무엇입니까?

그 전략은 인간에게 "복 주기"와 가정을 활용하는 것이다. 그 복의
결과는 사랑으로 비전을 함께 실현하며 기쁨 속에서 번성하는 가정이었
다. 가정을 통하여 특별히 서로를 더욱 사랑하는 법을 배우도록 하셨다.
그리고 하나님께서 주신 가정의 비전을 다음 세대에 전수하도록 하셨다.
오늘날 약 70억 명의 인간이 지구에 함께 살지만, 그래도 이만큼 사회 체
제가 유지되는 것은 국가의 체제가 아니라 가정에서의 어린 시절에 받은
사랑과 도덕적 기초 교육 때문이다. 가정은 육체뿐 아니라 혼, 영의 비전
도 전수하여 더 발전시켜 나가도록 고안되었다.

● 목표치 4: 땅을 정복하고, 모든 생물을 다스리게 하기 ●

멘토여, 인간이 땅을 정복하고, 생물을 다스리게 하기 위하여
활용하신 전략은 무엇입니까?

그 전략은 인간에게 "복 주기"와 직업을 활용하는 것이다. 그 복의 결과는 하나님의 비전과 그 비전을 실현할 수 있는 자원과 경영적 권세를 주시는 것이다. 하나님께서는 각 사람에게 다른 직업적 비전을 주시고, 그것을 실현할 수 있도록 각기 다른 관심사와 지능, 재능과 기질 그리고 경험과 신분적 배경을 주신다. 그래서 인간은 각각 자신에게 주어진 하나님의 비전을 온전히 알고 실현하면서 직업적 성취를 하고 그 소득을 공동체와 나누어야 한다.

개인적인 비전을 찾는 것에 관하여는 이 시리즈의 다른 책 나의 비전의 서: i.A.D.D.R.E.S.S. M.A.P.S.ⓒ비전 찾기 워크북을 참고하라. 하나님께서는 각자에게 다른 비전과 그것을 실현할 다른 자원들을 주신다. 그리고 모두가 각각의 비전에 따라 지구 곳곳에서 부름을 받은 일을 세상에서 가장 소중한 일로 여기면서 열정을 가지고 목숨을 걸고 집중함으로 최고의 전문가가 되어 효율적으로 섬기게 하신다.

◦ 목표치 5: 동물과 사람에게 양식 주기 ◦

 멘토여, 동물과 사람에게 양식을 주기 위한 전략은 무엇입니까?

그 전략은 바로 창조의 3일 차에 지으신 식물을 활용하는 것이었다. 그래서 모든 새, 동물과 사람들은 원래 식물을 먹도록 되어 있었다. 그러나 하나님께서는 음식을 대상에 따라 구분을 하셨다. "온 지면의 씨 맺는 모든 채소와 씨 가진 열매 맺는 모든 나무를" 인간들에게 식물로 주셨고, "모든 푸른 풀을" 모든 새와 짐승들에게 식물로 주셨다.

그런데 새와 짐승들에게 풀을 양식으로 주었다는 말씀이 사실일까? 예를 들어 사자가 풀을 먹는다고? 약육강식에 익숙한 이들에게는 상상이 안 되는 말이지만, 우리는 때로 풀을 뜯어먹는 맹수들의 모습도 매스컴을 통하여 본다. 그런데 앞으로 더 놀라운 일들이 있을 것이라고 성경은 말한다.

이리와 어린 양이 함께 먹을 것이며 사자가 소처럼 짚을 먹을 것이며
뱀은 흙을 양식으로 삼을 것이니
나의 성산에서는 해함도 없겠고 상함도 없으리라.
여호와께서 말씀하시니라. | 이사야 65:25 (이사야 11:6-8참고)

이사야 선지자는 이처럼 하나님의 평화가 이 땅에 다시 임하면 맹수라고 알고 있던 것들이 약한 짐승과 함께 풀을 먹으며, 갓난아이와도 함께 장난치며 놀게 될 날이 올 것이라고 말한다. 그렇게 되면 인간들도 동물을 잡아먹는 일이 없어질 것이다. 대신 새 예루살렘에 있는 달마다 새 과일이 열리는 그 영원을 살게 해주는 영생 나무 과일을 먹게 될 것이다.

 멘토여, 여섯째 날의 궁극적 비전은 무엇입니까?

하나님의 6일째 비전은 보기 좋게 창조된 동물과 인간들, 그리고 땅이 인간들에 의하여 잘 개발되고, 각종 동물들이 잘 다스려짐으로 전 지구가 에덴화된 모습이다. 이것이 하나님이 창조 때 가진 비전이며, 이것이 실현된 상태의 궁극적인 비전은 각종 동물들이 번성하고 지구에 충만하게 된 모습, 인간들이 가정을 통하여 지구에서 번성하고 충만하며 직업을 통하여 땅을 일구어 식물을 재배하며, 동물들을 잘 다스려 번성하고 충만하게 하며, 교류하고 식량으로 활용하며, 하나님과의 교제를 통하여 영적 진리를 받아 거룩하고 성숙한 인간들이 만든 에덴화된 지구 모습이다

이 비전 실현을 사명으로 삼고 위에서 살핀 목표치를 하나님은 설정하시고, 전략을 가지고 행하셨다. 그리고는 시간적으로는 6일째 이 모든 일을 완성하신다. 그리고 비전으로 보시던 것을 실제 현장에서 보시면서 좋다고 평가하시고, 감정적으로 기뻐하신다. 특별히 6일 차의 기쁨은 이루 말할 수 없으셨다. 그래서 "하나님이 지으신 그 모든 것을 보시니 보시기에 심히 좋았더라"(창세기 1:31)라고 "심히"를 강조하신다. 그리고 저녁이 오고 아침이 오면서 휴식하신다.

🌳 멘토여, 여섯째 날 하나님께서 하신 것들을 V.M.O.S.T. A.R.T.ⓒ로 정돈하여 주십시오.

하나님께서 행하신 것을 V.M.O.S.T. A.R.T.ⓒ로 정리하면 다음 도표와 같다.

V **비전** 보기 좋게 창조된 동물과 인간들, 그리고 땅이 인간들에 의하여 잘 개발되고, 각종 동물들이 잘 다스려지므로 전 지구가 에덴화된 모습 (단기 비전)

각종 동물들이 번성하고 지구에 충만하게 된 모습, 인간들이 가정을 통하여 지구에서 번성하고 충만하며 직업을 통하여 땅을 일구어 식물을 재배하며, 동물들을 잘 다스려 번성하고 충만하게 하며, 교류하고 식량으로 활용하며, 하나님과의 교류를 통하여 영적 진리를 받아 거룩하게 성숙한 인간들이 만든 에덴화된 지구 모습 (궁극적인 비전)

가치 완벽한 영광, 완벽한 팀워크, 완벽한 사람 중심, 완벽한 사랑, 완벽한 기능성, 완벽한 아름다움

M **사명** 나는 기는 것, 짐승, 가축과 인간을 창조하고, 인간들이 땅을 경작하며, 그들을 다스림으로 전 지구를 에덴화 하게 하기 위하여 존재한다.

O **목표치** ① 1:24 가축, 기는 것, 모든 짐승 만들기
② 1:27 사람 만들기

③ 1:28 인간들에게 생육, 번성하여 땅에 충만하게 하기

④ 1:28 땅을 정복하고, 물고기, 새, 땅의 모든 생물을 다스리게 하기

⑤ 1:29,30 동물과 사람에게 양식 주기

S 전략
① 가축, 기는 것, 모든 짐승 만들기 위하여 종류를 활용하심

② 사람 만들기 위하여 하나님의 형상을 활용

③ 인간들에게 생육, 번성하여 땅에 충만하기 위하여 복을 주어 가정 시스템 안에서 사랑과 성을 통하여 임신, 출산을 활용하는 복 주기

④ 땅을 정복하고, 물고기, 새, 땅의 모든 생물을 다스리게 하기 위하여 복을 주어 직업 시스템 안에서 다양한 사람들이 다른 분야의 관심사를 가지고 정복하고 다스리게 복 주기

⑤ 동물과 사람에게 양식 주기 위하여 씨 맺는 모든 채소와 씨 가진 열매 맺는 모든 나무를 활용

T 시간
여섯째 날

A 행동
1:24 땅의 짐승을 종류대로 내라 하시니 그대로 되니라

땅에 기는 모든 것을 그 종류대로 만드시니

1:26 하나님이 자기 형상 곧 하나님의 형상대로 사람을 창조하시되 남자와 여자를 창조하시고

1:28 하나님이 그들에게 복을 주시며

1:29 내가 모든 푸른 풀을 먹을 거리로 주노라 하시니 그대로 되니라

R 평가
1:25 땅에 기는 모든 것을 만드시니 하나님이 보시기에 좋았더라

1:31 하나님이 지으신 그 모든 것을 보시니 보시기에 심히 좋았더라

보상
1:25 땅에 기는 모든 것을 만드시니 하나님이 보시기에 좋았더라

1:31 하나님이 지으신 그 모든 것을 보시니 보시기에 심히 좋았더라

휴식
1:31 저녁이 되고 아침이 되니 이는 여섯째 날이니라

T 감사

지금까지 우리는 여섯째 날의 창조의 비밀 중에서 가축, 기는 것, 짐승 만들기, 남자와 여자 만들기, 그리고 인간에게 복 주셔서 생육하고 번성하게 하시고, 땅을 정복하고, 생물들을 다스리게 복 주신 비밀들에 관하여 살폈다. 또한 동물과 사람들에게 식물을 주시는 섬세하신 하나님을 만났다.

　　인간 창조의 비밀은 여기에서 끝나지 않는다. 왜냐하면, 인간은 매우 특별한 존재이기 때문이다. 우리는 인간 창조의 다른 비밀들을 16장, 창세기 2장의 연구를 통하여 더 구체적으로 살피게 될 것이다.

　　이제 일곱째 날 하나님의 허를 찌르시는 창조에 관하여 살펴보자.

멘티여,

· 그대는 창세기 1장 26절에서 말씀하신 하나님께서 인간을 만드신 목적이
  무엇이라고 생각하는가?

· 그대는 하나님의 형상으로 인간을 지으셨다는 말의 의미를 어떻게
  설명하겠는가?

15

일곱째 날:
안식일 만들기

 멘티여, 그대가 만약 천지 창조를 완성했다고 한다면 어떤 방식으로 안식하겠는가? 현실에서 아주 중요하고 힘든 일을 완성한 이후에 어떻게 휴식을 하겠는가?

인간에게 휴식과 안식은 매우 중요하다. 창세기 2장에서는 하나님 께서 6일의 천지 창조를 완성하신 이후에 안식하신다. 지난 6일간과 같은 창조를 안하시고 쉬신다는 것이다. 그런데 하나님은 안식하시는 7일에 지난 6일보다 더 위대한 것을 창조하신다. 번잡한 것을 만들지 않으면서도 더 큰 일을 하신 것이다. 하나님의 안식은 허를 찌르는 창조가 아닐 수 없다. 그것이 무엇일까?

다음 두 목표치는 우리를 상상하지 못했던 깨달음으로 인도 것이다.

안식하기
일곱째 날을 거룩하게 하기

🌳 멘토여, 일곱째 날, 전능자 하나님께서 왜 휴식했어야 하셨습니까?
하나님도 피곤하셨던 것입니까?

이 답의 힌트를 위하여 창세기 2장으로 돌아가 보아야 한다. 2장
1-3절은 창세기 1장의 창조가 완성되는 곳이다.

> 천지와 만물이 다 이루어지니라.
> 하나님이 그가 하시던 일을 일곱째 날에 마치시니 그가 하시던
> 모든 일을 그치고 일곱째 날에 안식하시니라.
> 하나님이 그 일곱째 날을 복되게 하사 거룩하게 하셨으니
> 이는 하나님이 그 창조하시며 만드시던 모든 일을 마치시고
> 그 날에 안식하셨음이니라. │ 창세기 2: 1-3

하나님은 왜 안식하셨어야 했는가? 먼저 일곱째 날의 정황을 먼
저 살펴보자.

🌳 멘토여, 일곱째 날의 정황은 무엇입니까?

지난 6일간 지구 현대화를 위한 하나님의 모든 작업은 "천지와 만
물이 다 이루어지니라" 라는 한 줄로 표현되었지만, 지난 모든 창조의 과
정을 안다면 이 구절은 그냥 눈으로 잠깐 읽을 수 있는 것이 아니라는 것
을 알 것이다. 그런데 이제 7일 차에 하나님은 지난 6일 동안의 일과는
전혀 다른 일을 하신다.

> 지난 6일과는 정반대의 일을 하심으로 더 큰 일을 하시는데
> 그것은 아무것도 안하시는 것이었다.
> 그런데 이것이 얼마나 큰일인지 참으로 신의 한 수가 아닐 수 없다.

과연 이것이 어떻게 가능할까? 이를 위해 일곱째 날의 비전을 알
아야 한다.

멘토여, 일곱째 날을 위한 하나님의 비전은 무엇입니까?

말씀에 근거한 일곱째 날의 비전은 7일을 복을 주어 안식하시는 모습이다. 이것을 이루기 위한 가치는 육체의 완벽한 휴식, 관점과 관계의 완벽한 회복, 사명을 주신 하나님과 사명을 감당하는 사람들과의 완벽한 조율이다. 이런 가치를 가지고 이 비전을 실현하기 위해 하나님께서 가지시는 사명 선언문은 나는 7일을 복 주어 안식일을 선포하고 안식하기 위하여 존재한다이다. 일곱째 날의 비전은 쉼이다. 사명을 감당하기 위하여 설정하신 목표치는 성경에서 다음과 같이 발견할 수 있다.

① 2:2 안식하기
② 2:3 일곱째 날을 거룩하게 하기

하나님께서 6일간의 창조를 마친 후에 일곱째 날의 목표치는 안식하며, 이날을 거룩하게 구분해 주시는 것이었다.

● 목표치 1: 안식하기 ●

 멘토여, 안식하기를 위한 전략은 무엇입니까?

그 전략은 일곱째 날을 활용하는 것이다. 일곱째 날을 안식일로 정하신 것이다. 여기서 일주일의 단위가 시작되었다. 노동의 6일과 안식의 일곱째 날을 구별하도록 하신 것이다. 그런데 놀라운 것은 이것이다.

일곱째 날의 안식은 아무것도 하지 않는 것이 아니라
지난 6일의 창조가 전혀 예상하지 못한 새로운 창조인 것이다.
그것은 안식의 창조였다.

이 일곱째 날은 지난 6일의 모든 창조와 반대되는 날이다. 그동안 은 노동을 통한 창조였다면 7일째는 쉼을 통한 건강하고 온전한 미래를 위한 창조인 것이다. 이것은 최고의 경영전문가만이 이해할 수준의 일 이다.

예를 들어

훌륭한 작곡가는 연주하지 않는 부분을 포함하여 곡을 만든다.
훌륭한 화가는 여백을 두어 화면을 완성한다.
훌륭한 설교자는 침묵의 부분을 통하여 자신의 말을 더 강조한다.
훌륭한 의사는 약 없이 수면과 금식을 통하여 건강을 회복시킨다.

창조주 하나님께서는 우주를 창조하시되
1%의 물질과 99%의 비물질 공간을 통해 창조를 완성하신다
이 비율을 사람에 적용하면
육체는 1%와 혼과 영의 영역이 99% 있다는 것이다.

그대는 과연 99%중 몇 %를 인식하고 누리고 나누고 있는가?

멘토여, 육을 위한 시간과 영을 위한 시간을 나누신 것은
어떤 의미입니까?

안식일을 육체적으로만 받아들이면 먹고 마시고, 쉬고, 자는 것이다.
혼적으로만 받아들이면 놀며, 오락하는 것이다.

영적으로 받아들이면
6일간은 하나님께서 주신 사명에 집중하는 날이고
7일째는 사명을 함께 감당하는 가족과
그 사명을 주신 분에게 집중하는 날이다.

사명을 함께 감당하는 가족과 더불어 그에게로 나와서 그 사명의 진전과 필요한 사항들을 보고하고, 하나님으로부터 필요한 자원을 요청하여, 공급받는 날이다. 그래서 이날은 육적 노동이 아니라 하나님 안에서 쉬며 영적 작전 회의를 하고 영적 영감을 받는 날이다. 생각해 보라. 누구와 무엇을 의논하는 것은 쉬운 일이 아니다. 그런데 그 사명을 가장 잘 아시는 하나님과 작전 회의를 할 수 있다는 것은 놀라운 축복이 아닐 수 없다. 그런 날이 일곱째 날, 안식일이다.

결론적으로 7일 안식일은 노동과 휴식을 나누고, 육을 위한 시간과 영을 위한 시간을 나누어 준다. 교회와 가정에서 휴식하면서 개인적으로 받은 비전뿐 아니라, 가정적으로 받은 비전을 새롭게 하는 날이기도 하다.

그래서 진정한 안식일의 쉼은
지난 6일을 향하지 않고 새로운 6일을 향한다.

육체적 치유, 정서적 안정, 그리고 영적 충만과 새로 오는 6일에 대한 비전과 전략을 하나님에게서, 멘토와 가족에게서 공급받는 시간인 것이다. 성경적 일주일의 구성은 일반 달력의 구성과는 다르다. 이것에 관하여는 18장에서 다시 살피게 될 것이다.

● 목표치 2: 일곱째 날을 거룩하게 하기 ●

멘토여, 하나님께서 일곱째 날을 거룩하게 하기 위한 전략은 무엇입니까?

그 전략은 일곱째 날에 복 주기를 활용하는 것이다. 창세기 2장 3절은 "하나님이 일곱째 날을 복되게 하사 거룩하게 하셨"다고 말한다.

복을 활용하여 거룩하게 하신 것인데, 이런 상황은 매우 의아스럽다. 누구에게 복을 주고, 누가 거룩하게 되는 것은 그래도 이해가 가지만, 날을 복 주고, 그 결과 거룩하게 된 것은 쉽게 이해를 할 수 없다. 그렇다면 우리의 질문은 복되게 한다는 의미와 거룩의 결과를 통해서 이 말의 뜻을 살펴보자.

우선 복되게 한 것의 의미를 알기 위하여 하나님께서 창조 과정에서 복 주셨던 상황들을 참고해 보면 다음과 같다. 하나님께서 창조하며 복을 주신 경우는 모두 세 번 언급된다.

하나님이 그들에게 복을 주시며 이르시되 생육하고 번성하여 여러 바닷물에 충만하라 새들도 땅에 번성하라 하시니라.

하나님이 그들에게 복을 주시며 하나님이 그들에게 이르시되 생육하고 번성하여 땅에 충만하라, 땅을 정복하라, 바다의 물고기와 하늘의 새와 땅에 움직이는 모든 생물을 다스리라 하시니라. | 창세기 1:22, 28

하나님이 그 일곱째 날을 복되게 하사 거룩하게 하셨으니 이는 하나님이 그 창조하시며 만드시던 모든 일을 마치고 그날에 안식하셨음이니라. | 창세기 2:3

위의 말씀에서 보는 바와 같이 하나님께서는 다섯째 날에 창조하신 물고기와 새들에게, 그리고 여섯째 날에 창조하신 인간들에게, 마지막으로는 일곱째 날에 그 날을 축복하셨다. 그런데 이 세 가지 복을 분석해보면 복을 주는 대상과 복이 관장하는 영역이 구분됨을 알 수 있다.

1차적으로 생물에 주신 복은 육체관계 영역으로 번식과 번성을 위한 것이고, 2차적으로는 인간들에게 주신 복으로 비전 영역에서 땅을 정복하고, 동물을 다스리는 것이다. 3차적인 복은 특정한 날에 복을 주신 것으로 이 비밀을 알고, 지키는 자에게만 임하도록 하신 영적 영역에서 거룩하게 하신 것이다.

순서	일시	대상	육체가정영역	비전 직업영역	영적 영역
1차	5일	물고기와 새들	생육, 번성, 충만		
2차	6일	인간	생육, 번성, 충만	정복, 다스림	
3차	7일	일곱째 날			거룩
종합	7일을 중심으로 살아가는 모든 날	일곱째 날을 귀하게 지킨 사람, 그 사람의 통치를 받는 모든 피조물과 땅	생육, 번성, 충만	정복, 다스림	거룩

표 19 창조 때 복 주신 것들과 종합적 의미

우리는 복 주심을 통하여 하나님께서 다른 생명체들과 인간을 구분하신 것과 6일과 7일을 구분하신 것과 육체 영역과 비전 영역 그리고 영적 영역을 구분하셨음을 알게 된다. 그리고 인간과 연관된 이 복에 중요한 사실 세 가지가 있다.

첫째는 하나님께서는 모든 인간에게 생육하고, 번성하며, 충만하고, 땅을 정복하며 동물들을 다스릴 수 있는 복을 주셨다. 이것은 무조건적이었다.

둘째는 모든 인간에게 각각의 직업영역에서 땅을 정복하고 동물을 다스리는 것으로 대변된 이 땅에서의 기업을 주셨다는 것이다. 이것도 무조건적이었다.

셋째는 안식일을 통해 받을 수 있는 거룩에 관한 복인데 이것은 조건적이었다. 그러면 안식일의 복을 누가 받는 것일까? 그것은 오직 안식일의 비밀과 조건을 알고 지키는 사람들과 그들의 울타리에서 함께 쉬는 객과 동물들이다.

이것은 마치 출애굽을 하기 전 열 가지 재앙 중에서 모든 재앙이 자동적으로 이스라엘 백성들을 넘어갔지만 마지막 10번째 장자 죽음 때는 믿음으로 양의 피를 문설주에 바르고 집 안에 있었던 사람들만 살아남은 것과 같은 조건적 구조다. 이 무조건성과 조건성을 기념하고 기억하는 것이 유월절 The Passover인 것이다.

이것이 말해주는 의미는 두 가지인데 첫째, 안식일을 통한 복과 출애굽을 하기 전에 문설주에 양의 피를 바름으로 생명을 구하는 복이 같은 하나님에게서 말미암았다는 것이고, 둘째, 믿음으로 순종하는 이들만이 약속된 복의 혜택을 누린다는 것이다. 유월절 어린 양을 통한 복은 육체적 목숨을 건지는 것이었고, 안식일을 통한 혜택은 거룩함을 통해 영적인 생명을 존귀케 하는 것이었다.

 멘토여, 안식일 거룩의 의미는 무엇입니까?

창세기 2장 1-2절에서는 일단 이날을 노동에서 쉬는 날, 하나님께서 거룩하게 하신 날이라고 말씀하신다. 그런데 노동을 쉬는 것이 어떻게 거룩과 연결되는지 이해하기 어렵다. 이것은 하나님의 창조전략 중하나인 나눔과 밀접한 관계가 있다.

하나님의 창조전략 중 하나는 나누는 것이었다. 나누다의 원어 בָּדַל 바달은 나누다 divide, 분리하다 separate, 구분하여 나누다 set apart 의 뜻으로 창세기 1장 4, 6, 7, 14, 18절에서 모두 다섯 번 쓰였다.[75]

빛이 하나님이 보시기에 좋았더라 하나님이 빛과 어둠을 나누사
하나님이 이르시되 물 가운데에 궁창이 있어 물과 물로 나뉘라 하시고

하나님이 궁창을 만드사 궁창 아래의 물과 궁창 위의 물로 <u>나뉘게</u> 하시니
그대로 되니라.
낮과 밤을 주관하게 하시고 빛과 어둠을 <u>나뉘게</u> 하시니
하나님이 보시기에 좋았더라. | 창세기 1:4, 6-7, 18

이처럼 하나님께서는 창조하시면서 빛과 어둠을, 물과 물을 나누신다. 그뿐만 아니라 하나님께서는 나누다는 동사를 사용하지 않으셨지만, 물과 육지를 나누시며 (창세기 1:9), 아담에게서 이브를 나누신다 (창세기 2:21-22). 이런 나눔의 전략은 창조의 7일째에서도 발견된다.

하나님이 그 일곱째 날을 복되게 하사 <u>거룩하게</u> 하셨으니
이는 하나님이 그 창조하시며 만드시던 모든 일을 마치시고
그날에 안식하셨음이니라. | 창세기 2:3

그러나 창세기 2장 3절에서는 나누었다는 말이 안 보인다. 왜 그럴까? 그것은 비밀스러운 나눔이고 히브리 원어에 깊은 뜻이 숨어 있기 때문이다. 거룩하게 하셨다고 하신 말의 히브리 원어는 카다쉬 קָדַשׁ 이다. 카다쉬는 나누어 구분하다 to be set apart, 구분하여 거룩하게 된 consecrated, 온전히 헌신하다 dedicate, 순결, 정결하게 하다 purified, sanctified 등의 뜻을 가진다.[76] 즉, 하나님께서는 일곱째 날을 거룩하게 나누어 구분해 놓으셨다는 것이다. 우리는 여기에서 하나님께서 창조하시면서 사용하신 두 종류의 나눔을 발견하게 된다. 바달과 카다쉬이다.

바달: 가치가 포함되지 않은 기계적인 나눔
카다쉬: 거룩한 가치를 위하여 나누어 구분

이 두 단어의 나눔엔 차이가 있다. 바달은 일차적으로 좋고 나쁨없이 중립적으로 나누는 것이 강조된 말이다. 반면 카다쉬는 특별하게 구분하여 거룩하게 한다는 차원에서 거룩하게 하는 대상의 가치가 보다 강

조된 말이다. 즉, 하나님께서 창조하신 모든 날이 귀하지만, 7일이라는 날은 그 귀함에 거룩이 첨가된다는 것이다. 이 말은 놀라운 비밀로 우리를 인도한다.

 멘토여, 거룩이 어떻게 우리를 놀라운 비밀로 인도합니까?

하나님께서 천지를 창조하시되 보시기에 좋게 하시고, 복도 주신다.

그러나 어떤 창조물에도
무조건 자동적으로 거룩의 축복을 주시지 않았다.

이것은 실로 놀라운 일이다. 전 지구를 경영하도록 하시기 위하여 지으신 인간도 자동적으로 자체적으로 거룩하게 하지 않으셨다. 인간이 하나님의 형상과 유사성으로 이미 기초적인 거룩이 있었지만, 그것은 온전한 거룩이 아니었다. 그러면 하나님께서는 왜 이렇게 하셨을까, 대안은 있었던 것일까?

하나님의 놀라운 대안은 일곱째 날에 있는 것이다. 사람 자체를 거룩하게 하지 않으시고 일곱째 날을 거룩하게 하셨던 것이다. 이것은 지구의 창조를 인간을 중심으로 하신 관점으로 볼 때 의외가 아닐 수 없다. 만약 어떤 좋은 것을 복으로 주신다면 그 대상은 인간이어야 한다. 그러나 하나님께서는 거룩의 복을 인간에게 주지 않고 일곱째 날을 거룩하게 축복하신다. 그러면 우리가 어떻게 거룩하게 될 수 있을까? 여기에 안식일의 비밀이 있는 것이다.

우리가
하나님께서 거룩하게 하신 안식일을 거룩하게 살 때에
우리의 거룩이 완성된다는 것이다.
우리뿐만 아니라 우리에게 맡기신 모든 영역이 거룩하게 된다.

그래서 여기에서 드러나는 더 중요한 것은 지구의 모든 창조물들이 거룩하게 되고 안되고는 인간에게 달렸다는 것이다. 인간이 이날을 거룩하게 지내며 하나님의 영감을 받아 지구의 구석구석을 받은 비전에 따라 경영하면 그 인간에게 정복하고 다스리도록 주신 모든 땅과 동물들이 거룩하게 된다. 그렇지 않으면 거룩함을 잃어버린다. 인간이 지구 거룩의 열쇠가 된다는 것인데 그 증거를 우리는 성경에서 발견할 수 있다.

🌳 멘토여, 안식일과 인간이 세상 거룩의 열쇠라는 증거가 무엇입니까?

그 증거는 첫 인간들을 지으시고 얼마 안 되어 그들의 타락을 통하여 알게 된다. 아담과 이브가 뱀에게 미혹되어 하나님의 말씀을 버리고 뱀을 따르면서 하나님과의 관계가 깨어진다. 인간이 거룩한 이유는 하나님과의 관계성이었는데 그것이 깨지면서 놀라운 일이 벌어진다. 인간의 거룩이 죄로 인하여 깨지자 동물과 땅도 저주를 받는다.

> 아담에게 이르시되 네가 네 아내의 말을 듣고 내가 네게 먹지 말라
> 한 나무의 열매를 먹었은즉 땅은 너로 말미암아 저주를 받고
> 너는 네 평생에 수고하여야 그 소산을 먹으리라.
> 땅이 네게 가시덤불과 엉겅퀴를 낼 것이라 네가 먹을 것은 밭의 채소인 즉,
> 네가 흙으로 돌아갈 때까지 얼굴에 땀을 흘려야 먹을 것을 먹으리니
> 네가 그것에서 취함을 입었음이라.
> 너는 흙이니 흙으로 돌아갈 것이니라 하시니라.
> 여호와 하나님이 아담과 그의 아내를 위하여 가죽옷을 지어 입히시니라.
> | 창세기 3:17-19, 21

인간과 하나님의 관계가 깨어지면서 인간과 땅의 관계도 적대적으로 변한다. 그리고 그런 적대적인 환경에서 살아가야 하는 인간을 위하여 하나님께서는 동물을 죽여 가죽옷을 입히신다. 인간의 죄의 결과를 덮어주기 위한 첫 죽음이었던 것이다. 그렇게 죄가 들어오고 세상이 악하게

된 것이 유지되었다. 해법이 없어 보였다. 그러다가 해법이 제시된다. 그 해법이 놀랍게도 출애굽 때 모세에게 주신 십계명에서 드러나는 것이다. 그것은 하나님을 경외하는 것과 그 증거로서 지킬 안식일의 규례였다.

하나님께서 특별한 민족을 선택하시고 이제 긴 노예 생활에서 탈출을 시키시면서 간절하게 하신 말씀이 다음과 같은 것이다.

이는 엿새 동안에 나 여호와가 하늘과 땅과 바다와 그 가운데
모든 것을 만들고 일곱째 날에 쉬었음이라 그러므로 나 여호와가 안식일을
복되게 하여 그날을 거룩하게 하였느니라. | 출애굽기 20:11

이 비밀을 아는 사람이 책임지는 모든 사람과 가축 그리고 땅이 거룩하게 된다는 것이다. 거룩엔 생명과 평화와 안정 속에 번식과 번영이 약속되어 있다. 창조 6일간에 주신 모든 복이 온전하게 이루어질 때는 바로 거룩함을 유지할 때인 것이다.

그래서 하나님께서는 지상에서 거룩의 상징이 되는 성전 봉헌식에서 솔로몬에게 다음과 같이 말씀하신다.

밤에 여호와께서 솔로몬에게 나타나사 그에게 이르시되
내가 이미 네 기도를 듣고 이 곳을 택하여 내게 제사하는 성전을 삼았으니
혹 내가 하늘을 닫고 비를 내리지 아니하거나 혹 메뚜기들에게 토산을
먹게 하거나 혹 전염병이 내 백성 가운데 에 유행하게 할 때에
내 이름으로 일컫는 내 백성이 그들의 악한 길에서 떠나
스스로 낮추고 기도하여 내 얼굴을 찾으면 내가 하늘에서 듣고
그들의 죄를 사하고 그들의 땅을 고칠지라.
이제 이 곳에서 하는 기도에 내가 눈을 들고 귀를 기울이리니
이는 내가 이미 이 성전을 택하고 거룩하게 하여 내 이름을 여기에
영원히 있게 하였음이라 내 눈과 내 마음이 항상 여기에 있으리라.
| 역대기하 7:12-16

13절은 거룩을 떠난 결과를 사람들에게 전염병이, 추수거리에게는

메뚜기가, 땅에는 가뭄이라고 말씀해 주신다. 이것은 창세기 3장에서 거룩을 떠난 인간이 받은 저주 솔로몬 버전이다. 그러나 그런 상황 속에서라도 성전에 나와 회개함으로 용서를 받고 다시 거룩을 회복하면 "그들의 죄를 사하고 그들의 땅을 고칠지라"고 약속해 주신다. 이것이 안식일을 통한 거룩의 단적인 열매이다.

 멘토여, 그러면 안식일을 어떻게 지켜야 합니까?

안식일은 우선 하나님께서 정하시고, 안식하심으로 제일 먼저 지키셨다. 그 방법은 쉬시는 것이었다. 그런데 그 안식, 쉰다는 의미의 비밀이 출애굽기, 이사야서 그리고 사도행전을 통하여 드러난다.

> 안식일을 기억하여 거룩하게 지키라.
> 이는 엿새 동안에 나 여호와가 하늘과 땅과 바다와 그 가운데
> 모든 것을 만들고 일곱째 날에 쉬었음이라. 그러므로 나 여호와가 안식일을
> 복되게 하여 그날을 거룩하게 하였느니라. | 출애굽기 20:8, 11

> 여호와가 말하노라. 매월 초하루와 매 안식일에 모든 혈육이
> 내 앞에 나아와 예배하리라. | 이사야 66:23

> 바울이 자기의 관례대로 그들에게로 들어가서
> 세 안식일에 성경을 가지고 강론하며 | 사도행전 17:2

이것을 요약하면 다음과 같다.

출애굽기는
안식일에 모든 사람이 사명으로 받은 노동을 멈추라 하신다.
이사야서는
함께 사명을 감당하는 혈육이 모두 하나님께 예배로 나오라 하신다.
사도행전은
사명을 감당하기 위하여 하나님의 말씀을 받으라 하신다.

즉, 안식일에는 6일간은 비전으로 받은 것을 실현하기 위하여 사명감을 가지고 노동을 하되 "힘써" (출애굽기 20:9) 하고, 안식일에는 가족과 함께 쉬면서, 하나님께 나와 예배하고, 하나님께서 주시는 말씀을 받으라는 것이다.

그래서 안식일은
육체의 노동에서 육체의 휴식으로,
땅을 경작하고 동물을 다스리는 일에서 가족과 하나님께로
죄와 상처에서 회복으로,
다툼에서 화해로,
사명의 노동에서 사명의 전략으로,
육적인 날에서 영적인 날로,
세상의 날에서 하나님의 날로,
노동에서 예배로,
나의 말에서 하나님의 말씀으로
사명의 집중에서 사명을 주신 분께로
나아오는 날이다.
그래서 완성된 사명이 주는 비전의 축복을 미리 맛보는 것이다.
하나님 나라에서의 영원한 안식은 모든 비전의 목적지이기 때문이다.

이렇게 할 때 인간들에게 주신 복이 최고치로 활성화되는 것이다. 안식일의 비밀 중의 하나는 다른 시간대들과 다른 측정 단위에 있다.

🌳 멘토여, 안식일은 다른 시간대 측정 단위와 어떻게 다릅니까?

시간에 관하여 놀라운 것은 그것의 측정 단위이다. 낮과 밤은 태양과 달을 통하여, 하루는 지구의 자전을 통하여, 한 달은 달의 지구 공전을 통하여, 4계절과 1년은 지구의 태양 공전을 통하여 측정의 기준을 삼게 하셨다. 그런데 매우 특별한 것이 안식일의 측정단위다. 다른 모든 시

간은 지구, 달, 태양등 물질을 통하여 측정하게 하셨지만, 1주일의 단위는 물리적인 방법으로는 알 수 없다.

안식일의 측정 기준은 오직 하나님의 말씀이고 그것을 믿고, 순종할 때 지켜지도록 되어 있다. 다른 일시 측정 기준과 비교하여 말하자면 인간이 하나님을 중심으로 믿음과 비전을 가지고 탈선하지 않고 공전할 때 지켜질 수 있다.

시간 단위	측정 기준
낮과 밤	태양과 달의 자전과 공전
하루	지구의 자전
1달	달의 지구 공전
4계절	23.5도 기울어진 채 지구가 태양 공전
1년	지구의 태양 공전
1주	하나님을 중심으로 하는 인간의 공전

다른 모든 시간이 지구, 달, 태양의 자전과 공전을 통하여 측정하고, 물질에 근거하여 시간 단위를 측정한다면 안식일의 측정 단위는 다르다.

안식일의 측정 단위는
인간이 하나님을 중심으로 하는 7일 공전 주기이다.

인간은 이 7일 공전 주기를 가지고 하나님을 중심으로 공전하면서 건강하게 미래를 설계할 수 있도록 디자인되어 있다. 그런데 이것이 깨지면서 심각한 문제가 생긴다. 인간이 하나님을 중심으로 한 7일의 공전을 그치고, 그저 일주일 단위로 쉬고 노는 것에 심취하면서 심각한 미혹과 혼돈 속에 신음하고 있다. 인간은 심판에 직면하고 있다. 그것이 요한계시록에서 비전으로 선포하고 있는 인간심판의 미래인 것이다. 이것을 막을 방법은 창조의 질서를 회복하는 것이다. 창조주를 인정하고, 우주 CEO의 경영에 순종하여 그것에 합류하는 것이다.

멘토여, 이제 안식일에 하나님께서 쉬셔야 했던 이유를 말씀해 주십시오.

하나님께서 6일간의 창조를 마치신 후 7일째에 안식하고 쉬셨다고 분명히 말하고 있기에 하나님께서 쉬신 것은 맞지만, 하나님은 피곤하여 쉬신 것이 아니라는 것이 중요하다. 오히려 하나님께서는 이 안식일에도 일을 하신다는 것을 이미 살폈다. 안식일에 병든 사람을 고치는 것을 비판하는 유대인들에게 예수님께서는 아버지께서는 안식일에도 일하신다고 말씀하신다.

그러므로 안식일에 이러한 일을 행하신다 하여 유대인들이 예수를 박해하게 된 지라.

예수께서 그들에게 이르시되 내 아버지께서 이제까지 일하시니
나도 일한다 하시매. | 요한복음 5:16-17

하나님께서 안식일에도 일하신다는 말씀은 실로 놀랍다.

 멘토여, 하나님께서 안식일에 하시는 일은 무엇입니까?

하나님께서 안식일에 하시는 일은 주중에 하시는 일과는 구분된다. 안식일에는 성도들이 예배로 나와 위기 속에 있는 삶에 관하여 부르짖고, 회개하며, 죄와 상처를 고백한다. 그러면 하나님께서 하시는 일은 구하고, 용서하시며, 상처를 싸매시고, 새 한주 프로젝트에 대한 영감을 주시는 것이다. 이것은 안식일에 예수님께서 38년간 질병 속에서 구원과 치유를 간구한 베데스다 연못가의 병자를 치유하신 것과 같은 맥락이다. 이것이 같은 맥락에 있다는 증거는 다음과 같은 말씀 속에서 확인할 수 있다.

그러므로 예수께서 그들에게 이르시되 내가 진실로 진실로 너희에

게 이르노니 아들이 아버지께서 하시는 일을 보지 않고는 아무 것도 스스로 할 수 없나니 아버지께서 행하시는 그것을 아들도 그와 같이 행하느니라.

> 아버지께서 죽은 자들을 일으켜 살리심 같이 아들도 자기가 원하는
> 자들을 살리느니라. | 요한복음 5:19, 21

우리가 영으로 보지 못하지만, 오늘날도 아버지께서는 각종 불행 속에 신음하며, 병의 고통과 죽음의 공포 속에 신음하는 이들을 안식일에도 돌보신다는 것이다. 예수님께서는 아버지께서 행하시는 것을 보시고, 배우시고 같은 것을 행하신다는 것이다.

 멘토여, 그러면 안식일은 결국 인간을 위한 날입니까?

그렇다면 안식일은 누구를 위한 것일까? 우선 하나님에 관하여 살펴보자. 시편의 선포를 보면 하나님께서는 졸지도 주무시지도 않는 분이시다.

> 이스라엘을 지키시는 이는 졸지도 아니하시고 주무시지도 아니하시리로다.
> | 시편 121:4

즉, 육체의 피곤을 위하여 안식이 필요한 분이 아니시라는 것이다. 그렇다면 안식일은 하나님을 위해서가 아니다. 우리는 이것을 예수님의 말씀을 통하여 알 수 있다.

> 또 이르시되 안식일이 사람을 위하여 있는 것이요
> 사람이 안식일을 위하여 있는 것이 아니니
> 이러므로 인자는 안식일에도 주인이니라. | 마가복음 2:27-28

이 말이 무슨 뜻일까? 우선 예수님께서는 안식일은 사람을 위한 것

이라고 명확하게 말씀하신다. 여기서의 사람은 모든 사람이 아니라 안식일의 주인이신 인자를 따르는 자를 뜻한다.

인자는 사람의 아들, the son of man으로 예수님을 뜻한다. 예수님께서는 자신의 정체성을 표현하는 말 중에서 사람의 아들을 선호하셨는데 이 말씀은 자신이 하나님의 아들, the son of God인 것을 대칭적인 암호와 별명으로 표현한 것이다. 하나님의 아들이면서 사람의 아들이신 예수님께서 안식일의 주인이시기에 출애굽기 20장의 말씀처럼 그날에 예수님께 속한 모든 식구들이 안식하는 것이다. 그러므로 안식일은 하나님께서 피곤하여 만드신 것이 아니라, 인간의 피곤을 위하여 만드신 날인 것이다. 인간의 회복을 위하여 있고, 인간의 다음 7일을 위하여 있는 것이다. 그러나 안식일의 개념을 모름으로 이날을 오용, 남용하여 더 피곤하게 하여 다음 7일을 더 망치게 하는 사람들이 있다.

 멘토여, 일곱째 날 창조의 궁극적인 비전은 무엇입니까?

일곱째 날의 비전은 우선 7일을 복 주어 안식일을 선포하고 안식하는 모습이다. 그러나 이 안식일은 훗날 더 놀라운 기능을 제공하도록 창조되었다. 일곱째 날의 궁극적인 비전은 안식일을 통하여 지난 6일의 상처 난 육체를 치유 받고, 관계를 회복하며, 성취한 일들에 관하여 하나님께 감사드리며, 못다 한 일들에 관하여 새로운 6일 동안 완성할 힘과 지혜와 전략을 하나님께 받아 기뻐하며 형통하는 사람들의 모습이다. 실로 이 7일은 놀라운 비밀을 가지고 6일 창조를 완성하시며, 모든 창조가 온전케 유지되도록 하시는 비밀이 담긴 날이다.

여호와의 안식일이 중요한 것은 이날에 우리가
여호와를 인식하며 온전해질 수 있기 때문이다.

🌳 멘토여, 일곱째 날 하나님께서 하신 것들을 V.M.O.S.T. A.R.T.ⓒ로 정돈하여 주십시오.

하나님께서 행하신 것을 V.M.O.S.T. A.R.T.ⓒ로 정리하면 다음 도표와 같다.

일곱째 날 V.M.O.S.T. A.R.T.ⓒ내용

V	비전	7일을 복 주어 안식일을 선포하고 모든 생명체가 안식하는 모습 (단기 비전)
		안식일을 통하여 지난 6일의 상처 난 육체를 치유 받고, 관계를 회복하며, 성취한 일들에 관하여 하나님께 감사드리며, 못다 한 일들에 관하여 새 6일 동안 완성할 수 있는 힘과 지혜와 전략을 하나님께 받아 기뻐하며 형통하는 사람들의 모습, 그리고 이러한 사람들에 의하여 지구의 에덴화가, 인류의 제자화가 우주의 왕국화가 온전하게 이뤄진 모습 (궁극적인 비전)
	가치	완벽한 영광, 완벽한 팀워크, 완벽한 사람 중심, 완벽한 사랑, 완벽한 기능성, 완벽한 아름다움, 완벽한 효율성
M	사명	나는 7일을 복을 주어 안식일을 선포하여 모든 생명체가 안식하며 더 큰 일들을 성취하게 하기 위하여 존재한다.
O	목표치	① 2:2 안식하기 ② 2:3 일곱째 날을 거룩하게 하기
S	전략	① 안식하기 위하여 일곱째 날을 활용 ② 일곱째 날 거룩하게 하기 위하여 복 주기 활용
T	시간	일곱째 날
A	행동	2:2 하나님이 그가 하시던 일을 일곱째 날에 마치시니 2:3 하나님이 그 일곱째 날을 복되게 하사 거룩하게 하셨으니
R	평가	2:1 천지와 만물이 다 이루어지니라

보상 2:2 하나님이 그가 하시던 일을 일곱째 날에 마치시니 그가 하시던 모든 일을 그치고 일곱째 날에 안식하시니라

2:3 하나님이 그 일곱째 날을 복되게 하사 거룩하게 하셨으니 이는 하나님이 그 창조하시며 만드시던 모든 일을 마치시고 그날에 안식하셨음이니라 (보상으로서의 안식)

휴식 2:2 하나님이 그가 하시던 일을 일곱째 날에 마치시니 그가 하시던 모든 일을 그치고 일곱째 날에 안식하시니라

2:3 하나님이 그 일곱째 날을 복되게 하사 거룩하게 하셨으니 이는 하나님이 그 창조하시며 만드시던 모든 일을 마치시고 그날에 안식하셨음이니라 (휴식으로서의 안식)

T 감사 성경은 놀랍게도 하나님의 7일 창조전략들을 우리에게 알게 한다. 하나님의 일하시는 방식을 우리에게 알게 하시는 이유는 하나님께서 창조주이심과 또한 그 창조의 경영 전략을 알고 하나님께서 주신 비전 영역에서 전 지구의 에덴화, 전 인류의 제자화, 전 우주의 왕국화를 할 때 활용하여 열매를 맺으라는 것이다.

멘티여,

· 그대는 왜 하나님께서 안식하셨다고 생각하는가?

· 하나님께서 안식일을 만드셔서 인간에게 지키도록 하신 것은 무엇을 위한 것이라고 생각하는가?

Part IV

창조 완성의 **경영** 전략

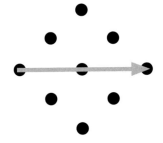

16

창세기 2장
인간 창조의 비밀

 멘티여, 그대가 창세기 1장을 조금 더 자세히 쓴다면 어떤 내용을 더 부연하고 싶은가?

여기 16장으로 시작되는 Part IV는 창세기 1장을 넘어 창조를 부연설명하고 시작된 창조가 어떻게 완성되는지를 보여줌으로 창조의 진실성을 보여줄 것들에 관하여 알아보게 될 것이다. 그래서 우리는 창세기 2장과 요한계시록을 특별히 살피게 될 것이다.

창세기 2장은 창세기 1장에서 짧게 설명한 것들을 부연 설명해 준다. 특별히 인간의 창조와 인간이 거할 에덴의 창조, 그리고 인간이 사명을 감당하는 가슴 떨리는 일들이 어떻게 시작되었는지를 알려준다. 그런데 이것을 이해하지 못하는 사람들은 창세기 1장과 2장을 혼돈스럽게 생각한다.

멘토여, 왜 사람들이 창세기 1장과 2장에 관하여 혼돈스럽게
생각합니까?

우선 창세기 2장에 관하여 알 것은 2장 1-3절에 창세기 1장에서 시작된 창조의 7일 차가 설명되면서 7일 창조가 완성되는 것이다.

천지와 만물이 다 이루어지니라.
하나님이 그가 하시던 일을 일곱째 날에 마치시니 그가 하시던 모든 일을 그치고
일곱째 날에 안식하시니라.
하나님이 그 일곱째 날을 복되게 하사 거룩하게 하셨으니 이는 하나님이
그 창조하시며 만드시던 모든 일을 마치고 그날에 안식하셨음이니라.

이것이 천지가 창조될 때에 하늘과 땅의 내력이니
여호와 하나님이 땅과 하늘을 만드시던 날에 | 창세기 2:1-4

즉, 2장 3절까지가 1장으로 구분되었어야 한다. 그리고 엄밀하게 말하면 새로운 이야기는 2장은 4절부터 시작되었어야 한다. 창세기 2장 1-4절을 살펴보자. 이렇게 혼돈스럽게 1장과 2장이 구분된 이유는 성경을 장과 절로 나누는 과정에서 생긴 신학적 오류로 인한 것이었다. 창조가 6일간 되어졌다고 생각했기에 6일의 완성으로 1장이 마쳐져야 한다고 보았던 것이었다.

그런데 이보다 더 심각한 오해도 있다. 그것은 어떤 사람들은 창세기 1장과 2장의 이야기가 두 가지 다른 창조를 말하는 것으로 생각한다. 1장과 2장이 창조에 관하여 말하는 데 이야기 전개가 다르고, 하나님의 이름도 다르게 말하기 때문이다. 그래서 어떤 사람들은 창세기 1장과 2장이 다른 사람에 의하여 기록되었고, 창조 이야기가 일치하지 않기에 성경과 창조의 신빙성이 떨어지는 것으로 이해한다.

또 어떤 사람들은 창세기 1장은 시적인 표현이라고 생각하면서 사실적인 사건 기록으로 보지 않는다. 대신 2장의 기록을 보다 실제적인 표현으로 본다. 즉, 1장은 하나님께서 창조자라는 것을 강조하기 위하여 시적으로 믿음을 고백한 이야기인 반면, 2장은 보다 사실적인 이야기라고 보는 것이다. 이것은 온전한 이해가 아니다. 우리는 그 이유를 곧 알게 될 것이다.

이런 혼돈 속에서 여전한 질문은 그러면 왜 창세기 1장과 2장의 창조 이야기가 다른 것처럼 보이는가이다. 그리고 하나님의 이름 표현은 왜 다른 것일까?

결론을 먼저 말하자면
창세기 2장의 창조 이야기는 1장을 전제로 전개되고,
6일 차 인간 창조의 이야기를 구체적으로 설명해 주며
같은 저자에 의하여 쓰였고
하나님의 이름이 달리 쓰인 것에는 놀라운 비밀이 있다는 것이다.

이러한 상황이 전개되는 이유는 창세기 2장이 1장에 이어서 우리에게 더 많은 중요한 정보를 주려는 것인데, 우리가 그것을 혼돈스럽다고 투정 부리는 것이다. 하나님의 의도를 알고, 그 구체적인 정보를 알면 혼돈이 정리되어 감사하게 될 것이다. 그렇다면 이렇게 말하는 증거는 무엇인가? 그 증거와 논거를 살피기 위하여 우리가 그간 했던 방법인 비전부터 시작하여 보자.

🌳 멘토여, 우선 창세기 2장 4-25절까지의 비전은 어떻게 됩니까?

2장 4-25절의 비전은 아름답고 기능적으로 창조된 에덴, 아담과 이브, 그리고 사명을 훌륭하게 감당하는 아담의 모습이다. 이것을 이루기 위한 가치는 앞에서 살핀 것과 같이 완벽한 영광, 완벽한 팀워크, 완벽한 사람 중심, 완벽한 사랑, 완벽한 기능성, 완벽한 아름다움, 그리고 완벽한 효율성이다. 이 비전을 이런 가치를 가지고 실현하기 위한 하나님의 사명 선언문은 나는 아름답고 기능적으로 에덴을 만들고, 아담과 이브를 만들며, 그 부부로 하여금 땅에 충만하고, 땅을 경작하고, 동물들을 다스릴 수 있도록 비전 멘토링 하기 위하여 존재한다이다.

창세기 2장을 기록하시는 차원에서 하나님께서는 위에 언급한 사명을 감당하시고, 또 그것을 기록하여 창세기 1장에서 설명한 것을 부연 설명하도록 하신다. 그래서 창세기 2장에는 크게 2가지의 목표치와 하위 목표치로 구성되어 있다. 2가지의 목표치는 창세기 2장 4절을 중심으로 6일 차 창조에 관하여 설명하기와 또 여호와 하나님의 이름에 관하여 설명하기이다. 사명을 감당하기 위하여 설정하신 목표치는 성경에서 다음과 같이 발견할 수 있다.

1. 2:4-25 창조 6일 차에 관하여 세부적 설명하기

　① **2:7 남자 만들기**
　② 2:8 에덴 만들기
　③ 2:9 사람이 선악을 알고 영생을 살게 하기
　④ 2:10 에덴에 생존을 위한 환경 만들기
　⑤ 2:11-14 에덴에 금속 자원 예비해 주기
　⑥ 2:15-17 사람에게 1차 비전 멘토링 하기
　⑦ 2:18 사람에게 이름 지어 주기
　⑧ 2:19-20 아담에게 2차 비전 멘토링하기
　⑨ 2:21-22 아담을 돕는 배필 만들기
　⑩ **2:21-22 여자 만들기**
　⑪ 2:23-25 아담에게 3차 비전 멘토링하기

2. 2:4 하나님의 이름을 인류와 직결된 것으로 제시하기

위에서 살핀 것과 같이 창세기 2장은 크게는 두 개의 목표치가 제시된다. 그리고 첫 번째 목표치에는 11개의 작은 목표치들을 발견할 수 있다. 첫 번째 목표치에서 특별히 에덴과 인간의 창조와 하나님의 인간 교육에 관한 중요한 일들이 기술되어 있다. 우리가 이 장에서 창세기 2장 전체에 대한 세부 목표치의 내용을 다 살피지는 않을 것이다. 다 살피기에는 너무 깊고 방대한 내용이기 때문이다. 우리는 11개의 세부 목표치 중에서 특별히 굵은 글씨와 밑줄로 표시된 4가지: 6일 차에 관하여 세부적으로 설명하기, 남자 만들기, 여자 만들기를 살피고, 다음 장에서 하나님의 이름을 인류와 연관된 것에 관하여 살펴볼 것이다. 추가하여 창조론과 진화론을 살펴볼 것이다. 참고로 11개로 제시된 세부 목표치 달성을 어떻게 하시는지는 17장 말미에 전략 난에 간단하게 요약이 되어 있다. 그리고 비전 멘토링을 하신다는 부분에 관하여는 비전 멘토링 시리즈의 다른 책 비전 멘토링에서 자세하게 다루고 있다.

● 목표치 1: 창조의 6일 차에 관하여 세부적으로 설명하기 ●

 멘토여, 창조의 6일 차에 관하여 세부적으로 설명하기 위한 전략은 무엇입니까?

창조의 6일 차에 관하여 세부적으로 설명하기 위한 전략은 창세기 2장을 활용하는 것이다. 이것을 살피기 위하여 2장에서 실질적으로 새로운 이야기가 시작되는 4절을 살펴보자. 특별히 주요 단어들을 히브리 원문에 가깝게 번역하면 다음과 같다.

> 이것이 창조 [바라]될 때에 그 하늘들과 그 땅의 내력이니
> 여호와 하나님이 그 땅과 그 하늘들을 만드시던 [아싸]날에…
> | 창세기 2:4 (히브리 원문에 충실한 해석)

이 구절에서 우리는 몇 가지 흥미로운 것들을 발견할 수 있는데 특별히 다음 세 가지다.

첫째, 창조와 만들다로 쓰인 두 단어,
둘째, 하늘과 땅, 땅과 하늘이라고 표현한 순서
셋째, 여호와 하나님으로 등장하시는 하나님

셋째 관점은 다음 장에서 살피기로 하고 우선 첫째와 둘째의 관점이 어떻게 2장의 이야기가 1장의 저자에 의하여 쓰였고, 1장의 6일을 부연 설명하기 위한 것인지를 살피면 다음과 같다.

🌳 멘토여, 창세기 2장 4절에서 창조와 만들다라는 두 단어가 왜 같이 쓰였습니까?

두 단어 창조하다 바라와 만들다 아싸가 혼란스럽게 사용된 것에 관하여 우리는 이미 살폈다. 창조하다와 만든다는 두 단어는 만약 하나님을 경외하는 경건한 유대인이 창세기 1장을 신앙 고백시 정도로 기록하였다면 절대로 사용하지 않을 것이다. 왜냐하면, 창조라는 말은 창조자 하나님께 적절해 보이지만, 만들기는 인간도 할 수 있는 것이기 때문이다. 그런데 그 두 단어가 1장에서 쓰인 것처럼 2장의 새로운 이야기의 시작점에서 다시 쓰인다면 그 이유가 매우 의미심장 해진다.

더구나 1장에서 시작된 이야기가 끝나는 2장 3절과 새로운 이야기가 시작되는 4절은 다음과 같이 의미 있는 대칭과 반복의 구조를 가진다.

하나님이 그 일곱째 날을 복되게 하사 거룩하게 하셨으니
이는 하나님이 그 창조하시며 만드시던 모든 일을 마치시고
그날에 안식하셨음이니라.

이것이 천지가 창조될 때에 하늘과 땅의 내력이니
여호와 하나님이 땅과 하늘을 만드시던 날에 | 창세기 2:3-4

창세기 2장 3절은 7일간 창조의 대장정을 마치는 문장이고, 2장 4절은 새로운 이야기를 시작하는 문장이다. 그런데 창조와 만들기라는 두

단어가 동일한 패턴으로 등장하는 것은 만약 다른 두 사람이 창세기 1장과 2장을 각각 기록한 것이라면 가능하지 않다.

다시 말하지만, 경건한 유대인이 천지를 창조하신 전능자 하나님을 강조하려 했다면 창조하다 바라만을 사용했을 것이기 때문이다. 그러나 이 두 단어를 창세기 1장 이야기의 끝에, 그리고 2장에서 시작되는 새로운 이야기의 시작점에 대칭과 반복의 형태로 쓴 이유는 자명하다.

그것은 창세기 2장 4절의 이야기는 창세기 1장을 쓴 사람이
1장과의 연관성 속에서 6일을 부연 설명하려 하기 때문이다.

🌳 멘토여, 2장 4절에서 하늘과 땅, 그리고 땅과 하늘로 다르게 표현된 것의 의미는 무엇입니까?

창세기 2장 4절을 세심하게 읽으면 우리는 전반부에는 하늘과 땅의 순서로, 그리고 후반부에는 땅과 하늘의 순서로 다르게 표현된 것을 발견하게 된다. 그런데 이것은 우리에게 놀라운 것을 시사한다. 우리는 히브리어의 특징 중의 하나가 중요하게 여기는 단어를 먼저 쓰는 것이라는 것을 이미 살폈다. 4절은 그것을 정확하게 보여준다.

첫 번째
2장 4절 초반 절에서 그 하늘들과 그 땅의 순서로 표현함으로
창세기 1장 1절의 표현을 반복하면서
창조가 하늘에서 땅의 방향으로 전개되었음을 말해준다.

두 번째
2장 4절 후반 절에서 그 땅과 그 하늘들의 순서로 표현함으로
이제 땅을 중심으로 하는 만들기에 집중하여
창조의 내력을 부연 설명할 것을 말해준다.

이러한 구분이 중요한 것은 그 하늘들과 그 땅의 순서로 언급하는 곳에는 창조하다는 동사를 쓰고, 그 땅과 그 하늘들로 순서 되어지는 곳에서는 만든다는 동사로 받는 것을 통하여서도 알 수 있다. 천지로 번역된 원어는 원래 그 하늘들 하샤마임과 그 땅 하에레츠라는 것을 이미 살폈다. 천지, 그 하늘들과 그 땅의 창조는 오직 창세기 1장 1절에서 언급된 것이다. 창세기 2장 4절은 창세기 1장 1절을 인용하는 것이다. 그리고 2장 4절 후반 부에서 만든다는 동사를 쓴 것은 매우 중요한 의미가 있다. 이것은 태초의 창조를 전제하는 것으로 무에서 유의 창조가 아니라 있는 것에서 만들기 아싸하시는 것을 구분하는 것이다.

땅을 중심으로 말하겠다는 저자의 의도를 보여주는 논리적 증거는 이어지는 2장 5-7절의 문장에서 바로 확인된다. 창세기 2장 5-7절은 땅의 이야기가 시작되는데 흥미로운 것은 땅과 흙을 의미하는 단어가 무려 5개나 다르게 쓰인다는 것이다. 이것은 땅과 연관된 매우 전문적이고 중요한 이야기를 하고 있다는 의도를 보여준다.

이렇게 2장에서 땅을 의미하는 5개의 단어가 등장하는 것은 창세기 1장에서 땅을 의미하는 단어가 2개만 사용된 것과 대조를 이룬다. 창세기 1장에서 사용된 땅에 대한 사용은 총 21회가 언급되지만, 20회가 땅을 의미하는 히브리어 원어 하에레츠가 쓰였고, 1장 9절에서 마른 땅, 뭍을 의미하는 야바샤아 הַשַּׁבִי가 한번 쓰인 것과 대조를 보여준다.

즉, 창세기 2장 4절은 창세기 1장 1절의 그 하늘들과 그 땅의 순서로 창조된 것을 전제로 이제 땅을 중심으로 한 창조하겠다는 의도를 말하고 있는 것이다. 창세기 2장의 만들기는 흙에 관하여 아는 것이 매우 중요하다. 흙과 연관하여 중요한 것은 흙으로 첫 사람 아담 만들기이다. 남자 만들기에 관하여 살펴보자.

● 목표치 2: 남자 만들기 ●

 멘토여, 남자 만들기 위한 전략은 무엇입니까?

그 전략은 "땅의 흙"을 활용하시는 것이다. 인간을 흙으로 만드셨다는데 과연 그것이 가능한 것인가? 그것은 신화와 전설 같은 곳에서나 나오는 동화 같은 이야기가 아닐까? 진리를 말하는 성경에서 할 수 있는 말일까? 답은 성경에서 말할 수 있는 것이고, 성경이기에 말한다는 것이다. 그렇다면 그것의 진리성은 무엇일까?

더 나아가기 전에 먼저 구분할 것이 있다. 1장에서 말해주는 인간 창조의 강조점은 하나님과 연관된 것이었고, 하나님의 형상과 유사성에 관한 것이었다. 그런데 2장에서는 인간 창조에 관하여 전혀 다른 부분이 등장한다. 인간을 흙으로 만드셨다는 것이다. 그러면 1장과 2장은 서로 상반되는 이야기를 하고 있는가? 그렇지 않다.

창세기 1장은 하나님의 외모와 내면적인 재료에 초점을 맞추며
그것이 <u>하나님의 형상과 유사성으로</u> 지음받은 것을 강조한다.

창세기 2장은 인간 육체의 재료에 초점을 맞추며
그것이 <u>땅의 흙으로 되고 동물과의 유사성으로</u> 된 것을 강조한다.

이렇게 창세기 1장과 2장은 서로 보완적인 정보를 제공한다. 즉, 1장에서 언급된 인간 창조에 대한 다른 비밀을 부연 설명하고 있는 것이다.

 멘토여, 인간을 흙으로 만들었다는 말의 의미는 무엇입니까?

그렇다면 인간은 진정 흙으로 만들어졌는가? 그것은 어떤 의미인가? 이것을 알아보기 위하여 기록으로 들어가 보자. 우선 창세기 2장 7절은 아담의 창조에 관하여 다음과 같이 말한다.

여호와 하나님이 땅의 흙으로 사람 [아담]을 지으시고
생기를 그 코에 불어넣으시니 사람이 생령이 되니라. | 창세기 2:7

땅의 흙으로 아담이라는 남자 사람을 지으셨다. 그런데 도대체 어떻게 흙으로 사람을 만드시는 것일까? 흥미로운 것은 창세기 1장에 비하여 2장에서는 다양한 흙이 등장한다는 것이다. 성경에서 비슷한 개념이 반복되는 것은, 그것이 중요하고 매우 특별한 것임을 말한다. 그렇다면 우리는 여기에서 어떤 특별한 것을 알 수 있는 것일까?

창세기 2장에서는 흙을 뜻하는 단어가 무려 5개나 등장하는데, 이것은 우리를 혼란스럽게 한다. 더구나 그 5가지 흙에 대한 번역이 명확하지 않기에 혼돈은 더욱 가중된다. 흙을 뜻하는 히브리 원어들은 모두 기본적으로 흙을 뜻하고 중복된 뜻으로 쓸 수 있기 때문이다. 따라서 그 단어의 특성을 모르면 모세가 그렇게 다양한 흙을 강조하는 중요한 이유를 간과하게 되는 것이다. 한 가지 중요한 힌트는 다섯 번째 흙은 아담이라는 붉은 흙이다. 그래서 우리는 이 네 가지의 흙이 어디로 향하는지 방향을 잡을 수 있다. 우선 흙을 뜻하는 다섯 단어에 관하여 살펴보자.

에레츠 אֶרֶץ는 지구 earth, 땅 land, 국가 countries, 시골 countryside, 먼지 dust, 바닥 ground, 열린 곳 open, 실패 fail, 고원 Plateau, 지역 region, 야생 wild, 세계 world 등을 뜻한다.[77]
사데 שָׂדֶה는 field, 들판 fields, 시골 country, 기경되지 않은 땅 ground, 전장 battlefield, 야생의 땅 wild를 뜻한다.[78]
아다마 אֲדָמָה는 땅 land, ground, 흙 dirt, 먼지 dust, 지구 earth, 농사 farming, 들판 fields, 토양 soil를 뜻한다.[79]
아파르 עָפָר는 재 ashes, 잔해 debris, 흙 dirt, 마른 토양 dry soil, 먼지 dust, 흙더미 heap, 느슨한 흙 loose earth, 쓰레기 rubbish를 뜻한다.[80]

아담 אָדָם은 붉은 문장 속에서 색 red을 뜻하고 또한 붉은 흙 red dirt 을 뜻한다. 결론적으로 아담은 붉은 흙으로 지어진 사람, 남자, 그리 고 아담이라는 남자를 뜻한다.[81]

각 단어가 문장 속에서 강조하고자 했던 특성을 고려하여 번역하 면 다음과 같다.

> 그 지구와 그 땅을 의미하는 정관사 하가 붙은 하에레츠 [거친 흙과 암석]
> 그 들판을 뜻하는 정관사 하가 붙은 하사데 [거친 흙과 돌]
> 그 토지, 지면, 흙을 뜻하는 정관사 하가 붙은 하아다마 [경작가능 땅]
> 티끌 먼지, 흙가루, 흙을 뜻하는 아파르 [고운 흙 가루]
> 붉은, 흙, 사람, 남자, 아담을 뜻하는 아담

위의 특성을 창세기 2장 5-7절에 적용하여 번역하면 다음과 같다.

> 그 지구 [하에레츠]의 그 들판 [하사데]에 어떤 초목도 나기 전이고,
> 그 들판 [하사데]에 어느 채소도 자라기 전이니,
> 여호와 하나님께서 그 지구 [하에레츠]에 비를 내리지 않으셨었고
> 그 토지 [하아다마]을 경작할 아담 [사람]이 없었다.
> 그러나 그 지구 [하에레츠]로부터 안개가 올라와 온
> 그 토지 [하아다마]을 적셨다.
> 여호와 하나님께서 그 토지 [하아다마]의 흙먼지 [아파르]로
> 그 사람 [하아담]을 지으시고 [야짜르]
> 코를 향해 생기를 불어 넣어 생령이 되었다. | 창세기 2:5-7

붉은 흙이라는 뜻의 아담이라는 남자 사람을 만드는 과정에서 네 종 류의 흙이 등장한다. 모세는 인간이 아무 흙으로 만들었다고 말하지 않 는다. 흙인데, 같은 흙이 아닌 것이다. 모세는 하나님께서 알려주신 어 떤 특별한 것을 설명하기 위하여 무척 애를 쓴 것으로 보인다. 그것을 이 해하려면 다른 흙을 구분하여 쓴 모세의 의도를 파악하여야 한다. 그런

데 모세의 의도엔 한 논리가 있다. 위에서 살핀 바와 같이 흙의 곱기가 다르다는 것이다.

하에레츠〈하사데〈하아다마〈아파르
그 지구/땅〈그 들판〈그 토지 〈흙 먼지/티끌

모세는 결국 인간이 아파르로 지음 받았다고 한다. 아파르는 구약 성경에서 110회 사용되었고 티끌과 먼지로 주로 번역되었다. 모세가 이렇게 곱기가 다른 흙을 등장시키면서 전달하려는 것은 무엇이었을까?

먼지와 티끌로 인간을 만든다? 그것이 어떻게 가능한가?

이 아파르는 매우 의아스러운 표현이 아닐 수 없다.
혹시 먼지는 흙의 기본 원소를 말하려는 것은 아닐까?
티끌은 염색체 DNA의 모습을 표현하려 한 것은 아닐까?

이런 연관이 갑작스럽고 당황스러울 수 있을 것이다. 그러나 그대가 그 당황스러움을 조금만 인내한다면 놀라운 진실을 알게 될 것이다. 지구와 인간 구성 원소를 비교하면 우리는 놀라게 된다. 지구를 구성하는 원소는 118개인데[82] 이 중에서 인간의 몸을 구성하는 원소는 94개이다.[83] 그리고 티끌의 모습과 인간 유전자의 모습을 비교하면 우리는 놀라게 된다. 티끌의 모습은 인간의 23쌍 유전체의 모습과 너무나 닮았다.

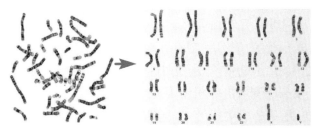

표 20 티끌 먼지같이 보이는 인간의 유전자 (왼쪽)와 정돈된 모습 (오른쪽)[84]

그대에게는 어느 것이 더 어려워 보이는가? 먼지와 티끌이 원소와 유전 염색체일 수 있다는 추론이 어려운가 아니면 먼지와 티끌로 사람을 만든 것이 더 놀라운가?

 멘토여, 모세가 아파르를 통하여 유전 염색체까지 뜻하였다는 것은 너무 억지가 아닌가요?

물론 이러한 내용을 처음 접하는 차원에서는 억지처럼 보일 수 있다. 과연 3500년 전에 쓰인 성경이 그런 것을 의도하고 표현했을까 의아해 할 수 있다. 그러나 그대는 더 드러나는 진실에 더 놀라게 될 것이다. 더 드러날 진실은 여자의 창조를 통하여 알게 될 터인데 우리가 위에서 한 해석이 일관됨을 알게 될 것이다. 오히려 그렇게 해석하는 것 외에 다른 방법이 없다는 것을 알게 될 것이다.

◦ 목표치 3: 여자 만들기 ◦

 멘토여, 여자 만들기를 위한 전략은 무엇입니까?

그 전략은 아담의 "갈빗대"를 활용하는 것이다. 우리는 이미 아담의 육체의 원료가 땅의 고운 흙가루, 즉, 원소이고, 방법은 티끌처럼 보였던 DNA활용일 수 있다는 것을 추론했다. 그런데 이브의 창조는 이 추론을 한 발짝 더 발전시킨다. 우선 이브의 창조상황을 말씀에서 확인해 보자.

여호와 하나님이 아담을 깊이 잠들게 하시니
잠들 매 그가 그 갈빗대 하나를 취하고 살로 대신 채우시고
여호와 하나님이 아담에게서 취하신
그 갈빗대로 여자를 만드시고 그를 아담에게로 이끌어 오시니

아담이 이르되

이는 내 뼈 중의 뼈요 살 중의 살이라

이것을 남자에게서 취하였은 즉

여자라 부르리라 하니라. | 창세기 2:21-23

흙으로 사람을 만들고, 갈빗대로 사람을 만든다는 개념은 마치 동화처럼 들린다. 이것이 동화가 아니라 사실이라면 갈빗대로 이브를 만드셨다는 말 속엔 어떤 비밀이 있는 것일까? 이 상황은 현대 의학적으로 이해하여야 참 뜻을 알 수 있다. 그리고 이러한 상황은 우리에게 몇 가지 질문을 하게 한다.

첫째, 아담의 깊은 잠은 무슨 뜻일까? 하나님께서 아담을 "깊이 잠들게" 하셨는데 이것은 그가 밤에 잠든 것이 아니었다. 아직 밤이 오지 않은 낮 시간에 이브를 지으신 것이기 때문이다. 우리는 여기에서 아담을 깊게 잠들게 하신 고의성을 엿볼 수 있다. 이 잠을 현대 의학적으로 해석하면 두 말할 것 없이 마취 상황이다. 갈빗대를 취하시기 위한 마취 효과가 나는 잠이었다.

둘째, 갈빗대를 취하신 이유는 무엇일까? 우리는 갈비뼈의 특수성을 알아야 한다. 현대 의학은 갈빗대로 표현된 골막이 인간의 신체 중에서 손상이 되더라도 쉽게 재생되는 부분이라는 것을 말해준다. 그래서 성형외과에는 아담 수술 Adam's operation이라고 불리는 것이 있다. 성형외과 의사들은 7번과 8번 갈비뼈에 있는 연골, 근육과 피하지방층과 피부로 교통사고 등으로 수술하는 사람들의 부서진 뼈와 피부를 재생시킨다. 없는 귀를 만들 때도, 부러진 코뼈를 만들 때도 이 연골을 깎아서 사용한다.[85] 자른 연골은 나이에 따라 1-3년 안에 다시 자란다. 사람들은 아담의 갈비뼈로 여자를 만들었으니 남자들에게 갈비뼈의 숫자가 하나 모자랄 것이라고 생각하지만, 그렇지 않다.

생각해 보라. 과연 3,500년 전에 기록된 성경이

인간의 신체 중에서 부러지더라도

다시 자라나는 부위가 갈비뼈라는 것을 어떻게 알았던 것일까?

나는 이브 창조 과정을 알게 된 후에 주님을 영접한 한 의사를 알고 있다.

셋째, 성경은 왜 이런 것을 말하는 것일까? 갈빗대를 취하기 위하여 깊은 잠이 들게 하셨다는 말을 굳이 하는 것일까? 여기에서 실제적 사실에서만 나오는 구체성을 볼 수 있다. 이것이 동화나 신화라고 한다면 그냥 남녀를 진흙을 만들었다고 한들 무슨 문제인가? 깊게 잠들게 한 사건도 수술과 같은 상황을 알지 못한 그 시절에 인간이 상상할 수 없었던 것이다.

넷째, 왜 하나님께서는 이브를 지으시면서 아담을 흙으로 만드신 것처럼 하지 않으셨을까? 그냥 남자와 여자를 흙으로 만들었다고 하면 간단한 것을 말이다. 성경이 아담과 이브에 대하여 이렇게 기록할 수밖에 없었던 것은 그것이 사실이기 때문이다. 이것은 하나님의 창조전략에 근거한다. 하나님께서는 하나를 창조하시면 그것을 활용하셔서 다음 일을 효율적으로 행하신다. 태양과 달을 같은 불덩이로 만들지 않으시고, 달은 태양의 빛을 반사하게 만드신 효율성의 원리와 같다. 여기엔 창조 전략을 가지고 일괄적으로 행하시는 고의성을 볼 수 있다. 창조의 이야기가 인간의 머리로 나온 소설이 아니라는 방증이다.

다섯째, 이브를 창조하시면서 아담의 갈빗대를 활용하셨다는 것은 유전자 복제와 변형을 의미로 해석될 수 있을까? 이미 살핀 것과 같이 갈비뼈 늑골은 생장점이 살아 있어 DNA 복제와 재생이 가장 활발하게 이루어지는 곳이다. 하나님께서는 이브를 창조하기 위하여 아담의 유전인자를 활용하여 남성성을 여성성으로 바꾸어 주신 것으로 유추할 수 있다.

오늘날 유전자 복제를 통한 생명체 복제는 상식이 되어 버렸다. 1996년 7월 5일 영국의 로즐린 연구소 Roslin Institute에서는 세계 최초로 다 자란 포유류의 체세포를 통하여 생명을 복제해낸 돌리 Dolly라는 양을 만들었다.[86] 그 이후로 2020년 12월 27일 자 NewScience라는 온라인 뉴스는 첫 복제 아이가 2002년 2월 26일에 카리비안 해안 국가 바하마 Bahamas에 있는 클로네이드 Clonaid라는 회사의 도움을 통하여 태어났다고 전했다. 그 아이의 이름은 이브 Eve라 이름 붙여졌다.[87]

하나님께서 이브를 아담의 유전자 복제와 성염색체 변이를 통하여 하셨다는 말을 이제는 너무나 합리적으로 이해할 수 있다. 여자가 남자에게서 나왔다는 명확한 증거를 우리는 염색체를 통하여 알 수 있다. 남자에게는 성염색체 XY가 있고, 여자에게는 XX가 있다는 것은 상식이다. 그런데 여기에서 발견하는 흥미로운 사실은 성경적 여자 창조의 순서와 논리이다. 남녀의 성염색체 특성상 남자의 성염색체 XY를 복제하면 여성 성염색체 XX를 만들 수 있지만 여자 염색체 XX를 아무리 복제해도 XY를 만들 수는 없다. 남자에게서 여자는 만들 수 있지만, 여자의 성염색체로 남자를 만들 수는 없다는 것이다.

이것은 남녀 창조의 원리를 하나님께서 성염색체에
서명처럼 남겨놓으신 것으로 볼 수 있다.

이런 특수성을 가지고 아담과 이브가 창조됨을 설명하는데
인간이 진화의 산물이라고 말하는 것은 참 안타깝다.

 멘토여, 왜 성경은 창세기 1장과 2장에서 다르게 인간 창조의 이야기를 설명합니까?

그 이유는 창세기 1장을 기록하시는 가치와 전략이 최대한의 간략함이었기 때문이다. 그러나 인간 창조에 관하여는 부연 설명을 하실 필요를 느끼셨다. 그 이유는 인간 창조에 관한 하나님의 특별한 은총을 알라는 것이다. 1장에서는 철저하게 하나님의 형상과 모양의 유사성을 강조한다. 반면에 2장에서는 철저하게 땅으로 말미암은 신체의 구성에 초점을 맞춘다.

창세기 1장에서 하나님께서 하나님의 형상으로 아담과 이브를 창조하셨다는 것을 읽었을 때 우리는 성만 남성과 여성으로 다르게 하고 두 명을 같은 방식으로 창조하셨으리라 추측하지만, 창세기 2장의 이야기는 전혀 다르다. 아담의 창조는 흙의 원소로 구성된 유전인자로 그러나 이브는 아담의 갈비뼈에서 추출된 유전인자로 창조하신다.

만약 모세 시대에 누군가 창작으로 남자와 여자를 만든 이야기를
쓴다면 성경에 있는 방식으로 쓰는 것은 거의 불가능할 것이다.
이것은 당시 사람들이 상상할 수 있는 방식이 아니기 때문이다.

아담의 갈비뼈로 이브를 지었다는 말은 동화처럼 들렸지만, 오늘 현대 과학의 관점에서 볼 때 우리로 하여금 창조의 진실성을 알게 한다.

목표치 4 창조론과 진화론 비교하기

일반적으로 사람들은 성경의 하나님께서는 그냥 말씀으로 하시기에 주먹구구식으로 창조하신다고 생각한다. 반면 진화론은 화석, 유전자 등의 과학적 데이터를 가지고 있기에 구체적이라고 생각한다. 그리고 창조는 고리타분한 과거의 신앙이고, 진화론은 최첨단 과학에 근거한 합리적 이론이라고 생각하는 경향이 있다.

과연 그럴까?

　　예를 들어 진화론자들은 이전에 발견되지 않았음으로 문제로 간주되었던 중간 단계 화석이 많이 발견되므로 이제 진화론은 완벽하다고 주장한다. 또한 최근에 유전자 분석을 통하여 침팬지와 인간의 유전자 일치가 99%가 되는 것을 확인하면서 인간은 침팬지에서 6백만 년 전에 갈라져 진화된 것이 확실하다고 주장한다. 그렇다면 이제 진화론은 확실한 것이고 창조론은 잘못된 것이고, 성경도 잘못된 것일까?

　　화석, 유전자 이슈에 관하여 먼저 살피고, 성경의 관점을 살펴보자.

 멘토여, 화석의 증거는 무엇을 말해줍니까?

　　첫째, 화석의 증거에 관하여 살펴보자. 진화론자들은 변이를 거쳐 다른 생물체가 된 중간단계 화석이 차고 넘친다고 말하지만, 이것은 정직하지 못한 것이다.

진화론자들의 이론의 중요한 토대는 두 가지인데
돌연변이와 시간이다.

　　진화가 일어나려면 유전자의 변이가 되어야 한다. 그런데 이 변이는 유전자의 특성상 쉽게 일어나지 않는다. 유전자의 특성은 유전자의 정보 그대로 전달하는 것이 기능이기 때문이다. 그래서 변이는 자주 쉽게 일어나지 않는다. 진화론자들이 이러한 유전자의 특성을 알기에 진화가 가능하려면 다른 것이 필수적이다. 그것은 긴 시간이다. 예를 들어 침팬지에서 인간으로 변이되는 데는 약 6백만 년이 걸렸다고 주장한다. 현대 과학이 사용하는 분자시계가 있다. 이것은 유전자가 1% 변이되는데 필요한 시간을 1백만 년으로 잡는다. 그렇다면 6%의 유전자 변이로 침팬지가 인간이 되었다고 생각하는 것이다. 그런데 이것이 사실일까? 우리는 곧 알게 될 것이다.

그런데 진화론에서 주장하는 변이의 방향은 아무도 예측할 수 없다. 기획자가 없고 다만 수많은 변이가 자연 발생적으로 수백만 년 사이에 점증적으로 일어나는 것이다. 그렇기 때문에 진화론자들의 주장이 진실이 되려면 많은 중간 단계 화석들이 발견되어야 한다. 진정한 중간 단계는 완벽한 진화가 완성되기 전의 혼돈스러운 모습들이어야 한다.

예를 들어 6백만년 동안 침팬지에서 인간으로 진화가 되었다면 그 사이에 수많은 종류의 변이 형태가 나타나야 한다. 즉, 침팬지 다리에 사람 팔, 혹은 사람 팔에 새의 날개, 사람 몸에 동물의 머리 등의 다양한 모습이 나타나야 한다. 그리고 그 중에 가장 환경에 적합한 것만 살아남았어야 한다.

그런데 놀랍게도 발견되는 화석은 모두 완벽하게 변이가 완성된 모습들이다. 모두 중간 변이 과정이 생략된 채 식물이면 식물, 곤충이면 곤충, 물고기면 물고기, 새면 새, 동물이면 동물, 사람이면 사람 모두가 완성체의 모습만이 있다.

이러한 화석은 진화론의 증거가 아니라
모든 생물을 종류대로 창조하시되 그 기능이 완벽하도록 하신
하나님의 창조 증거일 뿐이다.

하나님의 창조에는 변이로 인한 기형이 없다. 그러나 진화론은 변이가 핵심이기에 변이를 보여줄 미완성 혹은 기형의 흔적들이 있어야 하는데 없다. 이런 것으로 인한 진화론에 대한 비판적 고찰은 사실 진화론자들이 고백하는 것이다.

미국의 워싱턴 리 Washington & Lee 대학의 생물학 원로교수인 힉맨 C. P. Hickman 교수와 텍사스 테크 Texas Tech 대학교의 생물학 원로교수인 로버츠 L.D. Roberts 교수는 다음과 같이 관찰한다.

더욱이 대부분의 주요 동물 그룹은 완전히 형성된 상태로 화석 기록에 갑작스럽게 나타나고 부모 그룹에서 변이되는 과정적 화석은 발견된 적이 없다.[88]

점진적 변이를 보여주는 과정적 화석증거의 부재는 다윈 이후 모든 고대생물학자들의 오래되고 고질적인 고민이었다. 왜냐하면, 모든 화석은 모두 완성된 모습으로 갑작스럽게 나타나기 때문이다. 이러한 현실은 그러므로 고대생물학자들에게 혁신적인 사고를 하도록 했다. 그래서 유진 쿠닌 Eugene V. Koonin은 다음 이유로 새로운 모델을 제시한다.

생물학적 진화의 주요 전환은 새로운 수준의 복잡성을 가진 다양한 형태의 갑작스러운 출현이라는 동일한 패턴을 보여준다. 떠오르는 갑작스럽게 출현 된 생물학적 개체 그룹 간의 관계는 해독하기 어렵고, 다윈의 원래 제안을 담고 있는 생물 진화를 설명하는 나무 패턴에 맞지 않는 것 같다.
이러한 각각의 중추적 연관성을 가진 생명의 역사에 있어서 파악되는 주요 "유형의 생물들" 이 각각의 새로운 수준의 생물학적 조직의 특징적인 특징을 신속하고 완벽하게 갖추고 나타난다는 것이다. 중간 "등급" 또는 다른 유형 간의 중간 형태는 감지할 수 없다.[89]

그렇기 때문에 쿠닌은 BBB, The Biological Big Bang 생물적 빅뱅 모델을 제시한다. 즉, 다윈이 말하는 단순세포에서 진화에 진화를 거듭한 진화 계통도를 보여주는 나무 모형이 아니라 한꺼번에 대폭발의 모습으로 동시다발적으로 생명체가 출현하는 모델이다. 이것은 사실 성경이 말하는 창조 모델에 가깝다. 그런데 이러한 모델은 우리가 이어지는 유전자 연구를 통해 다시 접하게 된다. 어떤 진화론자들은 중간 화석들이 차고도 넘친다고 허풍을 떨지만, 그것은 진정한 중간단계 화석들이 아니다. 그렇기에 사실 고대생물학자들은 고민스러운 것이다.

이러함에도 불구하고 진화론자들이 아직 진화론을 포기하지 않고 오히려 더 세력을 확장하는 이유를 진화론의 핵심 속에 있는 시카고 자연사 박물관의 지질학 큐레이터이며, 시카고 대학교 지질학 교수인 데이비드 라웁 David Raup은 다음과 같이 말한다.

> 진화 생물학과 고생물학과 같은 전문가 서클 밖에서 진화론에 잘 훈련된 많은 과학자들은 불행히도 화석의 기록이 화석이 말해 주는 것보다 훨씬 더 다윈주의적이라는 생각을 갖는다. [즉, 실제 화석은 그렇게 말하고 있지 않는데 진화론적으로 꿰 맞추어 진열한 것을 보고 의심없이 그렇다고 믿고 다윈이 맞다고 생각한다. 번역자 주] 이것은 아마도 수준 낮은 교과서, 흥미본위 과학 기사 등의 2 차 소스에서 다른 화석에 대한 과잉 단순화에서 비롯된 것이다. 거기엔 또한 그들의 희망적인 사고가 포함되어 있다. 다윈 이후 몇 년 동안 그의 옹호자들은 예측 가능한 진전을 찾기를 희망했지만, 그것들은 발견되지 않았다. 낙관주의는 심하게 죽었지만, 어떤 순진한 환상이 교과서에 스며 들었다.[90]

자신은 자연사 박물관에서 그리고 대학 강단에서 최첨단 자료들을 접함으로 화석 기록의 문제점을 잘 알고 있지만, 그렇지 않은 과학자들과 학생들은 진화라는 틀의 교육에 갇혀서 빠져나오지 못하고 있는 것을 개탄한다. 이보다 더 개탄스러운 일은 중국학자의 입을 통하여 확인된다.

> 중국에서는 다윈을 비판하는 것은 괜찮지만, 정부에 대해서는 안 된다. 그러나 미국에서는 정부 비판은 괜찮지만, 다윈에 대해서는 안 된다.[91]

사실 중국인 학자 준 야운 첸 Jun Yaun Chen의 말은 미국에서 공공연한 비밀이다. 2008년 미국에서 학자나 기자가 진화론에 관하여 비판을 할 경우 강의를 못하게 하고, 기사를 게재하지 못하는 등의 불이익을 직간접적으로 준다는 것을 폭로한 영화 퇴출: 지성은 허락되지 않음 Expelled: No Intelligence Allowed가 개봉될 정도이다.[92] 이러한 학문적, 사회 문화적 풍토 속에서 미국의 학생들이 온전하지 못한 것을 배우며 자라나고 있고, 세계의 추세가 되고 있다.

둘째, 유전자에 관하여 살펴보자.

 멘토여, 유전자의 증거는 무엇을 말해줍니까?

2003년에 14년간의 대장정을 통하여 미국이 주도한 인간게놈프로젝트 The Human Genome Project는 30억 3 billion 염기의 99%를 99%의 정확성을 가지고 서열을 파악했다고 발표했다. 그리고 그들이 알게 된 주요 내용을 발표했는데 인간에게 30억의 염기 중 약 2%인 22,300여 개의 단백질 코딩 유전자가 있음과 나머지 98%는 논코딩, 즉, 식별되지 않는 혹은 기능이 없는 쓰레기 유전자 Junk DNA라는 것이었다.[93]

그리고 이러한 연구를 하는 동안 이 프로젝트는 몇 가지 다른 동물들의 염기서열 지도도 완성하였고 놀라운 결과를 발표하였다. 인간과 초파리가 유전자를 공유하며 특별히 질병을 유발하는 유전자의 75%가 같고[94] 또한 침팬지의 유전자가 98.6% 같다는 것이다. 그리고 그들은 이러한 것들이 확실한 진화의 증거라고 주장했다. 과연 그러할까?

인간의 몸엔 약 37조 개의 세포가 있고, 각 세포엔 핵이 있는데 그 핵 안에 23쌍의 염색체가 있고, 이 23쌍의 염색체는 각각 1억5천만 개, 총 약 30억 개의 염기쌍이 있다. 또한 이 염색체들은 유전정보 디옥시리보핵산 DNA를 포함하는 데 A(아데닌) G(구아닌) C(시토신) T(티민)

등 4가지 염기의 다양한 조합으로 이루어져 있다. 이 30억 개의 염기를 펼치면 실제 길이로 약 2미터가 된다. 그런데 이것이 아주 작게 접어서 2~4μm (마이크로미터 · 1μm는 100만 분의 1m)인 세포핵 안에 저장되어 있는 것이다. 이 30억 개의 정보를 A4용지에 한 장에 1000자씩 쓴다고 하여도 3백만 장이 필요한 기록이다. 이 300만 장의 종이를 쌓기만 하여도 300미터가 된다.

이렇게 많은 정보가 2~4μm, 100만 분의 2-4미터의 크기로 접혀진 채 인간 세포의 핵 속에 들어 있기에 과학자들은 웬만한 특수 현미경으로도 보이지 않고, 접혀 있는 염기를 펼쳐서 구분을 해야 한다. 이때 잘 펼쳐진 부분을 유크로마틴 Euchromatin이라하고, 잘 안 펼쳐진 부분을 헤테로크로마틴 Heterochromatin이라고 한다. 현재 유크로마틴 부분이 92%로 해독이 되었고, 헤트로크로마틴은 8%로 해독하지 못한 채 남겨져 있다. 즉, 인간은 아직 DNA 하나도 온전하게 다 해독하고 있지 못할 만큼의 복잡성을 가지고 있다는 것이다.

세계 최고의 컴퓨터 프로그램 회사인 MS의 창립자, 빌 게이츠는
"DNA는 컴퓨터 프로그램과 같으며
그간 만들어진 어떤 프로그램 보다 훨씬 진보된 것"이라고 말한다. [95]

DNA는 크기와 기능, 그리고 자체 복제프로그램으로 생명체를 만들어내는 것에서 인간이 만든 컴퓨터 프로그램과 비교가 안되게 앞서 있다. 1941년 컴퓨터는 처음 개발되었을 때 큰 방을 가득 채울 정도였다. 컴퓨터의 발전의 척도는 연산 속도와 크기이다. 연산 속도가 빠르고, 크기는 작아야 한다. 방을 채우던 컴퓨터가 이제는 손안에 들어와 있고 기능도 이전에 상상할 수 없는 상태로 발전했다.

그런데 DNA와 비교해보자. 현대 컴퓨터보다 비교 불가하게 뛰어

난 연산장치를 가진 것이 크기는 2~4㎛ 이다. 그리고 이것은 연산 장치뿐 아니라 생산장치를 갖추고 있고, 스스로 복제와 치유가 가능하며, 기계 부품이 아니라 생체 부품이다.

인간이 오늘날의 컴퓨터와 프로그램을 만드는데
인류 최고의 기술자들이 1941년이후고의적 노력으로 가능했다.
그런데 위에서 살핀 기능과 크기의 초기능성 DNA가
진화를 통해 우연으로 만들어질 수 있는 것일까?

그러므로 진화론의 주장은 참으로 대단한 미신이 아닐 수 없다.

멘토여, 인간과 침팬지의 유사성과 차이에 대한 진실은 무엇입니까?

침팬지와 98.6%가 같다고 말하는 것은 사실일까?

우선 사실을 확인하면 인간의 DNA 염기쌍은 약 30억 개고,
침팬지는 이보다 8-12%가 더 많다.
이 말은 30억 개의 염기가 완벽하게 동일하다고 가정하여도
우선 약 10%의 차이가 있기에
98.6%가 같다고 말하는 것은 사기이다.

그뿐만 아니라 시간이 갈수록 인간과 침팬지의 차이점들이 밝혀지고 있다. 그중 몇 가지를 살펴보자.

2003년에 PNAS잡지에 기재된 인간과 침팬지 비교 연구 논문에서는 왜 그간 인간과 침팬지의 유전자가 98.6% 같다고 말했는지 그리고 실제는 어떠한지를 밝혀주고 있다.

서열 분석은 두 종 사이에 높은 수준의 서열 유사성이 존재함을 확

인한다. 그러나 중요한 것은, 이 98.6 % 서열 동일성은 영역 전체에 분산된 다중 삽입 / 삭제를 고려할 때 86.7 %로 떨어진다.[96]

즉, 98.6%가 같다고 말한 것은 전체 유전자 중에 새로운 유전자가 삽입되었거나 삭제되어 있는 부분들을 빼고 유사성을 강조하기 위해 만들어진 수치라는 것이다.

또 2005년에 네이처 Nature 잡지에 발표된 한 논문은 인간과 침팬지 사이의 구체적인 차이를 다음과 같이 밝혀준다.

인간 게놈과의 비교를 통해 우리는 인간과 침팬지 종이 공통 조상에게서 갈라진 이후 축적된 유전적 차이에 대한 완전한 카탈로그를 생성하여 약 3천 5백만 개의 단일 뉴클레오티드 변화, 5 백만 개의 삽입/삭제 이벤트를 구성하는 것을 알게 되었다.[97]

즉, 인간은 약 3천5백만 개의 인간 만이 가지고 있는 염기가 있고, 5백만 개의 삽입되었거나 삭제된 부분들이 있어 상당한 차이가 있다는 것이다. 여기에 침팬지만이 독특하게 가지고 있는 부분들을 합치면 인간과 침팬지의 간극은 더 커지는 것이다.

이뿐만 아니라 인간과 침팬지 사이에는 Y 성염색체의 차이가 30%가 넘는다. 제니퍼 휴즈 Jennifer F. Hughes와 동료들은 2010년 네이처 Nature 잡지에 침팬지와 인간 Y 염색체는 구조와 유전자 함량이 현저하게 다르다는 제목의 논문을 발표한다. 그녀는 "두 종의 Y성염색체를 비교한 결과 서열 구조와 유전자 함량이 근본적으로 다르며 지난 6백만 년 동안 급속한 진화를 의미한다"고 밝혔다.[98]

더하여 배아 및 태아 발달에 중요한 연관이 있는 IncRNA의 비교는 인간과 침팬지의 차이를 더 확인시켜 준다. 제니 첸 Jenny Chen이 이끈 연구 팀은 유전생물학 Genome Biology에 2016년 발표한 논문에서 그 차이를 명확하게 해준다.

> 명백한 인간 침팬지 유전자 동일 서열의 유사성은 29.8%였고 인간 대 마우스의 경우 약 14%였다.[99]

IncRNA 차원에서 인간과 침팬지와는 29.8%만 유사하다. 물론 이 것은 인간과 쥐와의 유사성보다 많은 것이지만, 다시 한번 인간과 침팬 지의 유사성보다는 차이점이 많은 이유를 설명한다.

지금까지 우리는 인간과 침팬지의 유사성과 차이점에 관하여 살폈다. 특별히 진화론자들이 주장한 인간과 침팬지의 유전자가 98.6%가 같다 고 주장했다. 이 주장은 마치 인간과 침팬지가 98.6%가 같음으로 성경 의 주장이 허구라고 말했다. 그러나 이제 우리는 이 주장이 어떻게 모순 된 주장인지 알게 되었다.

> 유전자는 진화론자들이 창조론을 비웃는 무기라고 생각하지만,
> 사실은 창조의 진실을 알려주는 트로이의 목마와 같다.

이유는 유전자를 연구하면 할수록 유전자를 지으시고 활용하신 하 나님께서 드러나실 것이기 때문이다.

🌳 멘토여, 유전자 연구가 어떻게 창조론을 지지합니까?

1987년 레베카 칸 Rebecca L. Cann과 동료들은 네이처 Nature 잡지에 기고한 글에서 놀라운 발표를 하였다.

5개의 다른 지역에 사는 사람 147명의 미토콘드리아 DNA를 분석

한 결과 모든 사람들의 미토콘드리아 DNA는 아마도 아프리카에서 약 20만 년 전에 살았던 한 여성에서 유래한다.[100]

이러한 결과는 진화론에 폭탄과도 같은 것이었다. 정통 진화론자들이 인류가 6백만 년 전에 침팬지에서 갈라져서 진화를 거쳐서 현생 인류가 되었다고 말하는데, 칸은 인류가 고작 20만 년 전에 한 여자로부터 유래한 것이라고 말하고 있기 때문이다. 그런데 이어지는 미토콘드리아 연구를 통한 반진화론적인 결과는 더 놀랍다.

미국 로케펠러 대학 Rockefeller University의 스톡클 M. Y. Stoeckle 교수와 스위스 바젤 대학 University of Basel의 탈러 D.S. Thaler 교수는 2018년 인간 진화 Human Evolution이라는 잡지에 기고한 긴 연구 논문에서 진화론에 상반되는 이론을 발표하였다. 그들의 발표는 너무 반진화론적이었기에 잡지에 이 논문이 인간 진화의 정통 이론을 따르며 아담과 이브, 그리고 대참사와 같은 사건을 제안하지 않는다는 특별 노트를 달아야 했을 정도였다. 그렇다면 그들의 연구결과가 어떠하였기에 이런 언급까지 해야 했을까? 그들의 방대한 연구결과는 다음과 같이 요약된다.

그들은 무려 10만 개의 현생 생물 종에 속한 5백만 개의 생물체들의 미토콘드리아 DNA 표본을 가지고 연구를 했다. 이 방대한 자료의 분석 결과를 요약하자면 다음과 같다.

약 5백만 개의 미토콘드리아 DNA 샘플의 90 %의 변이율은 "0.0 %에서 0.5 %"(평균 APD 0.2 %)이다. 이것을 "1% 변이율을 1백만 년으로 잡고 있는 분자 시계로 측정할 때 분석한 생물들의 발생은 약 100,000 ~ 200,000년"으로 제시한다. 즉, 90% 이상의 현 생물들이 10만에서 20만 년 사이에 같이 발생했다는 말이다 (22). 이것은 선캄브리아기를 약 46억 년 이전의 시대로, 고생대를 5.42억 년~2.51억 년 전

사이로, 중생대를 약 2.51억 년 전부터 약 6,600만 년 전까지로, 그리고 신생대를 약 6,600만 년 전에서 현재의 기간으로 잡으며 이 긴 세월 속에 생물들이 진화했다는 것에 관하여 대 전환을 말한다.

"종들은 연속 공간에 있는 섬들이다. Species are islands in sequence space (9)." 즉, 각 종이 이전 하등 생물에서 진화했음을 보여주는 중간단계 흔적은 없다. 각 종의 미토콘드리아는 모두 독특하다. 이것은 다윈이 걱정한 중간단계 화석이 없는 것이 유전자에도 적용된다는 말이다. "대부분의 현생하는 종이 작은 창립 개체군에서 시작하여 나중에 확장되었음을 암시한다 (23)." [101] 이것은 위 결론에서도 이미 살핀 것과 같이 다른 종에서 진화한 것이 아니라 각 종이 각자 독특하게 섬처럼 발생되어 확산기를 가진다는 것이다.

스톡클 박사의 연구는 1987년 칸의 연구에서 말한 바를 다 확증해 주면서 더 놀라운 결과들을 알려 준다. 즉, 모든 현생 생물들은 10만에서 20만 년 전에 진화의 중간 단계 없이 동시적으로 발생했다는 것이다. 이것은 정통 진화론을 모두 부정하며 고대생물학자 쿠닌이 주장한 BBB, 즉, 생물들이 어느 시점에 빅뱅처럼 등장했다는 생물학적 빅뱅 The Biological Big Bang 이론과 맥을 같이한다. 그러므로 스톡클은 이것을 발표하면서 자신들이 정통 진화론자들이고, 자신들이 아담과 이브의 연관성을 제안하는 것이 아니라는 말을 했었어야 했다.

왜냐하면, 그들의 연구결과가
성경적 창조의 진실을 지지하고 있었기 때문이다.

여기에 덧붙여 시간에 대한 매우 흥미로운 연구가 토마스 파슨스 Thomas Parsons와 그 동료들의 연구를 통하여 1997년에 나왔다. 그는 러시아 왕족인 로마노프 가족의 미토콘드리아 DNA 변이 연구를 통하여 그 변이율이 이전 연구들이 밝힌 것보다 20배 이상 높은 것을 발견했다. 한 가문의 혈통 안에서 분석했을 때 미토콘드리아 DNA 변이율이 다름을 알아냈고, 분자시계의 값을 수정할 필요가 있었다는 것이다. 수정된 값으로 계산했을 때 그들은 놀랍게도 현생 인류의 출현을 6,000년으로 추산하였다.[102]

진화론자들이 너무나 쉽게 몇 억 년이라고 주장하던 것이 미토콘드리아 DNA분석을 통하여 10-20만 년으로 좁혀지더니 이제 6,000년경으로 볼 수 있다는 견해가 진화론 과학자들의 연구를 통하여 나온 것이다. 물론 진화론자들은 당황했고 이 연구에 대한 중요성을 애써 무시하려 했다. 그리고 그것은 인류의 출현이 아니라 로마노프 가족 시조의 연대라고 말해야 한다고 주장하기도 하였다. 생명의 기원에 관한 과학의 연구는 계속되고 있다. 진화론을 지지하는 과학은 스스로 발전하면서 유전자와 성경적 창조의 연관성을 오히려 밝혀주고 있다.

 멘토여, 이러한 유전자 분석과 성경은 어떤 연관이 있습니까?

이러한 연구는 결론적으로 인간과 다른 동물들이 진화의 산물이 아니라 "종류대로" 지음받은 하나님의 피조물이라는 것을 증거해준다. 그리고 이러한 연구는 그간 성경이 인간을 필요 이상으로 특별하게 구분함으로 동물과의 연관성을 무시한 것에 관하여도 새로운 깨달음을 준다. 즉, 인간도 육체적으로는 지구를 살아가는 생물체로서 다른 생물들과 유사한 유전자를 공유한다는 것이다. 결국 인간도 동물과 유사한 유전자를 가진 생물 중의 하나인 것이다.

그러나 인간이 다른 동물들과 같은 생물군에 속한다는 것은
진화론적 관점이 아니라 성경이 말하는 바다.

성경 어디에서 어떤 것을 찾아야 할까? 다음 구절에 주목해 보자.

20 하나님이 이르시되 물들은 생물을 번성하게 하라 땅 위 하늘의 궁창에는

새가 날으라 하시고 …
24 하나님이 이르시되 땅은 생물을 그 종류대로 내되 가축과 기는 것과
땅의 짐승을 종류대로 내라 하시니 그대로 되니라. | 창세기 1
7 여호와 하나님이 땅의 흙으로 사람을 지으시고 생기를 그 코에 불어넣으시니
사람이 생령이 되니라. | 창세기 2

위 구절들은 다섯째와 여섯째 날에 물고기, 동물을 모두 생물로 언급한다. 2장에서는 인간을 생령으로 표현했다. 그래서 성경은 생물군과 생령으로 인간과 기타 생명체를 구분하는 것 같게 보인다.

하지만, 반전은 물고기와 동물은 생물로, 인간은 생령으로 번역했을 뿐 히브리 원어는 네페쉬 하이야 נֶפֶשׁ חַיָּה로 같다는 것이다. 생물 혹은 생령으로 사용된 원어는 두 단어로 되어 있는데 첫 번째 단어는 영혼 soul, 생명 life, 자신 self, 욕망 desire, 열정 passion, 식욕 appetite, 감정 emotion을 뜻하는 נֶפֶשׁ 네페쉬이다. 두 번째 단어는 살아 있는 alive, 살고 있는 living을 뜻하는 חַי 카이이다. 생명력, 자신의 욕망, 열정, 식욕 등의 감정을 가지고 행동하는 살아 있는 영혼의 생명체라는 것이다. 물론 인간과 동물의 차이는 존재하지만, 육체적인 차원을 강조한 것이다. 여기에서 보면 지성과 감성의 체계로서의 혼이 동물에게도 하등한 차원으로 주어진 것으로 볼 수 있다. 그래서 개와 돌고래가 사람의 말에 교감하기도 하고, 원숭이와 까마귀도 도구를 활용하여 먹이를 먹기도 한다.

이것이 말해주는 것은 인간이 육체적으로 물고기, 새, 동물과 같은 생물 생명체에 속하는 존재라는 것이다. 이것이 말해주는 것은 인간과 동물들은 신체의 생체성에서 당연하게 유사성을 갖는다는 말이다.

그러므로 유전자 분석을 통하여 인간과 다른 생물들의 유전자 유사성이 발견되었다는 것 때문에 호들갑 떨면서 놀랄 필요는 없다.

왜냐하면, 지구 생명체는 어차피 지구에 살아가기 위한 공통 기관을 가지기에 유전자가 유사할 수밖에 없기 때문이다. 성경은 이미 유전자적 유사성에 관하여 같은 네페쉬 하이야, 생물이라는 말로 정돈하고 있다.

그러면 인간이 동물과 같다고 부를 수 있는가?

그것은 아니다. 생물군인 것은 맞지만, 물고기가 새가 아니고, 새가 동물이 아닌 것 같이 인간은 동물이 아니다.

인간은 인간의 종류인 것이다.

더 나아가 하나님의 형상으로 지음받은 하나님의 종류인 것이다.

멘토여, 그렇다면 하나님의 형상성은 어떤 특수성이 있는 것입니까? 그것과 유전자는 어떤 연관이 있습니까?

하나님의 형상성과 유사성에 관하여는 위에서 살핀 바와 같다. 다른 생물들은 땅의 좋은 것과 혼으로만 지음 받았다면, 아담은 구별된다. 아담의 육체는 땅의 특산물인 고운 흙으로 이브는 아담의 특산물인 갈비뼈로 둘은 하나님의 특산물인 하나님의 형상으로 완성되었다. 그렇다면 하나님의 형상성과 유전자는 어떤 연관이 있는가?

유전자의 비밀은

진화론을 더 곤혹에 빠지게 하고 있고

성경적으로 볼 때 비로소 실타래를 풀 수 있다.

예를 들어 진화론자들은 변이가 진화를 촉진한다고 말하지만 이것은 소망 사항일 뿐이다. 과학자들이 발견한 유전자 변이는 대부분 좋은 쪽으로 향하기보다는 질병을 야기하는 것들이다.

또한 현재 알게 된 인간 유전자의 비밀 중 30억 개의 염기 중 약 2% 만이 실제로 사용한다고 한다. 그렇다면 나머지 98%는 어찌 된 것일까? 이러한 사실을 진화론적으로 그리고 창조론적으로 분석해보자.

진화론의 핵심이론은 용불용설, 즉, 쓰는 것이 발전하는 것이다.
진화론으로 볼 때 인간의 30억 개의 유전자는
한때 그만큼을 사용하는 진화를 했다는 것을 전제한다.

그런데 현재 2%만 사용한다면
이것은 인간의 진화가 아니라 심각한 퇴화를 말해준다.

만약 진화론이 맞다고 하면 우리는 2%가 아니라
지금쯤 우리 유전자는 200% 정도로 진화하여 사용하고 있어야 한다.

98% 유전자의 비활성화에 대한 진화론의 설명은 불필요한 것들이 단순화되고, 작은 숫자가 더 정예화되어 그럴 수도 있다는 것이다. 그러나 그것은 매우 궁색한 변명이 아닐 수 없다. 그 증거는 우리의 부족한 능력이다. 우리가 얼마나 더 좋은 능력 갖추기를 원하는 데 지금으로도 충분하여 98%의 유전자를 사용하지 않는다는 말인가? 인간은 오랫동안 물속을 헤엄치고, 하늘 날기를 소망했다. 그렇다면 필요 때문에 진화가 일어난다면 지금쯤 인간은 바닷속에서 오래 동안 살 수 있을 정도가 되고, 날개를 달고 하늘을 날고 있어야 한다.

유전자에 관한 최근 연구는 30억 개 중 정크라고 불렸던 98% 지역에서 "특정 유전자의 발현을 촉발하거나 정지시키는 약 400만 개의 '스위치'를 발견했다"고 밝혔다. 또 "염증성 장질환인 크론병과 17가지 암, 6개의 손가락 돌연변이 등이 '정크 DNA'에 포함된 '전사인자 transcription factor 혹은 통제 유전자 regulatory gene의 작동과 직접적인 연관"이 있다는 것을 밝혔다.[103] 즉, 98%의 정크 유전자들이 어떻게 작동하느냐에 따라서 인간의 건강과 기능들이 달라진다는 것이다. 이것은 98%의 미지의 지역에 인간의 비밀이 있을 수 있다는 것이다.

생각해 보라, 현재 2% 사용으로 인류가 이런 문명을 개발했다면
30억 개의 염기를 100% 활용했을 때의 모습은 어떠할까?

　진화론은 이것이 어떤 모습인지 설명하지 못 한다. 그러나 성경은 이 부분에 관하여 너무나 합리적인 설명을 해준다.

　특이한 능력을 가진 사람들이 있다. 예를 들어 자전거를 분해하고 잘라서 자전거에 있는 모든 것을 2주 동안에 다 먹어 치우고 소화를 시키는 사람, 한 번에 긴 숫자를 보고 다 외워 버리는 사람, 한번 본 도시의 모든 건물과 지형을 정확하게 그리는 사람, 과거의 모든 사건들을 정확하게 기억하는 사람, 과거와 미래에 관하여 예언하는 사람, 귀신을 쫓아내는 사람, 기도로 병을 고치는 사람 등을 우리는 실제로 접하거나 TV나 Youtube에서 확인한다. 이것이 말해주는 것은 인간들의 특이한 가능성이다.

　이러한 사람들에 대한 합리적 설명은 보통 사람들에 비하여 특정 기능이 활성화된 것이다. 그렇다면 그 기능은 어디에 있는 것일까? 그것이 바로 30억 개의 염기 중 비활성화된 98% 정크 유전자들 중에 어느 부분이 활성화되었기에 그런 일을 할 수 있는 것으로 이해할 수 있다. 이것은 처음 하나님께서 인간을 창조하셨을 때 인간에게 하나님의 형상과 유사성을 대변하는 기능들이 있었음을 유추하게 한다.

가장 온전하게 30억 개의 유전자가 활성화된 모습은
성경에서 확인할 수 있다.

하나님께서 처음 인간을 만드셨을 때 인간은 영화롭고 권세 있게 살도록 하셨다. 그래서 인간은 하나님과 교통했고, 동물과도 교통했다. 하나님과 대화하며 뜻을 알아 차리고 동물들의 특성에 따라 이름을 짓고, 동물들을 다스렸다. 초기 인간은 죄를 짓고, 에덴에서 쫓겨나 살면서도 900년대를 살았다. 인간은 사실 영원을 살도록 디자인되어 있었다. 얼굴에서 광채가 나던 모세, 전신에서 광채가 나시던 예수님, 물 위를 걸으시던 예수님, 병을 손으로, 말씀으로 치료하시던 예수님, 부활하신 예수님은 모두 우리와 같은 육체를 가지고 행하셨던 불가사의한 일들이다.

이것이 어떻게 가능했을까?
이 모두는 하나님의 영이 임하심과 유전자 변형의 비밀로 이해된다.

인간이 죄를 지으며 악하게 되었을 때 창세기 6장 3절에서 하나님의 영이 떠나신다.

여호와께서 이르시되 나의 영이 영원히 사람과 함께 하지 아니하리니
이는 그들이 육신이 됨이라. | 창세기 6:3

하나님의 영이 인간에게서 떠나 가시자 인간은 동물과 같은 수준이 되어 홍수로 동물들과 함께 몰살을 당한다. 그러나 다시 하나님의 영이 임하시고, 성령의 은사가 임하면 우리가 상상할 수 없었던 존재로 활성화된다. 그 증거가 모세와 예수님이시다. 예수님의 경우는 더 특별한 비밀을 우리에게 알려 준다.

하나님이 나사렛 예수에게 성령과 능력을 기름 붓듯 하셨으매
그가 두루 다니시며 선한 일을 행하시고 마귀에게 눌린 모든 사람을 고치셨으니
이는 하나님이 함께 하셨음이라. | 사도행전 10:38

우리는 예수님께서 하나님이시니까 당연히 능력을 행하신 것으로 생각하지만 그렇지 않다. 예수님께서 인간이 되셨을 때 하나님 능력의

속성을 모두 버리시고, 똑 같은 인간이 되셔서 인간으로서 어떻게 온전해질 수 있는지를 보여주신다. 예수님도 인간이 되신 상황에서는 하나님의 영이 필요하셨던 것이다. 예수님께서 아버지를 영화롭게 하심으로 성령과 능력을 기름 붓듯 하신 후에 예수님의 능력에 변화가 생긴다. 몸에서 광채가 나신 것은 (마태복음 17:2) 하늘 빛의 반사가 아니라 몸의 내부에서 발산되는 것이었다.

예수님께서 영광을 받으실 때가 되자
하나님 형상성이 온전히 회복되면서 몸에서 비활성화 되었던
유전자들이 역할을 감당한 것으로 볼 수 있다.

 멘토여, 인간과 초파리의 질병 유전자가 같다는 말은 무엇을 말해줍니까?

초파리와 인간이 유전자의 60%와 질병 요인들을 공유한다는 것은 초파리에서 인간이 진화해서가 아니라 언젠가 모든 생명체에 어떤 재앙적인 변화가 함께 있었다는 것을 말해준다. 그것은 인간이 범죄함으로 하나님의 형상을 잃어버리고, 죽을 수밖에 없는 존재가 되면서 생긴 생리적 변화가 모든 생명체들에게 함께 적용된 것으로 보아야 한다.

그 증거 중에는 메가네우라 Meganeura라고 불리는 생물이다. 이 생물의 화석은 진화론자들이 3억 년 전 고생대 석탄기에 생존했다고 분류한다. 이 생물은 잠자리와 유사하게 생겼는데 날개를 펴면 65-70센티미터의 크기이다.[104] 거의 1미터 크기의 잠자리가 말해주는 것은 무엇일까? 초기 인류는 상상할 수 없을 정도로 장수했다. 아담은 930세, 무드셀라는 969세였다. 이것은 초기 생명체들에게 죽음이 오기 전에 상상할 수 없는 크기로 성장할 수 있었음을 추론하게 한다. 이외에도 쥐가 3미터, 대형 거북이는 5미터가 되는 등의 대형 동식물들이 존재했다는 것을 화석을 통하여 쉽게 확인할 수 있다. 이것은 모두 창조 초기 생물들의 장수 특징을 보여준다.

그런데 그랬던 창조물들에 어떤 구체적인 변화가 함께 있었고 기능들이 함께 퇴보했다는 것을 추론하게 해준다. 그런데 그 근거와 증거가 유전자 변형인 것이다.

생물체들의 생장점에 죽음이 오고
결국 생물 자체가 죽게 되는 작용은
유전자의 변이를 통한 기능 상실이었다고 추론할 수 있다.

결론적으로 인간의 30억 유전자는 하나님 형상의 비밀을, 그리고 현재 그 중 98%가 비활성화되고 오직 23,000개의 유전자만이 주로 작용한다는 것은 타락의 결과를 말해준다고 유추할 수 있다. 이 23,000은 주로 동물과 같이 생존을 위한 신체적 기능에 관계된 것이기에 이러한 유추는 더욱 개연성이 높다.

마지막으로 유전자에 관하여 살필 것이 있다. 그것은 하나님께서 유전자의 최고 권위자라는 것이다.

 멘토여, 하나님께서 유전자에 대한 최고 권위자라는 증거는 무엇입니까?

유전자는 하나님께서 생물 창조의 근거로 활용하신 것이다. 하나님께서는 기본적으로 생물체들에게 공통적인 유전자를 허락하셨다. 그것이 왜 생물마다 유사성이 있고, 그 뿌리가 유전자가 되게 하신 것이다.

마치 유능한 약사가 약제를 가감하여 약을 만들고,
기술자가 부품을 가감하여 다른 종류의 제품을 만드는 것처럼
하나님께서도 유전자를 가감하심으로 종류대로 창조하셨다.

진화론자들이 잘한 것은
생물체들의 유사성과 유전자들을 알아차린 것이다.

유전자의 유사성은 아메바에서 진화하여 공통 조상을 가진 증거가
아니라 공통 창조자께서 각 생물을 그 종류대로 만드신 증거를 보여준
다. 진화 생물학자인 스톡클 교수는 유전자 분석을 통하여 모든 생물체
가 연속성에서 섬처럼 존재한다고 표현한다. 생물체로서 공유하는 유전
자의 연속성이 있지만, 서로는 종류에 따라 섬처럼 다르게 존재하는 다
른 존재라는 것이다.

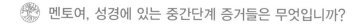

유전자 연구는 진화의 증거가 아니라 창조의 증거를 보여준다.

진화론자들은 변이를 통하여 새로운 생명체가 진화했다고 하지만,
변이의 중간 단계를 보여주지 못하고, 현재 인간들이 보는 동물과 인간
보다 진보된 존재를 알지 못하고 제시하지 못한다. 그러나 진화론자들이
그렇게 찾던 완벽한 중간단계, 혹인 인간보다 진일보한 다음 단계의 생
명체의 증거가 있다. 이것을 진화론자들이 알면 실로 놀랄 것이다. 더 놀
라운 것은 그 증거들이 성경에 있다는 것이다.

멘토여, 성경에 있는 중간단계 증거들은 무엇입니까?

예를 들어 손과 날개가 같이 있는 생물은 어떠한가? 사람의 몸과
소머리를 한 모습, 독수리 머리에 사람 몸이 있는 것은 어떠한가? 그런
것이 성경과 천국에 있다는 말은 어떻게 확인할 수 있을까? 성경으로 돌
아가 보자.

그 속에서 네 생물의 형상이 나타나는데 그들의 모양이 이러하니 그들에게
사람의 형상이 있더라. 그들에게 각각 네 얼굴과 네 날개가 있고

그들의 다리는 곧은 다리요 그들의 발바닥은 송아지 발바닥 같고 광낸 구리 같이
빛나며 그 사방 날개 밑에는 각각 사람의 손이 있더라
그 네 생물의 얼굴과 날개가 이러하니…
그 얼굴들의 모양은 넷의 앞은 사람의 얼굴이요 넷의 오른쪽은 사자의 얼굴이요
넷의 왼쪽은 소의 얼굴이요 넷의 뒤는 독수리의 얼굴이니 | 에스겔 1:5-8,10

보좌 앞에 수정과 같은 유리 바다가 있고 보좌 가운데와 보좌 주위에
네 생물이 있는데 앞뒤에 눈들이 가득하더라
그 첫째 생물은 사자 같고 그 둘째 생물은 송아지 같고 그 셋째 생물은
얼굴이 사람 같고 그 넷째 생물은 날아가는 독수리 같은데
네 생물은 각각 여섯 날개를 가졌고 그 안과 주위에는 눈들이 가득하더라…
| 요한계시록4:6-8

이렇게 사람의 몸과 동물의 얼굴, 손과 날개가 함께 있는 인간과 동
물의 중간 종들이 천국에 있고, 그것이 성경에 기록되어져 있다. 구약
의 에스겔서에서 2회, 신약의 요한계시록에서 11회[105] 등장한다. 진화론
자들이 진화의 증거로 그렇게 보기를 원했던 것이다. 물론 이것은 진화
의 결과로 있는 것이 아니라 하나님께서 종류대로 지으신 것이다. 하나
님께서는 유전자를 통하여 창조하셨고, 유전 인자의 가감을 통하여 생
물의 특성을 얼마든지 다르게 하실 수 있는 유전자 활용 전문가라는 것
을 보여주는 것이다.

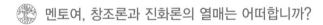 멘토여, 창조론과 진화론의 열매는 어떠합니까?

인류에게 상식이 된 진리 중에 하나는 열매를 보고 어떤 것의 참됨
을 판단하는 것이다. 과연 창조론과 진화론의 열매는 어떠한가?

하나님의 창조의 비전과 실현 과정과 목적은 우리가 지금까지 살핀
것과 같이 창세기 1장과 2장에 잘 명시되어 있다. 하나님의 창조론이 제
시하는 세계관은 창세기 1장 28에서 제시하는 것과 같다. 즉, 인간이 사

랑과 지혜로 가정적으로 번성하며, 직업적으로 땅을 경작하며, 모든 생명체를 관리하고 유익하게 하는 공존과 공영을 추구하는 것이다. 하나님께서 창조하셨기에 존엄하게 보는 것이다. 물론 기독교의 역사 속에 전쟁도 있었다. 그러나 이것은 성경의 진리의 문제가 아니라 잘못된 신학과 정치의 잘못된 결탁에서 온 것으로 구분되어어야 한다.

찰스 다윈 Charles Robert Darwin 1809-1882의 이론에 근거한 진화론의 열매는 그렇지 않다. 창조주 하나님 없이 자연 발생적으로 생명이 생겨나고, 그 존재 목적은 존재하지 않으며 다만 환경에 적응하는 강한 것이 살아남는 다는 세계관을 가진다.

이런 이론은 훗날 프리드리히 니체 Friedrich Wilhelm Nietzsche 1844-1900의 무신론에 영향을 주어, 신은 죽었다고 외치며 인간이 초인이 되어야 한다는 사상을 만들게 했다. 또한 다윈의 진화론과 니체의 초인 사상에 강한 영향을 받은 이가 아돌프 히틀러 Adolf Hitler 1889-1945였다. 그는 독일 게르만 민족만이 초인이 될 수 있기에 유대인과 장애인들을 모두 말살하고 기타 민족을 노예화하려 1939년에 2차 세계대전을 일으켰고 6천만명이 죽음에 이르게 했다. 히틀러뿐 아니라 공산주의를 창시한 레닌과 스탈린, 모택동 모두 진화론에 근거하여 유신론이 아닌 유물론, 즉, 물질에 최대 가치와 목적이 있다고 설파하며, 투쟁을 통해 물질을 쟁취하고자 하는 공산주의를 만들고 인간을 그들의 노예화하였다. 또한 지금도 진화론을 통하여 수많은 사람들이 진리에 다가가지 못함으로 혼돈 속에서 죽어가게 한다.

이러한 관점은 예수님의 말씀을 정확하게 상기시킨다.

거짓 선지자들을 삼가라 양의 옷을 입고 너희에게 나아오나 속에는
노략질하는 이리라. …
좋은 나무가 나쁜 열매를 맺을 수 없고 못된 나무가
아름다운 열매를 맺을 수 없느니라

아름다운 열매를 맺지 아니하는 나무마다 찍혀 불에 던져지느니라
이러므로 그들의 열매로 그들을 알리라. | 마태복음 7:15, 18-20

진화론자들은 거짓 선지가 되었고, 창조주 하나님을 배제하며, 인류의 존엄을 강탈하며 인간을 물질적인 존재로 보고 죽이고, 노예화하였다. 그들의 열매를 통해 그들의 정체를 알아야 한다. 그들은 끝내 찍혀 불에 던져질 것이다. 우리는 무신론적 진화론의 시발점을 알아야 한다.

너희는 너희 아비 마귀에게서 났으니 너희 아비의 욕심을 너희도 행하고자
하느니라. 저는 처음부터 살인한 자요 진리가 그 속에 없으므로 진리에
서지 못하고 거짓을 말할 때마다 제 것으로 말하나니 이는 저가 거짓말쟁이요
거짓의 아비가 되었음이니라. | 요한복음 8:44

아담과 이브의 선과 악을 아는 지식이 없는 것을 하나님의 말씀에 근거하지 않고, 열매라는 물질에서 답을 찾았던 마귀는 그렇게 처음부터 거짓을 했고 인류에게 죽음을 몰고 왔다. 그리고 아직 같은 이론으로 인류를 미혹한다.

그러나 감사한 것은 진화론자들이 자신들의 논점을 증명하기 위하여 사용했던 자료들은 그들의 연구를 통하여 하나님의 창조를 더 잘 보여주는 쪽으로 발전하고 있다는 것이다.

멘티여,

· 그대는 창세기 1장과 2장의 연결을 말해주는 증거를 어떻게 설명하겠는가?

· 남자와 여자를 만드심을 설명하면서 사용하신 흙, 갈비뼈 등 단어들의 특성을 어떻게 설명하겠는가?

· 화석과 유전자 연구가 알려주는 진화론과 창조론의 비밀을 어떻게 설명하겠는가?

17

창세기 2장
하나님 이름의 비밀

• 목표치 5: 하나님의 이름을 인류와 직결된 것으로 제시하기 •

멘토여, 하나님의 이름을 인류와 직결된 것으로 제시하기 위한 전략은 무엇입니까?

그 전략은 여호와라는 이름을 활용하는 것이다. 여호와라는 이름을 활용하시는 것을 온전하게 알기 위하여 우리는 하나님께서 활용하신 몇 가지 하위 목표치들을 살펴야 한다. 크게 두 가지 목표치가 있고, 두 번째 목표치엔 하위 목표치 셋이 아래와 같이 존재한다.

목표치 5.1. 창조의 6일 차와 인격적인 만남의 비밀 알기

목표치 5.2. 창조의 7일 차 후에 시작된 인간 타락과 구원의 비밀 알기

　목표치 5.2.1. 여호와 이름이 등장하는 상황과 그 이름의 실체 알기

　목표치 5.2.2. 이방인 로마 총독 빌라도의 상상하지 못한 역할 알기

　목표치 5.2.3. 빌라도가 쓴 십자가 죄패의 비밀 알기

기타 목표치 1: 첫째 아담과 둘째 아담의 대칭적 비밀 알기

기타 목표치 2: 첫째 안식과 예수님 안식 비밀 알기

창세기 1장과 2장은 짧은 이야기 속에 너무나 크고 위대한 일들이 입체감 있는 3D 영화처럼 펼쳐진다. 문제는 우리가 3D 안경 없이 이 입체 영화를 보는 상황이기에 초점이 맞지 않고 혼돈스럽기도 하다. "우리"였다가 "나"의 시점으로 바뀌는 하나님의 정체성과 또 엘로힘에서 여호와로 바뀌는 이름은 독자들을 혼돈에 빠지게 한다. 그래서 창세기 2장은 다른 저자에 의하여 기록된 독자적인 이야기로 이해 하든지, 창조 이야기 자체를 신빙성 없는 것으로 치부하기도 한다. 이렇게 당황스러운 혼돈에는 어떤 좋은 이유가 있을까? 결론부터 말하자면 그 좋은 이유가 있다. 이제 그 이유를 살펴보자.

● 목표치 5.1. 창조의 6일 차와 인격적인 만남의 비밀 알기 ●

과연 창조의 6일 차와 인격적인 만남의 비밀이 무엇일까? 그것은 엘로힘이라는 이름과 여호와라는 이름, 그리고 "우리"에서 "나"로 변하는 하나님의 이름과 정체성의 변화를 통하여 알 수 있다. 이 변화에 대한 흐름은 제 7장에서 이미 짧게 살핀 바가 있지만 조금 다른 관점에서 살펴보면 다음과 같다.

먼저 엘로힘은 창세기 1장에서 지속적으로 사용되는 이름이다. 그 엘로힘은 위대한 하나님들이라는 복수성을 가진다. 그 엘로힘의 복수성은 창세기 1장 26절에서 하나님 스스로를 "우리"라고 부르시는 장면에서도 확인된다. 우리는 하나님 스스로 자신을 우리라고 부르시는 것은 삼위일체 하나님들께서 중요한 것에 대하여 상의하시는 것이라는 것을 이미 살폈다.

그런데 이렇게 복수성으로 자신을 표현하시던 하나님께서 자신을 단수로 등장시키시는 장면을 보게 된다. 창세기 1장 29-30절에서 "내가 온 지면의 씨 맺는 모든 채소와…" "내가 모든 풀을 식물로…" 주시며 "우리"가 아니라 "내가" 주신다고 일인칭 단수로 말씀하신다. 이러한 단수형 주어는 창세기 2장 18절 이후에 계속된다.

여호와 하나님이 가라사대 사람의 독처하는 것이 좋지 못하니
내가 그를 위하여 돕는 배필을 지으리라 하시니라. | 창세기 2:18

　　여기에서 알아야할 중요한 점은 사실 순서적으로 보면 창세기 1장 29절 전에 창세기 2장 18절이 먼저 있었다는 것이다. 이것이 무슨 말일까? 창조의 기록은 1장과 2장으로 나뉘어져 있지만, 일어난 사건을 시간적으로 재구성해 보면 위에서 살핀 창세기 2장 18절을 먼저 말씀하시고, 그 다음에 창세기 1장 29-30절의 말씀하셨다는 것이다. 그러면 이전의 사건이 1장 이후인 2장에 기록된 것은 왜일까? 이미 살핀 것처럼 창세기 1장에서는 간결한 구조를 유지하는 것이 중요한 가치와 전략이었다. 그렇기에 1장을 6일 반복 구조에 맞추어 간결하게 쓰고, 2장에서 인간 창조에 대한 중요한 비밀을 부연 설명하는 것이다. 인간 창조의 비밀은 우리가 16장에서 살핀 바와 같다.

그러면 질문은 왜 "우리"라고 말한 것이 "내가"로 변했는가이다.

　　답은 우선 1장 29-30절과 2장 18절의 공통점에 있다. 공통점이 무엇일까? 그것은 두 구절들이 창조의 6일 차에 일어난 일에 대한 설명이라는 것이 중요한 포인트이다. 이 6일 차의 일이 왜 중요할까? 창세기 1장에서 하나님은 엘로힘으로만 언급되었지만, 창세기 2장에서는 여호와 엘로힘으로 이름이 바뀌어 나온다. 창세기 2장은 창조 6일 차 중에서 특별히 에덴과 인간 창조를 중심으로 펼쳐지는 이야기이다. 여기에서 우리가 알게 되는 중요한 것이 있다.

여호와 하나님이란 명칭이 2장에서 처음 등장하는 것이 아니라
창조의 6일 차에서 처음 등장한다고 말하는 것이 더 정확한 말이다.

그렇다면 창세기 1장 26절 이후와 2장이 다루는 6일 차 사건이 의미하는 것은 무엇인가? 그 답은 하나님과 인간의 인격적 만남에 있다.

엘로힘으로 등장하시는 하나님은
우주 전체를 창조하시는 창조의 하나님으로 등장하신다.
여호와 하나님은 6일에 등장하셔서 "우리"라고 표현된 엘로힘께서
상의하신 인간 창조를 실행하시되 남녀로 지으시고
그들에게 "나"라는 개인적으로 만나
인격적인 관계를 맺으시는 분이다.

● 목표치 5.2. 창조의 7일 차 후에 시작된 인간 타락과 구원의 비밀 알기 ●

여호와 하나님께서는 그렇게 인격적인 "나"로 등장하셔서 만나 주신다. 단순하게 만나 주시는 것이 아니라 하나님께서 창조를 하시면서 가지셨던 창조의 비전을 알게 하여 주시고, 그것을 실현할 수 있는 모든 자원과 권세를 비전 멘토링 방식으로 전수하여 주신다 (창세기 1-2장). 이 비전 멘토링에 관하여는 저자의 다른 책 비전 멘토링에서 확인하라.

이렇게 여호와 하나님께서 "나"라는 정체성으로 그리고 인격적으로 나타나 대화하여 주시는 것에는 창세기 3장으로 시작되는 허무한 타락과 구원과 또한 밀접한 연관이 있다. 하나님의 인간에 대한 놀라운 비전은 허무하게도 창세기 3장에서 잠시 멈춘다. 우리는 여기에서 창세기 1장과 2장에서 드러나지 않았던 우주의 비밀을 접하게 된다. 영화기법으로 보면 이쯤에서 악당이 등장하는 것이다.

그런데 뱀은 여호와 하나님이 지으신 들짐승 중에 가장 간교하니라.
뱀이 여자에게 물어 이르되
하나님이 참으로 너희에게 동산 모든 나무의 열매를 먹지 말라 하시더냐.

| 창세기 3:1

어떤 사람들은 뱀이 어찌 말을 하며, 말하는 뱀 한 마리가 어찌 신과 인류의 역사에 간섭할 수 있는가 라고 생각한다. 그리고 그렇기에 그런 이야기가 담긴 창세기 창조 이야기는 어린이 만화 영화같은 허구라고 주장한다. 이것의 진실에 대하여 우리는 이어지는 18장에서 자세히 살피게 될 것이다.

사실 이것이 바로 뱀을 통해 이브를 미혹한 사탄의 전략이었다.
하나님의 선으로 가득찬 이브는 사탄의 악을 구분할 수 없었다.
그런데 뱀을 통한 사탄의 전략은 여전히 유효하다.
이제 사람들은 선악을 알면서도 사탄의 악을 구분하지 못한다.
그들이 하나님의 선을 알지 못하기 때문이다.

그런데 인간이 뱀을 통해 타락하고 비참해진 상황에서 하나님의 선이 등장한다. 인간 구원의 비전이 선포되는 것이다. 그 비밀은 창세기 3장 15절에 담겨 있다.

내가 너로 여자와 원수가 되게 하고
네 후손도 여자의 후손과 원수가 되게 하리니
여자의 후손은 네 머리를 상하게 할 것이요.
너는 그의 발꿈치를 상하게 할 것이니라 하시고 | 창세기 3:15

이 말씀은 여호와 하나님께서 뱀의 미혹을 통하여 여자가 처음 타락한 이후 구원에 관한 비전의 첫 선포이다. 엄밀하게 말하면 창세기 3장 15절 이후의 성경은 이 여호와 하나님의 말씀을 실현하시는 하나님의 은혜와 비밀의 경영이 어떻게 실현되는지를 충실하게 추적하면서 보여주는 책이다.

이것이 말해주는 것은 하나님의 입장에서는
인간을 위해 하신 천지 창조가 인간 구원 보다 훨씬 쉽고,

그 창조 보다, 타락한 인간 구원이 훨씬 중요했기 때문이다.
창조는 살아서 하신 일이고
구원은 죽으면서 하셨어야 했기 때문이다.

이 가슴 아프고 험한 여정은 이 타락 이후에 에덴에서의 추방으로 시작되었고, 우리는 이쯤해서 중요한 장면을 목격하게 된다. 다시 하나님들의 회의 장면이다. 이 회의를 주도하신 분이 여호와 하나님이시다.

여호와 하나님이 이르시되
보라 이 사람이 선악을 아는 일에 <u>우리</u> 중 <u>하나</u> 같이 되었으니
그가 그의 손을 들어 생명 나무 열매도 따먹고 영생할까 하노라 하시고
| 창세기 3:22

2장 이후에 개인 단수로 등장하시던 여호와 하나님께서 다시 복수로서의 정체성을 드러내신다. "우리 중 하나"라고 표현하실 때 우리는 창세기 1장 26절의 "우리"로 표현된 엘로힘을 다시 만난다. 그 엘로힘의 우리 중 "하나"가 강조될 때 개인 단수로 표현된 여호와 하나님을 보게 된다.

이 회의의 결과는 인간의 에덴 추방이었다. 이유는 악을 행하는 인간이 영생과를 먹고 영원토록 악을 행할까 하는 것이었다. 그런데 여호와 하나님의 구원 경영은 이 추방으로 끝나지 않았다. 추방 이후에 같이 동행하시면서 그들이 고난을 통하여 연단을 받고 선에 대한 소망을 회복할 수 있게 하신다. 그리고 죄와 악에서의 구원을 통하여 온전케 될 수 있도록 하신다. 이것이 바울 사도가 에베소서 3장 9절에서 말한 "영원부터 만물을 창조하신 하나님 속에 감추어졌던 비밀의 경영"인 것이다.

목표치 5.2.1. 여호와 이름이 등장하는 상황과 그 이름의 실체 알기

🌳 멘토여, 그렇다면 이런 사건의 전개와 여호와는 어떤 연관이 있습니까?

그 연관성을 알기 위하여는 여호와라는 이름의 의미와 유래에 관하여 먼저 살펴볼 필요가 있다. 여호와라는 이름은 하나님께서 모세를 부르시는 상황에서 최초로 그 실체가 공개되었다. 여기에서 "상황과 실체"라는 두 가지를 살펴보아야 한다.

첫째, 상황에 관하여 살펴보자. 여호와라는 하나님의 이름이 공개되는 상황은 애굽 왕궁에서 40년, 광야에서 40년을 산 모세가 새 40년 인생의 방향을 결정해준 비전의 하나님을 만난 때이다. 그는 이스라엘이 애굽 종살이를 하던 400년간 응답이 없고, 자신이 미디안 광야 양치기를 하던 40년간 응답이 없으셨던 하나님께 대한 실망감을 가지고 있었다.

그 상황에서 자신을 부르시는 하나님께 모세가 하나님의 이름을 묻는다.

모세가 하나님께 아뢰되 내가 이스라엘 자손에게 가서 이르기를
너희의 조상의 하나님이 나를 너희에게 보내셨다 하면 <u>그들이 내게 묻기를
그의 이름이 무엇이냐</u> 하리니 내가 무엇이라고 그들에게 말하리이까?

하나님이 모세에게 이르시되 <u>나는 스스로 있는 자이니라.</u> 또 이르시되
너는 이스라엘 자손에게 이같이 이르기를 스스로 있는 자가
나를 너희에게 보내셨다 하라.

하나님이 또 모세에게 이르시되 너는 이스라엘 자손에게 이같이 이르기를
너희 조상의 하나님 <u>여호와</u> 곧 아브라함의 하나님, 이삭의 하나님,
야곱의 하나님께서 나를 너희에게 보내셨다 하라. 이는 나의 영원한 이름이요
대대로 기억할 나의 칭호니라. | 출애굽기 3:13-15

모세가 하나님의 이름을 여쭈었을 때 하나님이 알려주셨던 것이 "여호와"였다. 그리고 그 뜻은 "나는 스스로 있는 자니라"이다. 이 말은 스스로 생명이 있는, 남들로부터 생명이 만들어지지 않은, 남들이 있어야 존재할 수 있는 존재가 아닌 존재라는 뜻이다.

그런데 이 이름에는 말 뜻과 더불어 더 놀라운 비밀이 숨겨져 있다. 그것을 알려면 출애굽기와 신명기로 가야 한다.

여호와께서 모세에게 이르시되 이제 내가 바로에게 하는 일을 네가 보리라.
강한 손으로 말미암아 바로가 그들을 보내리라.
강한 손으로 말미암아 바로가 그들을 그의 땅에서 쫓아내리라.
하나님이 모세에게 말씀하여 이르시되 나는 여호와이니라.
내가 아브라함과 이삭과 야곱에게 전능의 하나님으로 나타났으나
나의 이름을 여호와로는 그들에게 알리지 아니하였고 | 출애굽기 6:1-3
여호와께서 강한 손과 편 팔과 큰 위엄과 이적과 기사로
우리를 애굽에서 인도하여 내시고 | 신명기 26:8

출애굽기 6장 1절에서 여호와 하나님께서는 강한 손으로 이스라엘을 구원하신다는 약속을 해주신다. 이 "강한 손"은 구약 14구절에서 15회 사용되면서 출애굽을 통하여 구원을 행하신 하나님을 설명할 때마다 연관어로 등장하는 중요한 개념이다. 덧붙여서 신명기에서는 5회에 걸쳐서 "강한 손과 편 팔"이 함께 여호와의 이름과 연관되어 언급된다.[106] 왜 강한 손과 편 팔이 강조되고, 왜 아브라함, 이삭, 야곱에게는 그 이름으로 알리지 아니하셨다고 하는 것일까? 여기엔 놀라운 반전이 있다.

반전은 사실 초기 인류는 여호와라는 이름을 알고 있었다. 여호와의 이름은 이미 창세기 2장에서부터 쓰였다. 그러나 여기에서 구분할 것이 있다. 창세기 2장에서 여호와의 이름이 나왔다 하여 그때부터 사람들이 여호와라는 이름을 불렀던 것은 아니다. 좀 혼돈스러울 수 있다. 이것이

기록자 모세의 중요성을 말해준다. 이미 살핀 바와 같이 하나님과 깊은 대화를 통하여 사건의 전말을 아는 기록자인 모세는 그분이 여호와인 것을 알고 이름을 제시하며 쓰는 것이고 등장 인물들은 아직 구체적인 것을 모르는 상황인 것이다. 그래서 모세는 처음 여호와의 이름을 부른 것은 아담의 손자이며, 셋의 아들인 에노스였다는 것을 말해준다.

> 셋도 아들을 낳고 그 이름을 에노스라 하였으며
> 그 때에 사람들이 비로소 여호와의 이름을 불렀더라. | 창세기 4:26

즉, 아담은 하나님께서 창조의 6일에 여호와라는 이름으로 인격으로 다가오신 하나님을 만나고 대화를 나누었다. 그래서 여호와라는 이름을 영적인 교감을 통하여 알고 있었을 것이지만, 차마 그 이름을 부르지 못했다. 거룩하신 이름이기 때문이다. 타락 이후 여호와의 이름을 부른 것은 에노스였다. 그가 용감해서였을까? 용감해서가 아니라 하나님께서 축복으로 그 이름을 부르게 하셨기 때문이었을 것이다. 그 이후로 사람들은 여호와의 이름을 불렀다. 구체적인 예가 아브라함이다. 아브라함은 창세기 12장 8절, 13장 4절, 14장 22절에서 여호와의 이름을 불렀다.

그렇다면 왜 하나님께서는 아브라함에게
그 이름을 알리지 않았다고 말씀하실까?

아브라함도 이삭도 야곱도 그 이름은 알고 불렀고 예배도 드렸지만, 하나님께서 이름의 실체로 그들에게 나타나지는 않았다는 것이다. 여호와는 미래의 비전이 담긴 이름이었기 때문에 그들이 그 이름의 실체를 경험할 수 있는 신의 이름이 아니었던 것이다. 이 말이 무슨 뜻일까?

둘째로 이름의 실체에 관하여 살펴보자. 그 이름의 실체를 알기 위해서는 히브리어의 특성을 알아야 한다.

테트라그라마톤 Τετραγράμματον이라는 단어가 있다. 직역하자면 네 글자어이다. 히브리 성경에서 오늘날 우리가 여호와라고 부르는 단어를 뜻한다.

존귀한 하나님의 이름을 함부로 부르지 않기 위하여 네 글자어라고 부른 것이다. 그런데 이 히브리 자음 네 글자는 놀라운 의미를 가지고 있다. 히브리 글자들은 각 자음마다 뜻을 가지고 있는데 이 네 자음 알파벳의 뜻을 살피면 다음과 같다.

히브리단어	ה	ו	ה	י
히브리 음가	헤이	바우	헤이	요드
영어음	H	W/V	H	J/Y
이름 음가	하	오	호	여
이름 음가	보다	못	보다	손

결론적으로 여호와라는 히브리어 네 자음 속에는 "손을 보라, 못을 보라" 라는 말이 담겨 있다.

즉, 여호와는
그 손을 보고, 못을 보면 그의 실체를 알게 되어 있다는 것이다.
강한 손과 펴신 팔과 박힌 못이 그 실체의 힌트라는 것이다.

이 말은 아브라함도, 이삭도, 야곱도 여호와를 불렀고, 그 여호와 하나님께서 여러 차례 구원을 해 주셨지만 아직 이름의 실체를 그들에게 보여주신 것은 아닌 것이다. 그런데 그 이름의 실체가 드러난 곳이 출애굽 사건이다. 비로서 여호와 하나님께서 *강한 손과 편 팔*로 10재앙과 홍해를 가르시는 이적을 통하여 이스라엘을 애굽에서 탈출시키고 약속의 땅에 인도하신 것이다. 이것이 출애굽기 6장 3절에서 "내가 아브라함과 이삭과 야곱에게 전능의 하나님으로 나타났으나 나의 이름을 여호와로는 그들에게 알리지 아니하였고" 라고하신 말씀하신 이유이다.

그런데 이렇게 강한 손과 편 팔로 구원을 베푸신 것은
여호와라는 이름의 실체를 반쪽만 드러내신 것이다.

왜냐하면, 그것은 "손을 보라, 못을 보라" 는 뜻 중에서 "손을 보라" 는 부분만 완성된 것이기 때문이다. 그러면 "못을 보라" 는 부분은 어떻게 되는 것일까?

우리가 역사 속에서 못을 의미 있게 볼 수 있는 곳은
골고다라는 곳에서 십자가에서 못 박힌 예수를 통해서다.

멘토여, 창세기의 여호와와 십자가의 예수님의 못은 어떤 연관이 있는 것입니까?

과연 어떤 연관이 있을 것인가? 특별히 못을 보아야 하는 차원에서 우선 십자가의 정황으로 가보자. 우리는 십자가에 못 박히신 예수님을 통하여 세상에서 가장 유명한 못에 관하여 알게 된다. 예수님께서 못박히신 이 장면을 보면 여호와라는 이름의 실체가 명확하게 보인다. 손을 보라, 못을 보라가 드디어 역사 속에서 온전하게 성취되는 것이다.

예수님께서는 실제로 강한 손과 펴신 팔에 못 박히심으로
여호와라는 이름의 완벽한 실체를 십자가에서 보이셨다.
그리고 그 결과 영적 출애굽을 통한 구원을 행하셨던 것이다.

그러나 이것이 다가 아니다. 하나님께서는 요한복음 19장을 통하여 여호와라는 이름에 관하여 결정적인 방점을 찍어 주신다. 그리고 거기엔 상상할 수 없는 사람 빌라도가 있었다.

● 목표치 5.2.2. 이방인 로마 총독 빌라도의 상상하지 못한 역할 알기 ●

 멘토여, 여호와라는 이름과 빌라도는 도대체 어떤 연관이 있습니까?

빌라도는 예수님 당시에 로마 시저에 의해 파견된 식민지 통치를 하는 총독이었다. 그는 군인 출신 정치가로 포악하기로 소문이 나서 로마의 황제인 시저 Caesar로부터 경고 편지까지 받았던 사람이다. 많은 유대인들이 그의 통치 속에 십자가 형에 처해져 죽었다. 그런데 그런 그가 예수님께 대하여서 만은 태도가 달랐다. 달라도 너무나 달랐다. 그는 예수님을 유대인의 왕으로 인정한다. 이렇게 인정한 것은 빌라도로서는 절대로 불가능한 일이었다. 유대의 왕을 지명할 수 있는 것은 오직 로마의 시저였기 때문이다. 또한 대제사장과 추종자들의 극렬한 반대도 있었다. 그러나 그는 그런 현실 속에서도 예수님을 유대인들의 왕으로 부르는 것을 주저치 않았다.

여기엔 십자가를 통하여 구원의 비전을 실현하시려는 하나님의 비밀 경영이 있으셨다. 그 전략을 위하여 하나님께서는 우선 빌라도의 아내를 활용하시고, 둘째는 빌라도와의 대화를 활용하신다.

첫째, 하나님께서는 빌라도의 아내에게 꿈을 통하여 예수님의 정체를 드러내신다. 어쩌면 성격이 포악한 빌라도를 움직일 사람은 그의 아내뿐이었는지 모른다. 그는 그의 아내 말을 가슴 깊게 새기고 행동한다.

> 총독이 재판석에 앉았을 때에 그의 아내가 사람을 보내어 이르되
> 저 옳은 사람에게 아무 상관도 하지 마옵소서. 오늘 꿈에 내가 그 사람으로
> 인하여 애를 많이 태웠나이다 하더라. | 마태복음 27:19

하나님께서는 빌라도 아내에게 꿈을 주셔서 예수님을 어떻게 대하여야 할지 알게 하신다. 빌라도의 아내는 예수님의 정체를 옳은 사람 디

카이오 δικαίῳ, 즉, 의롭고 순전한 사람이니 상관하지 말고 이 일에서 손을 떼라고 말한다. 그리고 빌라도는 아내의 말을 듣고 이 일에서 손을 떼려고 예수님을 헤롯에게 보내기도 한다.

둘째, 헤롯도 예수님을 함부로 하고 싶지 않아서 돌려보내자 빌라도는 예수님과 대화 나누며 예수님께 매료된다. 이 시점부터 예수님께서는 빌라도와 적절한 대화를 하시면서 빌라도로 하여금 중요한 것을 알고, 믿고, 말하고, 쓰도록 하신다.

> 빌라도가 이르되 그러면 네가 왕이 아니냐 (βασιλεύς εἶ σύ)?
> 예수께서 대답하시되 네 말과 같이 내가 왕이니라 (βασιλεύς εἰμι).
> 내가 이를 위하여 태어났으며 이를 위하여 세상에 왔나니 곧 진리에 관하여
> 증언하려 함이로라. 무릇 진리에 속한 자는 내 음성을 듣느니라 하신대
> 빌라도가 이르되 진리가 무엇이냐? 하더라 이 말을 하고 다시 유대인들에게
> 나가서 이르되 나는 그에게서 아무 죄도 찾지 못하였노라.
> 유월절이면 내가 너희에게 한 사람을 놓아 주는 전례가 있으니. 그러면 너희는
> 내가 유대인의 왕 (τὸν βασιλέα τῶν Ἰουδαίων)을 너희에게 놓아 주기를
> 원하느냐? 하니 | 요한복음 18:37-39

빌라도는 예수님께 중요한 두 가지를 질문했다. 예수님의 왕으로서의 정체와 진리의 본질에 관한 것이었다. 예수님께서는 자신이 왕이라고 대답하셨고, 진리의 본질에 대하여는 말씀을 하지 않으셨다. 그렇다고 답을 하지 않으신 것이 아니다. 예수님께서는 말 대신 진리이신 자신을 통체로 보여 주신다. 진리의 본체를 빌라도가 보게 하신 것이다. 빌라도는 예수님의 진리에 대한 답을 파악했을까? 놀랍게도 그는 정확하게 파악했다. 증거는 다음과 같다.

예수님께서는 "진리에 속한 자는 내 음성을 듣는다"고 말씀하셨는데 빌라도는 예수님의 음성을 들었다. 듣고 실체를 파악했다. 그는 예수

님과 대면하여 대화한 후에 예수님께 "아무 죄도 찾지 못했다"고 선포한다. 그런데 이 선포에는 두 가지에 대한 인정이 내포되어 있다.

첫째, 십자가 형을 받고 죽은 예수의 무죄성의 선포이다. 그의 아내가 말한 대로 "의인"이라는 것이 참이라고 선포한 것이다.

둘째, 예수님께서 말씀하신 "내가 왕이니라"라고 답하신 것이 참이라고 선포한 것이다. 만약 다른 이가 로마 총독 빌라도 앞에서 이렇게 말하였으면 그 말 하나로 대형 죄가 되고 십자가 형을 처해야할 일이었다. 그러나 그 답을 들은 빌라도는 놀라지도, 화내지도 않았다. 오히려 그것을 수긍하며 그것을 인정한다. 그런데 그 인정의 정도가 놀랍다. 이런 과정은 빌라도의 언어 변화를 통하여 확인할 수 있다.

> 네가 왕이 아니냐? (βασιλεὺς εἶ σύ 바실레우스 에이 수 Are you a king?)
> 내가 왕이니라 (βασιλεύς εἰμι 바실레우스 에이미 I am a king)
> 내가 유대인의 왕을 (τὸν βασιλέα τῶν Ἰουδαίων 톤 바실레아 톤 이오우다이온 The King of the Jews) | 요한복음 18:37-39

한국어에는 정관사 개념이 약하지만, 헬라어, 히브리어, 영어에서는 그렇지 않다. 37절에서 빌라도와 예수님께서 왕에 대한 질문을 주고받을 때 왕이라는 단어 앞에 정관사가 없다. 빌라도가 왕 a king이냐?라고 물으니 예수님께서도 왕 a king 이라고 답하신다. 그런데 예수님께서 자신이 왕이라는 신분을 밝히신 이후에 39절에서 "내가 유대인의 왕을" 놓아 주랴 할 때는 정관사 τὸν 톤을 붙여 말한다. 빌라도는 예수님을 a king이 아니라 the King으로 인식하고, 대제사장들에게 유대인의 왕 the King of the Jews라고 선포한 것이다. The King 을 씀으로 예수님을 그 예정된 왕, 정통성 있는 왕, 참 왕이라 선포한 것이다.

적국의 포악한 이방인 빌라도는 예수님을 왕으로 믿고 선포했고,
자국의 신실해야 할 유대인들은 왕으로 오신 예수님을 배척했다.
빌라도는 그 순간 진리에 속하여 그의 음성을 들었고,
유대인들은 오래 그의 음성을 듣고도 진리를 버렸다.

그간 빌라도는 예수님을 십자가 형에 처한 로마의 포악한 총독으로 이해되었지만, 실상 그는 결정적인 순간에 예수님이 누군지 알아보고, 하나님의 뜻을 이루어 드린 사람이었다. 오늘 날에도 전혀 뜻 밖의 사람이 그렇게 사용받을 수 있기에 우리는 모두를 소중히 대하여야 한다. 그렇다면 하나님께서 그를 통하여 이루시려던 것은 무엇이었을까?

◈ 목표치 5.2.3. 빌라도가 쓴 십자가 죄패의 비밀 알기 ◈

예수님을 유대인의 진정한 왕으로 인식한 빌라도는 예수님을 놓아 주려 노력한다. 그러나 그런 시도가 포악해진 대제사장들과 지지자들에게 민란의 빌미를 줄까하여 예수님을 십자가형에 처한다. 그리고 빌라도는 결정적으로 중요한 일을 한다. 그 일이 바로 우리가 이 책 17장에서 질문하는 왜 하나님께서 엘로힘이 아니라 여호와로 등장하셨는지에 대한 답을 찾게 해줄 일이다.

빌라도는 십자가 형을 받은 사람들의 정체와 죄명을 밝히는 죄패를 쓰는 전례에 따라 예수님의 죄패에 "나사렛 예수, 유대인의 왕" (요한복음 19:19)이라는 말을 "히브리와 로마와 헬라 말"로 (요한복음 19:20) 기록하게 한다. 그런데 이 말엔 하나님께서 빌라도를 통하여 이루시려던 중요한 뜻이 담겨 있었다. 빌라도가 쓴 이 죄패를 읽은 대제사장들과 많은 유대인이 깜짝 놀란다. 그리고 죄패에 쓰인 것을 "자칭 왕"이라고 고쳐 쓰라고 강청한다. 죄패에는 빌라도가 이미 선포한 "유대인의 왕, the King of the Jews" 이상의 것이 담겨 있었기 때문이다.

대제사장들이 본 것을 우리가 볼 수 있다면 좋을 것이다. 그러한 상황을 최대한 보여주려 한 영화가 있다. 다음 사진은 아카데미 남우 주연상을 받았던 명배우, 멜 깁슨 Mel Gibson이 2004년에 감독한 영화 Passion of Christ 그리스도의 수난의 장면에서 보여준 예수님의 십자가와 죄패 장면 사진이다. 멜 깁슨은 예수님의 수난을 최대한 사건 그대로를 보여주기 위하여 언어도 예수님 당시 언어인 아람어를 쓰는 등 정밀한 고증을 거쳤음으로 현실감을 높여 감동을 주었다. 이 영화에서는 죄패 하나에도 깊은 비밀을 담아 보여주려 노력했다.

표 21 영화 Passion of Christ의 십자가와 죄패[107]

이 죄패에는 요한복음 19절과 20절에 따라 "나사렛 예수, 유대인의 왕" 이라는 말이 히브리어, 헬라어, 그리고 라틴어로 써 있다.

ישוע הנצרי ומלך היהודים

히브리어: 예수아 하나자레이 브멜렉 하예후딤

IESVS NAZARENVS REX IVDAEORUM (대문자)

로마어: 이에수 나자레누스 렉스 이유다에오룸

ΙΗΣΟΥΣ Ο ΝΑΖΩΡΑΙΟΣ Ο ΒΑΣΙΛΙΑΣ ΤΩΝ ΙΟΥΔΑΙΩΝ (대문자)

헬라어: 이소이스 오 나조라이오스 오 마시리아스 톤 이오이다아이온

여기에 쓰여진 구절 중 헬라어는 정확한 원문이다. 왜냐하면 헬라어로 쓰여진 성경 원본에 이렇게 썼기 때문이다. 그러나 라틴어와 히브리어 구절의 경우 성경이 원문을 말해 주지 않음으로 정확하게 어찌 쓰였는

지 확인할 길이 없어 추론해야 한다. 라틴어 구절에 관하여는 별 이견이 없다. 이 라틴어 구절에서 우리가 잘 아는 단어 INRI가 나온다. INRI는 나사렛 예수 유대인의 왕이라는 뜻의 라틴어 초성 모음이다.

그런데 이 구절의 히브리어 번역에 대하여는 두 견해가 있다. 왕이라는 단어 말렉 앞에 바브라는 접속사가 있다는 견해와 없다는 견해이다. 이 바브 접속사는 "그리고 and"를 뜻하는 역할을 한다. 그래서 바브가 있는 문장을 영어식으로 번역하면 "Jesus of the Nazareth and the King of the Jews"가 된다. 이것이 있고 없고는 번역하는 뜻에는 별 차이가 없지만 바브가 있어야 하는 중요한 이유가 있다. 그리고 그것이 빌라도가 "내가 쓸 것을 썼다"고 말한 중요한 이유라고 생각한다. 그래서 우리는 바브가 이 구절에 있었다고 추정한다.

빌라도가 그리 말할 때 첫째, 빌라도 자신이 가진 확신을 담아 썼다는 것이고, 둘째, 자신도 알지 못하는 것을 쓴 것이다. 자신이 알지 못한 것은 하나님께서 주신 감동 가운데 하나님의 구원 경영 전략 속에서 뜻하셨던 것을 써 드린 것이다. 이 모든 것은 바브 접속사가 있는 구절이 써졌을 때 퍼즐이 풀려 나가게 되어 있다. 특별히 그랬을 때 대제사장들의 반응이 이해가 된다.

사실 빌라도가 "나사렛 예수 유대인의 왕"이라고 썼을 때 대제사장들이 당황한 것은 이 구절 자체 때문이 아니었다. 빌라도는 예수님을 정관사가 붙은 "너희의 왕 The King of you을 십자가에 못박으랴"라고 말한다. 그때 대제사장들은 "시저 외에는 우리에게 왕이 (a king)이 없다"고 말하며 정관사로 표현된 왕이신 예수님을 부정하고, 정관사가 없는 왕으로 시저만 인정한다. 그렇기에 죄패에 쓰여진 이 말도 예수가 자신이 그렇게 주장하기에 이 죄명으로 죽음을 당했다라고 부정하면 그만이었다. 그렇기에 죄패에 쓰여진 이 말도 예수가 자신이 그렇게 주장하기에 이 죄명으로 죽음을 당했다라고 부정하면 그만이고 문제될 것이 없었다. 그렇기에 이 구절 때문에 대제사장들이 문제 삼고 빌라도에게 자칭이라는 말을 넣으라고 말할 필요가 없었다. 그러나 이 구절엔 공교롭게도 대제사장들을 혼비백산하게 만든 것이 담겨 있었다. 대제사장 입장에서는 차마 상상도 할 수 없고, 차마 입에 담지 못할 거룩한 것이 가장 큰 죄악으로 죽어가는 죄인의 죄패에 초성 모음으로 담겨있었던 것이다.

히브리어로 쓰여진 이 구절의 초성 모음은 여호와를 뜻하는 יהוה가 된다. 유대인들이라면 본능적으로 알아차리는 초성 모음이다.

히브리어	ה יהדים	ומלך	הנצר	י שע
영어 음가	HaYehudim	W'melech	HaNazarei	Yeshua
한글 음가	하예후딤	브멜렉	하나자레이	예슈아
한글 뜻	유대인의	왕	나사렛의	예수
	ה	ו	ה	י
첫 글자 음가	헤이	바우	헤이	요드
첫 글자 뜻	보라	못	보라	손

대제사장들이 예수님께서 하나님을 모독했다고 예수님을 죽이는데 하필 빌라도의 명을 받아쓴 그의 죄패에 여호와라는 하나님의 이름이 담긴 것이다. 예수를 죽이면 그만이라고 생각하고 한 짓이 이런 열매를 맺고 있는 것에 그들은 당황한 것이다. 그래서 대제사장들은 여기에 자칭이라는 말을 넣음으로 이 네 글자가 되지 못하게 하려 빌라도에게 요청했다. 그러나 하나님께 영감을 받고 행동한 빌라도는 단호하게 거절한다. 하나님께서 "쓸 것"을 빌라도를 통하여 쓰셨기 때문이었다. 그러면 하나님께서 이렇게 쓰이도록 의도하신 이유는 무엇일까? 이것은 창조의 6일에, 창세기 2장에서 자신이 여호와로 등장하시는 이유를 우리에게 설명해주시고자 한 것이다.

여호와라는 이름이 십자가 죄패에 명확하게 쓰여짐으로

손을 보라, 못을 보라라는 말이
십자가에서 편 팔과 강한 손뿐 아니라
이제 못을 통하여 이름의 실체가 완성된 것을 선포하신 것이다.
그 예수께서 그 여호와이심을 죄패 호칭으로 증명하신 것이다.
창조 시 인간에게 엘로힘뿐만이 아니라
여호와라는 이름으로 등장했어야 했던 이유를 알리신 것이다.

창세기 2장에서 행하신 인간 창조와 연관하여 이 십자가의 예수님과 연관된 너무나 중요한 일이 또 있다.

◉ 기타 목표치 1: 첫째 아담과 둘째 아담의 대칭적 비밀 알기 ◉

 멘토여, 창조와 연관된 것이 십자가에 어떤 것이 있습니까?

이 책은 GOD THE CEO께서 어떻게 경영 전략적으로 창조의 일을 하시는 지를 살피고 있다. GOD THE CEO의 창조적 일들은 곳곳에 숨겨져 있다. 창세기 1장에서 접하는 창조도 귀하지만 십자가에서 접하는 창조는 더욱 놀랍다. 십자가는 지구와 인간 창조의 완성을 위하여 하나님께서 행하시는 너무나 중요한 전략적인 곳이다. 십자가는 죽음과 종말을 말하는 곳 같지만 그곳은 새 창조의 일이 실현되는 곳이다.

우리는 창세기 2장 21절에서 아담을 깊게 잠들게 하시고 갈빗대를 취하여 아담의 신부인 이브를 지으신 것을 알고 있다. 그런데 그 사건이 놀랍게도 십자가에서 그대로 재현된다. 십자가에서 예수님의 옆구리가 창으로 찔림 받는 사건이 벌어진다. 로마병사는 예수님께서 죽었는지 확인하기 위하여 옆구리에 창을 찌른다 (요한복음 29:34). 그런데 이것은 인간적인 이유이고, 하나님의 경영 비밀 속에서는 다른 놀라운 영적인 이유가 있었다. 둘째 아담이신 예수님께서 깊은 죽음의 잠에 드신 후 창을 갈빗대에 넣음으로 쏟으신 그 물과 피로 죄 씻음을 통하여 예수님의 거룩한 신부를 만드시는 것이다.

• 기타 목표치 2: 첫째 안식과 예수님의 안식 비밀 알기 •

 멘토여, 하나님의 안식일과 예수님의 안식 비밀은 무엇입니까?

우리는 안식일의 중요한 비밀을 이미 살폈다. 그런데 그 안식일의 비밀이 예수님을 통하여 가장 현실적으로 펼쳐지고 완성된다. 그것은 바로 예수님의 안식일의 안식을 통하여서 이다.

하나님께서 6일 간의 창조 노동 후에 7일 차에 안식을 하신다. 예수님께서 십자가를 지신 것은 6일 차 금요일이었고, 7일 차 안식일이 시작되는 어둠이 임함으로 육체가 무덤에 안장되신다. 이것이 말해주는 것은 예수님의 33년 생애와 십자가 사건이 타락한 세상의 재 창조 사역이었다는 것의 선포이다. 그리고 그 핵심은 사람의 죄성의 회복을 통한 거룩의 재 창조였고, 사탄으로 말미암은 혼돈 chaos를 정돈 cosmos화 하는 것이었다.

이와 같은 일은 창세기의 창조 이야기가 실제적인 사건이 아니었다면, 그리고 그것이 전략적으로 고의적으로 행한 것이 아니었다면 예수님께서 그렇게 할 수 없는 것이다. 이 모든 것이 하나님의 은혜와 비밀의 경영 전략에 따른 것이다.

결론적으로 우리는 창세기 2장에서 여호와로 등장하시는 하나님께서 실제로는 창조의 6일, 인간이 창조된 이후에 인격적으로 나타나 인간에게 하나님의 창조 비전과 다스림의 권세와 자원을 주신 것을 알게 되었다. 여호와로 나타나신 하나님 이름의 실체에 담긴 손을 보라, 못을 보라라는 말은 인간이 타락하기도 전부터 구원자로서 하나님의 정체성을 드러내신 것을 알수있다. 즉, "강한 손과 편 팔"로 출애굽에서, 그리고

"강한 손과 편팔"에 못 박힌 십자가가 내포된 구원자의 이름이 창조의 상황에서 선포된 것이다. 이와 같이 창세기 1-2장의 창조 이야기 안에는 인간의 창조와 구원에 대한 장엄한 하나님의 경영 계획이 담겨있다. 창세기 3장 15절과 십자가의 연관성에 대하여는 샬롬 김의 다른 저서 **크로스 코드: 암호화된 성경, 해독된 암호** (비전북, 2009)를 참고할 수 있다.

이 모든 것은 사도 바울이 에베소에 있는 성도들에게 쓴 다음 편지가 오늘날 우리에게도 도착하고 이제 현대어로, 현대가 활용할 수 있는 축적된 영적 자원과 과학, 경영 자원을 통하여 자세히 설명된 상황과도 같다.

이러므로 그리스도 예수의 일로

너희 이방인을 위하여 갇힌 자 된

나 바울이 말하거니와

너희를 위하여 내게 주신 하나님의 그 은혜의 경영을

너희가 들었을 터이라

곧 계시로 내게 비밀을 알게 하신 것은

내가 먼저 간단히 기록함과 같으니

그것을 읽으면

내가 그리스도의 비밀을 깨달은 것을 너희가 알 수 있으리라

…

모든 성도 중에 지극히 작은 자보다 더 작은

나에게 이 은혜를 주신 것은

측량할 수 없는 그리스도의 풍성함을

이방인에게 전하게 하시고

영원부터 만물을 창조하신 하나님 속에 감추어졌던 비밀의 경영이

어떠한 것을 드러내게 하려 하심이라

에베소서 3:1-4, 8-9

이제 우리는 안다.

한없이 은혜롭지만 비밀이었던 GOD THE CEO의 창조와 구원의 경영을…

여호와

그분이
"내가" 라고 자신을 소개하시며
창조의 6일에
창세기 1장 29절을 통하여 양식을
그리고 창세기 2장 18절 통하여 배필을
인간 타락 후에
창세기 3장 15절을 통하여
구원의 비전을 선포하신

그 예수이신 것이다.

우주를 창조하신 하나님의 영광으로…
우리를 구원하신 하나님의 영원으로…

예수

그분이
창조의 비전을 온전히 실현하기 위하여
다스릴 권세를 주신 인간을 창조하시고
구원의 비전을 순전히 실현하기 위하여
스스로 편 팔로, 강한 손으로
십자가에서 못 박혀 대신 죽어 주신

그 여호와이신 것이다.

보좌를 버린 겸손한 사람으로…
죽음보다 더 강렬한 사랑으로…

🌳 멘토여, 창세기 2장 하나님께서 하신 것들을 V.M.O.S.T. A.R.T.ⓒ로 정돈하여 주십시오.

하나님께서 행하신 것을 V.M.O.S.T. A.R.T.ⓒ로 정리하면 다음 도표와 같다.

V 비전 아름답고 기능적으로 창조된 에덴과 아담과 이브, 그리고 사명을 훌륭하게 감당하는 아담

가치 완벽한 영광, 완벽한 팀워크, 완벽한 사람 중심, 완벽한 사랑, 완벽한 기능성, 완벽한 아름다움, 완벽한 효율성

M 사명 나는 아름답고 기능적으로 에덴을 만들고, 아담과 이브를 만들며, 그 부부로 하여금 땅에 충만하고, 땅을 경작하고, 동물들을 다스릴 수 있도록 비전 멘토링 하기 위하여 존재한다.

O 목표치 1. 2:4 창조 7일에 이어 6일 차에 관하여 세부적 설명하기
　① 2:7 남자 만들기
　② 2:8 에덴 만들기
　③ 2:9 사람이 선악을 알고 영생을 살게 하기
　④ 2:10 에덴에 생존을 위한 환경 만들기
　⑤ 2:11-14 에덴에 금속 자원들 예비해 주기
　⑥ 2:15-17 사람에게 1차 비전 멘토링 하기
　⑦ 사람에게 이름 지어 주기
　⑧ 2:19-20 아담에게 2차 비전 멘토링하기
　⑨ 2:21-22 아담의 돕는 배필 만들기
　⑩ 2:21-22 여자 만들기
　⑪ 2:23-25 아담에게 3차 비전 멘토링하기
　⑫ 2. 2:4 하나님의 이름을 인류와 연관된 것으로 제시하기

S 전략 1. 2:4 창조 7일에 이어 6일 차에 관하여 세부적 설명하기 위하여 창세기 2장 활용하기
　① 2:7 사람 만들기 위하여 육체를 위해서는 흙을 활용하고, 영혼을 위해서는 하나님의 생기를 활용하기
　② 2:8 에덴 만들기 위하여 동방의 빈 땅 활용하기
　③ 2:9 사람이 선악을 알고 영생을 살게 하기 위하여 선악을 알게 하는 나무와 생명 나무 활용하기

④ 2:10 에덴에 생존을 위한 환경 만들기 위하여 비손, 기혼, 힛데겔, 유브라데 강 활용하기

⑤ 2:11-14 에덴에 금속 자원들 예비해 주기 위하여 정금, 베델리엄, 호마노 등 활용하기

⑥ 2:15-17 사람에게 1차 비전 멘토링하기 위하여 에덴을 경작하고 지키게 하고, 먹을 것과 먹지 말아야할 것 가르치는 멘토링 활용하기

⑦ 2:18 사람에게 이름 붙이기 위하여 하아담 (그 사람, 그 남자)에서 정관사 하를 빼고 아담을 그의 이름으로 활용하기 (원문에는 2장 18절부터 하아담이 아닌 아담으로 사용)

⑧ 2:19-20 아담에게 2차 비전 멘토링하기 위하여 동물들에 이름 짓기 활용하기

⑨ 2:21-22 아담의 돕는 배필 만들기 위하여 이브 활용하기

⑩ 2:21-22 여자 만들기 위하여 아담 갈비뼈의 XY유전자 생체정보 활용하기

⑪ 2:23-25 아담에게 3차 비전 멘토링하기 위하여 이브를 환영하고, 이름을 짓고, 부부가 되어 이브에게 하나님께 받은 멘토링의 비전을 전수하게 하기

2. 2:4 하나님의 이름을 인류와 연관된 것으로 제시하기 위하여 여호와 엘로힘이라는 이름 활용하기

T   시간   여섯째 날

A   행동   2:7 여호와 하나님이 땅의 흙으로 사람을 <u>지으시고</u> 생기를 그 코에 <u>불어 넣으시니</u> 사람이 생령이 되니라

2:8 여호와 하나님이 동방의 에덴에 동산을 <u>창설하시고</u> 그 지으신 사람을 <u>거기 두시니라</u>

2:9 여호와 하나님이 그 땅에서 보기에 아름답고 먹기에 좋은 나무가 <u>나게 하시니</u>

2:15 여호와 하나님이 그 사람을 이끌어 에덴 동산에 두어 그것을 <u>경작하며 지키게 하시고</u>

2:17 선악을 알게 하는 나무의 열매는 먹지 말라 네가 먹는 날에는 반드시 죽으리라 하시니라

2:19 여호와 하나님이 흙으로 각종 들짐승과 공중의 각종 새를 지으시고 아담이 <u>무엇이라고 부르나</u> 보시려고 그것들을 그에게로 <u>이끌어 가시니</u>

2:22 여호와 하나님이 아담에게서 취하신 그 갈빗대로 여자를 만드시고

R	평가	2:18 여호와 하나님이 이르시되 사람이 혼자 사는 것이 좋지 아니하니 내가 그를 위하여 돕는 배필을 지으리라 하시니라
	보상	언급 없음
	휴식	언급 없음
T	감사	언급 없음

이제 우리는 창조와 십자가를 지나 창조의 진실성을 살피기 위하여 성경의 마지막 장 요한계시록을 살필 것이다. 창조의 시작점이 어떻게 종말의 완성점과 연관이 되어 있음으로 창조와 종말이 어떻게 서로의 진실성을 증명하는지를 살필 것이다.

멘티여,

· 여호와라는 하나님의 이름이 창세기 2장에서 등장한 이유와 그 이름의 뜻은 무엇을 말해주는가?

18

요한계시록을 통해 보는
창조의 완성기

 멘티여, 그대가 만약 사도 요한이 한 것과 같이 성경의 마지막 책을 쓴다면 어떤 내용의 글을 쓰고 싶은가?

시작된 것의 진실성을 확인할 수 있는 좋은 방법은 그것의 열매이다. 창세기 1장의 창조가 시작된 것이 어떤 결말, 어떤 결론을 맞이하는가를 보면 그 책의 진실성을 한 눈에 알 수 있다. 요한계시록은 성경의 마지막 책이다. 그렇다면 과연 창세기에서 시작된 것이 요한계시록에서 어떤 열매를 줄까? 과연 그런 것이 가능하다고 생각하는가?

우리는 다음 네 목표치를 살필 것이다.

· 창세기 타락의 원흉 알리기
· 성도들이 이기게 하기
· 행악자와 창조물 전반 심판하기
· 창조가 완성된 하나님의 나라 비전 전하기

🌳 멘토여, 창세기와 요한계시록에 연결성이 있기는 합니까?

　　성경의 첫 책, 창세기의 첫 장, 창조 이야기는 지금부터 3,500년 전에 모세가 시내산에서 하나님과 대화하고 하나님께서 보여주신 비전과 하나님의 인도하심에 대한 경험을 중동의 미디안 광야에서 쓴 것이다. 성경의 마지막 책, 요한계시록은 주후 90년경 현재는 그리스 영토이지만, 터키의 에베소와 가까이에 있는 밧모라는 작은 섬에서 요한 사도께서 로마 정부의 명으로 유배 생활을 하는 가운데 하나님의 계시적 비전을 보았을뿐만 아니라, 자신이 그 계시 안에 들어가 직접 경험하고 쓴 글이다.

　　모세는 애굽 왕궁에서 40년간 왕자로 살았고 후에 살인자가 되어 미디안 광야에서 40년 동안 양치기로 살았다. 그곳에서 40년간 광야 생활을 하는 자신과 400여년간 종살이하는 이스라엘을 구원하지 않는 하나님에 실망하며 살다가 하나님의 부르심을 받고 이스라엘을 애굽에서 탈출시킨 늙은이였다. 요한은 예수님의 십자가 현장에도 가고, 부활의 현장을 직접 가기도 했던 가장 나이 어린 제자였다. 로마의 핍박을 받아 채석장이 있던 황량한 섬에서 유배되어 있던 80세쯤 된 늙은이였다. 둘에겐 1,500년의 시간적 격차가 있었다.

> 달라도 너무나 다른 모세와 요한에게는 놀라운 공통점이 있다.
> 모세는 인류의 시작을 알리는 창세기를 포함한 5권의 책을,
> 요한은 인류의 종말을 알리는 요한계시록을 포함한 5권을 썼다.

　　둘은 경험도 교육도 달랐다. 하지만, 신기하고 놀랍게도 성경의 첫 책 창세기가 궁극적으로 목적하는 곳은 성경의 마지막 책 요한계시록이며 이 두 책에는 연결점들이 많다. 이것이 말해주는 것은 3,500년 전의 모세가 창조 이야기를 쓸 때나, 2,000년 전 요한이 종말에 관한 이야기를 쓸 때에 소설가나 학자들처럼 연구해서 쓰지 않았다는 것이다. 하나

님께서 말씀하시고, 보여주시고, 경험시켜 주신 비밀스러운 일을 다만 증인으로서 썼다는 것이다. 이것의 증거를 V.M.O.S.T. A.R.T.ⓒ를 통하여 알아보자.

 멘토여, 요한계시록의 비전은 무엇입니까?

요한계시록에서는 창조 이후 전개되었던 모든 일들의 완성을 보여준다. 요한계시록의 비전은 완성된 사탄의 심판과 이긴 자들에게 주어진 복, 새 창조를 통해 회복된 하나님 나라의 모습이다. 이것을 이루기 위한 가치는 완벽한 심판, 완벽한 사랑, 완벽한 보상, 완벽한 회복, 완벽한 공의이다. 심판하는 상황에서의 가치는 창조 때와는 다르다. 이 비전을 이런 가치를 가지고 실현하기 위하여 갖는 요한계시록의 사명 선언문은 요한계시록은 창조에서 시작된 하나님 나라의 완성된 미래를 비전으로 제시하며, 이기는 성도들에게 미래를 알고 대비하기 위하여 존재한다이다.

이기는 성도들이 미래를 알고 대처하게 하시기 위하여 하나님께서는 요한으로 하여금 몇 가지를 기록하여 성도들이 알고 이길 수 있도록 하셨다. 사명을 감당하기 위하여 설정하신 목표치는 성경에서 다음과 같이 발견할 수 있다. 물론 요한계시록의 목표치는 어느 관점에서 보느냐에 따라 강조점이 달라질 수 있지만, 여기에서는 창조와의 연관성 속에서 구분한 것이다.

① 1-3 교회들에게 하나님의 뜻 전하기
② 12:17 창세기 타락 원흉 알리기
③ 12:17 성도들이 타락을 딛고 이기게 하기
④ 4-19 행악자와 창조물 전반 심판하기
⑤ 20:4-6 첫 심판과 첫 부활에 동참하게 하기
⑥ 20:7-10 마지막 심판하기
⑦ 21-22 창조가 완성된 하나님의 나라 비전 전하기

창세기 창조 이후의 모든 것들이 완성되는 요한계시록은 하나님의 뜻이 선포되는 것부터 시작하여 창조가 새 창조를 통하여 완성되는 모습을 보여준다. 이 장에서 우리는 요한계시록의 모든 목표치를 다 살피지 않고 창조와 그 뒤를 이은 타락과 회복에 연관된 것들만 살펴볼 것이다. 그것들은 4가지, 창세기 타락의 원흉 알리기, 성도들이 타락을 딛고 이기게 하기, 행악자와 창조물 전반 심판하기, 창조가 완성된 하나님 나라의 비전 전하기에 집중할 것이다.

● 목표치 1: 창세기 타락의 원흉 알리기 ●

 멘토여, 창세기 타락의 원흉 알리기 위한 전략은 무엇입니까?

그 전략은 용, 옛 뱀, 마귀, 사탄의 정체를 활용하는 것이다. 성경의 첫 책과 마지막 책이 연결된다. 예를 들자면 창세기 3장에 등장하는 뱀이다. 우리가 자세히 살피지는 않았지만, 성경에서 너무나 유명한 이야기 중 하나는 창세기 3장에 기록된 아담과 이브의 타락이다. 이 이야기에서 중요하게 등장하는 동물이 있는데 뱀이다. 그것도 말하는 뱀이다. 뱀은 이브와 말을 하는 데 당시 아담과 이브도 몰랐던 사실을 알고 있었다.

뱀이 이브를 유혹하고, 이브는 하나님께서 먹지 말라고 하신 선과 악을 알게 하는 열매를 먹게 된다. 그 뒤 어떤 일이 벌어졌는지 우리는 잘 알고 있다. 선과 악을 알되 악을 선택한 인류는 타락의 길로 갔고, 하나님의 영이 인간을 떠나면서 동물화된 인간은 노아의 홍수로 인하여 죽고, 살아남은 이들도 점차 약육강식의 정치 논리 속에서 고통과 저주를 주고받으며 노예 생활도 하고 식민지 생활도 한다. 그러다가 모세가 출애굽을 통하여 종살이하던 이스라엘을 구출하고, 예수님께서 영적 출애굽으로 죄에서 종살이하던 인간을 구원하신다. 이런 대하 드라마의 시발점은 바로 말하는 뱀 한 마리였던 것이다.

그 뱀은 오늘도 여전히 인간을 미혹하고 있다. 사람들은 성경의 창조 이야기와 타락 이야기를 읽고는 고상해야 할 영적인 이야기에 웬 말하는 뱀이 나오는지 당황한다. 이성을 강조하는 사람들의 눈에 말하는 뱀은 과학의 시대에 있을 수 없고, 더구나 진리를 말한다는 종교 서적에도 있을 수 없는 것으로 생각한다. 그러므로 그런 사람들은 창세기 3장에서 말하는 뱀이 나오는 인간의 타락 이야기도 역사적 사건이 아니라 문학, 즉, 신화적인 이야기로 본다. 창세기의 뱀은 이처럼 아담과 이브만 미혹한 것이 아니라, 오늘날에도 이성을 중시하는 많은 사람들과 심지어 신학자들까지 미혹했다. 그런데 그 뱀의 정체를 드러내 주신 분이 예수님이셨다.

> 너희는 너희 아비 마귀에게서 났으니 너희 아비의 욕심대로 너희도 행하고자
> 하느니라. 그는 처음부터 살인한 자요 진리가 그 속에 없으므로
> 진리에 서지 못하고 거짓을 말할 때마다 제 것으로 말하나니
> 이는 그가 거짓말쟁이요 거짓의 아비가 되었음이라. | 요한복음 8: 44

이 말씀에서 "처음부터"는 첫 인류 아담과 이브 때의 처음이다. 그리고 "살인한 자"와 "거짓의 아비"는 선악과를 먹어도 죽지 않는다고 거짓말을 했던 뱀을 지칭하는 것이다. 그러나 예수님의 말씀에는 뱀에 대한 직접적 언급이 없었으므로 이때까지도 비밀이었다. 그러나 이 뱀에 관하여 직접 정체를 드러내 주는 것이 요한계시록이다.

> 큰 용이 내쫓기니
> 옛 뱀 곧 마귀라고도 하고 사탄이라고도 하며 온 천하를 꾀는 자라
> 그가 땅으로 내쫓기니 그의 사자들도 그와 함께 내쫓기니라.
> | 요한계시록 12:9

이 구절에서 "옛" 뱀이라는 말에 주목해야 한다. 이 "옛"은 창세기 3장의 이브가 미혹을 받던 그 고대 옛날을 말한다. 그리고 "온 천하를 꾀

는 자"라는 말도 주목해야 한다. 그는 에덴에서부터 꾀고, 그 이후 흩어진 모든 인류가 있는 온 천하를 꾀임에 빠트린 자다. 창세기 3장에서 말하는 뱀이 사실은 예수님께서 정체를 알려 주신 "마귀"이고, "큰 용"이며, "사탄"이라는 것이다.

> 3500년 전 창세기가 기록될 때 비밀이었던 것이
> 1,500년이 흐른 후 요한계시록에서 그 정체가 드러난다.

이 비밀을 알게 하는 특수성이 비밀의 능력을 주는 특수성으로 이어진다.

◈ 목표치 2: 성도들이 이기게 하기 ◈

🌳 멘토여, 성도들이 이기게 하기 위한 전략은 무엇입니까?

그 전략은 여자의 후손을 활용하는 것이다. 이것은 앞장에서도 살핀 바와 같이 창세기 3장 15절 "여인의 후손"으로 태어나신 예수님께서 말씀대로 십자가에서 뱀의 머리에 상처를 내심으로 이 예언이 성취된다. 그리고 예수님께서 완성하신 십자가 사역에 힘입어 "여인의 남은 자손들"(요한계시록 12:17)이 나머지 사역을 다음과 같이 감당한다.

> 용이 여자에게 분노하여 돌아가서
> 그 여자의 남은 자손 곧 하나님의 계명을 지키며 예수의 증거를 가진 자들과
> 더불어 싸우려고 바다 모래 위에 서 있더라. | 요한계시록 12:17

여자의 남은 자손들이 이렇게 싸울 수 있는 이유는 예수님의 제자 훈련 방식인 비전 멘토링 방식의 네 가지 원리에 근거한다.

첫째, 예수님께서는 제자들에게 비전을 주시고,

둘째, 운명을 같이하여 주시며

셋째, 자신의 모든 것을 전수하여 주시며

넷째, 모든 자원을 공유하시는 것을 통하여 성취된다.

예수님께서 제자들에게 주신 것과 공유하시는 것은 상상을 초월한다.

첫째, 비전 멘토링 방식으로 제자 훈련을 해주시고

둘째, 십자가에서 대신 죽어 주시고,

셋째, 그 보혈로 모든 죄를 씻어 거룩하게 하시고

넷째, 성령을 주셨다.

한때 사탄의 밥이었고, 사회에서도 패자였던 여인의 남은 자손인 제자들의 회복과 그 후 그들의 싸움은 놀랍다. 그들은 이젠 뱀과 싸우지 않고, 용과 싸운다. 이것의 차이는 크다. 뱀은 땅의 짐승이나 용은 공중의 세력, 즉 영적 능력을 가진 존재로 더 강력한 존재라는 것이다. 이것은 만만한 싸움이 아니기에 비전을 가지고 사명감을 가지고 목숨을 걸고 해야 할 일이다. 그러나 결론은 승리이다.

그들이 지면에 널리 퍼져 성도들의 진과 사랑하시는 성을 두르매 하늘에서
불이 내려와 그들을 태워버리고
또 그들을 미혹하는 마귀가 불과 유황 못에 던져지니 거기는 그 짐승과
거짓 선지자도 있어 세세토록 밤낮 괴로움을 받으리라. | 요한계시록 20: 9-10

창세기 3장에서 허무하게 속아 구약 시대 내내 당하기만 하던 인간들이 사탄을 대적하여 싸우고, 궁극적으로 하나님께서 그들을 심판하시고는 영원히 불못에서 나오지 못하게 된다. 인간들이 잘 싸우지만, 이 싸

움의 승패는 하나님의 불을 통하여 결정된다. 놀라운 것은 이러한 승리의 여정이 모세가 쓴 창세기 1-3장에서 나오는 창조와 타락의 구조들과 대칭을 가지고 전개된다는 것이다. 우리는 그 대칭에 관한 비밀을 안식일의 구조와 창조와 타락, 그리고 새 창조와 회복의 대칭을 통하여 알 수 있다. 이 대칭성에 관하여는 목표치 4에서 살피게 될 것이다.

목표치 3: 행악자와 창조물 전반 심판하기

멘토여, 행악자와 창조물 전반 심판하기 위한 전략은 무엇입니까?

그 전략은 7의 패턴을 활용하는 것이다. 창세기 1-2장 천지 창조에서 매우 특이한 것 중의 하나는 7을 기준으로 하는 안식일 패턴이다. 그런데 놀랍게도 이 7의 패턴은 요한계시록 전반에서 중요한 하나님의 경영 구조로 등장하면서 우리에게 3가지를 특별하게 알려 준다. 그 세 가지는 다음과 같다.

첫째, 7의 특수성과
둘째, 일곱 번째라는 특수성과
셋째, 안식의 7일이 가지는 6일과의 관계성이다.

이제 하나씩 살펴보자.

첫째, 7의 특수성에 관하여 살펴보자. 앞에서 살핀 것과 같이 하나님께서는 창조의 일곱째 날에 복을 주신다. 이 복은 창조 과정에서 물고기와 새들의 번성과 인간의 번성, 다스림을 위한 복이었다. 세 번째 복은 특정 대상이 아니라 날에 임한다. 이러한 발상은 사실 쉽게 할 수 있지 않은 참으로 창의적인 것이다. 그런데 이러한 7의 특수성은 우리에게는 창의적인 것이지만, 하나님께는 일상적인 경영 전략, 즉 일을 규모 있게 하시는 방식이셨다. 이것을 우리는 요한계시록에서 확인할 수 있다.

예를 들어 요한계시록은 일곱이라는 숫자가 여러 차례 반복된다. 일곱이라는 숫자는 35개 문장에서 58번 언급되며 18가지의 일곱 종류의 것들이 언급된다: 일곱 교회 (1:4), 일곱 영 (1:4), 일곱 별 (1:16), 일곱 촛대(1:20) 일곱 사자 (1:20), 일곱 등대(4:5), 일곱 인 (5:5), 일곱 뿔 (5:6), 일곱 눈 (5:6), 일곱 나팔 (8:2), 일곱 천사 (8:6), 일곱 우뢰 (10:3), 일곱 머리 (12:3), 일곱 왕관 (12:3), 일곱 재앙 (15:1), 일곱 대접 (16:17), 일곱 산 (17:9), 일곱 왕 (17:10).

이처럼 7은 단순히 상징적인 것이 아니라
효율성을 위한 하나님의 경영 패턴이라는 서명과 같은 것이었다.

둘째, 일곱째라는 특수성에 관하여 살펴보자. 7이라는 숫자 자체도 중요하지만, 7번째라는 것도 중요하다. 예를 들어 여호수아는 여리고 성을 6일 동안 한 번씩 돌고 일곱 번째 날에 일곱 번을 돌며 나팔을 불어 승리했다 (여호수아 6:3-5). 일곱째의 신비한 비밀을 보게 되는 것이다. 이 7번째의 중요성은 요한계시록 전반, 하나님이 마지막 때 행하시는 일의 전반에서 증거된다.

다음은 요한계시록 전반의 구조를 보여준다.

	2장 - 3장	4장 - 19장10절			19장11절 - 22장
	일곱교회	일곱 인 재앙	일곱 나팔 재앙	일곱 대접 재앙	심판과 회복
주요장소	소아시아 1. 에베소 2. 서머나 3. 버가모 4. 두아디라 5. 사데 6. 빌라델비아 7. 라오디게아 보좌 (3:21)	땅 1/4 1. 흰말, 활 2. 붉은말, 칼 3. 검은말, 저울 4. 청황색말, 죽음 5. 순교자, 6. 천재지변 7. 일곱 나팔 보좌 (8:3)	지구 1/3 1.땅 2.바다 3.강 4.해, 달, 별 5.불신자 6.유브라데강 7.일곱 대접 보좌 (11:16)	지구 전체 1. 땅 2. 바다 3. 강 4. 해, 달, 별 5. 짐승보좌 6. 유브라데강 7. 바벨론멸망 보좌 (16:17)	지구 전체와 우주 1. 흰말 재림 2. 해-아마겟돈 전쟁 3. 심판과 부활 4. 천년왕국 5. 최후 전쟁 6. 백보좌 심판 7. 새 하늘과 새 땅 보좌 (22:1, 3)

표 22 요한계시록 일곱 번 째와 보좌의 연관성

표에서 보는 바와 같이 요한계시록 전반, 특별히 일곱째에 관하여 는 보좌로 끝을 맺음을 보여준다. 예를 들어, 아시아 일곱 교회를 언급 하시면서 이기는 자에게 상을 주시는데 일곱째 라오디아 교회가 받는 상 급은 예수님의 보좌 (계시록 3:21)에 앉게 해주는 것 등이다. 또한 이어 지는 인, 나팔, 대접의 세 재앙이다. 그런데 놀라운 것은 6번째 재앙 후 에는 하나님의 보좌가 반복되어 언급된다. (계시록 5:13, 7:9-17, 8:3, 11:16, 14:3). 이것은 6번의 재앙을 행한 천사들이 하나님의 보좌로 돌 아오고 일곱 번째 새로운 일을 행한다는 것이다.

이것이 말해주는 것은
7은 6번의 일 이후에 하나님의 보좌에 나아가는 숫자라는 것이다.
7일째 안식일은 하나님의 보좌로 나아가는 날이라는 것이다.
창세기 7일 창조가 문학적 창작물이 아니라는 것이다.

창조를 7일에 완성하는 것과 요한계시록의 반복된 7의 비밀은 이 창조와 완성이 모두 하나님의 작품이라는 서명과도 같은 것이다.

세 번째, 7이 품고 있는 6이라는 개념의 중요성이다. 이 말은 성경 의 7일은 다음과 같이 7일의 기계적인 반복이 아니라는 것이다.

1 2 3 4 5 6 7
1 2 3 4 5 6 7

성경의 일주일 개념은 이것과는 다르다. 겉으로 보기엔 일주일이 7 일로 반복되지만, 내용적으로 보면 안식일을 시작으로 새 한주가 시작되 는 개념인 것이다.

더 정확하게 표현하자면 7일째 날에 새 한주가 들어가 있는 것이다.

이런 개념을 잘 보여주는 일주일의 구조는 다음과 같다.

일주일								
1 2 3 4 5 6	7	일주일						
		1 2 3 4 5 6	7	일주일 ... 반복				
				1 2 3 4 5 6... 반복				

표 23 안식일의 구조

　여기에서 혼돈하지 말 것은 안식일이 7일째에 있음으로 안식일은 일주일의 마지막 날이어야 한다는 생각이다. 이것은 더 깊은 것을 알지 못하는 것이다. 창조의 6일과 안식의 7일 이전에 하나님의 영원이 있었다. 7일째 안식일은 하나님의 영원의 시간의 조각이다.

안식일의 동의어는 하나님의 날이다.

그래서 안식일은
모든 날의 앞에 있고,
모든 날을 품고 있고,
모든 날을 완성하는 날이다.

　이 개념을 쉽게 적용하는 것은 7일차를 하나님의 날로 정하여 하나님께 예배로 나아가는 거룩한 삶의 습관을 만드는 것이다. 이것을 그리고 공동체적인 관습으로 만드는 것이다. 그래서 토요일을 7일차로 소중히 여기는 것도 고귀한 관습이고, 일요일을 7일차로 지키는 것도 고귀한 관습이다. 핵심은 요일이 아니라 7일차를 거룩하게 구분하여 하나님께 드리느냐이기 때문이다. 개신교가 일요일을 7일차로 구분하는 것은 주님의 부활의 비전을 함께 담고 있기에 소중한 의미가 있다. 하나님의 능력과 부활의 승리로 일주일을 시작하는 것에는 분명 차이가 있다. 인생의 성패는 하나님께서 주신 비전과 그것을 실현하기 위한 6일과 7일째를 어떻게 활용하느냐에 달렸다.

계시록	4장 – 19장 10절											
구분	일곱 인											
	1 2 3 4 5 6	7 일곱 나팔										
		1 2 3 4 5 6	7 일곱 대접									
			1 2 3 4 5 6									

표 24 요한계시록 3가지 7재앙의 구조

이러한 시간의 구조가 하나님께서 활용하시는 경영 전략의 일부라는 것은 요한계시록에서 다시 확인할 수 있다. 요한계시록 4장부터 19장 10절까지 여러 재앙이 반복되는데 그 반복엔 패턴이 있고 놀라운 구조로 진행된다. 즉, 처음에 일곱 인의 재앙이 오는데 첫 6개의 재앙 이후 7일 차의 재앙은 새로운 6개의 재앙이 들어있는 구조이다. 이것을 도표로 그리면 다음과 같다.

이 일곱인, 나팔, 대접 재앙의 특성은 위에서 살핀 바와 같이 7번째 재앙이 새로운 6가지 재앙을 품고 있다는 것 외에 6가지의 재앙이 유사하게 반복되는데 그 강도가 더 강력해진다는 것이다. 재앙의 내용이 땅, 바다, 강, 해, 달, 별 등 하나님께서 창세기에서 창조하셨던 지구와 하늘에서 임한다. 이것이 말해주는 것은 안식일을 통하여 하나님의 보좌에 나오지 않는 이들에게 임할 안식일 복의 반대 개념으로 임하는 재앙이다.

하나님을 중심으로 7일의 공전을 하며 안식일을 소중하게 여기고 지킨 사람들은 원래 창조의 비전보다 더 놀랍고 아름다운 모습으로 완성된 곳에서 영원한 안식을 누릴 것이다. 그곳은 이전 하늘과 바다가 물러가고 임한 새 하늘과 새 땅, 새 예루살렘에서 누릴 곳이다. 그러나 하나님을 경외하지 않으며, 하나님의 7을 소중히 여기지 않는 사람들은 다른 운명을 맞이할 것이다.

목표치 4: 창조가 완성된 하나님의 나라 비전 전하기

 멘토여, 창조가 완성된 하나님의 나라 비전 전하기 위한 전략은
무엇입니까?

　그 전략은 대칭적 구조를 활용하는 것이다. 놀랍게도 요한계시록은
창세기 창조와 타락 이야기의 짝과도 같다. 창세기에서 비밀이었던 것들
이 요한계시록에서는 그것을 확실하게 드러내어 주신다. 창세기 창조와
요한계시록에서의 새 완성에 대한 대칭적 연관성을 더 깊게 살펴보자. 특
별히 성경의 첫 책 창세기 1-3장의 이야기와 성경의 마지막 책 요한계시
록의 21-22장에서 발견되는 대칭 개념들은 다음과 같다.

에덴 (창세기)	새 예루살렘 (요한계시록)
처음 하늘과 땅 (1:1장)	새 하늘과 새 땅 (21:1)
에덴 (2:8)	새 예루살렘 (21:2)
선악과 (2:9)	선악과가 없음
생명나무 (2:9)	생명나무 (22:1-2)
아담과 이브 (2:15-25)	어린양과 신부 (21:9)
사탄의 미혹 성공 (3:1-7)	사탄의 영원한 패배 (20장)
감추어진 뱀의 정체 (3:1-7)	드러난 뱀의 정체 (12장:17, 20:2)
하나님이 두려워 피함 (3:8-10)	하나님과 함께 거함 (21:2, 22:3)
저주가 선언됨 (3:14-19)	저주가 제거됨 (22:3)
최초의 복음의 약속 (3:15)	복음 약속의 최종 성취 (21-22)
죽음의 시작 (3:22)	죽음의 제거 (21:4)
낙원의 상실 (3:24)	새 낙원의 회복 (21:26-27)
낮과 밤 (1:4, 14)	밤이 없음 (21:25)
네 줄기 강 (2:10-14)	생명수 시내 (22:2)
땅에 금이 있음 (2:12)	성의 길이 금 (21:21)
태양 (1:16)	태양 대신 하나님의 빛 (21:23)
천사가 화염검으로 통제 (3:24)	천사의 환영 (21:9,12)

표 25 창세기의 에덴과 요한계시록의 새 예루살렘의 비교

창세기의 창조와 창조 전후의 상황이 요한계시록에서 대칭으로 완성되는 것을 이 표는 보여준다. 대표적인 것들을 요약하면 창세기에서 창조된 처음 하늘과 땅이 사라지고 새 하늘과 새 땅이 임한다. 에덴 대신 새 예루살렘 성이 세워지고, 그곳에 선악과는 없다. 대신 죄를 지은 후 사라졌던 생명나무가 있다. 아담과 이브 대신 어린양과 신부들이 있을 것이다. 미혹했던 사탄과 그 추종자는 심판을 받아 영원히 불못에 갇히게 될 것이다. 이처럼 모세가 3,500년 전 태초와 지구 창조 첫날의 과거에 관하여 쓴 것과 사도 요한이 2,000년 전에 앞으로 다가올 미래, 완성될 미래를 쓴 것은 실로 놀라운 대칭 구조 안에서 완성된다. 이것이 말하는 것은 창조의 고의성과 진실성이다. 창세기의 창조는 고의적, 즉, 특별한 비전과 전략을 가지고 전개되었다.

계시록의 마지막 장인 22장 20절은 "이것들을 증언하신 이가 이르시되"라고 표현한다. 요한계시록은 기본적으로 인류의 미래에 관하여 증언하시는 예수님의 말씀을 기록한 것이다. 모세의 창조 이야기도 창조를 하신 여호와 하나님의 말씀을 기록한 것이다.

🌿 멘토여, 요한계시록을 통해 하나님께서 하신 것들을 V.M.O.S.T. A.R.T.ⓒ로 정리하여 주십시오.

지금까지 우리는 요한계시록이 어떻게 하나님의 창세기 창조와 연관을 가지고, 완성된 창조의 비전을 제시하는지 살폈다. 또한 요한계시록은 창조 시 하나님께서 가지셨던 비전이 어떻게 깨지게 되었는지 그 원흉인 뱀의 정체가 어떻게 요한계시록에서 드러나는지도 알게 되었다. 그뿐만 아니라 성도들을 어떻게 이기게 하시는지, 안식일의 구조가 행악자들을 심판하시는 구조와 어떻게 연관되는지, 마침내 창세기 창조와 타락의 주요 관건들이 어떻게 요한계시록에서 대칭으로 언급되며 완성되는지를 살폈다.

하나님께서 행하신 것을 V.M.O.S.T. A.R.T.ⓒ로 정리하면 다음 도표와 같다. 다음 도표는 요한계시록 전반에 관한 표이지만, 우리는 그 중에서 위에서 언급한 4가지의 목표치들에 집중하여 창세기 창조와 타락과의 대칭성을 보여주었다.

V	**비전**	완성된 사탄의 심판과 이긴 자들의 복, 그리고 새 창조를 통한 회복된 하나님 나라의 모습
	가치	완벽한 영광, 완벽한 팀워크, 완벽한 사랑, 완벽한 성도 중심, 완벽한 공의
M	**사명**	요한계시록은 창조에서 시작된 하나님 나라의 완성된 미래를 비전으로 제시하며, 이기는 성도들이 미래를 알고 대비하기 위하여 존재한다.
O	**목표치**	① 1-3 교회들에게 하나님의 뜻 전하기 ② 12:17 창세기 타락 원흉 알리기 ③ 2-20 성도들이 이기게 하기 ④ 4-19 행악자와 창조물 전반 심판하기 ⑤ 20:4-6 첫 심판과 첫 부활하게 하기 ⑥ 20:7-10 마지막 심판하기 ⑦ 21-22 창조가 완성된 하나님 나라의 비전 전하기
S	**전략**	① 1-3 교회들에게 하나님의 뜻 전하기 위하여 요한과 요한의 편지를 활용하기 ② 12:17 창세기 타락 원흉 알리기 위하여 용, 옛뱀, 마귀, 사탄 정체 활용하기 ③ 2-20 성도들이 이기게 하기 위하여 여자의 후손을 활용하기 ④ 4-19 행악자와 창조물 전반 심판하기 위하여 7의 패턴을 활용하기 ⑤ 20:4-6 첫 심판과 첫 부활을 위하여, 사탄을 천년간 결박하기 위하여 무저갱 활용하고, 성도들에게 상급으로 천년왕국 활용하기 ⑥ 20:7-10 마지막 심판하기 위하여 흰 보좌, 생명록을 활용하고, 사탄과 추종자들에게 사망, 불못을 활용하여 심판하기 ⑦ 21-22 창조가 완성된 하나님 나라의 비전 전하기 위하여 대칭적 구조 활용하기
T	**시간**	기록 AD 90 실제 일어나는 시간-AD 90년대와 그 이후 종말의 미래

A   행동 ① 1:4 요한은 아시아에 있는 일곱 교회에 편지하노니
      ② 2:7 귀 있는 자는 성령이 교회들에게 하시는 말씀을 들을지어다
        이기는 그에게는 내가 하나님의 낙원에 있는 생명나무의 열매
        를 주어 먹게 하리라
      ③ 20:2 용을 잡으니 곧 옛 뱀이요 마귀요 사탄이라 잡아서 천 년
        동안 결박하여
      ④ 20:4 그리스도와 더불어 천 년 동안 왕 노릇하니
      ⑤ 20:14 사망과 음부도 불못에 던져지니 이것은 둘째 사망 곧
        불못이라
      ⑥ 20:15 누구든지 생명책에 기록되지 못한 자는 불못에 던져지더라
      ⑦ 21:2 또 내가 보매 거룩한 성 새 예루살렘이 하나님께로부
        터 하늘에서 내려오니 그 준비한 것이 신부가 남편을 위하여
        단장한 것 같더라

R   평가 ① 21:1 또 내가 새 하늘과 새 땅을 보니 처음 하늘과 처음
      ② 땅이 없어졌고 바다도 다시 있지 않더라
      ③ 22:15 개들과 점술가들과 음행하는 자들과 살인자들과 우상
        숭배자들과 및 거짓말을 좋아하며 지어내는 자는 다 성 밖에
        있으리라

   보상 ① 19:9 천사가 내게 말하기를 기록하라 어린 양의 혼인 잔치에
        청함을 받은 자들은 복이 있도다
      ② 21:4 모든 눈물을 그 눈에서 닦아 주시니 다시는 사망이 없고
        애통하는 것이나 곡하는 것이나 아픈 것이 다시 있지 아니하리니
        처음 것들이 다 지나갔음이러라
      ③ 21:7 이기는 자는 이것들을 상속으로 받으리라 나는 그의 하나님이
        되고 그는 내 아들이 되리라
      ④ 22:12 보라 내가 속히 오리니 내가 줄 상이 내게 있어 각 사람
        에게 그가 행한 대로 갚아 주리라

   휴식 ① 7:15 그러므로 그들이 하나님의 보좌 앞에 있고 또 그의 성전
        에서 밤낮 하나님을 섬기매 보좌에 앉으신 이가 그들 위에 장막
        을 치시리니
      ② 7:16 그들이 다시는 주리지도 아니하며 목마르지도 아니하고 해나
        아무 뜨거운 기운에 상하지도 아니하리니
      ③ 7:17 이는 보좌 가운데에 계신 어린 양이 그들의 목자가 되사
        생명수 샘으로 인도하시고 하나님께서 그들의 눈에서 모든 눈물
        을 씻어 주실 것임이라

T   감사   ① 4:9 그 생물들이 보좌에 앉으사 세세토록 살아 계시는
② 이에게 영광과 존귀와 감사를 돌릴 때에
③ 4:10 이십사 장로들이 보좌에 앉으신 이 앞에 엎드려 세세토록 살아 계시는 이에게 경배하고 자기의 관을 보좌 앞에 드리며 이르되
④ 15:3 하나님의 종 모세의 노래, 어린 양의 노래를 불러 이르되
⑤ 15:4 주의 의로우신 일이 나타났으매 만국이 와서 주께 경배하리이다 하더라
⑥ 19:4 또 이십사 장로와 네 생물이 엎드려 보좌에 앉으신 하나님께 경배하여 이르되 아멘 할렐루야 하니

위 도표에서 특이 사항은 A.R.T 중에서도 T 부분이다. 우리는 확실하게 A 행동하게 하시고, R 평가 Review, 보상 Reward를 예비하시고, 안식 Rest를 주셨는지 분명하게 보게 된다.

특별히 요한계시록엔 창세기 창조 이야기에서 보지 못한
T, 감사 Thanksgiving를 확인할 수 있다.
이유는 하나님의 비전은 피조물들의 감사로 완성되기 때문이다.

우리는 창조 7일의 이야기를 V.M.O.S.T. A.R.T.ⓒ에 적용함에 있어서 감사 T의 내용이 없는 것을 지적했다. 그 이유는 하나님께서 직접 창조하시기에 스스로에게 감사를 표하지 않기 때문이다. 그러나 요한계시록에서는 하나님의 공의로운 심판과 성도들에게 베푸시는 은혜에 대한 천사들과 사람들의 찬양과 감사를 확인하게 된다.

지금까지 우리는 요한계시록을 살핌으로 창세기를 기록한 모세와 요한계시록을 기록한 요한과의 연도 차이가 1,500년이나 되지만, 창조와 재창조의 개념에 있어서 일치하는 것을 살폈다. 창세기 창조와 타락의 이슈들이 요한계시록에서 대칭을 이루면서 새 창조가 완성되는 놀라운 비밀을 알 수 있었다. 이것들이 말해주는 것은 두 책이 인간의 창작품

이 아니라는 것이다. 두 책은 창조와 타락, 그리고 회복과 새 창조를 주관하시고 경영하시는 분이 계시다는 것을 증거한다. 그분이 GOD THE CEO이신 것이다.

멘티여,

· 그대는 창조와 첫 인류에게 있었던 일이 어떻게 요한계시록에서 완성되는지 설명할 수 있는가?

· 그대는 창조의 이야기가 어떻게 1,500년 후에 쓰인 종말의 이야기 속에서 완성될 수 있는지 그 배경에 관하여 설명할 수 있는가?

19

에필로그

우리는 불가능한 것에 도전했다!!

우리는 지금까지 불가능한 것에 도전하여 그 답을 추구했다. 그것은 인간에게 불가능해 보이는 우주 창조와 구원을 통한 완성에 대한 하나님의 비전과 그 실현을 위한 하나님의 경영전략에 관한 것이었다. 창세기 1장에 담긴 경영원리를 파악했고 예수님의 십자가와 요한계시록이 어떻게 창세기 1-2장의 이슈들을 완성하는지도 살폈다. 수천 년의 격차를 가지고도 서로 밀접한 논리적 연관성을 가지고 있고, 그것의 의미가 어떻게 성경의 진실을 대변하는지 살폈다.

우리는 하나님의 창조 프로젝트를 V.M.O.S.T. A.R.T.ⓒ의 원리에 따라 분석을 했다. 그 원리를 가지고 하나님께서 행하신 창조를 분석하고 설명했을 때 우리가 그간 알지 못했던 놀라운 것들을 살필 수 있었다. 그대에게 V.M.O.S.T. A.R.T.ⓒ원리가 생소하였었지만, 각 장에서 그것을 접하면서 제법 친숙해 졌을 것이다. 이제 그대가 온전한 비전에 그것을 적용할때 형통한 CEO가 될 것이다.

우리가 살핀 경영은 세상적 경영과 전략이 아니라 하나님께서 창조하시고 세상을 경영하시는 흔적 속에서 발견되는 것이었다.

우리는 헛된 경영을 추구하거나 촉진하려 하지 않는다.
하나님의 비전은 하나님의 경영 전략으로 행하여야 한다고 믿는다.
그래서 하나님께서는 그것을 어찌 하셨는지 먼저 알아본 것이다.
다음은 우리가 살펴본 창조의 V.M.O.S.T. A.R.T.ⓒ 요약본이다.

비전과 사명 선언문을 위한 창조 V.M.O.S.T. A.R.T.ⓒ샘플

창세기 1장 26-28 중심의 하나님의 비전과 사명 본문

우리가 우리의 형상으로 사람을 만들자 (창 1:26)
하나님이 자기 형상 곧 하나님의 형상대로 사람을 창조하시되
남자와 여자를 창조하시고(1:27)
하나님이 그들에게 복을 주시며 하나님이 그들에게 이르시되 생육하고
번성하여 땅에 충만하라, 땅을 정복하라, 바다의 물고기와 하늘의 새와 땅에
움직이는 모든 생물을 다스리라 하시니라 (1:28)

Vision 창세기 1장 26-28 중심으로 한 하나님의 비전

하나님의 형상으로 창조된 사람들이 사랑 가운데 생육하고 번성하여
땅에 충만하고, 땅을 정복하며 식물들을 가꾸고, 바다의 물고기와 공중의
새와 땅의 모든 생물들을 잘 돌보고 다스림으로 보기에 심히 좋은 지구의 모습,
즉, 에덴화된 지구의 모습.
궁극적인비전: 에덴화된 지구, 예수화된 인간들, 하나님 나라화된 우주

Value 창세기 1장을중심으로 한 하나님의 가치

완벽한 영광, 완벽한 팀워크, 완벽한 사람 중심, 완벽한 사랑, 완벽한 기능성,
완벽한 아름다움, 완벽한 효율성

Mission 창세기 1장 26-28 중심으로 한 창세기 1장 하나님의 사명

우리는 완벽하고 안전한 지구와 모든 생명체들을 창조하고,
사람들에게 복을 주어 번성하고 동식물을 관리함으로
전 지구를 에덴화 하게하기 위하여 존재한다.

Objectives 창세기 1장을 중심으로 한 하나님의 목표치

빛 창조하기
하늘과 바다 창조하기
육지와 바다 구분하기 그리고 식물 창조하기
해 달 별 창조하기
물고기 새 창조하기
짐승과 사람 창조하기
안식하고 안식일 만들기

Strategies 창세기 1장을 중심으로 한 하나님의 전략

빛 창조하기 위하여 빛의 입자 활용
하늘과 바다 창조하기 위하여 중력 활용
육지와 바다 구분하기 위하여 중력과 지질활동 활용.
식물 창조하기 위하여 종류 활용
해 달 별 창조하기 위하여 원시 태양계 중력 활용 불타는 발광체 만들기
물고기 새 창조하기 위하여 종류활용
짐승과 가축 만들기 위하여 종류 활용, 사람 창조하기 위하여 하나님의 형상 활용
안식하고 안식일 만들기 위하여 7일 활용

Time Schedule 창세기 1장을 중심으로 한 하나님의 시간 계획

1일: 빛 창조하기
2일: 하늘과 바다 창조하기
3일: 육지 창조하기
4일: 해 달 별 창조하기
5일: 물고기 새 창조하기
6일: 짐승과 사람 창조하기
7일: 안식일 구분하고 축복하기

Action 창세기 1장을 중심으로 한 하나님의 행동

7일간 실행하심

Review, Reward & Rest 창세기 1장을 중심으로 한 하나님의 평가, 보상, 휴식

보시기에 좋았더라라고 평가하심
좋으심의 기쁨과 보람을 누리심
안식하심

Thanksgiving 창세기 1장을 중심으로 한 하나님의 감사

이것의 개인화된 V.M.O.S.T. A.R.T.ⓒ는 다른 책 I THE CEO 경영 전략 워크북를 통하여 살피게 될 것이다.

🌀 결론적으로 우리가 알게 된 것

1. 창세기 1장과 2장의 창조 이야기에서 만나는 하나님은 허구 속의 존재가 아니고, 실재하시고 역동적으로 행동하시는 분이라는 것이다.

2. 하나님께서 창조의 일을 행하실 때 그냥 하신 것이 아니라 경영적 전략을 가지고 하셨다는 것이다. 그 경영 패턴이 고스란히 창조 이야기 속에 기록되어 있다는 것이다. 그런데 그 경영 전략은 현대 경영학의 대가 피터 드러커의 이론보다 더 완벽한 것이었다.

3. 그 경영 전략은 V.M.O.S.T. A.R.T.ⓒ로 요약된다. 그 원리를 적용하여 성경에 기록된 하나님의 창조를 보면 하나님이 사용하신 전략을 알게 되고, 그간 몰랐던 비밀들을 더 쉽게 파악할 수 있었다.

4. 창조 당시 하나님이 활용하신 전략들은 어느 정도 오늘날의 과학이 파악한 지식을 대입하여 풀어 낼 수 있는 부분도 있었고, 현대 과학이 도저히 알 수 없는 부분도 있었다. 우리가 추론할 수 있었던 성경 창조의 비밀은 성경이 말하는 내용의 진리성, 합리성, 논리성을 드러내는 것들이었다.

5. 하나님께서는 이러한 것들을 모세를 통하여 짧지만, 심오하고 웅장하게 성경에 기록하도록 하심으로 볼 눈 있는 자들이 보게 하셨고, 들을 귀 있는 자들이 듣게 하셨다.

6. 하나님께서는 인간을 하나님의 형상으로 지으시고 자신의 비전과 자원을 나누어 주셔서 인간이 하나님을 대리하여 이 땅을 통치하고 경영함으로 그 비전을 가장 온전하게 실현하기를 원하셨다.

7. 하나님께서는 그의 비전을 받은 인간들도 통치 경영을 함에 있어서 하나님께서 창조를 통하여 알려주신 V.M.O.S.T. A.R.T.ⓒ경영 전략을 활용함으로 효과적이고, 효율적으로 비전을 실현하고 형통하기를 원하셨다.

🌳 결론적으로 우리가 해야 할 것

지금까지의 긴 여정은 다음을 위한 것이다. 하나님께서 V.M.O.S.T. A.R.T.ⓒ를 통하여 우주를 창조하시고 그 경영 원리를 우리에게 알려 주시며 원하시는 것이 있다. 즉, V.M.O.S.T. A.R.T.ⓒ를 활용하여 하나님의 비전을 알고, 실현하며 형통한 삶을 사는 것이다. 그러기 위하여 해야 할 것이 있다.

1. **Vision & Value** 먼저 하나님께서 그대를 위하여 예비해 주신 것들을 그대의 비전을 통해 알아야 한다. 이 비전은 단순히 내 가슴을 뛰게 하는 혹은 좋아하는 것과는 다르다. 하나님께서 나에게 주신 비전이어야 한다. 성경적 비전이 무엇인지 알기 위하여 비전의 서: 비전 있어? 를 보라. 그리고 비전을 실제로 찾기 위해서는 나의 비전의 서: i.A.D.D.R.E.S.S. M.A.P.S.ⓒ비전 찾기 워크북을 사용하라. 그리고 비전 실현에 첫 번째는 온전한 가치를 가지고 가치 있는 사람이 되는 것이다. 그러면 비전 실현은 하나님께서 해주신다. 어떤 가치관을 가지고 비전을 실행하면서 자신의 삶을 가치 있게 하고 비전을 효과적으로 실현할 것인지 정하라.

2. **Mission** 찾은 비전을 실현하는 것을 사명으로 삼아 존재 목적을 확고히 해야 한다. 그것은 사명 완수에 목숨을 걸고 집중하여 비전 분야의 최고 전문가로서 영향력 있는 삶을 살아야 한다는 것이다.

3. **Objectives** 사명을 완수하기 위하여 사명을 단계적으로 완수할 수 있도록 작은 단위의 목표치로 나누라. 목표치를 설정할 때는 Specific 구체적이고, Measurable 측정이 가능하고, Available 성취가 가능하고, Relative 사명과 직결되고, Time bound 시간 내 완수할 수 있는 것으로 하라.

4. Strategies 목표치를 달성하기 위하여 무엇을 활용하여 각 목표치를 성취할 것인지에 대한 전략을 세우라.

5. Time Schedule 어떤 시간표 속에서 목표치를 달성할 것인지 정하라.

6. Action 위에서 세운 목표치를 실행하라

7. Review | Reward | Rest 실행한 것을 돌이켜 더 좋은 방법을 찾고, 보상을 누리고, 나눌 사람에게 드리고, 충분히 휴식함으로 미래를 준비하라

8. Thanksgiving 프로젝트가 완성된 후에 하나님과 도움을 주신 분께 감사드리라.

9. 모든 비전 프로젝트에 V.M.O.S.T. A.R.T.ⓒ경영원리를 끊임없이 적용하라.

10. 이 모든 과정을 효율적으로 실현하기 위하여 그대는 비전 멘토가 필요하다. 그에게 비전 멘토링을 받기 위하여 성경적 근거를 알게 해주는 비전 멘토링: 하나님의 교육법을 참고하라. 그리고 비전 실현을 위한 스케줄 관리를 위하여 비전 라이프: 비전 멘토링 스케줄러를 활용하라.

11. 이런 시스템을 개인, 가정, 학교, 직장, 교회 등에 적용하고, 자신의 멘티를 양성하라. 이러한 일련의 과정은 이 땅에서 가장 효과적이고 효율적인 교육과 경영의 열매를 거두게 할 것이다. 모쪼록 비전 멘토링 비법을 배우고 비전 멘토, 비전 멘티와 더불어 하나님께서 주신 비전을 실현하는 복을 누리기를 간구한다.

12. 이 모든 일을 멘토와 멘티가 함께 하라. 절대 혼자 함으로 시행착오를 겪지 말고, 멘토의 경험으로 실패를 줄이고, 멘티에게 전수하여 그들의 실패를 줄이고 가장 효율적으로 비전의 현장을 하나님의 나라로 만들도록 하라.

글을 마치며

이제 이 책을 마치면서 다 설명하지 못한 것들이 있다는 것을 안다. 그것들은 다음 책에 그리고 그대가 쓸 책에서 완성될 것이다. 그대는 그대가 비전으로 받은 부분에서 남보다 더 잘 알게 된 것을 나누어 주어야 한다. 그러면 그대의 멘티가 또한 그가 알게 된 다른 부분을 완성할 것이다. 그렇게 우리는 더 온전한 비전과 진실을 향하여 나가게 될 것이다.

세번째 가설

지금까지 우리는 두 가설을 증명했다. 그 가설들은 첫째, 샬롬의 창조 가설, 창세기 1장에서 기록된 대로 하나님께서 창조하셨다는 것과 둘째, 샬롬의 경영 가설, 그 창조를 V.M.O.S.T. A.R.T.ⓒ경영원리로 하셨다는 것이었다. 이제 세번째 더 중요한 가설이 있다. 그것은 샬롬의 비전 가설이다.

샬롬의 비전 가설
하나님께서 그대에게 불가능해 보이는 것을 실현할 비전을 주셨고,
그것을 실현할 자원과 경영 원리를 주셔서 삶을 완성하게 하셨다.

그대는 우리가 서언 18 페이지에서 제시한 두 가설 후에 주어진 이 세번째 가설을 정설로 만들고 싶지 않은가? 이 가설은 그대가 다음을 믿고 행할 때 정설이 될 것이다.

그대가 해결해야 할 불가능한 것이 그대의 비전이 된다.
어떤 것이 그대의 비전이 되면 불가능은 없다.
하나님께서 그대에게 주신 비전이 그대의 영원한 기업이기에
그대가 기쁨 속에서 그 비전 실현을 사명으로 삼고
V.M.O.S.T. A.R.T.ⓒ 경영 전략을 가지고
예비하신 자원을 활용하며 목숨을 걸고 집중할 것이기 때문이다.

위대한 비전은 마구간과 차고와 단칸방에서 시작된 경우가 많다. 그것이 예수님의 시작이었고, 또한 현대 기업 중 애플의 스티브 잡스와 테슬라의 일론 머스크 등의 시작이었다. 모두 겸손한 시작점을 가졌지만 그들의 부족한 현실에 낙망하지 않고 비전이 실현된 미래가 주는 기쁨을 미리 누리며 비전을 실현했다.

그런데 비전 프로젝트만 완성하는 세상적 비저너리와
비전 프로젝트의 일부가 된 하나님의 비저너리는 구분되어야 한다.

하나님의 일차적인 관심사는 비전의 프로젝트가 아니라 비저너리이다. 하나님의 비저너리가 받는 축복 중에 하나는 부족한 외적인 현실로 인하여 더 풍요로운 내적인 성숙을 갖는 것이다. 이것이 왜 하나님께서 외적 현실을 빨리 바꾸어 주시지 않는 이유이기도 하다. 그래서 2000년전 당시 이동식 주택 기업의 경영인이며 국제적 전도자였던 바울이 다음과 같이 고백한다.

나는 비천에 처할 줄도 알고 풍부에 처할 줄도 알아
모든 일 곧 배부름과 배고픔과 풍부와 궁핍에도 처할 줄 아는
일체의 비결을 배웠노라. | 빌립보서 4:12

이러한 **일체의 비결**에 근거한 삶이 그의 가치가 되었을 때,

그 가치가 그를 가치 있는 사람으로 만든다

비저너리가 이렇게 가치 있는 사람이 되면 놀라운 일이 일어난다.

일체의 비결로 하나님께 가치 있게 된 사람은

비전 실현을 위해 예비된 능력이 임하며 예비된 자원이 활성화 된다.

그러므로 일체의 비결을 배운 바울사도는 세번째 가설을 정설로 만들고 고백한다.

내게 능력 주시는 자 안에서 내가 모든 것을 할 수 있느니라.

| 빌립보서 4:12-13

하나님께서 능력을 주신다. 출애굽때 모세에게 그러하셨던 것처럼 말이다. 비전의 사람이 준비되고 비전 실현에 목숨을 걸면 예비하셨던 비전 자원들인, 멘토와 멘티, 새로운 영감과 지식과 기술, 재정과 환경 조성 등을 활성화시켜 주신다. 그래서 하나님 경영의 비밀 중에 하나는 이러하다.

비저너리가 비전을 완성하는 것이 아니라

비전이 비저너리를 완성한다.

이제 그대가 그러한 삶을 살게 될 것이다. 그리고 그러한 삶을 산

바울이 고백한 것과 같이 다음을 고백을 그대의 멘티들에게 하게 될 것이다. 바울의 이름 대신 그대의 이름을 넣고 다음을 확신 있게 말해 보라.

나 바울이 말하거니와

(나 _____이 (가) 말하거니와)

너희를 위하여 내게 주신 하나님의 그 은혜의 경영*을
너희가 들었을 터이라

곧 계시로 내게 비밀을 알게 하신 것은
내가 먼저 간단히 기록함과 같으니 그것을 읽으면
내가 그리스도의 비밀을 깨달은 것을 너희가 알 수 있으리라
…

모든 성도 중에 지극히 작은 자보다 더 작은
나에게 이 은혜를 주신 것은
측량할 수 없는 그리스도의 풍성함을 이방인에게 전하게 하시고

영원부터 만물을 창조하신 하나님 속에 감추어졌던 비밀의 경영*이
어떠한 것을 드러내게 하려 하심이라

에베소서 3:1-4, 8-9

1 Banks, R. J. (2008). God the worker: Journeys into the mind, heart and imagination of God. Eugene, OR: Wipf & Stock.

2 유업, 기업, 상속, Κληρονομία kléronomia 클레로노미아 https://biblehub.com/greek/2817.htm

3 상담 עֵצָה etsah 엣사 https://biblehub.com/hebrew/6098.htm

4 조언 יָעַץ yaats 야앗츠 https://biblehub.com/hebrew/3289.htm

5 목적 מְזִמָּה mezimmah 메짐마 https://biblehub.com/hebrew/4209.htm

6 계획 מַחֲשָׁבָה machashabah 마차사바 https://biblehub.com/hebrew/4284.htm

7 계획 זִמָּה zimmah 짐마 https://biblehub.com/hebrew/2154.htm

8 청지기 οἰκονόμος 오이커노모스 https://biblehub.com/greek/3623.htm

9 법 Nomos 노모스 https://biblehub.com/str/greek/3551.htm

10 다스림 κυβέρνησις 쿠베르네시스 https://biblehub.com/str/greek/2941.htm

11 Wikipedia contributors. (2020, February 11). Management. In Wikipedia, The Free Encyclopedia. Retrieved 00:23, February 13, 2020, from https://en.wikipedia.org/w/index.php?title=Management&oldid=940200751

12 Wikipedia contributors. (2020, February 7). Frederick Winslow Taylor. In Wikipedia, The Free Encyclopedia. Retrieved 04:40, March 3, 2020, from https://en.wikipedia.org/w/index.php?title=Frederick_Winslow_Taylor&oldid=939621754

13 Wikipedia contributors. (2020, February 26). Fordism. In Wikipedia, The Free Encyclopedia. Retrieved 04:45, March 3, 2020, from https://en.wikipedia.org/w/index.php?title=Fordism&oldid=942725764

14 Wikipedia contributors. (2020, February 11). Management. In Wikipedia, The Free Encyclopedia. Retrieved 00:23, February 13, 2020, from https://en.wikipedia.org/w/index.php?title=Management&oldid=940200751

15 Wikipedia contributors. (2019, December 6). Chester Barnard. In Wikipedia, The Free Encyclopedia. Retrieved 05:57, March 3, 2020, from https://en.wikipedia.org/w/index.php?title=Chester_Barnard&oldid=929522615

16 드러커 피터. (2019년 3월 27일). 위키백과, 00:25, 2020년 2월 13일에 확인 드러커 피터(2017), 마지막 통찰. 이재규 역, 명진출판사. https://ko.wikipedia.org/w/index.php?title=%ED%94% BC%ED%84%B0_% EB%93%9C%EB% 9F% AC%EC%BB% A4&oldid= 23925979 에서 찾아볼 수 있음.

17 https://en.wikipedia.org/wiki/Management_by_objective#cite_note-Practice-1 Drucker, P., The Practice of Management, Harper, New York, 1954; Heinemann, London, 1955; revised ed, Butterworth-Heinemann, 2007

18 프리드먼 로렌스,이경식 역. (2015). 전략의 역사 비즈니스 북스.

19 마사히로 고토사카, 김정환 역. (2020). 경영 전략의 역사: 손자병법부터 AI전략까지 전략의 핵심을 한 권에! 센시오.

20 Thomas J. Peters, and Robert H. Waterman Jr. (2012). In Search of Excellence: Lessons from America's Best-Run Companies. Warner Books. p. 10.

21 Hayes, John (2014). The Theory and Practice of Change Management. London: Palgrave Macmillan. p. 137.

22 Doran, G. T. (1981). "There's a S.M.A.R.T. way to write management's goals and objectives". Management Review. 70 (11): 35–36.

23 좋다, טוֹב 토브 https://biblehub.com/hebrew/2896.htm from https://en.wikisource.org/w/index.php?title=The_Early_Hebrew_Conception_of_the_Universe&oldid=10804071

24 연합뉴스. (2020년 7월 7일). 기사 https://www.yna.co.kr/view/AKR20100707086500052

25 The Early Hebrew Conception of the Universe. (2021, January 3). In Wikisource. Retrieved 21:11, January 22, 2021, from https://en.wikisource.org/w/index.php?title=The_Early_Hebrew_Conception_of_the_Universe&oldid=10804071

26 The Early Hebrew Conception of the Universe. (2021, January 3). In Wikisource . Retrieved 21:11, January 22, 2021, from https://en.wikisource.org/w/index.php?title=The_Early_Hebrew_Conception_of_the_Universe&oldid=10804071.
   그림 출처: 우종학 저,『무신론 기자, 크리스천 기자에게 따지다』이 책에서는 음부라고 쓴 부분을 땅으로 잘못 서술하여 본 그림에서는 이를 음부로 고쳤다.

27 Wikipedia contributors. (2020, January 20). Framework interpretation (Genesis). In Wikipedia, The Free Encyclopedia. Retrieved 05:52, April 9, 2020, from https://en.wikipedia.org/w/index.php?title=Framework_interpretation_(Genesis)&oldid=936733860

28 Wikipedia contributors. (2021, January 5). Prism. In Wikipedia, The Free Encyclopedia. Retrieved 19:32, January 29, 2021, from https://en.wikipedia.org/w/index.php?title=Prism&oldid=998372441

29 태초 רֵאשִׁית 레쉬이트 http://biblehub.com/hebrew/7225.htm

30 태초 ἀρχή 아르케 https://biblehub.com/greek/746.htm

31 창조하다 בָּרָא 바라 https://biblehub.com/hebrew/1254.htm

32 만들다 עָשָׂה 아사 https://biblehub.com/hebrew/6213.htm

33 있다 הָיָה hayah 하야 https://biblehub.com/hebrew/1961.htm

34 보다 רָאָה raah 라아 https://biblehub.com/hebrew/7200.htm

35 돋아나다 דָּשָׁא dasha 다샤 https://biblehub.com/hebrew/1876.htm

36 짓다 יָצַר 야짜르 https://biblehub.com/hebrew/3335.htm

37 히브리어원어에 가깝게 번역한 것은 NIV이고, 한글로는새번역이다.
   NIV 1:27 So God created man in his own image, in the image of God he created him; male and female he created them. 개역개정 4판 1:27 하나님이 자기 형상 곧 하나님의 형상대로 사람을 창조하시되 남자와 여자를 창조하시고

38 하나님 אֱלֹהִים 엘로힘 https://biblehub.com/hebrew/430.htm

39 신 אֱלֹהַּ 엘로 https://biblehub.com/hebrew/433.htm

40 하늘 שָׁמַיִם 샤마임 https://biblehub.com/hebrew/8064.htm

42 140억 광년 우주 모습 http://www.atlasoftheuniverse.com/universe.html

43 10억 광년 우주 모습http://www.atlasoftheuniverse.com/superc.html

44 5백만 광년 우주의 모습 http://www.atlasoftheuniverse.com/localgr.html

45 140억 광년 우주 모습 http://www.atlasoftheuniverse.com/universe.html, http://anzwers.

org/free/universe/localgr.html

46 태양계, 나무, 2020년 2월 26일에 확인
https://namu.moe/w/%ED%83%9C%EC%96%91%EA%B3%84

47 태양계 이야기. 2020년 2월 26일에 확인. https://blog.daum.net/hittite21/8299

48 우리은하. (2019년 12월 8일). 위키백과, 05:12, 2020년 2월 26일에 확인
https://ko.wikipedia.org/w/index.php?title=%EC%9A%B0%EB%A6%AC%EC%9D%80%ED%
95%98&oldid=25328608 에서 찾아볼 수 있음.

49 땅, 지구 אֶרֶץ 에렛츠 https://biblehub.com/hebrew/776.htm

50 혼돈 תֹהוּ 토후 https://biblehub.com/hebrew/8414.htm

51 공허 בֹהוּ 보후 https://biblehub.com/hebrew/922.htm

52 흑암 חֹשֶׁךְ 초섹 https://biblehub.com/hebrew/2822.htm

53 깊음 תְהוֹם 터호움 https://biblehub.com/hebrew/8415.htm

54 물 הַמָּיִם: 마임 https://biblehub.com/hebrew/4325.htm

55 하나님 אֱלֹהִים 엘로힘 https://biblehub.com/hebrew/430.htm

56 호흡 רוּחַ 루하 https://biblehub.com/hebrew/7307.htm

57 목성. (2020년 2월 15일). 위키백과, . 11:17, 2020년 3월 31일에 확인 https://ko.wikipedia.
org/w/index.php?title=%EB%AA%A9%EC%84%B1&oldid=25764045 에서 찾아볼 수 있음.
Wikipedia contributors. (2020, March 27). Jupiter. In Wikipedia, The Free Encyclopedia. Re
trieved 11:17, March 31, 2020, from https://en.wikipedia.org/w/index.php?title=Jupi
ter&oldid=947612800

58 바달 בָּדַל badal로 태나누다 to be divided, 분리하다 separate, 칸막이하다 partition
https://biblehub.com/hebrew/914.htm

59 하나 אֶחָד 'e-ḥāḏ 엑하드 http://biblehub.com/hebrew/259.htm.

60 날 יוֹם yō-wm 욤 http://biblehub.com/hebrew/3117.htm.

61 중력. (2019년 11월 4일). 위키백과, . 14:31, 2020년 2월 13일에 확인 https://ko.wikipedia.
org/w/index.php?title=%EC%A4%91%EB%A0%A5&oldid=25158333 에서 찾아볼 수 있음.

62 Wikipedia contributors. (2020, January 30). Gravity. In Wikipedia, The Free Encyclopedia.
Retrieved 14:33, February 13, 2020, from https://en.wikipedia.org/w/index.php?title=Grav
ity&oldid=938398514

63 Wikipedia contributors. (2019, December 2). V838 Monocerotis. In Wikipedia, The Free
Encyclopedia. Retrieved 09:12, March 8, 2020, from https://en.wikipedia.org/w/index.
php?title=V838_Monocerotis&oldid=928923884 https://en.wikipedia.org/wiki/V838_
Monocerotis https://ko.wikipedia.org/wiki/%EC%A7%80%EA%B5%AC_%EB%8C%80%EA%
B8%B0%EA%B6%8C

64 지구의 내부. (2020년 6월 1일). 한국천문연구원. 2020년 2월 13일에 확인 https://astro.kasi.
re.kr/learning/pageView/5144.

65 궁창 rakia רָקִיעַ 라키 https://biblehub.com/hebrew/7549.htm

66 대기. (2019년 8월 17일). 위키백과. 14:36, 2020년 2월 13일에 확인 https://ko.wikipedia.
org/w/index.php?title=%EB%8C%80%EA%B8%B0&oldid=24752721 에서 찾아볼 수 있음.

67 Benjamin W. Johnson and Boswell A. Wing Nature Geoscience March 2020, pp 242-248. https://www.researchgate.net/publication/339632100_Limited_Archaean_continental_emergence_reflected_in_an_early_Archaean_18O-enriched_ocean

68 빛나게하다 לְהָאִיר or 오르 https://biblehub.com/hebrew/215.htm to be or become light

69 빛 אוֹר or 오르 https://biblehub.com/hebrew/216.htm. a light

70 Wikipedia contributors. (2020, March 5). Moon. In Wikipedia, The Free Encyclopedia. Retrieved 08:51, March 8, 2020, from https://en.wikipedia.org/w/index.php?title=Moon&oldid=944046939

71 달. (2020년 3월 7일). 위키백과, . 08:52, 2020년 3월 8일에 확인 https://ko.wikipedia.org/w/index.php?title=%EB%8B%AC&oldid=25907388 에서 찾아볼 수 있음.

72 David R. Williams. (2019) NASA Goddard Space Flight Center. Planetary Fact Sheet – Metric https://nssdc.gsfc.nasa.gov/planetary/factsheet/

73 Wikipedia contributors. (2019, December 30). Global biodiversity. In Wikipedia, The Free Encyclopedia. Retrieved 14:44, April 19, 2020, from https://en.wikipedia.org/w/index.php?title=Global_biodiversity&oldid=933153868

74 에스겔 1: 5, 1:8; 요한계시록 4:6, 4:8, 5:6, 5:8, 5:14, 6:1, 6:6, 7:11, 14:3, 15:7, 19:4

75 나누다 בָּדַל 바달 badal https://biblehub.com/str/hebrew/914.htm

76 거룩 קֶדֶשׁ 카다쉬 qadash https://biblehub.com/str/hebrew/6942.htm

77 땅, 지구 אֶרֶץ 에렛츠 https://biblehub.com/hebrew/776.htm

78 들판 שָׂדֶה 싸다 sadeh https://biblehub.com/hebrew/7704.htm

79 흙 אֲדָמָה 아다마 https://biblehub.com/hebrew/127.htm

80 먼지 재 아파르 עָפָר apar https://biblehub.com/hebrew/6083.htm

81 흙 אָדָם adam 아담 https://biblehub.com/hebrew/120.htm https://biblehub.com/hebrew/119.htm

82 Wikipedia contributors. (2020, March 21). List of chemical elements. In Wikipedia, The Free Encyclopedia. Retrieved 05:06, March 25, 2020, from https://en.wikipedia.org/w/index.php?title=List_of_chemical_elements&oldid=946648841

83 Wikipedia contributors. (2020, January 1). Composition of the human body. In Wikipedia, The Free Encyclopedia. Retrieved 05:07, March 25, 2020, from https://en.wikipedia.org/w/index.php?title=Composition_of_the_human_body&oldid=933498199

84 나는 살아있다. / I am alive. 남자와 여자의 차이는 어디에서 오는 걸까? (2016년 6월 16일) http://seeheard.blogspot.com/2016/06/blog-post.html

85 이종훈 (2016년 7월 3일). 왜 하필 아담의 갈비뼈(Rib, 늑골肋骨)를 선택하셨을까? 2020년 3월 1일 http://www.iwithjesus.com/news/articleView.html?idxno=6432

86 Wikipedia contributors. (2020, December 5). Dolly (sheep). In Wikipedia, The Free Encyclopedia. Retrieved 23:58, December 26, 2020, from https://en.wikipedia.org/w/index.php?title=Dolly_(sheep)&oldid=992425736

87 Emma Young, First cloned baby "born on 26 December" https://www.newscientist.com/article/dn3217-first-cloned-baby-born -on-26-december/

[88] Ideacener.org, Fossil Record. 2020. http://www.ideacenter.org/contentmgr/showdetails. php/id/741Hickman, C.P. [Professor Emeritus of Biology at Washington and Lee University in Lexington], L.S. Roberts [Professor Emeritus of Biology at Texas Tech University], and F.M. Hickman. 1988. Integrated Principles of Zoology. Times Mirror/Moseby College Pub lishing, St. Louis, MO. 939 pp.; (pg. 866)

[89] Eugene Koonin, (2007). The Biological Big Bang model for the major transitions in evolution. https://biologydirect.biomedcentral.com/articles/10.1186/1745-6150-2-21 Koonin, E.V. The Biological Big Bang model for the major transitions in evolution. Biol Direct 2, 21 (2007). https://doi.org/10.1186/1745-6150-2-21

[90] Ideacener.org, Fossil Record. 2020. Raup, David M http://www.ideacenter.org/contentmgr/ showdetails.php/id/741 Raup, David M. [Professor of Geology, University of Chicago], "Evolution and the Fossil Record," Science, Vol. 213, No. 4505, 17 July 1981, p.289

[91] Ideacener.org, Fossil Record. 2020. Chinese Paleontologist Dr. Jun Yaun. Chen. http://www. ideacenter.org/contentmgr/showdetails.php/id/741,

[92] Wikipedia contributors. (2021, January 23). Expelled: No Intelligence Allowed. In Wiki pedia, The Free Encyclopedia. Retrieved 14:38, January 31, 2021, from https://en.wikipedia. org/w/index.php?title=Expelled:_No_Intelligence_Allowed&oldid=1002146658, https:// www.youtube.com/watch?v=V5EPymcWp-g

[93] Wikipedia contributors. (2020, December 22). Human Genome Project. In Wikipedia, The Free Encyclopedia. Retrieved 00:19, December 29, 2020, from https://en.wikipedia.org/w/ index.php?title=Human_Genome_Project&oldid=995642148

[94] Yourgenome, What is Evolution? (2021). https://www.yourgenome.org/facts/what-is-evolu tion#:~:text=In%20biology%2C%20evolution%20is%20the,and%20gradually%20 change%20over%20time.

[95] Gates, Bill, (1996). The London, Revised, p. 228Road Ahead, Penguin:

[96] Tatsuya Anzai, Comparative sequencing of human and chimpanzee MHC class I regions unveils insertions/deletions as the major path to genomic divergence, 2003, https://www. pnas.org/content/100/13/7708.abstract.

[97] Waterson, R., Lander, The Chimpanzee Sequencing and Analysis Consortium., Waterson, R., Lander, E. et al. Initial sequence of the chimpanzee genome and comparison with the human genome. Sept, 2005. https://www.nature.com/articles/nature04072 The Chimpanzee Sequencing and Analysis Consortium., Waterson, R., Lander, E. et al. Ini tial sequence of the chimpanzee genome and comparison with the human genome. Na ture 437, 69–87 (2005). https://doi.org/10.1038/nature04072

[98] Jennifer F. Hughes, Chimpanzee and human Y chromosomes are remarkably divergent in structure and gene content. 2010. https://www.nature.com/articles/nature08700 Hughes, J., Skaletsky, H., Pyntikova, T. et al. Chimpanzee and human Y chromosomes are remarkably divergent in structure and gene content. Nature 463, 536–539 (2010). https:// doi.org/10.1038/nature08700

[99] Chen, J., Shishkin, A.A., Zhu, X. et al. (2016). Evolutionary analysis across mammals reveals distinct classes of long non-coding RNAs. https://genomebiology.biomedcentral.com/articles/10.1186/s13059-016-0880-9

Chen, J., Shishkin, A.A., Zhu, X. et al. Evolutionary analysis across mammals reveals distinct classes of long non-coding RNAs. Genome Biol 17, 19 (2016). https://doi.org/10.1186/s13059-016-0880-9

[100] Cann, R., Stoneking, M. & Wilson. (1987). Mitochondrial DNA and human evolution. https://www.nature.com/articles/325031a0

Cann, R., Stoneking, M. & Wilson, A. Mitochondrial DNA and human evolution. Nature 325, 31–36 (1987). https://doi.org/10.1038/325031a0

[101] Stoeckle, M. and D. S. Thaler. 2018. Why Should Mitochondria Define Species? Human Evolution. 33(1-2)1-30.

[102] Thomas J. Parsons. (1997). A high observed substitution rate in the human mitochondrial DNA control region. https://www.nature.com/articles/ng0497-363#:~:text=Ten%20substitutions%20were%20observed%2C%20resulting,estimates%20derived%20from%20phylogenetic%20analyses.

Parsons, TJ; Muniec, DS; Sullivan, K; Alliston-Greiner, R; Wilson, MR; Berry, DL; Holland, KA; Weedn, VW; et al. (April 1997), "A high observed substitution rate in the human mitochondrial DNA control region", Nat. Genet., 15 (4): 363–68, doi:10.1038/ng0497-363, PMID 9090380, S2CID 32812244

[103] Ibid.

[104] Wikipedia contributors. (2020, December 7). Meganeura. In Wikipedia,

The Free Encyclopedia. Retrieved 19:36, January 28, 2021, from https://en.wikipedia.org/w/index.php?title=Meganeura&oldid=992899098

[105] 에스겔 1: 5, 1:8; 요한계시록 4:6, 4:8, 5:6, 5:8, 5:14, 6:1, 6:6, 7:11, 14:3, 15:7, 19:4

[106] 강한 손만 언급된 곳: 출애굽기 3:19, 6:2, 32:11, 신명기 9:26, 느헤미아 1:10, 시편 136:12, 이사야 8:11, 예레미야 32:21, 다니엘 9:15절. 강한 손과 편 팔이 함께 언급된 곳: 신명기 4:34, 5:15, 7:19, 11:2, 26:8

[107] The Passion of the Christ 영화 장면. 감독 멜 깁슨 2004

자, 다시 불가능해 보이는 문제를 풀어 보라.
다음 9개의 커다란 점들을 4개의 선으로 연결해 보라.
이곳에서 보는 점들은 서언에서 본 점들의 크기보다 몇배가 크다.

두려운가?
하지만 원리를 알면 점의 크기는 문제가 되지 않는다.
그대는 비전을 알고 있고
V.M.O.S.T. A.R.T.© 경영 원리를 알고 있다.
그대 앞에 있는 장애물의 크기에 두려워 말고 전진하라.

GOD THE CEO: 최고 경영의 신

초판1쇄 발행 | 2021 5 20

지 은 이 | 샬롬 김
펴 낸 이 | 샬롬 김
디 자 인 | 주은미, 박영민
펴 낸 곳 | 비전 멘토링 코리아
주   소 | 대전광역시 유성구 계룡로 60번길 86, 101호
전   화 | 010-8249-2026
출판등록 | 2019-000018 (2019. 6.24)

공 급 처 | 솔라피데 출판유통
전   화 | 031-992-8691
팩   스 | 031-955-4433

정   가 | 18,000 원
ISBN | 979-11-967443-4-2
Printed in Korea